北京大学中国古文献研究中心集刊

第二十五辑

北京大学中国古文献研究中心　编

北京大学出版社
PEKING UNIVERSITY PRESS

图书在版编目 (CIP) 数据

北京大学中国古文献研究中心集刊 . 第二十五辑 / 北京大学中国古文献研究中心编 . —北京：北京大学出版社，2022.11

ISBN 978-7-301-33598-7

Ⅰ . ①北… Ⅱ . ①北… Ⅲ . ① 古文献学—研究—中国—丛刊 Ⅳ . ① G256.1-55

中国版本图书馆 CIP 数据核字 (2022) 第 217511 号

书　　名	北京大学中国古文献研究中心集刊　第二十五辑 BEIJING DAXUE ZHONGGUO GUWENXIAN YANJIU ZHONGXIN JIKAN DI-ERSHIWU JI
著作责任者	北京大学中国古文献研究中心　编
责任编辑	王　应
标准书号	ISBN 978-7-301-33598-7
出版发行	北京大学出版社
地　　址	北京市海淀区成府路 205 号　100871
网　　址	http://www.pup.cn　　新浪微博：@ 北京大学出版社
电子信箱	dianjiwenhua@ 163.com
电　　话	邮购部 010-62752015　发行部 010-62750672　编辑部 010-62756449
印 刷 者	北京虎彩文化传播有限公司
经 销 者	新华书店
	787 毫米 ×1092 毫米　16 开本　19.5 印张　360 千字
	2022 年 11 月第 1 版　2022 年 11 月第 1 次印刷
定　　价	68.00 元

目　录

先汉乐律初探*

阴法鲁著　付林鹏、李慧整理**

【整理说明】 阴法鲁先生1935年考入北京大学中文系读书，后因抗日战争爆发而随校南迁，就读于西南联合大学中文系。1939年，在导师罗庸先生的指导下，完成了大学毕业论文《先汉乐律初探》（以下简称《初探》）。《初探》一文从古文字入手，讨论了古代律吕的得名问题，认为"律吕"可能是"律同"之误，并在此基础上，辨析了文献中"声"与"律"的差异，进而考察了先秦至汉代乐律的沿革。全文共计五部分，包括：（一）小引；（二）律吕溯源；（三）声律辨异；（四）先秦乐律沿革；（五）汉代乐律沿革。该文虽然是阴先生的处女作，却具有很高的学术价值：一是利用甲、金文字考证了律与同的本义，二是将中国乐律与西方乐律进行了比较研究，不但体现出鲜明的现代学术眼光，更具备多重证据的方法意识。因此，《初探》在国民政府教育部设置的"著作发明及美术奖励"中，获得了三十二年度（1943）第三届美术类三等奖。① 这对于一位刚毕业的年轻学人而言，是很大的鼓励。

《初探》撰写完成后，并未马上发表，而是几经修改。直到1944年5月，适值私立华中大学建校二十周年之际，中文系专门编辑庆祝专刊《武昌华中大学国学研究论文专刊》，阴先生才将《初探》油印发表，以征求专家意见。另外，该文还以铅字排印的方式，发表在了国立礼乐馆所编的《礼乐》杂志创刊号上，相较于油印本，排印本并未做大的修改，只对某些音乐术语和明显错误进行了修订。

不过，受限于年代条件，《初探》一文流布并不广泛。当下，能够集中反映阴先生学术成绩的论文集，如2008年由崔文印、熊国祯等先生编选

---

* 本文为国家社科基金一般项目"《乐经》衍生文献的整理与研究"（21BZW080）阶段性成果。

** 付林鹏，华中师范大学文学院教授。李慧，华中师范大学文学院硕士研究生。

① 1940年代，国民政府教育部专门设置了"著作发明及美术奖励"，目的在于奖励战时科研工作，激励学术研究。该奖励在1940年至1946年，先后组织过六届（赖岳山《1940年代国民政府教育部"著作发明及美术奖励"史事发微》，《民国档案》2017年第4期）。而据1942年国民政府教育部公布的《修正著作发明及美术奖励规则》："美术类之奖励，分绘画（包括中画、西画及图案等）、雕塑、音乐（包括歌曲及乐理等）、工艺美术。"（《教育通讯旬刊》1942年第5卷第26—27期）

的《阴法鲁学术论文集》及2010年由刘玉才教授编选的《阴法鲁文选》等均未收入此文。后代学者虽能通过报刊目录检索出《初探》篇名，但要想进行全面研阅，并不方便。因此，我们对本文重新进行了整理，以广其传。在整理时，主要遵循以下原则：

1. 整理所据版本，同时兼顾油印本和排印本。但因排印本后出转精，故个别术语的整理参照了排印本，并以脚注方式标注了油印本的不同。

2. 文中征引大量古籍文献，整理者皆据今常见的校勘本进行了核对，对于作者材料剪裁之处，未作修改。仅将有明显错误处，据通行本进行校改，并以脚注方式进行说明。

3. 文中标点，尽量尊重原刊所用，但为便于阅读，整理者对书名号、引号等进行了添加和修订。

4. 文中使用大量表格及乐律长度的计算，对于有明显错误处，整理者进行了修改，并以脚注方式进行标注。

5. 原稿中标注（见某页）的，在脚注中对互见文字作了说明。

民国二十七年，随母校北大避地昆明后，暑假多暇，阅金甲文字，以销炎夏。因思古代律吕之得名问题，悬案两千余年，聚讼纷纭，如能从古文字入手探讨，或亦为解决之道。遂请教导师罗膺中先生，蒙先生谆谆指导，乃从事蒐集材料，以三月之力，写为此文。稿成后，罗莘田先生，杨荫浏先生，查镇湖先生各审阅一过，赐教良多。今略加修改，付印就正于海内学人，特于此敬向诸先生致谢。

著者，三十二年八月大理喜洲。

一、小　引

在一切艺术中，音乐最能表现心灵，因而也最能感动心灵。远在先秦时代，中国聪明的政治家，就认识了它的价值，所以观风察俗，施政施教，无不借助于音乐。音乐经过了这样的重视和研究的结果，当时发展的成绩已经斐然可观了。但是我们要根据古代文献来研究乐律，仍然是很不容易的，一则古人的记载因为限于工具，昧于方法，而处处又力求简约，有时免不了隐晦；二则解释乐理的论著，往往夹杂些阴阳五行和伦理观念的附会，又添了重重乌烟瘴气，所以后来治古律的人，大都“仁者见仁，智者见智”，专凭主观的意见推测，始终不能透彻的解决这个历史的谜。

近来采用科学方法讨论古律的，所得效果的确超轶前人。我们想承其方法，把汉前关于音乐的记述，审查一下，以现在的普通音乐常识，重新予以诠衡。凡认为比较可信的材料，按历史进化的眼光，依次排比起来，观察乐制演变之迹。意者古人立说既各有其依据，而所用术语也都含有特指的意义。故先将几点基本思想分辨清晰，以为探求古律之钥。

（一）音乐进化到五声十二律的组织，其间不知经过了多少年，但自有文献可征，五声（五声亦称五音）十二律已经具备了。

（二）先有“律”而后有“声”，“律”和“声”都是代表音高的。“律”是绝对音高，“声”是比较音高。换言之，“律”相当于西洋音乐里的音名①，“声”相当于西洋音乐里的音阶各音②。

（三）所谓宫商角徵羽者，都是以字音模拟高低不同的乐音的代表，好像以平上去入代表字调的升降一样，和字义完全无关。

（四）“正声调法”（引《晋书·律历志》语），黄钟之声为宫（即宫调以黄钟为基音），太簇为商，姑洗为角，林钟为徵，南吕为羽。

（五）所谓“律数”者，指律言，为律管长度或容积，如指声言，则皆为律管容积。沈括《梦溪笔谈》说：“律有实积之数，有长短之数，有周径之数。”前人多不明乎此，以为只要涉及“律数”，就是指律管长度说的。于是千方百计的勉强解释，种种无稽之说，皆缘是而生。

（六）历代尺寸的大小，虽微有变易，而记载律数的，大都以黄钟的长度③为九寸。

上列六项是整理音乐史料取舍衡量的标准，折衷和引申④也从这里发脚。但是这次尝试是否有所弋获，却不敢断言。因为缺乏音乐书籍，关于方家研究古律的成绩，既不能全都知道，而类书缺乏，尤使蒐集材料感觉困难。不过遗漏虽不能免，而比较重要的，大体上都已引到了。

二、律吕溯源

六律六同——“律”“同”皆由竹管得名——律同变为律吕

音乐是随着歌谣产生的。古人最初因为感情的激动，往往发出兴奋的呼号，或悲哀的叹息。这种声音，后来逐渐的拖长，逐渐的增加了高低缓急的变化。这就是徒歌的起源。有了徒歌，人们偶尔用竹石之音来配合，觉着它可以辅助表达歌的意味，且能使听者悦耳，因对音乐发生了极大的兴趣。但是人声的变化复杂，而当时的音乐简单，以简单的音乐配合人声的抑扬顿挫，自然免

① “音名”，油印本作“音阶”。
② “音阶各音”，油印本作“乐调”。
③ 排印本无“度”字。
④ “引申”，排印本作“引伸”。

不了扞格不入。于是开始乐律的研究。乐律以辨别音高为基础，而最易于判别音高的莫过于管乐。乐师便截取了许多长短不齐的竹管，分别吹之，以模拟人声，其间经过无数次的试验，才规定了十二种高低不同的标准声音。《吕氏春秋·古乐篇》说：

> 昔黄帝令伶伦作为律。伶伦自大夏之西，乃之阮隃之阴，取竹于嶰溪之谷。以生空窍厚钧者，断两节间，其长三寸九分而吹之，以为黄钟之宫，吹曰舍少，次制十二筒，以之阮隃之下，听凤凰之鸣，以制十二律。

关于黄帝伶伦等传说，荒远不可稽考，固皆属假托附会，而所述造律之始确是合理的推测。此外，还有《大戴记·曾子天圆》说："截十二管，以宗八音之上下清浊，谓之律。"《礼记·礼运》："五声六律十二管，还相为宫。"《后汉书·律历志》："截管为律，吹以考声。"都可以证明最初的律是用竹管制造的。

十二律乃由长期进化而成，非如吕氏所云：是一时制造的。但我国自有文献可征，音乐即具备了五声十二律的组织。而十二律的管长也发现了有一定的比例，遂分别命名，以便称举。其见于古籍中者，以《周礼》"六律六同"为最早。太师："太师掌六律六同，以合阴阳之声。阳声：黄钟，太簇，姑洗，蕤宾，夷则，无射；阴声：大吕，应钟，南吕，函钟，中吕，夹钟。皆文之以五声，宫商角徵羽；皆播之以八音，金石土革丝木匏竹。"大司乐"以六律六同五声八音六舞大合乐，以致鬼神示，以和邦国，以谐万民。"典同："掌六律六同之和，以辨天地四方阴阳之声，以为乐器。"又"凡为乐器，以十有二律为之数度，以十有二声为之齐量。"注："数度，广长也。齐量，侈弇之所容。"六律六同都是大小固定的管子，测量声音的标准。郑司农说："阳律以竹为管，阴律以铜为管，竹阳铜阴也，各顺其性，凡十二律。"郑康成说："律，述气者也，同，助阳宣气与之同，皆以铜为之。"二家根据后日的乐制，后日引申的字义来解说，似皆失之牵强。谨案用铜制律，始于战国末年，以前都用竹管，所以"律""同"两字都是由竹管得名。

甲骨文和前期金文中无律字。律的古文为聿，《尔雅·释言》："律，述也。"《诗正义》引作"聿，述也。"可见聿律本是一字。

甲骨文　　（《甲骨文编》）

金　文　　（《金文编》）

《说文》："聿，所以书也。楚谓之聿，吴谓之不律，燕谓之弗，秦谓之筆。"聿就是古笔字。戴侗说："聿，象手持刻画之刀。"《文源》："聿，实即筆之古文，古作从手持，象筆形。"盖最初以刀刻字，所以聿作，后来以一端破碎的竹管写字，所以筆又作或，黑点象濡墨之状。《论衡》："截竹为筒，破以为牒，加笔墨之迹成文字。"破竹筒之端，以写字作画，都难求细致，所以又设法把兽毛

纳于竹管中作笔。《古今注》说："秦蒙恬始以兔豪作笔。"《说文通训定声》"筆，此秦造字，秦以竹为之，加竹。"笔字虽始造于秦时，但由今日发现的古陶器上的花纹看来，则以兔豪竹管作笔，当远在秦前，毫无问题。我们颇疑心古代的刀笔毛笔，都常常纳于大小相仿的竹管中，以护其锋颖。《诗·静女》"贻我彤管"。郑笺"彤管，筆赤管也"。《礼记·内则》"右佩玦捍管遰"。郑注："管，筆弧也。"所谓笔者指毛笔言，固然显明易晓；如指刀笔言，则管为藏笔之管，似乎也不是没有理由。

古笔既为竹管，考声高下所吹的也是竹管，而且彼此的形状大小又相去不远，所以考声之管也取名曰聿。后来因为用途不同，才在聿字上加注偏旁，以别"筆""律"。律为音乐所专用。《大戴礼·曾子天圆》："截十二管以宗八音上下清浊，谓之律。"《北堂书钞》引蔡邕《月令章句》："截竹为管谓之律。"律既为测量声音的标准，管的大小则固定不移。如以其基本律律管，划分成若干单位，以便称举，则其他诸律也都有比较的数度。故《尔雅·释器》说："律谓之分。"又《周语》"律，所以立均出度也"，《礼记·乐记》"律大小之称"，并谓律是单位长度的起源。长度有了单位，度量衡皆因之而生。《史记·律书》："王者治事立法，物度规则，壹禀于六律。六律为万物根本焉。"《汉书·律历志》："度者，本起黄钟之长，量者，本起黄钟之龠，权者，本起黄钟之重。"律最初是音乐上的法范，后来引申之可以施于一切。《汉书·律历志》说："律，法也，莫不取法也。"所以《尔雅·释诂》又训为法。律字引申的意义，都是从律管孳衍出来的。

我们现在看看"同"字的古义。《说文》"同，会合也"，此乃后日引申之义。案"同"即上文所引《吕览·古乐篇》十二筒之"筒"字。《一切经音义》二十二引《三苍》："筒，竹管也。""同"最初也是具体的实物。今捃摭例证，寻绎其本义如下：(一)王圣美说："凡字，其类在左，其义在右。"段玉裁论《说文》也主张"以声为义"。谨案同的谐声字都有"直筒"的意思。衕，通街也。《正字通》云："京师街道曰衚衕"，实则凡巷之窄而深者皆称衚衕，此名不限京师。筒，洞箫也，《一切经音义》云："竹管也。"敞，直项貌。胴，大肠也。峒，山穴也。艔或作艟，《释名》："狭而长曰艨艟。"痌，疮溃也。案疮溃必成洞。秱，《正字通》云："禾稿节间，犹竹之筒，得时则长。"《吕览》："得时之禾，长秱而穗大。"是秱即禾茎，禾茎圆而中空。《文选·长笛赋》注："磓硐，以刀通竹节间为笛也。"从上列的例子里，都可以窥察出同字的古义来。(二)同的谐声字多与"甬"的谐声字相同。如甋与瓯同。《吕览·古乐》："制十二筒以听凤凰之鸣。"扬子《法言》、《汉书律历志》并引作："十二筩。"可见同甬义同。筩，《说文》云："断竹也。"《集韵》："筩，侯管或作甬。"是甬的品质形状和功用都完全与同无异，大概这两个字最初也许相同。《吕览·仲秋纪》："平权衡，正钧石，齐斗甬。"《文选》陆佐公《新刻漏铭》注袁本引作“齐斗桶”，引高注亦作“齐斗桶”。《正字通》：“月令仲春角斗甬，《史记·商君》平斗甬，甬与桶通。”盖筒桶乃因作法有用竹用木的不同，故意的加偏旁来区别，其实都是由甬字孳乳出来的。《广雅》“甬，长也。”王氏疏证：“甬，狭长也。”甬道就是衕衕。《史记·秦始皇本纪》：“筑甬道。”应劭曰：“谓于驰道外筑墙，天子于中行，外人不见。”《项羽本纪》：“筑甬道而输之粟。”应劭曰：“恐敌钞辎重，故筑墙垣如街巷也。”《广韵》：“衕，巷道。”盖亦与衕字相同。甬字既有“直筒”的意思，于推寻同字的古义上，又得到一个佐证。

又案《后汉书·律历志》云：“候气之法，为室三重，户闭涂衅必周密，布缇缦室中，以木为案。每律各一，内庳外高，从其方位，加律其上。”大概古代律同之管，亦以血涂抹，故有赤义。《说文》“铜，赤金也，从金同声。”《汉书·食货志》：“赤者曰铜。”《诗·信南山》：“上天同云，雨雪雰雰。”同云疑即彤云。《静女》：“贻我彤管。”彤管也许就是吹的同管。盖同古与丹形近，汉善同镜同作，从同之铜，新有善同镜，名铜镜，善同镜并作(见《金文续编》)。同丹形既相近，而“彡”的功用又往往是仅示彩饰，无关弘旨(如彣，《说文》云：“古文工字”；彬，《说文》云：“古文丹字”；彣，《集韵》“古通文”，彰，《集韵》“古通章”)。所以古时两字通用。

案照旧日的说法，十二律中，六律为阳，六律为阴；律为主，同和之。所以同又训为和。《周书》“成开众和乃同。”注：“同，和同也。”《管子·立政》：“大臣不和同，国之危也。”“见贤能让，则大臣和同。”律同谐和，则声音相合，故同又训合。《说文》：“同，合会也。”《礼记·乐记》：“乐统同。”注“同，合也。”同字引申的义意都是由同管孳衍出来的。

律吕连用以替代律同，最早见于《国语》。《周语》：“律吕不易，无奸物也。”“吕以和乐，律以平声。”试紬绎吕字本义，似与律管无涉。汉儒勉强解释，如谓：“吕者，拒也，阳气欲出，而阴不许也。”皆失之附会。但是律同何以变成律吕了呢？我们想大概是同字的形讹。因为在古文字里，这两个字的形体极相近，所以容易错讹。

同　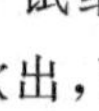　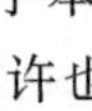（见《金文续编》）
从同之铜　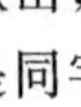　（见《金文续编》）
从同之舆　（见《古籀补》）　（见《古籀补》）
吕　（见《古籀补》）

试加比较，同吕形既相近，而六同中大吕应钟中吕夹钟南吕函钟(亦称林钟)，有三律的名称有吕字，所以误同为吕，确属可能。实则大吕中吕南吕，也许就是“大同”“中同”“南同”，同的长度不齐，故有大中南之异。

三、声律辨异

自有文献可征"声""律"即有分别——声律的定义——中西乐律比较。

古人说律，固然是六律六同（后称六宫）的简称，有时说六律就包括着六同。所以不能根据六律说律管只有六个。我们在上文中说过，自有文献可征，音乐已经进化到五声十二律的组织，所以自有文献可征以来，"声"与"律"就迥乎不同了。《尚书·舜典》说："诗言志，歌永言，声依永，律和声。八音克谐，无相夺伦，神人以和。"郑注："声谓五声，宫商角徵羽；律谓六律六吕，十二月之音气。言当依声律以和乐。"又《益稷》："予欲闻六律五声八音。"《汉书·律历志》解说道："予者，舜也，言以律吕和五声，施之八音，合之成乐。"最古的文献，已经把"声""律"的功用，清清楚楚的辨明了。《周礼》更进一步，把五声十二律的名称都写出来。《太师》："太师掌六律六同，以合阴阳之声。阳声：黄钟，太簇，姑洗，蕤宾，夷则，无射；阴声：大吕，应钟，南吕，函钟，中吕，夹钟。皆文之以五声：宫，商，角，徵，羽；皆播之以八音：金，石，土，革，丝，木，匏，竹。"又《大司乐》："以六律六同五声八音六舞大合乐，以致鬼神示。"明明告诉我们，这时音乐上的声律有显著的区别。再案之先秦古籍中，凡提到声律的地方，没有一处混用的。"五声"有时称"五音"，但加了二变（变宫变徵）的"七音"，则绝对没有称"七声"的。

《孟子·离娄》："师旷之聪，不以六律，不能正五音。"

《楚辞·九歌》："五音纷兮繁会。"

《左传·昭公元年》："发为五色，征为五声。"

《昭公二十年》："五声六律七音。"

《昭公二十五年》："为九歌八风七音六律，以奉五声。"

《襄公二十九年》："五声和，八风平。"

《僖公二十四年》："耳不闻五声之和为聋。"

《国语·周语》："吕以和乐，律以平声。"

《郑语》："和六律以聪耳。"

《管子·地员》："将起五音，凡首，先主一而三之，四开以合九九，以是生黄钟小素之首，以成宫。"

《宙合》："夫五音不同声而能调。"

从这几条记载里，都可以看出"声""律"绝对不同；而"声"与"音"，则常常混用。不过，如说八音，就是指八种品质——金石土革丝木匏竹——不同的乐器发出的声音说的，和"五音""七音"又是两回事。

先有律而后有声，故欲正声，必先正律。孟子有条很好的比喻："离娄之明，公输子[1]之巧，不以规矩不能成方员；师旷之聪，不以六律，不能正五音。"（赵注："音须律而正也。"）以规矩对"律"，以方员对"音"，却是相当合适的比照。规矩的数度精确，方员才可望正确。律管的数度精确，五音才可望正确。《吕览·圜道》说："今五音之无不应也，其分审也。宫徵商羽角各处其处，音皆调均，不可以相违，此所以无不受也。"律管的长短有定，故必有数度。《汉书·律历志》说："元帝时，京房知五声之音，六律之数。"音的高低视以何律作基础而定，变动不居。故《续汉书·礼乐志》说："夫五音之清浊，皆本于律吕之数度，长者浊而短者清。"所谓清浊就是高低。音高则清浮，故云清；音低则沉浊，故云浊。清浊兼状高低的音位[2]而言。后来论声律之异者，惟朱晦庵、凌廷堪之说最为精覈。朱氏说："审音之难，不在于声而在于律；不在宫而在于黄钟。盖不以十二律节之，则无以著夫五音之实。"（《朱子大全》七十二）凌氏说："律者，六律六同也，其长短分寸有定者也。声者，五声二变也，其长短高下相还于六律六同之中，无定者也。"（《燕乐考原·声不可配律说》）两家所论，并能烛见声律本真，今如以科学术语来说："声""律"都是代表音高的。十二律相当于西洋音乐里的音名[3]，代表的是绝对音高，如黄钟之音，不能说是大吕，大吕之音，不能说是夷则。五声相当于西洋音乐里的音阶各音[4]，代表的是比较音高，如黄钟为宫，太簇也可以为宫，太簇为商，姑洗也可以为商。十二律音高的距离不等，而距离常保持一定的比例；五声音高的距离不同，其间长保持一定的大小，如宫商之间，永远相距一个整音，角羽之间，永远相距一个"纯四阶"[5]之类。

宫商角徵羽既为音阶各音[6]，在"正声调法"里，究竟相当于西洋音乐里的那些音？据近人研究的结果，列表如下（宫商角徵羽有时代表黄钟太簇姑洗林钟南吕五律）：

西洋七音阳调　do　re　mi　fa　sol　la　ti　do

1　1　$\frac{1}{2}$　1　1　1　$\frac{1}{2}$

（1＝一个"整音"，$\frac{1}{2}$＝一个"半音"）

① "公输子"，油印本作"公输"，今据《孟子》原文。

② "音位"，油印本作"音色"。

③ "音名"，油印本作"音阶"。

④ "音阶各音"，油印本作"乐调"。

⑤ "纯四阶"，油印本作"短三阶"。

⑥ "音阶各音"，油印本作"乐调"。

音阶	一	二	三	四	五	六	七	八
音名	宫	商	角		徵	羽		宫
西名	C	D	E	F	G	A	B	C
西音	do	re	mi	fa	sol	la	ti	do

我们认为这个对照表在大体上是可以成立的。今且分两项加以论证。

(甲)宫商角徵羽波长之比和 CDEGA 波长之比相同。物理学上有这样一条定律:"开管的长度,为其本音波长之半。"换句话说,就是开管的长度与其本音波长成正比例。故欲求五声波长之比,只要求得发五声的律管长度之比即可。十二律的次序,兹姑据《后汉书·律历志》所记载的长度,依音高排列如下(长度以寸为单位):

律名	黄钟	大吕	太簇	夹钟	姑洗	中吕	蕤宾	林钟	夷则	南吕	无射	应钟
管长	9	$8\frac{104}{243}$	8	$7\frac{1075}{2187}$	$7\frac{1}{9}$	$6\frac{12974}{19683}$	$6\frac{26}{81}$	6	$5\frac{451}{729}$	$5\frac{1}{3}$	$4\frac{6524}{6561}$	$4\frac{20}{27}$

按"正声调法""黄钟为宫,太簇为商,姑洗为角,林钟为徵,南吕为羽。"宫商角徵羽波长之比,即黄钟太簇姑洗林钟南吕五律管长之比。兹与西洋乐律对照列表如下:

西洋	音阶	一	二	三	四	五	六	七
	音名	C	D	E	F	G	A	B
	波长之比	$\frac{1}{1}$	$\frac{8}{9}$	$\frac{4}{5}$	$\frac{3}{4}$	$\frac{2}{3}$	$\frac{3}{5}$	$\frac{8}{15}$
中国	声名	宫	商	角	徵①	徵	羽	
	律名	黄钟	太簇	姑洗		林钟	南吕	
	管长之比	$\frac{1}{1}$	$\frac{8}{9}$	$\frac{4}{5.06}$		$\frac{2}{3}$	$\frac{3}{5.06}$	

除角羽两声波长之比的数目多.06外,其余的都完全相同。中国古代的十二不平均律以管定律,西洋的十二不平均律以弦定律,两相比较,自然免不了稍有出入,但数千年前的乐律竟和科学昌明的今日相合,先哲先贤的聪明,也足以

① 油印本此处有"徵",排印本无。

令人惊讶了。

(乙)宫商角徵羽和CDEGA乐调所引起的听者的情绪相同。音乐所引起的情绪,常随乐调和音阶而异。每个乐调都能使人有一种特殊的感觉,每个音阶也各表现一种特别的性格与情感。《管子·地员篇》所记的音色引起的印象,似指分别的听五声的感觉,而不是指调说的;故应与西洋音乐里音级[①]所引起的情绪比较。

	宫	商	角	徵	羽
《管子·地员篇》	凡听宫如牛鸣窌中	凡听商如离群羊	凡听角如雉登木以鸣音疾以清	凡听徵如负豕猪觉而骇	凡听羽如马鸣在野
	初阶	长二阶	长三阶	五阶	六阶
美人休恩(Schoan)说		较短三阶(悲伤焦急疑虑)稍愉快仍带严肃气	欣喜勇敢果决自信发扬	反应甚多通常为欣喜间带忧伤	和悦力量勇敢胜利

关于乐调在情绪上所生的影响,兹就我国古籍中所载者与西人研究彼邦音乐的结果比较如下:

	调	宫	商	角	徵	羽
中国	《史记·乐书》	闻宫声使人温润而广大	闻商声使人方正而好义	闻角声使人恻隐而爱人	闻徵声使人乐善而好施	闻羽声使人整齐而好礼
	《史记·荆轲传》					复为羽声慷慨士皆瞋目发尽上指
	《白虎通·礼乐篇》	闻宫声莫不温润而宽和者	闻商声莫不刚断而立事者	闻角声莫不恻隐而慈爱者	闻徵声莫不喜养而好施者	闻羽声莫不深思而远虑者

① “音级”,油印本作“音阶”。

	调	C	D	E	G	A
西洋	古希腊人说	和爱	热烈	安定	浮躁	发扬
	英人鲍威尔(E. Power)说	纯粹坚决的情调纯洁果敢沉毅宗教热	庄严壮大活气	艳丽华丽	真挚的信仰平静的爱情田园风味	自信希望和悦最能表现真挚的情感

(一)扬子《法言·声音篇》与《史记·乐书》所记相同。

从音级[①]和乐调上，我们分别的体味宫商角徵羽在情绪上所生的影响，大致和 CDEGA 相同，则其分别相当，自然可以断言了。

四、先秦乐律沿革

《周礼》——《国语》——《吕氏春秋》——《管子》——"旋宫"之说

在上节里，我们根据《尚书》《周礼》的记载，知道自有信史以来，乐律上五声十二律的组织已经完成了。《周礼·太师》："太师掌六律六同，以合阴阳之声。阳声：黄钟，太簇，姑洗，蕤宾，夷则，无射；阴声：大吕，应钟，南吕，函钟，中吕，林钟。皆文之以五声：宫商角徵羽；皆播之以八音：金石土革丝木匏竹。"这里仅仅写出十二律的名称。至于较详细的说明，当以《国语》为最早。《周语》下：

> 王将铸无射，问律于伶州鸠。对曰："律所以立均出度也。古之神瞽，考中声而量之以制，度律均钟，百官轨仪，纪之以三，平之以六，成于十二，天之道也。夫六，中之色也，故名之曰黄钟。……二曰太蔟……三曰姑洗……四曰蕤宾……五曰夷则……六曰无射……为之六间，以扬沉浮，而黜散越也。元间大吕……二间夹钟……三间仲吕(或作中吕)……四间林钟……五间南吕……六间应钟……律吕不易，无奸物也。"

十二律的位置，恰和后来按音高排列的完全相同。所谓"间"者，即介于二律之间的意思。如元间大吕的音高介于黄钟太簇之间；二间夹钟的音高，介于太簇姑洗之间，和五线谱里两线之间的音叫做"间"一样；并不是"同"字之误，故又称"六律六间"。十二律既定，关于五声，伶州鸠也有一番浅说：

> 景王欲铸无射，而为单穆公所阻，不听，又问之伶州鸠。对曰："臣之守官弗及也。臣闻之：琴瑟尚宫，钟尚羽，石尚角，匏竹利制，大不逾宫，细

① "音级"，油印本作"音阶"。

> 不过羽。夫宫,音之主也,第以及羽。……乐从和,和从平。声以和乐,律以平声。金石以动之,丝竹以行之,诗以道之,歌以咏之,匏以宣之,瓦以赞之,革木以节之。物得其常曰乐极,极之所集曰声,声应相保曰和,细大不逾曰平。如是而铸之金,磨之石,系之丝木,越之匏竹,节之鼓而行之,以遂八风。

从这段概论里,我们知道,宫是最低的音级,羽是最高的音级。[①] 声的用途在"和乐",律的用途在"平声"。什么是平声呢？伶州鸠的解说[②]"细大不逾曰平",换句话说:就是以律为标准,使乐调最高不过羽,最低不过宫。五声高低的秩序是由宫次第到羽。

这时,音乐既极发达,而乐师们又因为"大合乐"的组织比较复杂,遂发现五声中角与徵,羽与高宫之间的距离太大,难求和谐,于是加上变徵变宫二音,凑成七音。

宫　商　角　变徵　徵　羽　变宫　宫

整音　整音　整音　半音　整音　整音　半音

《周语》纪周景王(纪元前五二二年)问"何谓七律",伶州鸠回答:"自鹑及驷七列,南北之揆七同,凡人神以数合之,以声昭之。数合声和,然后可同也。故以七同其数,而以律和其声,于是有七律。"韦昭注:"王问七音之律,意谓七律是音器,用黄钟为宫,太簇为商,姑洗为角,林钟为徵,南吕为羽,应钟变宫,蕤宾变徵也。"所谓"七律",确是指发七音的律管说的无疑。盖七音之法,此时才发明不久,所以连爱好音乐的景王还得向伶州鸠请教。可惜伶州鸠[③]忽略了景王问律的主指,只把七的数目哲学谈论了一番,而没有按音乐学理解释。同年,《左传·昭公二十年》:"先王之济五味,和五声也,以平其心,成其政也。声亦如味,一气二体三类四物五声六律七音八风九歌以相成也。"郑注:"七音宫商角徵羽变宫变徵也。"《正义》:"声之清浊,数不过五,而终有七音者,终五以外更变为之也。贾逵注《国语》云:'周有七音谓七律,谓七音器也。'"后六年,《左传·昭公二十五年》:"为九歌八风七音六律,以奉五声。"郑注:"七音宫商角徵羽变宫变徵也。"是七音者,都是指五声二变说的。近人王光祈氏于其所著《中国音乐史》中根据《国语》《左传》所记,谓当时"声""律"二字尚无严格的区分,并谓此即吾国乐制由五律进化为七律之证。牵混"声""律",附会文献,实陷重

① "音级",油印本皆作"乐调"。

② "解说",油印本作"界说"。

③ "伶州鸠",排印本作"州鸠"。

大错误。兹分别辨正如下：(一)《周语》中明谓“以律和其声”，《左传》亦以“五声六律七音”并举，是“声”与“律”并未混为一谈。(二)《左传》中所谓“七音”即五声二变，说者已无异词。《国语》中所谓“七律”，也是指的发五声二变的律管，并不是说这时只有七个律管。上文，景王欲铸无射，问律于伶州鸠，伶州鸠已经把十二律(六律六间)的名称功用说得清清楚楚了。如果“七律”是指七个律管说的，景王何必再紧接着问？细绎文义，我们认为韦昭的注解最为谛当。至于《左传》里，七音与五声所以并列者，盖以五声之外所加的二变，学者多不拿着这两音和五声平等看待。故举七音虽已包括五声，而五声偏要提出来，这正是表明五声是传统的正音①。

记载律管长度者，以《吕氏春秋》为最古。《古乐篇》说：“黄帝令伶伦作为律。伶伦自大夏之西，乃之阮隃之阴，取竹于嶰溪之谷，以生空窍厚钧者，断两节间，其长三寸九分，而吹之以为黄钟之宫。”黄钟的长度，《说苑》及《太平御览》五六五卷并引作“其长九寸。”江慎修《律吕阐微》，戴东原《考工记图》皆以“三寸九分”为四寸五分之讹。陈澧《声律通考》②说：

> 律吕之度，见于古书者，以《吕氏春秋》为最古。其云三寸九分为黄钟之宫，自来无知其说者。惟《律吕正义》云：“间尝截竹为管，详审其音。黄钟之半律不与黄钟合，而合太蔟之半律。”《吕氏春秋》以三寸九分之管，为声中黄钟之宫，非半太簇合黄钟之义耶？《正义后编》云“半太簇长四寸，其音比黄钟微低，再短一分，则恰与黄钟合。”谨案三寸九分为黄钟之宫，至是而昭然若发蒙矣。盖丝声倍半相应，竹声倍半不相应，必半之而又稍短乃相应，即京房所谓竹声不可以度调矣。

陈氏主张黄钟长九寸，诚具卓识。盖一则验之实物而能合，二则把此长度一确定，有许多议论纷纭的问题，都可以迎刃而解。至于尺寸的确实长度，年代悠远，文献无征。但当时既以此数度为计算的标准，我们自可赖此探寻线索。兹案《音律篇》所记十二律相生的次序：“黄钟生林钟，林钟生太簇，太簇生南吕，南吕生姑洗，姑洗生应钟，应钟生蕤宾，蕤宾生大吕，大吕生夷则，夷则生夹钟，夹钟生无射，无射生仲吕。”用三分损益法：“三分所生，益之一分以上生③(某律长度为某律三分之四)；三分所生，去其一分以下生(某律长度为某律三分之一)。黄钟大吕太簇夹钟姑洗仲吕蕤宾为上，林钟夷则④无射应钟为下。”(《音律篇》)计算各律的长度于下(长度以寸为单位)：

---

① “正音”，油印本作“正调”。

② 《声律通考》，油印本作《切韵考》，误。

③ 油印本无“生”字，排印本有。

④ 原文有“夷则”后“南吕”一律，油印本及排印本均脱。

黄钟　9

(下)林钟 $9\times\frac{2}{3}=6$

(上)大簇 $6\times\frac{4}{3}=8$

(下)南吕 $8\times\frac{2}{3}=5\frac{1}{3}$

(上)姑洗 $\frac{16}{3}\times\frac{4}{3}=7\frac{1}{9}$

(下)应钟 $\frac{64}{9}\times\frac{2}{3}=4\frac{20}{27}$

(上)蕤宾 $\frac{128}{27}\times\frac{4}{3}=6\frac{26}{81}$

(上)大吕 $\frac{512}{81}\times\frac{4}{3}=8\frac{104}{243}$

(下)夷则 $\frac{2048}{243}\times\frac{2}{3}=5\frac{451}{729}$

(上)夹钟 $\frac{4096}{729}\times\frac{4}{3}=7\frac{1075}{2187}$

(下)无射 $\frac{16384}{2187}\times\frac{2}{3}=4\frac{6524}{6561}$

(上)中吕 $\frac{32768}{6561}\times\frac{4}{3}=6\frac{12974}{19683}$①

《管子》成书的时代，前人多已怀疑。晋傅玄说："《管子》之书半是后之好事者所为。"宋叶适说："《管子》非一人之笔，非一时之书，莫知谁所为。"我们细观《地员篇》所记："五声以数相求之法"，就可以知道这篇一定出于《吕览》之后或同时。盖各种学术，都是前后承袭，由简而繁，逐渐发展的。音乐又何能例外。在上节里，我们说过：先有律而后有声，律的数度定了，才有声的数目。否则声的数目，便无从产生。王光祈氏认为《管子》一书为记五声之数的最早者，遂以此为五基本律，想法累积到十二律之数。前无踪，后无影，未免令人有突如其来之感。我们颇疑心五声的数目都是生此声的律管的容积，也就是《汉书·律历志》所说的"积"。案古籍所载，古律管的直径长三分，横截面的圆周长九分。(案圆周九分，直径应长二分七厘强。)古人因不知圆面积的求法，故以圆周乘律长即认为容积。(《汉书·律历志》注引孟康曰："黄钟律长九寸，围九分，以围乘长，得积八十一寸。")如此假设不错，则五声数目的下面，应该附

① 油印本与排印本均为 $6\frac{12994}{19683}$，据计算，此处应为 $6\frac{12974}{19683}$。

注上“立方单位”。

《地圆篇》[①]五声以数相求的方法，也是先有律长的基础，才定出来的。“凡将起五音，凡首，先主一而三之，四开以合九九，以是生黄钟小素之首，以成宫。三分而益之以一，为百有八，为徵。不无有三分而去其乘，适足以生商。有三分而复于其所，以是生羽。有三分去其乘，适足以生角。”兹用“三分损益法”列其相生次序如下：

	正律宫音	$9\times9=81$ 立方寸
（上）↓	倍律徵音	$81\times\frac{4}{3}=108$ 立方寸
（下）↓	正律商音	$108\times\frac{2}{3}=72$ 立方寸
（上）↓	倍律羽音	$72\times\frac{4}{3}=96$ 立方寸
（下）↓	正律角音	$96\times\frac{2}{3}=64$ 立方寸

如以本篇所记之数为标准，按音高排列，则其次序应为：

倍律徵音 108，倍律羽音 96，正律宫音 81，正律商音 72，正律角音 64。

王光祈氏谓：“《管子》系以徵音为五音中之最低音。”实则徵羽与宫商角比较，似应仍取其正律之数（徵 54 羽 48），高于其他三音。按此篇尝谓：“凡听徵，如负豕，猪觉而骇。凡听羽，如马鸣在野。凡听宫，如牛鸣窌中。凡听商，如离群羊。凡听角，如雉登木以鸣。”我们细味这些譬喻，大概都是双关的。一则描写听五音后，心理感觉的不同，一则表示音高。我们听猪在人肩上怪叫，马在旷野里长鸣，自然比窌里的牛，离群的羊，登木的雉叫的声音高。如以徵为最低音，羽为次低音，则与此譬喻大相径庭了。

五声十二律的组织发展完备以后，“旋宫”之法，亦相继产生。《礼记·礼运》说：“五声六律十二管旋相为宫。”所谓“旋相为宫”者，就是十二律各有一次作宫的机会，同时，也各有一次作商角徵羽的机会。《乐书要录》说：“夫旋相为宫，举其一隅耳。若穷论声意，亦当旋相为商，旋相为角，余声亦尔。”以某一音[②]为宫，即以某一音[③]为基音，按照五声距离的大小累增，今将五种基本调式列后（录自王光祈《中国音乐史》）：

宫调　　宫　商　角　徵　羽　宫

① 当为《地员篇》。

② “音”，油印本作“音阶”。

③ “音”，油印本作“音阶”。

商调　商　角　徵　羽　宫　商

角调　角　徵　羽　宫　商　角

徵调　徵　羽　宫　商　角　徵

羽调　羽　宫　商　角　徵　羽

（⌒整音　～～短三阶）

每调旋宫十二次，得十二均（十二个音阶）。五种调式总计可得六十调。不过，这仅是一种理论而已。在当时，除以黄钟太簇姑洗林钟南吕为宫商角徵羽各调的调首外，他调尚不多见。且音如太高，乐器固然不能发，就是能发，耳朵也听不着。

五、汉代乐律沿革

六律六钟——淮南子——史记——汉书——京房

自春秋战国以来，铜的用途渐广，而同时又逐渐发现以竹管作律的缺点，于是试先以铜造“同管”。《周礼·大司乐》郑注：“阳律以竹为管，阴律以铜为管。”我们猜想铜字的得名，似乎是由于用以造“同”的缘故。最初此种金属就称为“同”。后以文字增多，才加上金旁以表示类别。汉代铜器铭文中，铜字尚有沿用同字者。龙氏竟：“亲有善同出丹阳，取以为镜。”大概到了汉初，十二律的律管就完全用铜制造了。《汉书·律历志》说：“阴阳相生，自黄钟始，而左旋八八为伍。其法皆用铜。”又说：“凡律度量衡用铜者，名自名也。所以同天下，齐风俗也。铜为物之至精，不为燥湿寒暑变其节，不为风雨暴露改其形，介然有常，有似于士君子之行，是以用铜也。”《史记索隐》谓汉末始以铜制律，其说难以信从。

大概在战国末年，乐师为便于调律计，便依照十二律，造了十二个标准钟。这种钟既可在音乐里应用，而再造钟时又可以此为准的，只求能与那一个钟共鸣，就知道所造的钟合于那一律了。这是调律的进步。《管子·五行》：“修十二钟，以律人情。”《吕氏春秋·古乐篇》“黄帝又令伶伦修十二钟以和五音。”当时用一钟代表一律，故有十二钟。至于《吕览》所谓黄帝伶伦等，盖出于假托。贾子《新书·六术篇》：“声音之器十二钟，钟当一月。其六钟阴声，六钟阳声。声之术律而出，故谓之六律。六律和五声之调。”《法言·吾子篇》：“律之数六，分为雌雄，故曰十二钟，以副十二月。”此后“六律六吕”亦称“六律六钟”。《汉书·郊祀志》：“乐有别有合。其合乐曰，以六律六钟五声八音六舞大合乐。祀天神，祭地祇。”“律吕”亦称“钟律”。《史记·律书》：“钟律调自上古，建律运历造日度[①]，可据而度也。”《汉书·律历志》：“至元始中，王莽秉政，欲耀名誉，征通知钟律者百余人。”《后汉书·律历志》：“元和元年，待诏候钟律殷彤上言，官无晓六十律以准调音者。”又“度晷影，候钟律，权土灰。”所谓“钟律”者，皆指整个乐律而言，并非仅限于钟乐之律。

汉代讲乐律的大致可分两系，承接《吕氏春秋》者：《淮南子》《史记·律书·律数》、京房、郑玄等为一系，《史记·律书·生钟分》《汉书·律历志》为一系。

古代清清楚楚的记载黄钟律长九寸，以及在“正声调法”之下，那些律生那些声的，以《淮南子》为最早。《天文训》说：

> 以三参物，三三如九，故黄钟之律九寸而宫音调。因而九之，九九八十一，故黄钟之数立焉。黄者，土德之色，钟者，气所钟也。日冬至，德气为土，土色黄，故曰黄钟。律之数六，分为雌雄，故曰十二钟，以副十二月。十二各以三成，故置一而十一三之，为积分十七万七千一百四十七，黄钟大数立焉。凡十二律，黄钟为宫，太簇为商，姑洗为角，林钟为徵，南吕为羽。物以三成，音以五立。

所谓“九九八十一”者，盖[②]即黄钟容积之数。一“九”指其长度九寸，一“九”指其圆周九分。长度乘圆周为八十一立方寸。至于“置一而三之”($1\times3\times3\times3\times3\times3\times3\times3\times3\times3\times3\times3=177147$)之数的来源，我们如拿《史记·律书·生钟分》一段来解释，就很容易明白了。(录自王著《中国音乐史》)

黄钟$=1$

(下)林钟$=1\times\frac{2}{3}=\frac{2}{3}$

(上)太簇$=\frac{2}{3}\times\frac{4}{3}=\frac{8}{9}$

(下)南吕$=\frac{8}{9}\times\frac{2}{3}=\frac{16}{27}$

(上)姑洗$=\frac{16}{27}\times\frac{4}{3}=\frac{64}{81}$

(下)应钟$=\frac{64}{81}\times\frac{2}{3}=\frac{128}{243}$

---

① “建律运历造日度”，排印本作“建律历，造日度”，核原书，油印本确。

② “盖”，排印本作“著”。

$$(上)蕤宾=\frac{128}{243}\times\frac{4}{3}=\frac{512}{729}$$ ①

$$(上)大吕=\frac{512}{729}\times\frac{4}{3}=\frac{2048}{2187}$$ ②

$$(下)夷则=\frac{2048}{2187}\times\frac{2}{3}=\frac{4096}{6561}$$

$$(上)夹钟=\frac{4096}{6561}\times\frac{4}{3}=\frac{16384}{19683}$$

$$(下)无射=\frac{16384}{19683}\times\frac{2}{3}=\frac{32768}{59049}$$

$$(上)中吕=\frac{32768}{59049}\times\frac{4}{3}=\frac{131072}{177147}$$

《生钟分》所载黄钟一分，有谓一分即一尺者，王光祈氏说一是假设之数，此说极为谛当。按此篇的主旨在用“三分损益法”比较十二律的长度，故假设黄钟长度为一，所得诸数乃其余诸律和黄钟长度的最简单的比例数。最末一项，中吕和黄钟之比为131072比177147，故以后者为“黄钟之大数”。上列诸分数，在古代的记载和计算上，都极不方便。但如以黄钟之数为177147，则各律的比较数目都可变为整数了。

《天文训》又说：

> 黄钟位子，其数八十一，主十一月，下生林钟。林钟之数五十四，主六月，上生太簇。太簇之数七十二，主正月，下生南吕。南吕之数四十八[③]，主八月，上生姑洗。姑洗之数六十四，主三月，下生应钟。应钟之数四十二，主十月，上生蕤宾。蕤宾之数五十七，主五月，上生大吕。大吕之数七十六，主十二月，下生夷则。夷则之数五十一，主七月，上生夹钟。夹钟之数六十八，主二月，下生无射。无射之数四十五，主九月，上生仲吕。仲吕之数六十，主四月。

十二律相生的数目，也是以黄钟的容积为标准，用“三分损益法”依次求得的各律的容积。不过，因为整数以下的小数，或者进位，或者省去。文中所记数目，已不甚精确。兹列表比较如下：

---

① 油印本与排印本都为$\frac{128}{243}\times\frac{4}{3}=\frac{512}{129}$，但根据计算可知，两者均有误，应为$\frac{128}{243}\times\frac{4}{3}=\frac{512}{729}$。

② 油印本为$\frac{4}{3}$，排印本为$\frac{2}{3}$，应为$\frac{4}{3}$。

③ “四十八”，油印本、排印本均作“八十四”，误。今据原文改之。

律名	黄钟	林钟	太簇	南吕	姑洗	应钟	蕤宾	大吕	夷则	夹钟	无射	仲吕
天文训所载之数目	81	54	72	48	64	42	57	76	51	68	45	60
按"三分损益法"推算之数目	81	54	72	48	64	$42\frac{2}{3}$	$56\frac{8}{9}$	$75\frac{23}{27}$	$50\frac{46}{81}$	$67\frac{103}{243}$	$44\frac{692}{729}$	$59\frac{2039}{2187}$
生法	上	下	上	下	上	下	上	上	下	上	下	上

《史记·律书·律数》一篇所载各律数目,因讹误太多,自来为言律者聚讼的焦点。但《晋书·律历志》说:

> 及元始中,王莽辅政,博征通知钟律者,考其音义,使羲和刘歆典领调奏。班固《汉书》采而志之。其序论虽博,而言十二律损益次第,自黄钟长九寸,三分损一,下生林钟,长六寸,三分益一,上生太簇。而左旋八八为伍,一上一下,终始无射,下生中吕。校其相生所得,与司马迁正同,班固采以为志。

准此,《史记》所载律数原与《汉书·律历志》相同。则黄钟长度亦为九寸,毫无问题。律数所谓:"九九八十一以为宫,三分去一,五十四以为徵,三分益一,七十二以为商,三分去一,四十八以为羽,三分益一,六十四以为角。"这些数目,都是发这些声的律管的容积。至于所载十二律之数:"黄钟长八寸十分一[①],宫。大吕长七寸五分三分一。太簇长七寸七分二,角。夹钟长六寸七分三分一。姑洗长六寸七分四,羽。仲吕长五寸九分三分二,徵。蕤宾长五寸六分三分一。林钟长五寸七分四,角。夷则长五寸四分三分二,商。南吕长四寸七分八,徵。无射长四寸四分三分二。应钟长四寸二分三分二,羽。"我们也怀疑这些数目最初都是十二律的容积:

(甲)史记律数原文	(乙)蔡元定所校之数	(丙)本文假定最初容积之数(单位为立方寸)	(丁)后人误改之数
黄钟长八寸十分一,宫	八十一分	八十一寸	八寸一分
大吕长七寸五分三分一	七十五分三分二	七十五寸三分二	七寸五分三分二

① "十分一",油印本、排印本均作"十八一",误。今据原文改之。

续表

(甲)史记律数原文	(乙)蔡元定所校之数	(丙)本文假定最初容积之数(单位为立方寸)	(丁)后人误改之数
太簇长七寸七分二,角	七十二分	七十二寸	七寸二分
夹钟长六寸七分三分一	六十七分三分一	六十七寸三分一	六寸七分三分一
姑洗长六寸七分四,羽	六十四分	六十四寸	六寸四分
仲吕长五寸九分三分二,徵	五十九分三分二	五十九寸三分二	五寸九分三分二
蕤宾长五寸六分三分一	五十六分三分二	五十六寸三分二	五寸六分三分二
林钟长五寸七分四,角	五十四分	五十四寸	五寸四分
夷则长五寸四分三分二,商	五十分三分二	五十寸三分二	五寸三分二
南吕长四寸七分八,徵	四十八分	四十八寸	四寸八分
无射长四寸四分三分二	四十四分三分二	四十四寸三分二	四寸四分三分二
应钟长四寸二分三分二,羽	四十二分三分二	四十二寸三分二	四寸二分三分二

原文十二律附记的宫商角徵羽,极为杂乱,恐系与律数同经后人改动增删所致。按黄钟长九寸,业已证实,而此处又谓:“八寸十分一”,诚令人不能索解。说者谓每寸九分,九寸则八十一分。《索隐》引《汉书》云:“黄钟长九寸者,九分之寸也。”但案班氏尝谓:“十分为寸”,并未言及“九分为寸”之说;且《索隐》既以律长九寸,每寸九分来解释“八寸十分一”($8\frac{1}{10}$寸)以十分之一寸为一分,是仍无异承认每寸十分。“九分寸”既于史无据,则十二律之数当以解为容积,较为合理。蔡元定所校之数,亦囿于“九分寸”说。古人计算容积,即以各律长度乘圆周之长九寸。(既知黄钟长度,则其余诸律可用三分损益法求得。)如案现在的用法,所得数目的下面注上“立方单位”,如黄钟八十一立方寸,大吕四十八立方寸等,那就比较清楚多了。但古人因昧于方法,而又处处力求简约,虽是容积,亦只写若干寸。如《汉书·律历志》“律容一龠,积八十一寸。”注引孟康曰:“黄钟律长九寸,围九分,以围乘长得积八十一寸也。”因此,容积与长度极易混淆,我们怀疑《律书·律数》中最初记各律容积的方法,也和孟康说的一样,黄钟八十一寸,太簇七十二寸(详上表丙栏)。后人不察其为容积,以为律管数十寸,未免太长,遂故意的一律减小十倍,成了上表丁栏的数目。后来又

因为屡经钞刊，总免不了增删讹错，才成《史记》今日焦头烂额的面目。

《律书·生钟分》十二律的次序与《律数》不同：

黄钟 $=1$

(下)林钟 $=1\times\frac{2}{3}=\frac{2}{3}$

(上)太簇 $=\frac{2}{3}\times\frac{4}{3}=\frac{8}{9}$

(下)南吕 $=\frac{8}{9}\times\frac{2}{3}=\frac{16}{27}$

(上)姑洗 $=\frac{16}{27}\times\frac{4}{3}=\frac{64}{81}$

(下)应钟 $=\frac{64}{81}\times\frac{2}{3}=\frac{128}{243}$

(上)蕤宾 $=\frac{128}{243}\times\frac{4}{3}=\frac{512}{729}$

(上)大吕 $=\frac{512}{729}\times\frac{4}{3}=\frac{2048}{2187}$

(下)夷则 $=\frac{2048}{2187}\times\frac{2}{3}=\frac{4096}{6561}$

(上)夹钟 $=\frac{4096}{6561}\times\frac{4}{3}=\frac{16384}{19683}$

(下)无射 $=\frac{16384}{19683}\times\frac{2}{3}=\frac{32768}{59049}$

(上)中吕 $=\frac{32768}{59049}\times\frac{4}{3}=\frac{131072}{177147}$①

王光祈氏谓《生钟分》与《律数》所记相生次序所以不同者，“司马迁之意在两存其说，故并录之。若以进化程序而论，则《生钟分》篇之求法当在于前，《律数》篇之求法当在于后”(录自《中国音乐史》)。

两汉以前的长度，因为现在尚无考证的定论，所谓尺者寸者，几乎都成了些理论的单位。自清初发现东汉嘉量后，关于《汉书》所记的长度，总算得到和清代长度比较的线索了。《清会典》说：“东汉嘉量度数中今太簇，仿其式用今律度合黄钟焉。”说者谓东汉嘉量即新莽嘉量。嘉量本声中黄钟，而今中太簇，

---

① 此处油印本与排印本计算方式不同，油印本为(下)大吕 $=\frac{512}{729}\times\frac{2}{3}=\frac{1024}{2187}$(上)夷则 $=\frac{1024}{2187}\times\frac{4}{3}=\frac{4096}{6561}$(下)夹钟 $=\frac{4096}{6561}\times\frac{2}{3}=\frac{8192}{19683}$(上)无射 $=\frac{8192}{19683}\times\frac{4}{3}=\frac{32768}{59049}$(上)中吕 $=\frac{32768}{59049}\times\frac{2}{3}=\frac{65536}{177147}$，以排印本为准。

则莽尺与清尺之比数，可由黄钟与太簇之关系（黄钟与太簇律长之比为八比九。）求知：新莽尺$=\frac{8}{9}$清律尺$=0.72$清营造尺。刘复先生推算莽尺与标准长度的比数为：莽尺1尺＝23.08864公分。

谨案《汉书・律历志》云："至元始中，王莽秉政，欲耀名誉，征天下通知钟律者百余人，使羲和刘歆等典领条奏，言之最详，故删其伪辞，取正义著于篇。"新莽的钟律乃刘歆领衔制定，而《汉志》又完全本于刘歆之说，故以莽尺计算《汉志》所载长度，颇为合理。

《汉书・律历志》云："五声之本生于黄钟之律九寸：为宫。或损或益，以定商角徵羽。"亦谓黄钟长九寸，其发出之音为宫。至于十二律相生之法，也是先假设黄钟的长度为一，然后按"三分损益法"递次增损，生出其余诸律，故谓：

> 如法为一寸，则黄钟之长也。参分损一，下生林钟。参分林钟益一，上生太簇。参分太簇损一，下生南吕。参分南吕益一，上生姑洗。参分姑洗损一，下生应钟。参分应钟益一，上生蕤宾。参分蕤宾损一，下生大吕。参分大吕益一，上生夷则。参分夷则损一，下生夹钟。参分夹钟益一，上生亡射。参分亡射损一，下生中吕。阴阳相生，自黄钟始，而左旋八八为伍。

先将各律按音高排列，然后以黄钟为基音，依次隔八相生。所谓"隔八相生"者，即某律与其所生之律相隔八律。如黄钟与林钟，林钟与太簇，太簇与南吕，南吕与姑洗皆相隔八律。其实和"三分损益法"完全相同。

隔八相生图

元帝时大音乐家京房用"三分损益法"，从中吕起继续往下求得六十律。他说："竹声不可以度律。"于是造"准"以代替之。其形状，据《后汉书・律历志》所载："准状如瑟，长丈而十三弦，隐间九尺以应黄钟之律九寸。中央一弦，下有画分寸，以应六十律清浊之节。"京房在当时著书讲律极详，今皆佚亡。惟郑玄注《周礼》、《礼记》既采取其说；司马彪著《后汉书・律历志》也是"总其本

要”而成。司马氏云：“房言律详于歆所奏，文多不悉载，故总其本要以续前志。”故将郑司马二家所记，列表比较，则京氏用弦定律之法，也可以窥其梗概了（京氏六十律，文繁不赘）。

律名	郑玄《周礼注》	司马彪《后汉书·律历志》			王光祈按丝弦发音原理推算之数
	律长	律长比较数	律管长度	准弦长度	弦长
黄钟	9寸	177147	9寸	9尺	9尺
大吕	$8\frac{104}{243}$	165888	8寸4分小分3弱	8尺4寸5508	$8\cdot 4\frac{612}{2187}$
太簇	8	157464	8寸	8尺	8尺
夹钟	$7\frac{1075}{2187}$	147456	7寸4分小分9强	7尺4寸18018	$7\cdot 4\frac{18018}{19683}$
姑洗	$7\frac{1}{9}$	139968	7寸1分小分1微强	7尺1寸2187	$7\cdot 1\frac{9}{81}$
中吕	$6\frac{12974}{19683}$	131072	6寸6分小分6弱	6尺6寸11642	$6\cdot 6\frac{104978}{177147}$
蕤宾	$6\frac{26}{81}$	124416	6寸3分小分2微弱	6尺3寸4131	$6\cdot 3\frac{533}{729}$①
林钟	6	118098	6寸	6尺	6尺
夷则	$5\frac{451}{729}$	110592	5寸6分小分2弱	5尺6寸3672	$5\cdot 6\frac{1404}{6561}$
南吕	$5\frac{1}{3}$	104976	5寸3分小分3弱	5尺3寸6561	$5\cdot 3\frac{9}{27}$
无射	$4\frac{6524}{6561}$	98904	4寸9分小分9强	4尺9寸18573	$4\cdot 9\frac{55919}{59049}$
应钟	$4\frac{20}{27}$	93312	4寸7分小分4微强②	4尺7寸8019	$4\cdot 7\frac{99}{243}$

我们细观上表，知道京房所造之“准”比“律”一律增长了一倍。调音自然比较

① 排印本写作$\frac{553}{999}$，油印本写作$\frac{553}{729}$，经计算，此处应以油印本为准。

② 油印本为“4寸7分小分微弱”，排印本为“4寸7分小分4微弱”，据《后汉书·律历志》，此处“应钟”律管长度为“四寸七分小分四微强”。

方便，比较正确。《后汉书·律历志》说："术家以其（指律言）声微而体难知，其分数不明，故作准以代之。准之声明畅易达，分寸又粗，然弦之缓急清浊，非管无以正也。均其中弦，令与黄钟相得，案画以求诸律，无不如数以应者矣。"可惜到了元始年间，已经没有知道"以准调音"的了。

《后汉书》所载律长比较数（大数）的来源已详上文[①]。准弦的长度，自寸以下之数，据王光祈氏说：系以 19683（志云：以万九千六百八十三为法。）分别乘各律数所余的分数而得。氏谓："如准上南吕为五尺三寸六千五百三十一，京房系以 19683 为一寸，用$\frac{9}{27}$[②]乘则为 6561。"实则 19683 乃各分数的最大公约数，即以此数乘各分数，则各分数皆变为整数，如《后汉书》所载。京房并未尝言以此数为寸。

综观诸家之说，《吕氏春秋》、《淮南子》、《史记·律书·律数》、京房、郑玄等论律皆用三分损益法，上下相生，至蕤宾又重上生大吕。《史记·律数·生钟分》《汉书·律历志》论律，皆上下相生，至蕤宾依次下生大吕。郝经诋前一系"非相生之正"，实则后一系求得的大吕夹钟中吕三律都是"半律"（高一个八度[③]）既和古代造律的原理相悖；又和现代西洋音乐上相当的音阶波长之比不侔，所以仍以《吕氏春秋》等所记为是。

---

① 见本文第三部分"声律辨异"第二个表格处。

② 油印本为$\frac{9}{27}$，排印本为$\frac{7}{27}$，经计算，应以油印本为准。

③ 八度，油印本作"音级"。

谢章铤《毛诗注疏毛本阮本考异》稿本考

张　亿*

【内容提要】 《毛诗注疏毛本阮本考异》是清人谢章铤关于《毛诗注疏》的校勘之作，台北“国家图书馆”藏有两种谢章铤《毛诗考异》手稿本，一为初稿，一为誊清本。民国三十三年(1944)，郭则沄得到《毛诗考异》初稿本，将其刻入《敬跻堂丛书》。由于未能参考誊清本，故丛书本存在大量文字错脱衍倒的现象。利用誊清本，可以纠正丛书本的文字讹误，并且补充不见于初稿本和丛书本的新内容。

【关键词】 谢章铤　《毛诗注疏毛本阮本考异》　手稿本　郭则沄

谢章铤(1820—1903)，字枚如，号江田生、痴边人，晚号药阶退叟，福建福州人。光绪三年(1877)进士，晚清名臣陈宝琛之业师，著名词人、学者，有《赌棋山庄所著书》行于世。《毛诗注疏毛本阮本考异》(简称“《毛诗考异》”)又名《毛诗注疏考异》，是谢氏关于《毛诗注疏》的校勘著作。在其生前，《毛诗考异》并未刊刻成书，至民国三十三年(1944)由郭则沄刻入《敬跻堂丛书》。1985年，中国书店又据丛书本重印。此书为阮元《毛诗注疏校勘记》之后，又一部《毛诗注疏》校勘力作，郭则沄在序中认为，此书“阐析精微，发前人所未发”，“不独为研经之诤友，固经学之良师”。台北“国家图书馆”藏有《毛诗考异》手稿本两通，本文拟比勘此二通稿本及刊本，梳理稿本与刊本之关系，并探寻稿本的文献价值。

一、《毛诗考异》的版本及内容

《毛诗考异》有著者手稿本两种与刊本两种存世，兹说明如下。

(一)《毛诗考异》稿本一(简称“初稿本”)

现藏台北“国家图书馆”(索书号:103.2 00313)，收入台湾古籍影像检索资料库。共四册，不分卷。封面题“毛诗注疏毛本阮本考异”，半页十行，行二

* 本文作者为北京大学中国语言文学系博士生。

十二至二十四字，双行小字字数同。天头多有批注，字数不一。稿纸版心白口，双鱼尾，上方刻“赌棋山庄”。有“玉父”“遐庵经眼”“恭绰”“王氏二十八宿研斋秘笈之印”“国立‘中央图书馆’收藏”等印。此稿本以墨笔双面抄写，纸背渗墨严重，加之多有涂抹，识读不易，当是谢氏之初稿。另，初稿本第一册末附有谢氏《尔雅义疏跋》，亦多处涂改，当是跋文草稿，谢氏偶书于此。

（二）《毛诗考异》稿本二（简称“誊抄本”）

现藏台北“国家图书馆”（索书号：103.2 00312），收入台湾古籍影像检索资料库。共四册，四卷，附《春秋左氏传毛本阮本考异》一卷。封面题“毛诗注疏毛本阮本考异”，半页十行，行二十四字，双行小字同。天头多有批注，字数不一。稿本版心白口，双鱼尾，上方刻“赌棋山庄”。有“赌棋山庄”“赌棋山庄著录”“江田生”“国立‘中央图书馆’收藏”等印。此稿本行距疏朗，少有涂抹。初稿本与此本笔迹一致，因此二稿本当出自一人手笔。将二稿本笔迹与影印出版的《赌棋山庄稿本》比对，可知二稿本确是谢氏手稿。此外，初稿本中书于天头的文字，在此本中皆收入正文，誊写清楚。如“故于嗟乎叹今公子”条校记，前后一百余字，初稿本以行楷小字书于天头，又多有涂改。而在此本中，该校记则被规整地抄入正文，眉目清晰，全无改动痕迹。因此，此本当为誊清本（参见图1、图2）。

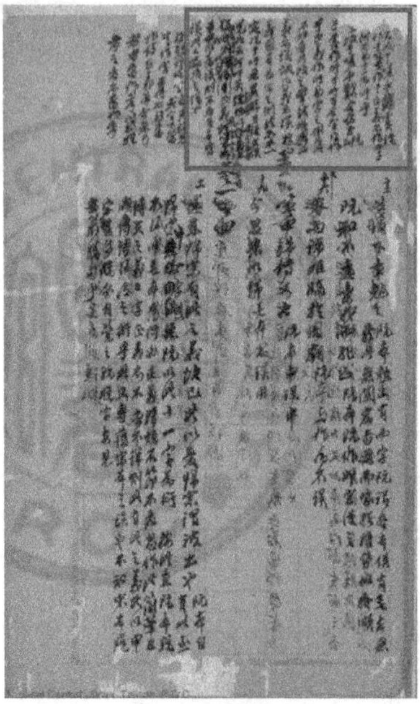

图1　初稿本

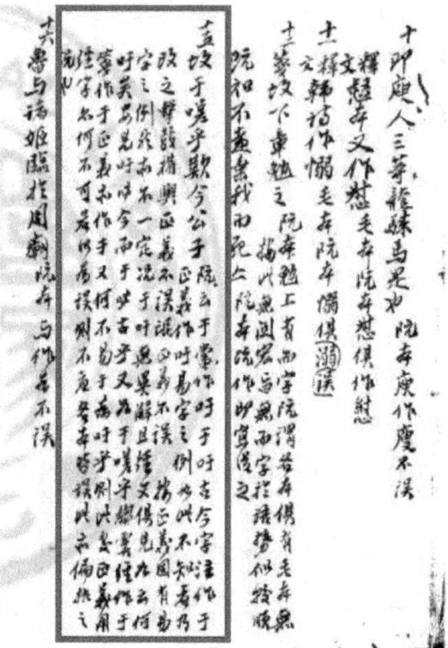

图2　誊清本

（三）《毛诗考异》朱印本（简称“朱印本”）

现藏北京大学图书馆（典藏号：X/093.2/0408），1943年北平古学院朱印本。纸捻装，一函三册。此书为该书古学院刊本的校样校改本，书内粘有大量朱印校改字样的纸条，天头地脚有墨笔校改内容。此书各册书衣均有郭则沄等人题记及钤章。据第一册书衣郭则沄墨书“十月十九日雪中校讫”可知，是年冬，郭则沄已经完成了此书的校订工作。北京古学院是二十世纪三四十年代郭则沄等人在北海团城组织的学术团体，其日常活动主要是搜购刊印古书[①]。此本正值修缮，笔者未亲见。

（四）《毛诗考异》丛书本（简称“丛书本”）

北京大学图书馆有藏（典藏号：Y/9100/4469/10－11），1944年北平古学院刻本。线装，共二册，四卷。封面题“毛诗注疏考异”，半页十二行，行二十二字，双行小字同。版心白口，单鱼尾，上方刻“敬跻堂丛书”，版心刻书名及页数。此本为郭则沄校订之后最终印本，1985年中国书店据此本重印。

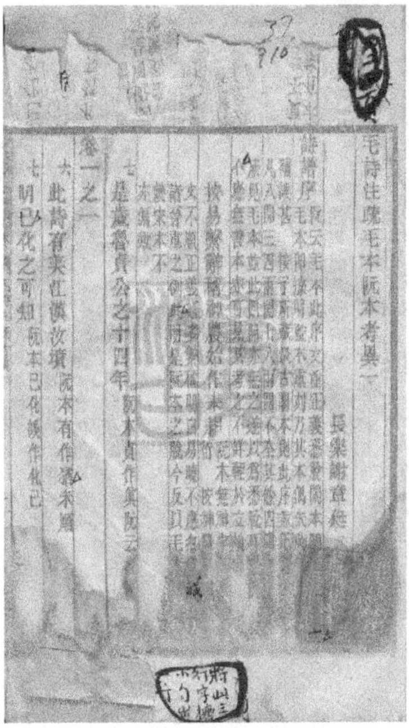

毛詩注疏毛本阮本考異一
長樂謝章鋌
卷一之一
七　是歲魯貞公之十四年　阮本貞作眞
六　此詩有美江漢汝墳　阮本有作猶未順
七　明巳化之可知　阮本巳化誤作化巳

图3　朱印本

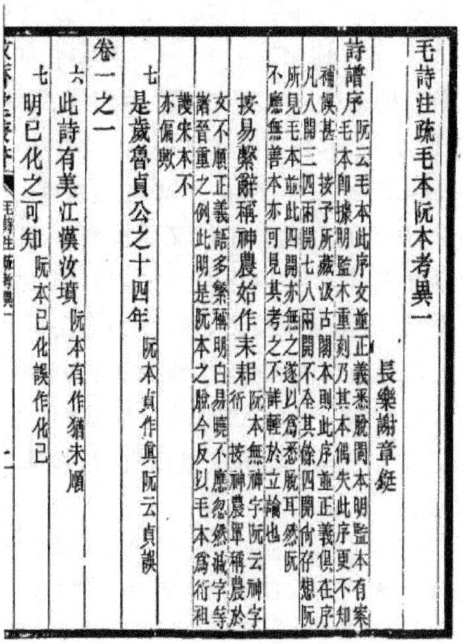

毛詩注疏毛本阮本考異一
長樂謝章鋌
詩譜序　阮云毛本此序文並正義悉脫閩本明監本有案毛本即據明監本重刻乃其本偶失此序更不知禮饌甚　按予所藏汲古閣本則此序並正義俱在序凡八開三四兩開七八兩開不全其餘四開何存想阮所見毛本並此四開亦無之遂以為悉脫耳然阮不應無善本亦可見其考之不詳輕於立論也
按易繫辭稱神農始作耒耜　阮本無神字阮云神字衍　按神農單稱農於文不順正義語多繫稱明白易曉不應忽然減字等諸晉重之例此明是阮本之脫今反以毛本為衍祖護宋本不亦偏敗
七　是歲魯貞公之十四年　阮本貞作眞阮云貞誤
卷一之一
六　此詩有美江漢汝墳　阮本有作猶未順
七　明巳化之可知　阮本巳化誤作化巳
毛詩注疏考異一

图4　丛书本

① 郭久祺《郭则沄传略》，见郭则沄著，马忠文、张求会整理《郭则沄自订年谱·附录二》，南京：凤凰出版社，2018年，第139页。

关于《毛诗考异》的撰写缘由，谢章铤自序云：

> 余治《毛诗》凡数次，始用汲古阁本，继用文选楼本，而多从《校勘记》之说。虽时觉乖午，特私臆太傅博洽名海内，惧吾见之不逮也，而不敢议。其后参互考订，决知其误，盖自甲子至今，又十年矣，乃始条件而录之。太傅之于《诗》亦云勤矣，而其著《校勘记》有巨弊四：好立条例，强书就我，一也；袒护宋刻，游词失真，二也；喜谈不可见之本，而多为臆断，三也；轻视元明以下之刻，而尽忘其佳处且诬之，四也。①

从自序可知，谢章铤在研究汲古阁本（毛本）和文选楼本（阮本）《毛诗注疏》过程中，逐渐发现了阮元《毛诗注疏校勘记》存在不少问题，因此决意作《毛诗考异》以正阮校之失。《毛诗考异》以汲古阁本《毛诗注疏》与文选楼本（阮本）对校，比勘毛本、阮本异同。卷内又以毛本《毛诗注疏》分卷为基本单元，题"卷某之某"。校勘《毛诗注疏》的经文、传笺、疏文和《释文》，并在每单元末专门校勘阮元《校勘记》中误字。每条校勘记先标出文在汲古阁本中的页码，再标出文具体位置（经、传、笺、《释文》、标起止、章句），再录出文，最后以双行小字撰写校勘记。校勘记文字长短不一，从内容上看，主要包括四种类型。今以《敬跻堂丛书》本《毛诗考异》卷一之一部分为例略作说明。

（一）单纯比勘毛本、阮本异文。如："《释文》毛义若隐略：阮本毛作其。"②此条校勘记中的"《释文》"提示出文的具体位置，"阮本毛作其"则单纯比勘毛本、阮本异文，并不涉及按断。

（二）就毛本、阮本异文略作按断。若谢章铤认为毛本、阮本的异文正误判然，则会在校勘记中作简要按断。《毛诗考异》的按断有两种形式，一种是在比勘异文时径言"某误某"，如："九　自由作者有别：阮本者误不。"③一种是比勘异文后，再作简短按语，如："十一　且非世所须故也：阮本世作此，不误。"④

（三）征引"魏校本"校勘意见，略作分析按断。所谓"魏校本"，是谢章铤同乡先贤魏本唐对阮刻《毛诗注疏》作的校改本⑤。《关雎》疏"三十六：《蒹葭》传又云"："毛本、阮本又俱作文，魏校本改作又，当从之。"⑥宋十行本以下并作

---

① 〔清〕谢章铤《毛诗注疏考异》自序，民国三十三年，敬跻堂丛书本，第2页。

② 〔清〕谢章铤《毛诗注疏考异》卷一，第1页。

③ 同上书，第1页。

④ 同上。

⑤ 魏本唐（1791—1857），字又瓶，又字富春，福建侯官人，嘉庆二十四年（1819）已卯科乡试解元。道光六年（1826）以大挑一等候补直隶直县。先后任永安县学训导、台湾府学教谕等职。著有《夏小正校注》《读经杂记》等（《闽侯县志》卷七二《文苑下》，民国二十二（1933）年，页12）。谢氏与魏本唐乃是同乡（谢氏为今长乐人，魏本唐为今侯官人，清时长乐属侯官），又与魏本唐之子魏秀仁（字子安）友善。

⑥ 〔清〕谢章铤《毛诗注疏考异》卷一，第3页。

“文云”，而检“《蒹葭》传文云”上疏文有“《蒹葭》、《谷风》笺并云”，此处作“又云”，则是以“文”“又”形近，亦通。

（四）驳正阮元《毛诗注疏校勘记》。如“十四 左传卫侯飨苦成”：

> 阮本重成字。阮云：此盖以苦成为邑，成为谥。前人亦多言郤犨谥成者，其《左氏传》旧解欤？按：《左传》只称苦成，此成字自是误重，阮特一宋本故为之辞，然其说尚可通也。[①]

此条校勘记为阮本“苦成”下重“成”字而发。阮校认为，“苦成成叔”不误，“苦成”为邑名，下一“成”为郤犨之谥号。谢氏认为，《左传》只作“苦成叔”，并不作“苦成成叔”，“成”字定是误重。阮校以底本不误，乃是认定底本是“宋十行本”而偏袒，即谢氏自序所谓“袒护宋本”。检《毛诗要义》，此处亦不重成字，当以不重成字为确。谢氏此类校勘记是本书中最具学术价值的条目。

二、《毛诗考异》初稿本、誊清本与谢章铤著书过程

台北“国家图书馆”所藏两通《毛诗考异》稿本，作为谢氏手稿，颇有助于还原《毛诗考异》的著述过程，现择要讨论如下：

（一）《毛诗考异》初稿本有助于厘清《毛诗考异》成书时间。对于《毛诗考异》的成书时间，谢氏自序谓：“盖自甲子至今，又十年矣，乃始条件而录之。”此序文写于光绪三年（1877）人日，十余年前之甲子为同治三年（1864），据序文，则谢氏立意《毛诗考异》当始于十三年前的同治三年，而正式动笔似乎在光绪三年。实际上，《毛诗考异》初稿本第一册末附有谢氏《尔雅义疏跋》，笔迹潦草，多处涂改，当是谢氏为郝懿行《尔雅义疏》作跋的草稿，偶记于此。作跋时间为“乙亥六月”（光绪元年，1875），则谢氏正式动笔当早于光绪元年。

（二）初稿本、誊清本的文字状态有助于还原谢氏作《毛诗考异》时面对具体问题的思路。初稿本、誊清本在正文之外，天头皆有批注，内容是谢氏对正文的订补，或是补充新的校勘记条目，或是对原有条目加以修改，增加新证据。誊清本将初稿本天头批注整理入正文，而在天头又添新批注。这种层层增添的批注，反映了谢氏思考具体问题的深入过程。如卷五之二《卢令》疏“孟子谓梁惠王曰”条，初稿本校语作：

> 阮云“谓”字当衍。按：此下所引皆孟子告王之语，若无谓字，则“孟子”“梁惠王曰”皆不连属矣。又如“欣欣然有喜色”，阮本“欣欣”作“忻忻”，阮云毛本改作“欣欣”非也，当是本作“忻忻”，不与今《孟子》同。此皆

---

① 〔清〕谢章铤《毛诗注疏考异》卷一，第4页。

祖护宋本，以不误为误，无可质证，其可从乎？[1]

誊清本在天头另有补充：

按：阮以"谓"为衍，意谓"梁惠王"是篇名，此语是告齐宣王，非告梁惠王。然此疑《正义》之误记，"谓"字各本皆有，不能遽去。《正义》他处引《孟子》，无举其篇名者，《孟子》在唐列于诸子，注解之盛不及老庄，非如今之家弦户诵者，《正义》误记，良不足怪。[2]

此处主要讨论《卢令》疏"孟子谓梁惠王曰"之"谓"字有无的问题，阮校以"谓"为衍字，谢氏初稿本以"若无谓字，则'孟子''梁惠王曰'皆不连属矣"为由，认为"谓"非衍字。虽有观点，但是论证过于简单。誊清本则在初稿本的基础上，分析阮校以"谓"为衍字之由（此语是告齐宣王，非告梁惠王，"梁惠王"当为篇名），进而论证，既然"谓"字各本皆有，则不可径以为衍，不能排除《正义》误记的可能，毕竟唐时《孟子》并非显学。与初稿本相较，誊清本所补内容既分析了阮校以为误之由，又分别从版本、《正义》文例、唐代《孟子》流传三个角度说明不当以"谓"为衍字。

又如卷六之一《山有枢》疏"既取名于亿萬"条，初稿本正文作：

阮本萬作万，按：萬万亦古今字，而阮本《正义》皆作万。

初稿本天头书：

礼禮亦古今字，阮本《正义》禮亦多作礼，且有上句作礼，下句作禮者。如《绸缪》章"犹室家待礼而成也，室家既须以禮"类，其字体多不如是。[3]

此处初稿本对毛本、阮本《山有枢》疏文"既取名于亿萬"作比勘，进而讨论萬、万古今字的问题。萬最早见于甲骨文，象蝎之形，《说文》云"虫也"，假借作数词（十千）。万亦见于甲骨文，本义不明，春秋战国以来亦表示数词（十千）。两字通行既久，因此唐人《干禄字书》云："萬万并正。"谢氏以萬万为古今字，则是认为萬字经典相承沿用，而万字则于经典中不多见，以萬为古字，而万为今字。谢氏天头进而讨论"礼禮亦古今字"的问题，虽然与本处校勘无关，却是"萬万亦古今字"思路的延伸，反映了谢氏对阮校"易字之例"思考的深入。[4]

（三）誊清本的文本状态有助于理解《毛诗考异》在谢氏生前未能付梓的原因。在谢氏生前，《毛诗考异》一直以稿本形式流传，至民国三十二年才由郭

---

① 〔清〕谢章铤《毛诗注疏毛本阮本考异》初稿本不分卷，册二，第2页。

② 〔清〕谢章铤《毛诗注疏毛本阮本考异》誊清本卷一，第32页。

③ 〔清〕谢章铤《毛诗注疏毛本阮本考异》初稿本不分卷，册二，第3页。

④ 《正义》"易字之例"详见笔者《〈毛诗注疏校勘记〉"以例校经"现象论析》，《北京大学中国古文献研究中心集刊》第二十四辑，北京：北京大学出版社，2022年，第66页。

则沄刊刻。郭则沄《毛诗注疏毛本阮本考异序》云:“闽士耻为名,往往笃学毕生,而不敢有所著述。有之,亦秘诸箧衍,不敢遽以行世。”①郭氏认为,《毛诗考异》在谢氏生前未能刊刻,乃是由于闽人谦虚谨慎的学风所致。光绪十年,陈宝琛为业师谢章铤刻《赌棋山庄所著书》,此时距《毛诗考异》誊清本写成已历八年,而《毛诗考异》仍不在其中,以此确实可见谢氏于学术著述之谨慎。但是,从目前的誊清本文字状态可知,誊清本虽然将初稿本天头部分吸收进正文,但是又在天头补充了新批注。而在若干条目下,誊清本又附有“俟考”二字。可见,即使谢氏已经为《毛诗考异》作序,《毛诗考异》对谢氏而言,仍然需要修订。因此,在谢氏生前,《毛诗考异》未能付梓,固然有谢氏于学术著作谨慎的一面,而更重要的原因则是在谢氏看来,《毛诗考异》仍然不够完善。

三、《毛诗考异》初稿本与朱印本、丛书本之关系

通过考察《毛诗考异》序跋、稿本藏印、文本内容,可以认定,朱印本和丛书本皆是据初稿本校订。理由如下。

(一)初稿本的文本形态与郭则沄所得稿本情况相合。丛书本《毛诗考异》卷首有郭则沄序,交代了郭则沄得到此书稿本并进行刊刻的过程:

> 比佐古学院访求前贤名著之未行者,得《毛诗注疏考异》四册,为先生手稿,于是始得窥先生之经学……余方从事搜逸,是书流传坊间,乃不期而落吾手……校勘竟,同年生方策六员外检先生遗集,适得其自序,录以示,余亦谂先生致力之所在,爰列诸简端,而附识颠末于后。②

据郭则沄序,郭氏所得《毛诗考异》通为四册,为谢氏手稿。此外,郭氏所得稿本卷首并无谢氏自序,而丛书本所附自序乃是郭氏好友方策六(兆鳌)从《赌棋山庄所著书》中检得,郭氏刻书时置于卷首。台北“国家图书馆”两通稿本,皆为四册,誊清本在《毛诗考异》四卷之外,另附《春秋左氏传毛本阮本考异》一卷,且誊清本卷首即附谢氏《毛诗注疏毛本阮本考异自序》;初稿本亦有四卷,不附《春秋左氏传考异》,且卷首无谢氏自序。郭氏所得稿本定非附自序的誊清本,而不附自序的初稿本与郭氏所得稿本相当接近。此外,初稿本天头附“校勘记误字”,而誊清本无“校勘记误字”。丛书本卷末附“校勘记误字”,与初稿本相同。

(二)初稿本或是由郭则沄流传至王欣夫、叶恭绰之手。初稿本有“恭绰”

① 〔清〕谢章铤《毛诗注疏考异》郭则沄序,第2页。
② 同上。

"王氏二十八宿研斋秘笈之印"等藏印,二十八宿研斋为浙江秀水(今嘉兴)王祖询之斋名,王祖询为清代著名藏书家,王荫嘉、王欣夫之父。据此可知,此书曾为叶恭绰和秀水王氏收藏。郭则沄、叶恭绰、王大隆(欣夫)三人间皆有来往。郭与叶年纪相仿(叶较郭大一岁),家世相近(二人祖辈皆是清政府要员),检《叶恭绰全集》中有叶致郭讨论编清词选集及组织词社的三封信[①],盖以二人同是民国词社沤社的成员,是民国词坛"主持风雅"的重要人物。而郭与王于民国三十三年(1944)就北京古学院刊桂文灿《经学博采录》一事曾有书信往来[②],《经学博采录》亦于是年刊入《敬跻堂丛书》。至于叶、王二人则同为民国时著名藏书家,在书籍收藏上多有往来。以台北文海出版社影印的《清代稿本百种汇刊》所影印稿本为例,其中就有《尔雅义疏校补》《续封泥考略》《嘉显堂图书会要》等 11 种稿本同时印有"恭绰""王氏二十八宿研斋秘笈之印"藏书印。

郭则沄为《敬跻堂丛书》所收书籍作序,都会交代所据底本之来源。如《经学博采录序》称"比与先生孙公穆共事古学院,承其出先著《东塾杂俎》手稿","适吾友黄君君纬藏有桂氏遗著多种,皆未刊之稿,《经学博采录》在焉"[③]。而对《毛诗考异》,郭序仅云"是书流传坊间,乃不期而落吾手",并未言及叶、王二人,因可推知初稿本最先在坊间流传,为郭则沄所得。之后乃由郭则沄流传至叶恭绰、王欣夫二人手中,再由二人捐赠给当时的国立中央图书馆,最终流入台北"国家图书馆"。

(三)丛书本与初稿本文本内容基本一致,而丛书本文字讹误亦与初稿本的文字状态密切相关。通校丛书本与初稿本、誊清本卷一可知,丛书本虽然在内容上与二稿本皆有不同,但是与初稿本更为接近。

如,在对毛本页码的标注上,丛书本与初稿本基本一致,而与誊清本则出入较多。卷一之二"又司尊彝云皆有罍诸臣之所酢"条上,丛书本与初稿本皆标注"十二",意即此条在毛本卷一之二第十二页。实际上,在此条前,有"后妃言我升彼崔嵬山巅之上者"一条,已经标注"十二"。根据本书体例,无烦再标注毛本页码。初稿本此条书于稿本天头,为了提示本条具体位置,因此再标注"十二"。丛书本不解初稿本标注"十二"之用意,也随之标注"十二"。

此外,初稿本的文字状态,也对丛书本有直接影响。如卷四之一《兔爰》疏"以传言尚无成人者为",此条丛书本校语作:

阮本"言"作"云"。按:《思齐》"小子有造"传"造为也",不与此传重出

① 叶恭绰著,王卫星整理《叶恭绰全集》,南京:凤凰出版社,2019 年,第 1545—1546 页。
② 马佳立、柳向春《王大隆致郭则沄函笺释》,《文献》2012 年 04 期,第 82 页。
③ 郭则沄《经学博采录序》,见《敬跻堂丛书》本《经学博采录》序文第 1 页。

复见乎？然此盖不应为而为，望其无为也；彼则应为而为，喜其有为也。训虽同而意则异。毛传至简，一字之中而其义所包甚广，故当紬绎上下文而后知之。重出而不得谓之重出也。又按：《缁衣》笺、《思齐》传《正义》皆申之曰"造，为，《释言》文"，此传尚在其前，《正义》独置而不言，则此传所据者不可为更审矣。①

据校语"阮本'言'作'云'"可知，此条校语当为比勘毛本、阮本疏文异文而发。细读按语，则发现按语又与疏文作"言""云"无关。下条校勘记为"传造伪也"，此处按语亦是讨论"为""伪"的问题，则此条按语应当本属下条。检初稿本，"以传言尚无成人者为"书于正文一页之末，而"传造伪也"书于下页之首，而此处按语书于两页中缝。由于本条按语位置错乱，因此丛书本误植。检誊清本，"以传言尚无成人者为"下，仅有"阮本'言'作'云'"一句比勘之语，再无其他按语，而"按《思齐》"之"更审矣"一段，则位于下条校勘记"传造伪也"天头，"更审矣"之后，另有"又按……"三百余字（见下）。

又如卷四之二《郑谱》疏"又云为幽王大司徒"条，丛书本作：

……又**山井鼎考□□**永怀堂板，"又云"二字作"桓公"。阮谓此俗书，本不足论。**谱以上说□□郑□，以下说河南新郑……**②

据誊清本可知，此处作"山井鼎《考文》载……谱以上说京兆郑县，以下说河南新郑"，而丛书本□处皆为空字。检初稿本，"山井鼎《考文》载"六字处涂抹严重，识读不易；"说京兆郑县"五字处，"京"字遭剥蚀，"县"字为草写，亦难以识读。

北京大学图书馆藏有《毛诗考异》朱印本，是郭则沄在《毛诗考异》校样基础上的校改本。朱印本内有大量签条，天头地脚亦有墨笔校改，说明郭则沄在朱印本之后，又对此书作了不少校改工作。朱印本正值修缮，笔者未曾目验。但是比勘初稿本与丛书本，亦可以略窥郭氏校订《毛诗考异》的细节。总体上看，郭则沄在识读文本及整饬体例等方面做了大量工作。

（一）识读文本。初稿本书写较为随意，又有多处涂改。由稿本到朱印本，再到丛书本，颇见郭氏在文本识读上的用心。如上文卷一之三"故于嗟乎叹今公子"条（见图1），初稿本以行书双行小字书于天头，"云何吁矣"下又多有涂改，文字状态极差。而丛书本此条作：

阮云："于"当作"吁"，于、吁古今字，注作于，《正义》作吁，易字之例如此。不知者乃改之，《击鼓》《权舆・正义》亦误，《氓・正义》不误。按：《正

① 〔清〕谢章铤《毛诗注疏考异》卷一，第21页。

② 同上书，第23页。

> 义》固有易字之例,然亦不一定。况于、吁无异解,且经文俱见,如"云何吁矣",安见吁必今而于必古乎?则《正义》用经字亦何不可?如以为误,则不应各本皆误,此亦偏执之说也。又如"于嗟乎驺虞",经作于,笺作于,《正义》亦作于,又何不易于为吁乎?①

与誊清本相较,丛书本文字全同②。

(二)整饰体例。初稿本在天头有若干批注,涉及对正文的补充,或者是校勘记新条目以及"校勘记误字"。丛书本则将原本见于天头的批注,一律插入正文,而"校勘记误字",则统一附在"卷某之某"节之后。如卷一之五"十二先使媒人道成之",初稿本正文作:"阮本道作导。按:道、导古今字,传作道,《正义》作导,则阮所谓易字说之之例也。"天头批注:"故阮以作道为误,然阮云《释文》诱下云'导也',则是改用今字,非《释文》本毛传作'导也'。然注疏附《释文》诱下并无'导也'二字,俟考。"③丛书本将天头批注附于正文后。以《毛诗考异》卷一(《毛诗正义》卷一至卷八部分)为例,初稿本天头有 84 处批注,其中 34 处是"校勘记误字",40 处是普通校勘记,10 处是对正文校勘记的补充。其中有不少校勘记涂改严重,难以识读,郭氏从书本识读出这 84 处批注,并将它们全部插入正文。

当然,初稿本识读不易,上文也论及郭则沄以初稿本为底本校订《毛诗考异》,造成了丛书本在文字上的错脱衍倒问题。而郭则沄将丛书本命名为"毛诗注疏考异",则是未能尊重作者著述之意。此书的书名,初稿本、誊清本以及誊清本自序,皆题为"毛诗注疏毛本阮本考异",《赌棋山庄所著书》所收序文,亦作"毛诗注疏毛本阮本考异自序",丛书本题为"毛诗注疏考异"出自郭则沄擅改。对于书名之"毛本阮本",谢氏自序谓:

> 且夫校勘记之所以作者,为今本,非为古本也,近日通行之本,其中有误,恐其以误沿误,因为校勘记以告之。若夫十行本、小字本、相台本者,则已销磨矣,即存者不能千百之一,岂家有其书乎?太傅重古薄今,若殿本、监本不涉一笔,然犹曰此官书,不敢妄为是非,至汲古阁本,则最为流行,校及者不过五六,是太傅特侈收藏古物之富耳。然所言非世所习,其益于学者不亦浅乎?④

谢氏认为,校勘记是为今本而非为古本而作,校勘记需要指出今时通行本的讹

---

① 〔清〕谢章铤《毛诗注疏考异》卷一,第 6 页。

② 由于初稿本"又如'于嗟乎驺虞'"一句单出,故丛书本缀于段末。誊清本插入"则《正义》用经字亦何不可"前,乃是后改,非郭氏识读有误。

③ 〔清〕谢章铤《毛诗注疏毛本阮本考异》初稿本不分卷,册一,第 8 页。

④ 〔清〕谢章铤《毛诗注疏考异》自序,第 2—3 页。

误。南昌府学本(阮本)《毛诗注疏》刻成后,便被目为最善、最便读之本[①]。但是在谢章铤的时代,南昌府学本并未完全取代汲古阁本(毛本),毛本仍然是当时的通行本之一。因此,谢氏在阮元《毛诗注疏校勘记》的基础上,对毛本、阮本的异文作全面比勘。“毛本阮本”二字,既交代了谢氏此书比勘的文本范围,又反映了谢氏作校勘记的立意。郭则沄删去“毛本阮本”四字,书名看似简约不少,却无法涵盖谢氏之立意。

四、《毛诗考异》誊清本的学术价值

上文论及,郭则沄刊刻《毛诗考异》是以初稿本为底本,并未参考誊清本。比勘初稿本、誊清本、丛书本,可以发现誊清本具有初稿本、丛书本不具备的文献价值。

(一)誊清本可以纠正丛书本的讹误。初稿本为谢氏初稿,内容上并不完整,加之多处涂改,识读不易,丛书本据初稿本而来,即使由郭则沄详加校订,其文本价值也大打折扣。利用誊清本,可以订正丛书本的文字讹误。如卷三之二《硕人》“经 硕人其颀”,此条丛书本校语作:

> 阮云:“《经义杂记》云:‘《玉篇·页部》引作“硕人颀颀”,据郑笺知《诗》颀字本重文,六朝时犹未误。’其说非也。考经文一字,传笺叠字者多矣,如‘明星有烂’笺云‘明星尚烂烂然’等是也。《玉篇》乃依笺叠字耳,非六朝时经有作‘硕人颀颀’之本也。《释文》云‘其颀,其机反’,《正义》云‘有大德之人其貌颀颀然长美’,皆经文作其字之证。”按:下章“硕人敖敖”笺云“敖敖犹颀颀也”,若经不作“颀颀”,**笺自叠为“颀颀”不得,臧氏之说未必尽非。且此篇复出如是。**毛意盖谓两“颀颀”字训为长,一“颀”字亦训为长,故于《倚嗟》传特申之。汉初传经近古,故其训诂简中有密,尽多不言之意,盖其家法如此,然则“其颀”本作“颀颀”。**《君子阳阳》篇笺云“陶陶犹阳阳也”,句法与此类,“陶陶”“阳阳”皆本于经也。**[②]

由“阮云”至“其字之证”,皆为阮校原文。“按”下为谢氏按语。细读此段按语,“笺自叠为‘颀颀’不得,臧氏之说未必尽非。且此篇复出如是”文句错乱,令人不知所云。又“《君子阳阳》篇笺云‘陶陶犹阳阳也’,句法与此类,‘陶陶’‘阳阳’皆本于经也”一句,本为例证,却在结尾作结语,亦不伦类。检初稿本,此段校语以行书小字书于天头,“笺自叠为‘颀颀’不得,臧氏之说未必尽非”处又有

① 李振聚《毛诗注疏版本研究》,山东大学2018年博士学位论文,第211页。

② 〔清〕谢章铤《毛诗注疏考异》卷一,第17页。

涂改,而"《君子阳阳》篇"一句,附在段落之后,是谢氏后来补入。检誊清本,此段在阮校之后作:

> 按:本章"硕人敖敖"笺云"敖敖犹颀颀也",若经不作"颀颀",笺自叠为'颀颀',不得**以自叠当经文曰"犹颀颀也"。《君子阳阳》篇笺云"陶陶犹阳阳也",句法与此类,"陶陶""阳阳"皆本于经也。**且此篇传曰"颀,长貌",《猗嗟》篇传亦曰"颀,长貌",毛传简质,不应**复出如是**。毛意盖谓两"颀颀"字训为长,一"颀"字亦训为长,故于《倚嗟》传特申之。汉初传经近古,故其训诂简中有密,尽多不言之意,盖其家法如此。然则"其颀"作"颀颀",臧氏之说未必尽非①。

誊清本将"《君子阳阳》篇"一句插入"且此篇传曰'颀,长貌'",文从字顺,眉目清晰,文本优于丛书本太多。

以《毛诗考异》第一卷为例,丛书本文本识读初稿本有误或将初稿本天头批注插入正文不当,可据誊清本纠正的条目,共有21条。

(二)誊清本具有不见于初稿本及丛书本的内容。仍以卷四之一"造伪也"条为例,上文论及,"按《思齐》"至"更审矣"一段,位于初稿本页面中缝,丛书本因此系于"以传言尚无成人者为"条下。丛书本"造伪也"条作:

> 毛本、阮本同。阮云:小字本伪作为,是也。按:为古多作伪。盖出于人者,古皆谓之伪,故《荀子》云"人性恶,其善者伪也",亦谓善由人为,非谓其善之诈也。毛公为荀子弟子,说伪为为,正其师法。此一字,盖古义之仅存者,又得于《诗传》,可宝之甚。阮乃以宋本而弃此仅存古字,何可哉!且郑笺,笺毛传者,《缁衣》"敝予又改造兮",笺曰:"造为也。"郑盖恐人不解俗字,故以"为"申之,若曰:"此篇之训为,即彼篇之训伪,无二义也。"不然《兔爰》与《缁衣》相隔不过五篇,郑不应于师说都不省记,而又重叠加注欤?或曰:然则郑何不于《兔爰》发之曰"毛已有传"?郑当篇即出,有似易传。且伪为本一字,郑又何从加辞乎?惟于《缁衣》申之,使人参考而得其解。则毛义益明,此郑于诗所从独称为笺【丛书本"从"作"以","独称为笺"处脱,兹据誊清本改】也。予初校本亦从阮说改作为,今知其非,而考之如此。②

而誊清本"造伪也"正文与丛书本同,而"按《思齐》"至"更审矣"一段亦位于天头。此段之后,另有如下按语:

① 〔清〕谢章铤《毛诗注疏毛本阮本考异》誊清本卷一,第21页。

② 〔清〕谢章铤《毛诗注疏考异》卷一,第21页。

又按：《颂》"遭家不造"传亦曰"造，为"，古人治国曰造邦，治家曰造家，此为字属家说，不属身说，其意又异。"不造"即无告，告、造声转。成王幼孤免丧朝庙，盖自视为穷，民无可告语，即无人作为也。毛传重出，训同而意异也。郑笺训造为成，此申毛，非易毛。为者，成之始；成者，为之终。成家即造家。《正义》以毛、郑为异，未是。或曰："蹻蹻王之造"，"造，为也"，毛传重出，复何说乎？曰：此造字属王说，其意又异于前。造若今所谓造诣，为若今所谓修为，盖谓生平功业欲造于王而成为王耳，故曰"王之造"，序所谓"告成大武也"。毛传贯穿大义，望文为训。故有字同而训异，亦有字同而训同者。其所不训，则可以由前准后。既训之，则各有意义，当申明耳。不然，毛传简质，或一篇止下数语，何忽于习见一字重叠若此？所贵好学深思，心知其意者。[①]

此段文字讨论《周颂·闵予小子》与《酌》中毛传训造作为的情况，进而得出结论：经文一字，毛传前后训同，各有意义，并非简单重出。此条校勘记本为讨论《兔爰》毛传"造伪也"作"为"还是作"伪"的问题而发，从谢氏稿本可知，谢氏在初稿本正文中给出校勘意见后，又在稿本天头补充新证据，进而又在初稿本中缝补充《思齐》毛传"造为也"重出之意。至誊清时，又补充《周颂·闵予小子》与《酌》中毛传为何重出。通篇八百余字，颇见谢氏考据学功力。

仍以《毛诗考异》卷一为例，誊清本有 8 条校勘记不见于丛书本，13 条校勘记较丛书本有增补，又有 13 条校语在天头以补充稿本正文。

五、结论

通考台北"国家图书馆"所藏两通《毛诗考异》手稿本，可以得出如下结论。

（一）台北"国家图书馆"《毛诗考异》两通稿本是初稿本与誊清本的关系，北京大学图书馆所藏朱印本、丛书本乃是郭则沄据初稿本整理而来，而未参考誊清本。

（二）初稿本与誊清本有助于还原谢章铤《毛诗考异》的著述过程，而比照初稿本与丛书本，则可以管见郭则沄校订《毛诗考异》在识读文本、整饬体例上下的功夫，以及郭则沄在书名、内容处理上存在的问题。

（三）丛书本据初稿本而来，未能参考誊清本，在文本上的错脱衍倒不在少数，利用誊清本则能纠正丛书本的文字讹误。此外，谢氏在初稿写成后，又在誊清本天头补充了新内容，新补内容展现了谢氏不俗的考据学功力。因此，

① 〔清〕谢章铤《毛诗注疏毛本阮本考异》誊清本卷一，第 25 页。

誊清本具有初稿本所不具备的学术价值。

谢章铤为晚清通儒，时人以为“于学无所不窥”[①]，“于经籍、金石之学，均有本末，闽中学人，可以称首”[②]。查考谢氏学术轨迹，由性理之学入于汉儒考据之学，再从事于辞章之学，而因国难当头（鸦片战争），欲有事功，故留意经济之学，所谓“性理、考据、辞章、经济之学，未尝不留其端倪”[③]。如今学界对谢章铤的关注，主要集中在谢氏的“辞章之学”，而鲜及其他[④]。《毛诗考异》作为谢章铤为数不多的经学著作，对探寻其“考据之学”具有无可替代的价值。此外，阮元《毛诗注疏校勘记》由清代校勘大家顾广圻、段玉裁负责，学术水准极高，而《毛诗考异》立意作阮校之“诤友”，系统地指出了阮校“好立条例，强书就我”，“袒护宋刻，游词失真”，“喜谈不可见之本，而多为臆断”，“轻视元明以下之刻，而尽忘其佳处且诬之”四弊，对今人合理吸收阮校，重新整理《毛诗注疏》具有重要意义。

---

① 〔清〕陈宝琛《谢枚如先生八十寿序》，见陈宝琛撰，刘永翔等点校《沧趣楼诗文集》，上海：上海古籍出版社，2013年，第320页。

② 〔清〕谭献《复堂日记》卷一，清光绪刻半厂丛书本，第1页。

③ 〔清〕谢章铤《残书目录序》，《谢章铤集》，长春：吉林文史出版社，2009年，第11页。

④ 笔者管见，自张文潜、王子宽于《福建论坛》1985年05期发表《谢章铤和〈赌棋山庄词话〉》以来，学界讨论谢章铤的论文有四十余篇，只有陈庆元《谢章铤的学术思想及传世稿本》（《福建师范大学学报（哲学社会科学版）》，2001年第1期），曾祥明《谢章铤学术思想述论》（《三明学院学报》，2020年第3期）两篇论文讨论谢章铤的学术，此两篇论文亦未论及谢章铤《毛诗考异》。

乾隆石经《仪礼》文本变迁考*

姚文昌**

【内容提要】 乾隆石经的刊刻是清代中期一项大规模的文化工程，刊刻的内容是完整的十三经白文。尽管乾隆石经本身的价值有限，但乾隆石经的文本变迁却蕴含着深刻的学术史信息。本文意在通过对乾隆石经《仪礼》文本变迁的考察，管窥乾隆石经从文本生成到反复校改的整个变迁过程。

【关键词】 乾隆石经 《仪礼》 文本变迁

"明永乐十三年(1415)翰林院学士胡广等奉敕撰成《五经大全》、《四书大全》颁行天下，尊为取士之制，理学成为应试学子的思想指导，清承明制，朝廷功令亦以理学为尚，更加确立宋学的主流地位。"①整个康雍时期，官方经学的话语被宋学完全掌握，这一时期敕纂的《钦定周易折中》《书经传说汇纂》《诗经传说汇纂》等书，无一不脱胎于宋学系统的文本。这一现象，直到乾隆初年武英殿重刊《十三经注疏》才有所改观。此后，标榜文献、讲求实证的"汉学"风尚在学界大肆流行开来，至乾隆中后期编修《四库全书》，"汉学"渐有燎原之势。乾隆末年刊刻石经，是延续"宋学"，遵从通俗的科举读本，还是弘扬"汉学"，追求校勘的治学善本，文本抉择的背后，有政治因素的干预，也有两种学术理念的博弈。

一、从蒋衡手书《仪礼》到《仪礼石经校勘记》

乾隆石经的刊刻始于乾隆五十六年(1791)，所据底本为懋勤殿所藏蒋衡手书十三经。

> 乾隆五十六年十一月二十一日内阁奉上谕：……十三经虽有武英殿

---

* 本文为中国博士后科学基金面上资助项目"乾隆石经刊刻研究"(项目号：2019M662386)阶段性成果。

** 本文作者为山东大学文学院副研究员。

① 叶纯芳《中国经学史大纲》，北京：北京大学出版社，2016年，第426页。

刊本，未经勒石。因思从前蒋衡所进手书十三经，曾命内廷翰林详核舛讹，藏弆懋勤殿有年。允宜刊之石版，列于太学，用垂永久。[①]

蒋衡手书十三经开始于雍正五年(1727)，毕工于乾隆三年(1738)。其中手书《仪礼》在乾隆元年(1736)，文本来源则是明崇祯间葛氏永怀堂刊刻的《十三经古注》[②]。

永怀堂《十三经古注》是明末清初较为通行的一套经书文本，十三经均为经注本。虽号称"古注"，永怀堂本实际上是在明嘉靖福建李元阳刻本《十三经注疏》的基础上刊落经文形成的，不仅如此，经注文字还在李元阳本的基础之上产生了新的讹误[③]。既然如此，蒋衡选用永怀堂本作为《仪礼》抄写底本的原因何在？

(康熙)二年八月，入秦。十月，纵观碑洞十三经，虽颇残缺，巍然具存，但众手杂书，文多舛错，行次参差，心实悼之。四年春，归自西安澄城县。夏初，抵二泉。适王吏部虚舟请假归，相与作书斗胜无虚日。既余写《法华经》七卷，作大楷，分十四册。虚舟曰："儒而书佛经，不足道，庶几书十三经乎?"盖戏言之也。余唯唯，遂矢志力书。[④]

蒋氏手书十三经的直接动因是感于唐石经"众手杂书，文多舛错"，进而得王澍"儒而书佛经，不足道"之言的导引，遂决意手书十三经。尽管当时醉心书法，与王澍(虚舟)"相与作书斗胜无虚日"，但蒋衡既然要规避唐石经"文多舛错"之失，理应选取好的文本作为抄写底本。而蒋氏之所以最终将永怀堂本作为抄写的底本，多半是受到自身客观条件的限制。

我昨《易》已写完，将事《周礼》，而案头本与石经迥别，若高斋有注疏及他善本，祈检付来，对校后即缴还也。[⑤]

蒋衡乃一介经生，经济能力和社会地位有限，甚至连注疏本都难得一见，遑论宋元善本。即使有善本可供参校，以一己之力遍校群经，亦绝非易事。从

---

① 中国第一历史档案馆编《纂修四库全书档案》一四一一"谕内阁十三经允宜刊之石版列于太学着派和珅等为总裁"，上海：上海古籍出版社，1997 年，第 2258—2259 页。

② 参见拙文《蒋衡手书十三经考述》，《中国经学》第二十八辑，桂林：广西师范大学出版社，2021 年，第 199—212 页。

③ 参见廖明飞《永怀堂〈十三经古注〉本〈仪礼〉略说》，《版本目录学研究》第五辑，北京：北京大学出版社，2014 年，第 148—150 页。

④ 〔清〕蒋衡《跋书十三经残字册》，《拙存堂文初集》，《清代诗文集汇编》第 228 册影印清乾隆刻本，上海：上海古籍出版社，2010 年，第 297 页。

⑤ 〔清〕蒋衡《与黄楚惟》，《拙存堂文集初集》卷七，道光刻本，第二十二页。转引自张涛《由动机与影响论定乾隆石经的性质》，《史林》2014 年第 3 期，第 62 页。

后来石经馆臣校勘石经的记载来看，蒋衡参校注疏本或其他善本的愿望最终也未能实现。

乾隆五十六年(1791)，乾隆皇帝决意刊刻石经，首要工作就是组织学者对蒋衡手书十三经进行校勘。石经的底本校勘工作由彭元瑞主持，随同校勘者为金士松、沈初、阮元、瑚图礼、那彦成、刘凤诰、汪廷珍、邵晋涵八人。校勘的步骤是一人领取一经或数经进行校勘，形成分校成果，而后将分校成果交到石经馆，集中商讨校改与否，由彭元瑞最终裁定[①]。

《仪礼》的校勘工作由阮元负责，而流传至今的《仪礼石经校勘记》即是当初的分校成果。

> 臣今总汉石经残字、陆德明《释文》、唐石经、杜佑《通典》、朱熹《经传通解》、李如圭《集释》、张淳《识误》、杨复《图》、敖继公《集说》、明监本、《钦定义疏》、武英殿注疏诸本，以及内廷天禄琳琅所收诸宋元本、曲阜孔氏宋本，综而核之，经文字体择善而从，录成四卷，用付经馆，以待总裁加勘。时五十七年六月十三日，臣元敬识。[②]

> 自奉诏后，冬寒夏暍，退直余闲，胪列诸本，反覆经义，审择得平，兼又博访通儒，务从人善。如"得以为昏姻之故""为庶子适人者"，则用戴东原编修说；"宾服乡服""卿大夫"，则用刘端临教谕说；"脊胁胳肺"，则用王伯申明经说；《丧服传》刊去四十字，则用金辅之修撰说。又钱辛楣宫詹、王怀祖给谏，亦曾执手问故。[③]

乾隆皇帝下令刊刻石经是在乾隆五十六年十一月，而《仪礼石经校勘记》在乾隆五十七年六月已经完成，前后用时仅半年，效率不可谓不高。校勘《仪礼》乃"系官事，具有程限"，因此"不能缓缓研求"。即便如此，阮元在校勘《仪礼》之时，仍然一方面罗列众本而校其异同，一方面广泛征求、吸纳当时学者的意见，尽全力提高《仪礼》的文本质量。

《仪礼石经校勘记》在经文的取舍上，完全是基于学术的标准，从而形成了一份能够代表当时学界水平的《仪礼》校勘成果。从蒋衡手书本《仪礼》，到阮元《仪礼石经校勘记》，是对《仪礼》底本质量的一次近乎理想化的学术提升。

---

① 参见拙文《彭元瑞与乾隆石经》，《版本目录学研究》第十一辑，北京：国家图书馆出版社，2020年，第233—242页。

② 〔清〕阮元《仪礼石经校勘记序》，影印清道光间《文选楼丛书》汇印乾隆六十年七录书阁刻本，扬州：广陵书社，2011年，第1567页。

③ 〔清〕焦循《仪礼石经校勘记后序》，《文选楼丛书》，第1606页。

二、从《仪礼石经校勘记》到《仪礼考文提要》

阮元《仪礼石经校勘记》作为一份分校成果，其意见是否最终被吸纳呢？石经馆臣的校记定本现在已无从考察，但石经底本的校勘成果却在彭元瑞编撰的《石经考文提要》之中得到了充分的反映。

> 乾隆五十九年九月十七日内阁奉上谕：……士子诵读者多系坊本，即考证之家亦止凭前明监本。然监本中鱼豕之舛讹、字句之衍缺，不一而足。至《仪礼》一经脱去六节，增多二节，大为圣籍之累。……近因刊刻石经，出内府所弆天禄琳琅宋版各经，古今流传旧本莫不荟萃，命总裁各官等详悉校对，与武英殿官刻诸书参稽印证，多相吻合。其较坊、监本互异之处，逐条摘出，厘订成编，名为《考文提要》。[①]

《石经考文提要》是在石经校勘成果基础之上，参校天禄琳琅所藏宋版经书在内的"古今流传旧本"及"武英殿官刻诸书"完成的。其中的《仪礼》部分[②]，为我们探究《仪礼》校勘过程中相应的文本变迁提供了可能。下面对《仪礼考文提要》与《仪礼石经校勘记》之间的异同进行简要的分析。

首先，《仪礼考文提要》在形式上比《仪礼石经校勘记》更加规范。"《仪礼考文提要》出文一般比《仪礼石经校勘记》详细，更注重取校定文字所在的语义相对完整的一段话作出文。""(《仪礼考文提要》)所列版本一般使用全称，并将《钦定三礼义疏》、武英殿本等清代官方颁行的书置于其他版本前，'康''钦''武'等字前皆有挪抬。"[③]《仪礼石经校勘记》作为一份石经的分校成果，最初是用来供石经馆臣商酌参考的内部资料，既不需要公开流布，也不需要进呈御览，因此并不需要过分追求格式的规范化和齐整化。

石经底本校勘时间紧，任务重，校勘工作开始得十分匆忙，《仪礼石经校勘记》在保证校勘工作质量前提下，能够条分缕析，做到言必有据，已实属不易。邵晋涵作为《左传》分校的负责人，最终提交石经馆的分校成果就远远没有《仪礼石经校勘记》这般按断准确、眉目清晰，这一点在彭元瑞给邵晋涵的信札中体现得十分明显。

> 《左传》册内□□《正义》引作"得罪于母弟之宠子带"系何文下所引，乞示知，以免审查是幸。"韩之战内"四十二字删否？不能妄断，尊义若

① 中国第一历史档案馆编《乾隆朝上谕档》第十八册，北京：档案出版社，1991年，第216—217页。

② 以下简称"《仪礼考文提要》"。

③ 井超《阮元〈仪礼石经校勘记〉平议》，《文史》2019年第3辑，第135页。

何,并示。又及,附候文祉,不一。瑞顿启。

石经校改文字,似须排一清档,不特仰承顾问,亦便同馆口商,不然恐作私意率改,其一一皆有所据,亦难觇缕立谈也。今《左传》已校完,拟编一稿呈政,其中有须增改之处,乞即删削,并恐遗漏,望携至馆与改字档细对一过,并望于十六七发下为要。附候日安,不获。学弟瑞顿首。[①]

从彭元瑞给邵晋涵的两封信札中可以看出,邵晋涵最终提交的《左传》分校成果体例不尽完善,没有说明校改文字的依据,校改意见也没能誊清,从而给后期校勘成果的汇总造成了极大的障碍。

《仪礼考文提要》乃是彭元瑞奉敕编撰,最终必然要进呈乾隆皇帝御览,在形式上更加完善也是出于客观需要。可以说,文本性质的不同决定了《仪礼石经校勘记》和《仪礼考文提要》形式上的差异。

其次,《仪礼考文提要》校勘的指向性比《仪礼石经校勘记》更加明确。从《仪礼石经校勘记》的体例来看,石经馆臣的校勘工作并不是以蒋衡手书十三经为底本进行的。之所以如此,很可能是因为蒋衡手书十三经作为书法作品,经过装裱后藏于懋勤殿,直接取用难免会对文本造成损坏。装裱后的经折本函册众多,而每页字数有限,在校勘过程中使用起来并不方便。既然没有固定的工作底本,校勘工作只能是罗列众本校其异同,对于各本的异文直接予以是非判断,形成对传世经本异文的取舍意见,然后经过集中的商讨,根据最终意见校改蒋衡手书本。

蒋衡手书本《仪礼》的底本是永怀堂本,而永怀堂本与北监本均出自李元阳本,因此,蒋衡手书本《仪礼》与北监本存在极大的相似性。彭元瑞《仪礼考文提要》以北监本为校勘对象,很大程度上也就是以蒋衡手书本《仪礼》为校勘对象,指向性极为明确。而阮元是汇校各本,所以《仪礼石经校勘记》中多有北监本不误而他本讹误的情况,这些情况在《仪礼考文提要》中自然无法体现,这也是二者校勘条目存在出入的主要原因。

再者,《仪礼考文提要》在内容上大部分吸收了《仪礼石经校勘记》的成果,偶有增删。"与《仪礼石经校勘记》相比,《仪礼考文提要》完全新增的仅有七条。"[②]阮元《仪礼石经校勘记》汇校众本,单一版本的校勘有所遗漏在所难免,彭元瑞以北监本为校勘底本,校勘理应更加彻底。不仅如此,"《仪礼石经校勘记》在所引版本佐证少的情况下,用他校法或本校法,引据注、疏、释文或他书所引文字进行考辨,还用理校法确定所从文字,多与通行的版本不同。但是《仪礼考文提要》对这类校勘记,谨慎处理,不加吸收"[③]。彭元瑞这种谨慎、客

---

① 朱炯编《朱兰文集·南江先生年谱初稿》,杭州:浙江大学出版社,2015年,第346页。

② 井超《阮元〈仪礼石经校勘记〉平议》,《文史》2019年第3辑,第137页。

③ 同上书,第139页。

观的态度，应该早在石经校记定本的编撰时就已经形成。这样既可以免去各执一词、訾议纷纭的烦恼，也有利于各经分校成果取舍标准的统一[①]。

彭元瑞之所以采取如此审慎的态度，在满足客观操作需要的同时，还有更深层次的原因，就是对官本的关照。彭元瑞奉敕主持石经的校勘和《石经考文提要》的编撰，必然要重视校勘意见与《钦定三礼义疏》、武英殿本等官本的协调性。但是彭元瑞基于学术的考量，并没有完全遵从钦定本、殿本的意见，况且钦定本与殿本也存在文字上的出入。在这种情况下，彭元瑞往往对官本进行冷处理，避而不谈。这些问题也为后来和珅攻击《石经考文提要》进而挖改石经埋下了伏笔。

综上，《仪礼考文提要》在形式和内容上对《仪礼石经校勘记》均有所提升。从阮元《仪礼石经校勘记》到彭元瑞《仪礼考文提要》，实际上是一个学术文本官方化的过程，其间我们既能看到彭元瑞对经书文字择善而从的坚持，也能看到坚持之中不得已的妥协。

三、从《仪礼考文提要》到《仪礼考文提要举正》

乾隆五十九年(1794)九月，石经刊刻工作即将完成，彭元瑞奏上《石经考文提要》，乾隆皇帝对此大加赞赏。

> 乾隆五十九年九月十七日内阁奉上谕：兹《考文提要》一书，简核明备，无难家诵户习。着仿唐石经时刻《五经文字》《九经字样》例，刊置经末，列树戟门，并镌板颁行天下，俾士子人人传观争写，共窥中秘精华，不复袭别风淮雨之陋。但恐为期过促，僻远地方传布尚有未周，着于乙卯科乡试为始。俟三科后，考试四书、五经题文，俱照颁发各条敬谨改正。倘再有沿用坊、监本以致舛误者，将考官及士子分别议处停科，并载科场磨勘条例，庶士子咸知折衷正义，不为俗学所惑。
>
> 石经馆总裁等校勘石经，见在将次完竣。和珅等与彭元瑞均系总裁。和珅等所管事务较繁，只能总其大纲，酌加参阅。至于校订厘正，皆系彭元瑞专司其事。彭元瑞着加太子少保衔，并赏大缎二匹，以示奖励。若校定之文或有纰缪不经之处，将来披览所及，经朕指出，亦惟彭元瑞是问。[②]

乾隆皇帝不仅奖赏了彭元瑞，而且将《石经考文提要》提到与《五经文字》

① 洪亮吉有《上石经馆总裁书》，提出石经底本校勘建议二十四条，整体较阮元《仪礼石经校勘记》更为理想化，甚至不具备可操作性，最终不为彭氏所用。参见张涛《试论清儒洪亮吉的石经校勘规划》，《历史文献研究》第41辑，扬州：广陵书社，2018年，第286—295页。

② 中国第一历史档案馆编《乾隆朝上谕档》第18册，第216—217页。

《九经字样》相同的地位，有意将其刊于石经之后，一来可以纠正通行的坊本、监本之误，二来可以为石经提供文本依据，树立石经的权威。乾隆皇帝甚至有意以《石经考文提要》来规范科举读本。如果照此施行，不仅是对彭元瑞工作的极大肯定，也必将对科举考试产生翻天覆地的影响。

石经馆总裁有和珅、王杰二人，副总裁有董诰、刘墉、金简、彭元瑞四人，随同校勘者有金士松、沈初、阮元、瑚图礼、那彦成、刘凤诰、汪廷珍、邵晋涵八人，而乾隆皇帝独独奖赏了彭元瑞一人。作为石经刊刻的领事者，与彭元瑞素有嫌隙的和珅唱起了反调。

> 独文勤得邀官衔，并命仿《五经文字》《九经字样》例，每经勒《石经考文提要》于后。和相国嫉焉，毁《提要》不善，并言"非天子不考文"，议文勤重罪。高庙谕云："彭元瑞本以'乾隆御定石经'加其上，何得目为私书？"和计不行。①

乾隆皇帝并没有据和珅的要求降罪彭元瑞，但有意从中调停，于是在一个月之后颁布谕旨，命总裁官对《石经考文提要》"折衷妥议"。

> 乾隆五十九年十月十六日奉上谕：昨九月间，石经馆司事大臣等奏："士子所读经书多系坊本，……将考官及士子分别议处停科。"朕已允行。兹该馆书成呈览，抽阅数条，不过字句书体间有异同，于圣贤经义初无出入。在总裁等校刊石经，自应折衷善本，援据精详，而士子等自束发受书以来，父师授受，循诵习传，若限以三科，遽令通行遵改，似属强以所难，且恐乡间村塾传布难周，未能家置一编，熟习贯串，或应试者因一二字句舛误被斥，或考官等偶不及检，遂干处分，似此繁列科条，转非朕嘉惠士林、稽古右文之意。圣贤垂教之义，原不在章句之末，即流传古文，儒先各守经师家法，未必无习误承讹，士子等操觚构艺，惟期阐发经旨，亦不必以一二字之增损、偏旁之同异为去取也。另着该总裁等详绎此旨，折衷妥议具奏。②

乾隆皇帝在肯定"校刊石经，自应折衷善本，援据精详"的同时，充分考虑科举经书遍布天下的现实，放弃了以《石经考文提要》规范科举读本的想法。不仅如此，乾隆皇帝还撤回了九月十七日关于《石经考文提要》的谕旨，《乾隆朝上谕档》所载九月十七日谕旨下有附注"此件于十月十六日奉旨撤回，销"③。

---

① 〔清〕姚元之撰，李解民点校《竹叶亭杂记》卷四，北京：中华书局，1982年，第94页。

② 〔清〕和珅等奉敕撰《钦定石经考文提要举正》卷首，《故宫珍本丛刊》第21册影印清乾隆内府钞本，海口：海南出版社，2000年，第309—310页。

③ 中国第一历史档案馆编《乾隆朝上谕档》第18册，第217页。

石经文字择善而从，而科举范本一仍其旧，这样折衷的做法，于情于理也说得过去。

和珅对此并不满足。十月十六日谕旨颁布之后，和珅立即据乾隆皇帝所说《石经考文提要》"不过字句书体间有异同，于圣贤经义初无出入"之意，组织人员编撰了《钦定石经考文提要举正》一书，指摘《石经考文提要》"殊属拘迂"，阻止其刊布。

> 总裁臣和珅等谨奏：十月十六日钦奉上谕，令臣等将前进《石经考文提要》另行折衷妥议……今蒙圣明训示，以字句偏傍异同，与经文原无出入，且士子诵习已久，不必强以所难。圣慈嘉惠无穷，觉臣等前请，殊属拘迂……其前进《石经考文提要》六册，已奉有御书钤宝，请将毋庸登载各条撤出，止将照改各条另缮一编，谨将御书钤宝移冠简首，并将十月十六日所奏谕旨恭缮简端，附载臣等此次奏折于末，交懋勤殿汇入蒋衡原册，一并存贮，以昭典学同文之盛。其原缮六册，应请同校勘各档，移交武英殿存贮。①

《钦定石经考文提要举正》共有四卷，将彭元瑞《石经考文提要》逐一筛查，最终归纳了四类意见：一、"毋庸照改者一百五十六条"；二、"偏旁、虚字无关文义者一百四十五条"；三、"钦遵御纂六经、钦定三礼及《康熙字典》五百四条"；四、"照改刻石八十六条"。②

从四类意见的表述来看，明确与《石经考文提要》意见相左的只有第一类，即"毋庸照改者一百五十六条"。具体到《仪礼》部分③，共有十三条，如下：

> 1."啐醴捷柶"，《提要》从唐石经改"捷"为"建"。臣等覆按：钦定本作"捷"……毋庸改。2."遂以挚见于乡大夫乡先生"，《提要》据贾疏改"乡大夫"为"卿大夫"。臣等覆按：钦定本作"乡大夫"……毋庸改。3."匕者逆退"，《提要》从《仪礼识误》改"匕"为"朼"。臣等覆按：钦定本作"匕"……毋庸改。4."受笄腶脩"，《提要》据殿本等本改"腶"为"段"。臣等覆按：钦定本作"腶"……毋庸改。5."大夫与士射袒纁襦"，《提要》从唐石经等本改"纁"为"薰"。臣等覆按：钦定本作"纁"……毋庸改。6."对曰非礼也敢"，《提要》从唐石经"敢"下增"辞"字。臣等覆按：钦定本无"辞"字……毋庸增。7."宾栗阶升不拜"，《提要》从唐石经等本删"宾"字。臣等覆按：钦定本有"宾"字……毋庸删。8."受用篚"，《提要》从唐石经等本改"篚"

---

① 〔清〕和珅等奉敕撰《钦定石经考文提要举正》卷首，《故宫珍本丛刊》第21册，第311—312页。

② 第一类之外，其余各类数目与内文所载皆有出入，参见张涛《乾隆石经论著提要六种》，《经学文献研究集刊》第二十辑，上海：上海书店出版社，2018年，第115页。

③ 以下简称"《仪礼考文提要举正》"。

为"篚"。臣等覆按:钦定本作"篚"……毋庸改。9."祭服不倒",《提要》从唐石经等本改"倒"为"到"。臣等覆按:钦定本作"倒"……毋庸改。10."御者四人皆坐持体男女改服",《提要》从唐石经等本删"男女改服"一节。臣等覆按:钦定本有此一节。11."豯矢一乘",《提要》从《仪礼识误》于"豯"上增"矢"字。臣等覆按:钦定本无上"矢"字……毋庸增。12."衣侈袂",《提要》据郑注《表记》及唐石经等本改"侈"为"移"。臣等覆按:钦定本作"侈"……毋庸改。13."有司彻",《提要》从唐石经等本将此标题删去"彻"字。臣等覆按:钦定本有"彻"字,删去"彻"字,篇名不全,毋庸改。

通过以上条目可以发现,《仪礼考文提要举正》驳斥《仪礼考文提要》的主要依据是"钦定本",也就是《钦定仪礼义疏》。《钦定仪礼义疏》成书于乾隆十三年,是当时官方认可通行的经本。彭元瑞在校勘石经、撰写《仪礼考文提要》之时,对文字取舍与《钦定仪礼义疏》不合之处只说据他书改,而对《钦定仪礼义疏》只字不提。这种淡化处理,意在维护官书权威性的同时,树立石经的权威性。和珅在与彭元瑞的争端中,将石经与《钦定仪礼义疏》之间的矛盾公开化,借官书来打压石经,使得石经的权威性大大降低。

乾隆皇帝为了息事宁人,最终同意改变刊刻《石经考文提要》于石经之后的做法,将其"同校勘各档,移交武英殿存贮",以至于《石经考文提要》在雕版印刷之前,学者难得一见。和珅随后命人根据《钦定石经考文提要举正》的意见对石经进行了挖改,从而使得彭元瑞、阮元等石经馆臣的校勘成果毁于一旦[①]。

四、从《仪礼考文提要举正》到《奏修仪礼字像册》

乾隆石经碑石硕大,而石材不佳,年岁积久,难免侵蚀剥泐。光绪十一年(1885),在国子监祭酒盛昱的主持下,乾隆石经开始全面整修。文字校改的主要依据则是彭元瑞《石经考文提要》。

堂谕:乾隆石经字迹岁久受损,本堂于七月间奏准请遵《钦定考文提要》及时修刻在案,着派蔡赓年敬宲石刻编册呈堂,覆定发修。此谕。光绪十一年十二月十五日,学录蔡赓年遵奉谨编。[②]

时任国子监学录的蔡赓年将石经拟修条目编为《奏修石经字像册》一书,

① 嘉庆四年,和珅坐法身亡。嘉庆八年,彭元瑞再次上书,奏请改刻石经,碍于官书的影响,最终不了了之。参见拙文《乾隆石经磨改考实》,《清史研究》2020年第1期,第135—142页。

② 〔清〕蔡赓年《奏修石经字像册》,《历代石经研究资料辑刊》第8册影印清稿本,北京:北京图书馆出版社,2005年,第547页。

其中详细记载了当时碑石的文字情况以及校改意见。其中《仪礼》部分[①]，与和珅《仪礼考文提要举正》对应文字如下：

1. 啐醴建柶兴。“建”，《提要》校从“建”，刻磨改作“捷”。2. 以挚见于卿大夫。“卿”，《提要》校从“卿”，刻磨改作“鄉”。3. 朼者逆退。“朼”，《提要》校从“朼”，刻磨改作“匕”。4. 受笄段脩。“段”，《提要》校从“段”，刻磨改作“腶”。5. 袒薰襦。“薰”，《提要》校从“薰”，刻磨改作“纁”。6. 受用篚。“篚”，《提要》校从“篚”，刻磨改作“篚”。7. 祭服不到。“到”，《提要》校从“到”，刻磨改作“倒”。8. 兴也宾栗阶升不拜。《提要》校删“宾”字，刻仍“宾”。9. 皆坐持体男女改服。《提要》校删“男女改服”句，刻同明本仍衍。10. 非礼也敢辞。《提要》校补“辞”字，刻同明本无“辞”。

《仪礼考文提要举正》共计十三条，而《奏修仪礼字像册》中有十条相对应。可见《奏修仪礼字像册》虽以《仪礼考文提要》为据，但并未对《仪礼考文提要举正》全盘否定，而是根据自己的判断谨慎去取。《奏修石经字像册》记录拟修条目总计八百余条，除去对不同版本文字异同的校改，还有对碑石文字点画舛讹的修订，整体的校勘意见全面而客观。可以说，这次整修工作既是对石经馆臣校勘工作的进一步完善，在一定程度上也是对和珅挖改石经的一次补救。经过此次修改，乾隆石经文本质量得到较大幅度的提升。

五、乾隆石经《仪礼》源流例说

乾隆五十六年石经刊刻工作开始后，石经馆臣首先对十三经的经本进行了分别校勘，《仪礼石经校勘记》是唯一流传于世的分校成果。因此，以《仪礼》为例进行考察，更能展示乾隆石经文本变迁的整个过程。乾隆十一年(1746)，乾隆皇帝曾命廷臣励宗万以唐石经拓本校勘蒋衡手书十三经，撰成《陕拓十三经考异》一册，详列二者异同，保存了蒋衡手书《仪礼》的文字信息。兹举一例，备录励宗万《陕拓十三经考异》、阮元《仪礼石经校勘记》、彭元瑞《仪礼考文提要》、和珅《仪礼考文提要举正》、蔡赓年《奏修仪礼字像册》各家记述，以展示乾隆石经《仪礼》文本变迁的过程：

《仪礼》经文：“御者四人皆坐持体，男女改服，属纩，以俟绝气。”[②]

励宗万《陕拓十三经考异》：(唐石经)“皆坐持体”下，(蒋衡)写本有

---

① 以下简称“《奏修仪礼字像册》”。

② 〔明〕金蟠、葛鼒编校《十三经古注》卷一三，影印山东省图书馆藏明崇祯间葛氏永怀堂刻本，济南：齐鲁书社，2013年，第623页。

"男女改服"四字。①

阮元《仪礼石经校勘记》:"皆坐持体属纩",(唐)石经、李本、敖本、宋本皆如此,杨本、监本、《义疏》、殿本"体"下多"男女改服"四字。臣元谨按:监本经文"男女改服"四字,注文"为宾客来问病亦朝服主人深衣"十三字,皆《礼记·丧大记》之文,因《通解》而误入此。盖《通解》于《士丧记》上下二篇杂附本经《记》与《丧大记》文。此经注十七字,本《丧大记》文,编写者遂不知而误入《仪礼》耳。且《丧大记》注原作"庶人深衣",今羼入《士丧礼》,"庶人"之文不可通,杨复遂改为"主人",其谬尤显,其实《通解》所引"庶"字尚未改也。拟从石经。②

彭元瑞《仪礼考文提要》:"御者四人皆坐持体",监本此下衍"男女改服"一节。案:此因《经传通解》而误。盖《通解》于《士丧礼》杂附本经《记》及《丧大记》之文,此节乃《丧大记》误入《仪礼》。又此《记》五节与《丧大记》同,郑两注各异,独此节注不异,明系移彼注此。又因与《士丧礼》不合,妄改"庶人"为"主人"。又彼注上文有"新朝服",故曰"亦朝服"。此上文无"朝服"字,何以云"亦",足证羼入。今从唐石经、宋本《仪礼郑注》《仪礼集释》《仪礼集说》、钟人杰本。③

和珅《仪礼考文提要举正》:"御者四人皆坐持体男女改服",《提要》从唐石经等本删"男女改服"一节。臣等覆按:钦定本有此一节。御案云:"生者改服深衣,见其异于常也。"郑注云:"为宾客来问病,亦朝服,主人深衣。"毋庸改。④

蔡赓年《奏修仪礼字像册》:"皆作持体男女改服",《提要》校删"男女改服"句,刻同明本仍衍。⑤

乾隆初年,蒋衡手书《仪礼》时沿袭了永怀堂本的"男女改服"四字。乾隆末年,阮元奉旨负责石经底本的校勘工作,主张根据唐石经等文本删此四字。彭元瑞作为石经底本校勘的总负责人,采纳了阮元删除"男女改服"四字的意见。和珅意在驳斥《石经考文提要》,故而以《钦定仪礼义疏》为依据,主张保留"男女改服"四字。光绪间修整石经,蔡赓年将彭元瑞《石经考文提要》作为重要参考,认为"男女改服"四字乃衍文,理应删改。

---

① 〔清〕励宗万《陕拓十三经考异》,《故宫珍本丛刊》第21册影印清乾隆十一年写定稿本,海口:海南出版社,2000年,第376页。

② 〔清〕阮元《仪礼石经校勘记》卷三,《文选楼丛书》,第1594页。

③ 〔清〕彭元瑞《石经考文提要》卷五,《四库未收书辑刊》第3辑第10册影印清嘉庆六年刻本,北京:北京出版社,2000年,第754页。

④ 〔清〕和珅等《钦定石经考文提要举正》卷一,《故宫珍本丛刊》第21册,第316页。

⑤ 〔清〕蔡赓年《奏修石经字像册》,《历代石经研究资料辑刊》第8册,第612页。

至此，我们可以梳理出乾隆石经《仪礼》的文本变迁过程：蒋衡手书《仪礼》之时善本难求，只能选取通行的永怀堂本作为底本；阮元校勘石经《仪礼》底本时，完全从学术研究的角度出发，取得了丰硕的校勘成果；彭元瑞编撰《仪礼考文提要》时，仍坚持经书文字择善而从，而对《钦定仪礼义疏》相左之处，则隐而不论；和珅纂集《仪礼考文提要举正》，以维护科举读本为出发点，借《钦定仪礼义疏》攻击《仪礼考文提要》；光绪间整修石经，在文字校勘上再次表现出择善而从的倾向，是对彭元瑞等石经馆臣校勘工作的认可与深化。

乾隆石经的最后一次整修发生在光绪十一年至十三年间，正是清王朝"同光中兴"的繁荣期。随着甲午中日战争的爆发、科举的废除、清王朝的覆灭，乾隆石经在此后的百余年中几乎被遗忘在历史的角落里，无关世风教化。

日本静嘉堂文库藏单疏本《尔雅疏》考辨*

瞿林江**

【内容提要】 邢昺《尔雅疏》目前能看到的宋刊本只有日本静嘉堂藏本与国家图书馆藏本，两者虽为同版，但二者无论是版本形式、特征，还是文字、递藏上均有差别，日藏本较为完整地保存了此批版片早期的形态，文献价值更大。日藏本历经偶桓、何氏家族、李直、唐翰题、陆心源、静嘉堂文库递藏，源流清晰，通过考察刻工活动轨迹，具体刊刻时间当在高宗绍兴末年。由于缺乏版本依据，前人颇以为日藏本就是当年阮元聘请臧庸撰写《十三经注疏校勘记》所据之本，但从递藏源流、版本核对结果以及相关文献记载来看，二者显然非同一传本，日藏本对阮本的校勘价值也随之得以进一步彰显。

【关键词】 邢昺　尔雅疏　阮元　王国维

北宋邢昺所撰的《尔雅疏》对我们研究儒家经典文本形成与阅读的历史演变具有重要的参考价值。民国以来，宋刊单疏本《尔雅疏》有一部残本、两部全本流传于世。残本为宝应刘启瑞（字翰臣）藏，存卷五至卷七，傅增湘曾见，今不知所终。两部全本：一为中国国家图书馆藏本（下简称“国图本”），《续古逸丛书》《四部丛刊续编》《续修四库全书》《中华再造善本》《国学基本典籍丛刊》等曾据之影印，较为常见；二为日本静嘉堂文库藏本（下简称“日藏本”），为日本重要文化财，至今尚无影印本问世。由于目前有关日藏本《尔雅疏》的讨论还过于零散，有欠准确，故笔者不揣简陋，略述论、纠驳相关问题如下。

一、日藏本与国图本《尔雅疏》的差别

无论是已佚的残本，还是现存的日藏、国图两部全本，每半页均十五行，每行三十字左右，左右双边，有界，白口，单黑鱼尾，下刻“雅疏几”、页数。但笔者

* 本文是 2017 年国家社科基金后期资助项目“《尔雅注疏》汇校”（项目号：17FZW002）阶段性成果。

** 本文作者为陕西师范大学文学院副教授。

将《国学基本典籍丛刊》[①]影印的国图本与日藏原本加以对比后，发现二者在许多方面并非完全一致。

第一，两本虽均五册十卷，但组成不同。国图本为配补本，前三卷为周锡瓒旧藏，后七卷为顾应昌旧藏，卷四、卷八首页盖有明“文渊阁印”，可知为清人重新装订，陈鳣接手时“宋锦作韬，外用香楠制匣，镌题名目，一一精良，印本虽稍逊寿阶所藏，而装潢之美则过之”[②]。而日藏本则无配补问题，“新補金砂子散し藍色絹表紙，包背装，襯紙を挟める改装本”（新补洒金蓝色绢表纸，包背装，夹入衬纸的改装本）[③]，后四册每册前副纸均盖有“海翁襄”“溪柴”藏书记，尚保留明初旧式。

第二，两本印纸虽均为公牍纸，但时代不同。日藏本原封面据海翁题跋为质地坚韧的宋白麻纸，书中页面纸背多言及元致和、至顺间杭州地区公事，还盖有蒙文官印（六 12）[④]，故前人多推为元至顺公牍纸印本，按照公文纸的报废年限[⑤]，其刷印时间当不早于后至元六年（1340）；而国图本前三卷纸背有洪武二年萧山、山阴二县之事，故前人多推为明初公牍纸印本，其刷印时间当不早于洪武十二年（1379）。两者印纸相差约四十年，且其间经历朝代变迁，似不当共存于同一时间、地点而被用来刷印同一批版片。

第三，两本版式虽然相同，但版框尺寸略有不同。日藏本据阿部隆一解题，首页版框尺寸为 20.5 cm×14.4 cm[⑥]，而国图本据《中国版刻图录》则为 20.9 cm×14.3 cm[⑦]，稍宽。尽管这可能是由于测量方法的不同所导致的差异，但日藏本大部分页面版框较细且烂坏严重，国图本的版框不仅宽厚完整且平顺光滑却是不争的事实，这从五 9、八 3、八 15、九 1 等页面可以清楚地看出来，此外日藏本一 13、三 10、四 1、四 3、四 13、六 3、六 11、九 4、九 5、九 6、九 13、十 5、十 6、十 10 等页面中部均有明显的断版裂纹，国图本均一一被修复。张

① 《中华再造善本》页面经过调色处理，首三卷背面没有公牍文书，而《国学基本典籍丛刊》则有，可见后者较为真实地反映了国图本的实际情况，此文即以之为准，必要时参考前者。

② 〔清〕陈鳣《经籍跋文 · 宋本尔雅疏跋》，《丛书集成初编》，北京：中华书局，1985 年，第 26 页。

③ [日]阿部隆一《阿部隆一遺稿集》，东京：汲古书院，1993 年，第 1 卷，第 362 页。

④ 六 12 表示卷六第 12 页，下如有“A”表示该页正面，“B”表示该页负面，其后数字表示行数。如“八 11B3”即表示卷八第十一页负面第三行，后不复说明。

⑤ [日]竺沙雅章《汉籍纸背文书の研究》，《京都大学文学部研究纪要》一四，1973 年。笔者亲验的尚有“皇庆元年八月内充钱塘县”（十 6）“杭州路钱塘县”（六 1）“至治三年四月内充钱塘县贴书”（十 12）等墨痕，故“至顺”当是其时间下限。此外尚有大量有关米田钱粮斗升之事，疑为西湖书院自置田产或捐助田产的旧账册，彼时已经废弃不用。

⑥ 李霖曾亲测日藏本版框尺寸，与此同，并指出首页是“宋修叶”，见《宋本群经义疏的编校与刊印》，北京：中华书局，2019 年，第 69 页。

⑦ 《中华再造善本》著录为 21.1 cm×15 cm，与此稍异。

丽娟先生认为国图本的这些现象源于旧藏者的描补[①],当属实情。

第四,两本虽均经递修,但版心内容不尽相同。日藏本除“雅疏几”、页数外,保存有大量刻工姓名与本页所刻字数等信息,有只标姓名、不标字数者,也有只标字数、不标姓名者,但国图本则大量磨损。如日藏本卷一首页版心自上至下分别有“叙”“▬”“雅疏一”“一”“王恭”等,而国图本除“▬”“一”外均漶灭。再如国图本八 11 原阙失,今所见八 10、12 之间的页面正是浮签所云“此是卷一之第十叶,重出又从装”,版心内容除描补的“十一”外,没有国图本、日藏本一 10 原有的“八百一五”“▬”“雅疏”“十”“杨昌”等信息。其他漶灭字数、刻工姓名的更是多达二十多面,可见国图本残损较为严重。

第五,两本虽为同版同源,但在文字上并非完全一致。举例如下(见表 1)。

表 1　日藏本与国图本《尔雅疏》文字差异

卷页行	日藏本	国图本	卷页行	日藏本	国图本
四 4A2	小雅頍弁	頍作颇,非	七 5A2	岠虚之形	岠作岨,非
四 6B10	无肯供职	肯作背,非	八 3A1	稷曰明粢	明作姿,非
四 8A3	人须学问	人作又,非	九 5A2	楸之疏理	楸作秋,非
四 8B8	宣王北伐	宣作宫,非	九 7A8	螌天/螌则/螌一	螌作盘,非
四 13B8	厘降二女	二作一,非	九 7A10	螌则鸣	螌作盘,非
五 2A5	柣谓至之扂	扂作扂,非	九 14A14	案埤苍	埤作蜱,非
五 2B8	也堧则端	堧作端,非	九 15A5	名余泉	泉作众,非
五 3A14	又名宇	宇作字,非	十 1A15	青黑色	黑作异,非
五 9B4	衸衣开孔	衸作裞,非	十 1B5	乌鳴	作乌鵙,非
五 12A10	盖即苫也	苫作苦,非	十 5A7	雄鷮牝痹	鷮作鹊,非
五 14B8	郑玄注乐记	注作江,非	十 5B15	晨风一名	风作凤,非
五 15B7	五尺三寸	三作二,非	十 6B13	今白鶾也	也作出,非
五 15B9	周颂有簪	簪作声,非	十 8B5	牡者名麔	牡作壮,非
五 17A15	合止柷敔	止作上,非	十 15A5	駁马为騭	駁作驳,非
六 2A13	考灵耀云	考作者,非	十 17A8	雏子名雜	雜作锥,非

此外日藏本后七卷中尚有多处文字阙失而国图本补全者,笔者推测描补者为顾应昌或其亲友,因为他侄子顾怀芳先前已以高价授袁廷梼一部(即阮校所据底本,详见下),他也希望此本能卖个好价钱,为此不惜抄补前三卷,鱼目

① 李霖《宋本群经义疏的编校与刊印》,第 69 页。

混珠，可惜文献校勘能力有限，故频频出错。日藏本则谬误相对较少。且日藏本的朱笔描补痕迹甚为明显，而国图本多用墨笔，有时根本无法判断何处为描补，何处不是。

第六，两本在递藏源流上无任何交叉。国图本先后历经黄丕烈、陈鳣、汪士钟、刘汉臣、蒋汝藻、上海涵芬楼等递藏，而仔细检校日藏本各册各页，其藏书印有“海翁襄”(朱方，第二至五册副页，卷一、卷三至卷十末页)、“溪柴”(白方，第二至五册副页)、“溪柴襄”(白方，卷二、卷四、卷六、卷八、卷九末页)、“何氏藏书”(白方，卷一至卷十首页)、“崆峒化城”(白方，卷一至卷十首页)、“嘉兴新丰乡人唐翰题收藏印”(朱长，第一册副页，卷一至卷十末页)、“鷦安校勘秘籍”(朱方，卷一至卷十首页，卷十末页)、“存斋四十五岁小像戊寅二月某石并刊”(朱方图，卷一、卷三、卷五、卷七、卷九首页)、“归安陆树声叔桐父印”(白方，卷四、卷六、卷十末页)。其中可考且可确知的首位收藏者是清末藏书家唐翰题。

唐翰题(1816—1882)，字鷦庵(或鷦安)，号新丰乡人，浙江嘉兴人。好书画，“嘉兴新丰乡人唐翰题收藏印”“鷦安校勘秘籍”就是其收藏印。咸丰元年(1851)以廪贡生捐得训导，协助曾国藩处理军务，颇受赏识，随后被保举任江苏知县，以及多地同知、通判。同治五年(1866)九月补吴县缺，十年(1871)二月丁继母忧还乡，专心书画收藏。《安雅廔藏书目录》云：“《尔雅》单疏本，北宋初刻，元修、元公牍纸印，讳只追前数字及太祖、太宗两世，‘恒’‘贞’均不缺。”[①]即指此日藏本《尔雅疏》。唐氏手批《爱日精庐藏书志》元刊本《尔雅注疏》时，对此事记载也颇详，云：

> 甲戌曾得单疏本十卷于吴门，上有“崆峒化城”白文小印，凡百六十叶，北宋初刊，元文宗时修补，各八十叶，后为存观坐索而去。是本为元宁宗时公牍纸印，朱墨印烂可观，尤足赏心。从四字小印度之，或即李氏藏本。鷦叟记。[②]

“甲戌”即同治十三年(1874)，当时唐氏已结束丁忧，时常往返于吴县，故能得此本。其于《爱日精庐藏书志》“礼书一百五十卷”下云“曾见上海郁氏藏本，与《乐书》同时刻，惜李直过节，一饱□□而已”，彼“李直”疑是此文之“李氏”，故在唐氏之前，当有“崆峒化城”李直收藏此本，此人事迹不可考，但似乎常住吴县，与上海郁松年有往来。“崆峒化城”源出临汝县南崆峒山雾起化为

---

① 〔清〕唐翰题《安雅廔藏书目录》，《中国著名藏书家书目汇刊·近代卷》，北京：商务印书馆，2005年，第2册，第8页；又见于《顾廷龙全集·文集卷》，上海：上海辞书出版社，2015年，上册，第174页。

② 顾廷龙《唐鷦安先生藏书考略》，《图书季刊》第1、2期，1936年，第32页；后收入《顾廷龙全集·文集卷》，上海：上海辞书出版社，2015年，上册，第163页。

城池的典故，事见陶宗仪《说郛》卷四之《旧闻记》。

唐氏购得此本后，奉为至宝，消息亦不胫而走。叶昌炽在光绪二年(1876)五月十四日的日记中记载道："芾卿来云：唐鷦翁又藏宋刻本单疏《尔雅》，甚精。"[①]"芾卿"即王颂蔚，他曾亲眼观过此书，云：

是书每半叶十五行，行廿九、三十字不等，"殷""敬""弘"字俱减笔而"恒"字不缺，当是太宗时刻也。字体方劲如一，而间有修补叶，则略纤瘦。纸极坚韧，背有元时文牒字样，又有朱钤印，是元时印本也。今在唐蕉庵家。(有"何氏藏书""海翁印襄"诸朱记)[②]

"唐鷦翁""唐蕉庵"即唐翰题，从文中可知唐氏得此本时，其上除"崆峒化城"外，尚有"海翁襄""何氏藏书"等藏印，这些印记均当在唐氏，甚至李直之前。"襄"即"印"之义，虽"溪柴""溪柴襄"不可考，然"海翁襄"与"海翁"当为一人，日藏本首册书前扉页有跋云：

《尔雅疏》一册，乃的真宋本，元致和元年册纸所印也。考"致和"为元文宗年号，当时去宋未远，其铓鋩犹有存者，可喜也。封面为宋白麻纸，此亦稀世之物，较宋板书更不可得。海翁。

其末钤有"海翁"(朱方)一枚。此"一册"当为"一部"之意，因为此本从第二册开始，每册扉页均钤有"海翁襄"印记，分明为五册，非"一册"。"海翁"为何人不能确知，笔者颇疑为明初偶桓之号，偶桓字武孟，号海翁，昆山人，洪武二十四年(1391)秀才，官至荆门州吏目，以诗闻名，辑有《乾坤清气集》传世。

"何氏藏书"不明，但《善本书室藏书志》卷二著录明本《诗外传》有"何氏心远堂珍藏书画之章""何氏藏书""经襄印"三印，清初萧山人毛奇龄曾作《何氏存心堂藏书序》(见氏著《西河诗话》)(《雪桥诗话》《两浙輶轩录补遗》引作"山阴何氏藏书记")，而国图本前三卷正用记载洪武二年萧山、山阴二县之事的公牍纸刷印，日藏本亦用元杭州一带公文纸刷印，故疑此"何氏藏书"即表示明后期绍兴府何经襄何氏家族曾藏此本，彼得地利之便，成为早期拥有此书的收藏家，只是其中具体细节已难考矣。

视线回转，唐氏跋文中所谓"存观"，当即"陆存斋观察"之简写，今日藏本中的朱方图"存斋四十五岁小像戊寅二月某石并刊"就是陆氏藏书印，这表明

---

① 〔清〕叶昌炽《缘督庐日记抄》卷一，《续修四库全书·史部》第576册，上海：上海古籍出版社，1997年，第328页。

② 〔清〕王颂蔚《写礼廎遗著·古书经眼录》，见《清代诗文集汇编》第767册，上海：上海古籍出版社，2010年，第174、175页。

陆氏至迟在“戊寅二月”，即光绪四年(1878)二月之前就已得此本；“坐索而去”表现出唐氏的无奈和陆氏的坚决。事后，唐氏曾大发感慨，云：

> 自我得之，自我失之，夫复何憾！同治庚午奉继母氏讳旋里，凡售去文献及《佩文韵府》等书，又金玉数件，得值不足千元，而归葬之资藉以摒挡。迨后吴门再到，以及绪侄勋儿入泮、完婚之资，所不足者，皆取给于此二千二百余洋中，亦可以无憾矣。惟《尔雅单疏》百六十叶，《新驿记》，宋内府本百四十余家，虽得值尚不负古人，然每一念及，不免海岳研山之感！结习未忘，安能尽举而空之，偶检换变价，书以志慨。六十三跛头陀手记，戊寅夏四月十二夜半。[①]

可知唐氏是迫于生计而售卖给陆氏的。陆氏得后不久又据之重刊新本，笔者所见国图藏光绪四年陆氏重刊本书前就有长跋言及此事，其中云：

> 群经之疏，北宋时本与注别行，至南宋麻沙刊本，始合为一，闽刻及明监本仍之。自合刊本行，而单行本遂微。今存者，《仪礼》《穀梁》《尔雅》而已。《仪礼》《穀梁》皆残缺，惟《尔雅》独完。承平时，吴中有二本：一为士礼居黄氏所藏，一为五砚楼袁氏所藏。余于乱后得之吴中故家，书中有何氏藏书印，其即黄、袁二家所藏，或别为一本，无可考也。其纸乃至顺中公牍纸，背有蒙古文官印。……粤逆之乱，为古今图书一大劫。念世间未必有二，校正付梓，以饷学者，行款悉仍宋刊旧式，别为《校勘记》附于后。[②]

所谓“乱后得之吴中故家”，盖指同治十三年(1874)陆氏辞官归里，赋闲在家，四处访求书籍，故有后来从唐氏嘉兴故居中“坐索而去”之事。简承禾先生认为“唐翰题居浙江新丰乡，而陆心源云‘得之吴中故家’。易言之，《尔雅疏》从浙江到江苏，此中应该还有经他人之手，然未能考出”[③]，其实湖州距离嘉兴不远，自古在“三吴”之中，故简称“吴中”，陆氏得书未经他人。陆氏所言《校勘记》，笔者所见国图藏本及日本早稻田大学藏本中均无，疑未刊，因为王国维曾说“陆氏重刊单疏本则误谬触目，似刊成后未一检校者”[④]。

光绪二十年(1894)陆心源死后，长子陆树藩主家，带领诸弟共同守护陆氏遗书，此本中“归安陆树声叔桐父印”即是其三弟陆树声所钤。陆树声(1882—1933)，字叔桐，邑庠生，三品衔，赏戴花翎，江苏候补知府，后入沪从商。光绪

---

① 〔清〕唐翰题《安雅廔藏书目录》跋文，见《顾廷龙全集·文集卷》上册，第177、178页。

② 又见于陆心源所撰《仪顾堂集》卷七《重刊北宋本尔雅疏序》，文字略有增删。

③ 简承禾《〈尔雅〉单疏本概述》，《东吴中文研究集刊》第16期，2010年，第104页。

④ 见《四部丛刊续编》影印的国图本《尔雅疏》后张元济所收录之“王君观堂遗墨”。又见于张元济《张元济全集》第9卷《古籍研究著作》，北京：商务印书馆，2010年，第67页。

三十三年(1907)六月,因家族破产,无以为继,陆树藩以十万元的价格将皕宋楼和守先阁十五万卷藏书全部售与日本岩崎氏的静嘉堂文库,此日藏本《尔雅疏》即在内。《静嘉堂文库汉籍分类目录》显示此本摆放在四十五架上,《静嘉堂秘籍志》将此本著录为"北宋刊、五本",保存至今。

总之,日藏本与国图本《尔雅疏》虽同在杭州由同一批版片刷印,但二者无论是版本形式、特征,还是文字、递藏上均有所差别,日藏本显然较为完整地保存了此批版片早期的形态,文献价值更大。至于孰刷印在前,王国维说国图本"在陆本后"[①],诸桥辙次说日藏本"涵芬樓所藏本(續古逸叢書に影印本あり)より微しく早印なるに似り。(善本影譜中の解說は謬なるべし)"[②][涵芬楼藏本(即《续古逸丛书》影印本)似乎要稍早。(《善本影谱》所说疑误)],似乎更加可信。相对而言,傅增湘亲睹日藏本后,说"蒋氏本是洪武时官纸所印,此本为元至顺官纸所印,其印本亦差相类,疑同时所印行也"[③];李致忠先生说"疑这两部非但同板,盖刷印亦同时也"[④],此处持保留意见。

二、日藏本《尔雅疏》刊刻时间再认识

北宋淳化五年(994),孔颖达《五经正义》刊版甫成,判国子监李至请命别纂、刊刻包括《尔雅疏》在内的《七经义疏》,获准。咸平三年(1000)三月,国子监祭酒邢昺等人取孙炎、高琏旧疏约而修之成《尔雅疏》十卷,"四年九月丁亥以献,赐宴国子监,进秩有差。十月九日,命杭州刻板",具体刊刻工作则由王焕负责。但刊成、颁行的具体时间,史书并未记载,结合景德二年(1005)"六月庚寅,国子监上新刻《公》《穀传》、《周礼》《仪礼正义》印板。……十月甲申,赐辅臣亲王《周礼》《仪礼》《公》《穀传疏》"[⑤]的史实,张丽娟先生判断《尔雅疏》在此之后[⑥],而顾永新先生认为在此之前已雕造完成[⑦],未知孰是,但想必距离景德二年不远。至于刻成后《尔雅疏》版片的具体处理情况以及与现存两部《尔雅疏》的关系,陆心源认为咸平版片刻成后被运至汴梁国子监储存,靖康后被

---

① 张元济《古籍研究著作》,《张元济全集》第 9 卷,北京:商务印书馆,2010 年,第 66 页。

② [日]诸桥辙次《静嘉堂宋本书影》,1933 年,第 6 页。

③ 傅增湘《静嘉堂文库观书记》,《国闻周报》第 7 卷第 13 期,1930 年,第 5、6 页。又见于《藏园群书经眼录》,北京:中华书局,2009 年,第 101 页。

④ 李致忠《宋版书叙录》,北京:北京图书馆出版社,1994 年,第 255 页。

⑤ 〔宋〕王应麟《玉海》卷四一、卷四二,南京:江苏古籍出版社,1987 年,第 779、803 页。

⑥ 张丽娟《宋代经书注疏刊刻研究》,北京:北京大学出版社,2013 年,第 263 页。

⑦ 顾永新《经学文献的衍生和通俗化》,北京:北京大学出版社,2014 年,第 62 页。

金人掳劫而去，但并未销毁，日藏本即据入元之后的残存版片印成[①]，这种观点最大的证据是《玉海》明云“国子监上新刻《公》《穀传》、《周礼》《仪礼》正义印板”，既然这四经疏刻板均在国子监[②]，那么《尔雅疏》亦当是。只是这些经板入金后的状况如何，史无明文，陆氏观点令人疑窦，故而早年王国维又破《玉海》“印板”二字为“印本”，转而认为咸平《尔雅疏》版片完成后，并未运至汴京，而是一直存放在杭州，南渡后，临安国子监又对其进一步加以修补，国图本即据之刷印[③]。但无论何种情况，陆氏与此时的王氏均认为国图本、日藏本都刷印自咸平旧版，南宋、元递有修补。另据王国维同乡兼门生的赵万里叙述，从1920年1月23日起，王氏方始以“蒋氏藏北宋刊《尔雅》单疏校阮刻《注疏》本，凡四日而毕”[④]，此是王氏校阅国图本的最早记载。彼时王氏在上海正为诸子学费稍绌故，替同籍、同官的蒋汝藻编纂《传书堂藏善本书志》，其《书志》的两份早期稿本以及1921年收入《观堂集林》中的《宋刊本尔雅疏跋》一文盖均作于此时，但《跋》文却认为国图本是“南渡后重刊北宋监本”，驳斥了陆氏“北宋刊本”的观点。在1924年6月交给蒋氏的《传书堂藏书志》定稿中，王氏也认为“北宋监本诸经悉为金人辇之而北，故南渡即行重刊”[⑤]，与早期稿本也大相径庭，转而与《跋》文相同，甚至以蒋氏口吻直接抄录原文。

我们无法得知王氏观点转变之缘由，但北宋国子监作为当时的最高学府，不但管理着国家的教育事业，还带有整个国家的出版总社的性质，其中大量书籍是经过校订后下杭州镂板，刻好后书版又运回国子监进行印刷的[⑥]。咸平本《尔雅疏》版片刻于杭州，后毁于靖康之乱是无可怀疑的。故王氏后来撰写的代表作《五代两宋监本考》中，国图本《尔雅疏》已被明确列于南宋监本中了。需要说明的是，王氏的观点似乎并未得到日本学者的普遍认可，静嘉堂文库长诸桥辙次曾说：“刻者姓名を按ずるに、補刻部分の吳祐・范堅・李祥は次條

① 见〔清〕陆心源撰，郑晓霞辑校《仪顾堂集辑校》卷七，扬州：广陵书社，2015年，第107页；《皕宋楼藏书志》卷一二，北京：中华书局，1990年，第137页。

② 宋真宗景德二年，“上幸国子监阅书库，问昺经版几何，曰：‘国初不及四千，今十余万，经传正义皆具。臣少从师业儒时。经具有疏者百无一二，盖力不能传写。今板本大备，士庶家皆有之，斯乃儒者逢辰之幸也。’”见〔元〕脱脱等《宋史》卷四三一《儒林一》，北京：中华书局，1977年标点本，第三十七册，第12798页。

③ 王国维《传书堂藏善本书志》卷一，北京：国家图书馆出版社，2010年，第1册，第52、53页。其底本为《传书堂藏书志》的早期手稿本；又见于《四部丛刊续编》影印国图本后张元济跋中所引，其底本为《传书堂藏书志》早期手稿本的修订稿，后收入陈乃乾所辑《观堂遗墨》中，又见于《张元济全集》第9卷《古籍研究著作》，第66页。

④ 赵万里《王静安先生年谱》，《王国维先生全集续编》，台北：台湾大通书局，1976年，第六册，第2569页。

⑤ 王国维《传书堂藏书志》卷一，上海：上海古籍出版社，2014年，第81页。其底本为定稿。

⑥ 李致忠《古代版印通论》，北京：紫禁城出版社，2000年，第96页。

の說文解字と一致す。王氏の言へる媾の闕筆は見ざるも、莞字闕かず。故に北宋刻、南宋及び元代の補刻と云ふべきか。”①(按刻工姓名,补刻部分的吴祐、范坚、李祥与次条《说文解字》一致。又见除王氏所说构字阙笔外,莞字亦阙。故当为北宋刻,南宋、元补刻)就基本上延续了陆心源的观点。

日藏本《尔雅疏》刻工姓名漫漶严重,很难辨识,现有书志又互有参差,兼有讹误,故我们结合国图本以及相关书志、书跋,将日藏本各页的刻工姓名尽力识别出来(见表2),或有讹误,但大体不差。页码前“*”代表此页版心上端有所刻字数。

表2 日藏本《尔雅疏》的刻工情况

卷次	页数	本页字数/页码/刻工姓名
卷一	9/13	叙1王恭、叙2王涣、*3蔡、5□□、*6礼、*7张坚、*8寿刊②、*9王恭、*10杨昌
卷二	5/14	*1张斌、8吴津、10陈浩、*11金、14□
卷三	9/14	*3、4方中吴③、*5李仲、6刘廷、*7张明、*8范坚、12严忠④、13□⑤、*14黄□
卷四	5/13	1郑春、2陈浩、*4葛、*5黄、*13吴祐
卷五	3/17	*6徐友山、*15孙开一⑥、*16毛
卷六	5/15	*1杞、*2王恭、*3沈文、*5葛、*8李祥
卷七	12/18	*3、*4徐良、*8王正、*10茅、*11展、*12士中、*13谢成、*14谢成、*15士元⑦、*16郑、*17陶岁、*18王正
卷八	4/15	*5金、6□、*13章忠、*14章忠
卷九	5/16	*4朱、*5朱、*6朱、*8金、*9金
卷十	11/17	*2孙、*4李庚、*8徐荣、*9俞声重刊、*10施昌、*11荣、*12□□、*13施昌、*14李宝、*16陈邦卿、17□□

从表中可以看出,日藏本《尔雅疏》共计152页,有刻工姓名或有所刻字数

① [日]诸桥辙次《静嘉堂宋本书影》,静嘉堂文库,1933年,第6页。

② 此人又见于八行本《周礼疏》,《国立“故宫”博物院宋本图录》定为“王寿山”,从之。

③ 张元济《涵芬楼烬余录》云国图本作“方中呈”,非。

④ 首字模糊难辨,张元济《涵芬楼烬余录》云国图本有“张忠”者,疑指此;李霖释读为“严忠”,从之。

⑤ 此字残留笔画“夕”,阿部释读为“勺”,但笔者颇疑即“陈邦卿”之“卿”字左边省写。

⑥ 《古籍宋元刊工姓名索引》据国图本作“孙开”者,非。

⑦ 清覆刻单疏本《仪礼疏》有“缪士元”,疑即此。

者 68 页，其中可与其他刻本互证的刻工有 33 位。结合阿部隆一的考订、《古籍宋元刊工姓名索引》等前人研究成果与此本具体情况，发现他们均曾活动于宋元时期的杭州一带，又大致可分为两个时期：南宋前中期约有 18 位，即陈浩、方中吴、李仲、刘廷、沈文、施昌（或“施”）、王恭、王涣、吴津、吴祐、徐荣（或“荣”）、杨昌、严忠、张斌、张坚、张明、章忠、郑春；南宋后期及元代约有 15 位，即陈邦卿（或“卿”）、范坚、李宝、李庚、李祥、缪士元（疑即“士元”）、孙开一（或“孙”）、陶岿、陶士中（即“士中”，或“陶中”）、王寿山（疑即“寿刊”）、王正、徐良、徐友山、俞声、谢成。

其中生活年代较早者，李致忠先生认为“陈浩可能是北宋末、南宋初的刻工，他参与过北宋递修本《史记》的镌板工作，而且还是原板刻工，还参与过北宋本《汉书》的镌板工作”，并就此认定国图本“似可定为北宋后期宋元明递修公文纸印本”[①]，但实际上陈浩还刻过庆元六年（1200）八行本《左传》，前后相差七十余年，有同名异人之嫌，阿部隆一已表示怀疑[②]。李霖又根据尾崎康先生指点，认为严忠所刻为原页，笔者深以为然，此人确曾频繁活跃绍兴年间，还与郑春、张明两人刊刻过绍兴间的《世说新语》[③]。同时，在排比过程中，笔者还发现此本刻工大多与旧称“眉山七史”，即南宋前期杭州刊三朝递修本重合，但宋代部分只有方中吴、刘廷两人例外。方中吴参与过绍兴末年八行本《尚书》《周礼》的刊刻工作，而刘廷除参与旧称“景祐本”《史记》的补刊（实际上刊刻于两宋之际，“补刻距原版刊刻时间不远”[④]），别无所见[⑤]，今又观方中吴、刘廷所刻之页，平正古雅更甚严忠。故此本当以方中吴、刘廷、严忠三人所刻之页为首，要知此三页不仅全部集中在卷三、字体近似、不刻字数，且经笔者细校，竟无一字讹误。而同时符合这些条件的页数全本中并不多见，正好印证阿部隆一所说“原刻の葉は極めて少く”（原刻叶面极少）[⑥]。尾崎康先生又曾鉴定二 13、14 是原版，经笔者亲验，此两页确实比较近似，但与刘廷等人所刻页对看，显然非一时所刻，且二 14B2 引《礼记》郑注“为人亵其无知”之“其”，元刊九行本以下皆不误，独此本误作“云”，国图本亦然，知其为后人补刻无疑。总之，结合“监本书籍者，绍兴末年所刊也”“二十一年五月，辅臣复以为言，上谓秦益公曰

① 李致忠《宋版书叙录》，第 257 页。

② 《阿部隆一遗稿集》，第 1 卷，第 364 页。

③ 此本旧称“绍兴八年董弅刻本”，日本宫内厅书陵部、尊经阁各藏一部，经考订为绍兴末年杭州翻刻本，见潘建国《日本尊经阁文库藏宋本〈世说新语〉考辨》，《中国典籍与文化》2012 年第 1 期。

④ ［日］尾崎康《正史宋元版之研究》，北京：中华书局，2018 年，第 229 页。

⑤ 《古籍宋元刊工姓名索引》云其刻过赣州本《文选》，经查乃“刘廷章”之误。

⑥ 《阿部隆一遗稿集》，第 1 卷，第 362 页。

'监中其它阙书，亦令次第镂板，虽有所费，盖不惜也'，繇是经籍复全"[①]等说法，笔者合理推论，南宋杭州国子监所覆刻《尔雅疏》当完成于宋高宗绍兴末期，所刻之页多有刻工，但无字数（盖不惜也），孝宗以后因发觉有讹字，又进行了补版，然补版又产生新的讹误，故时刻时补，直到宋末，仍未止息。

刻工中陶士中生活年代可能最晚，因为他不仅与陶嵩、谢成共同刻过元至正五年（1345）的《金史》与至正六年的《宋史》，而且在洪武三年（1370）被征调到南京参与刊刻《元史》。因此我们肯定此本在元代中期有过一次大规模的集体补版，以徐良、王正、陶嵩、陶士中、谢成、缪士元等为代表，所补版片集中在卷七，彼时西湖书院正整理房舍、补缺旧版，编写《重整书目》，泰定元年（1324）所刻《文献通考》刻工与此多有重合可证。至正十七年（1357），西湖书院因遭兵燹，"书板散失埋没，所得瓦砾中者往往刓毁虫朽"[②]，修复工作直到二十二年（1362）七月才结束，但由于乱世，所补版片质量已经大不如前，此本若在其中，则当以字迹凌乱、章法全无的九 14、15 两页最有可能。至于此后，此本是否再有修版，已不可考，但到明洪武八年（1375）前后，此本连同其他南宋国子监所刻群经义疏版片被送往南京国子监保存、刷印，不排除入明后继续补版的可能性。

此本的避讳字在北宋真宗以前主要有"玄""眩""弦""铉""炫""鲧""敬""警""惊""弘""殷""殷""匡""胤"等字，为一般宋版书所常见。但真宗以下避讳字，由于涉及版本鉴定，故将其出现频次、避讳方式以及涉及的刻工情况列出（见表 3）。

表 3　日藏本《尔雅疏》避讳情况

庙号	讳字	频次	方式	实例	刻工
真宗	恒	6/14	阙末笔	恒战竦（四 8A6）	无
				恒恒者常也（七 12B12）	士中
				恒封禅之（七 13A2）	谢成
				恒常也（七 13A3）	谢成
				恒农郡（九 2B10）	无
仁宗	桢	3/3	阙末笔	桢翰（二 8A11）	吴津
				桢正也（二 8A12）	吴津
				维周之桢（二 8A13）	吴津

---

① 〔宋〕李心传撰，徐规点校《建炎以来朝野杂记》甲集卷四《监本书籍》，北京：中华书局，2000 年，第 115 页。

② 〔元〕陈基《西湖书院书目序》，见陈谷嘉、邓洪波《中国书院史资料》，杭州：浙江教育出版社，1998 年，第 457 页。

续表

庙号	讳字	频次	方式	实例	刻工
钦宗	桓	2/23	桓	春秋桓五年(二 14A11)	□
			阙末笔	桓十二年(三 12A4)	严忠
	亶	1/2	亶	亶之堇(八 10B11)	无
孝宗	慎	3/35	阙末笔	许慎曰(四 11A14)	无
				许慎云(四 11B2)	无
				可无慎乎(四 12B2)	无
孝宗父	称[①]	1/101	穪	总称故题云(七 6B3)	无

需要说明的是，此本仁宗嫌讳“徵”字共出现 16 次，其中五 14B 就出现 5 次，均不避，阿部隆一、严绍璗等先生著录此本时将“徵”字列入，当指“援据徵”(一 5A4)之“徵”而言，实则此字末笔有遗留笔画，乃磨损，非避讳字。尽管如此，此本于真宗、仁宗以及之前的帝讳均避讳较严，而之后除钦宗外，北宋诸帝避讳较为宽松，而南渡后高宗名讳“构”以及“遘”“彀”“逅”等字皆不避，王国维说“于钦宗嫌名‘亶’字、高宗嫌名‘媾’字，皆阙一笔”，又说“据书中钦宗嫌名‘亶’字、高宗讳‘构’字皆阙末笔，定为南宋监本”[②]；张元济云“钦宗、高宗嫌名‘亶’‘媾’二字及孝宗讳‘慎’字，亦偶或一避”[③]，其中所提及的“媾”字，不管是日藏本，还是国图本全书均未见，当是误记。这种连本朝今上名讳及嫌讳均不避的情况，只有一种解释，那就是南宋覆刻《尔雅疏》十分忠实地反映了北宋本的面貌，故而没有大规模地改动避讳字，其覆刻时间当不会在孝宗朝。

长泽规矩也曾据《四部丛刊续编》影印的国图本避讳字和刻工反复比对，认为国图本乃“孝宗末年至光宗年间之刊本，于元代时修补”[④]，但实际上国图本的刻工姓名已大量磨损，且版框、正文均经过后人描补，完全失真，《续编》影印时又调过墨色，故而长泽先生未察觉这些版面与其他版面的差别，进而得出与事实不符的结论。李霖又据四 11、12 两页“慎”字避讳及《尔雅》在群经中的地位“推测此书在孝宗隆兴、乾道间的可能性较大”[⑤]，但我们认为日藏本补版

① 此字不见于前人书志，为笔者在校勘时发现，疑即避孝宗父赵子偁之讳。

② 王国维《宋刊本尔雅疏跋》，《王国维手定观堂集林》卷二一，杭州：浙江教育出版社，2014 年标点本，第 433 页；《传书堂藏书志》卷一《尔雅疏十卷》，第 80 页。

③ 张元济《涵芬楼烬余录》，见张人凤编《张元济古籍书目序跋汇编》，北京：商务印书馆，2003 年标点本，430 页。

④ [日]长泽规矩也《现存宋刊单疏本刊行年代考》，《中国文哲研究通讯》第 10 卷第 4 期，2000 年，第 16 页。

⑤ 李霖《宋本群经义疏的编校与刊印》，第 70 页。

页甚多，若以三12严忠所刻为原版，则此两页包括"称"字出现的七6在内显然是补刻，且全书"慎"字共出现35次，避讳却只有3次，全部集中在这两页；"称"字出现101次，避讳只有1次，避讳频率实在太低，又四11A8"诗曰聿嫔于京"之"聿"误"曰"，四11B10"帝馆甥"之"甥"误"生"，四11B14"四人至依此"之"此"误"次"，七6A9"吴帅师"误作"吴帅帅"，七6A13"新田新成"脱下"新"，七6B5"孤竹城"误作"孤竹域"，七6B15"于夷"误作"一夷"，国图本同误，错误率如此高，故不能据之推迟全本的刊刻年代至孝宗朝。至于说《尔雅》在群经中地位不高，故刊刻在后，这也难有说服力，因为单疏本《周易》《尚书》就远在《毛诗》之后。

三、日藏本《尔雅疏》与阮校《尔雅注疏》

《中国版刻图录》著录的《尔雅疏》除了国图本与日藏本，尚有阮元《十三经注疏校勘记》所用之本，云"后因兵事遗失"，与国图本均出于吴县黄丕烈士礼居。国图藏嘉庆十七年(1812)稿本《求古居宋本书目》为黄氏自藏底本，其中就著录两部《尔雅疏》，前后标为"一册"与"五册"。黄氏自云：

> 余始见一本，出于顾怀芳家，五砚楼主人得之。既而怀芳伯父五痴亦有是书，已抄一至三卷，第四卷起俱宋刻(八卷十一叶缺)，卷首有"文渊阁印"一，盖犹是明内府物也。后访得香〔岩〕(严)书屋适有残本三卷在，索观之，虽非全帙，却亦宋刻，特印本为洪武时，其纸背字迹可验。遂去抄存刻，居然完璧矣。五砚楼本曾属常州臧在东校出，今虽已录其佳者入浙抚所刻《十三经考证》中，然究恐世人轻改古书，暇日当取而校之。通体三十行，行三十字。[①]

再结合臧庸(字在东)所作之跋文[②]，可知阮校(其中《尔雅》由臧庸负责)所用之本最早在顾怀芳家，黄氏曾观，求之未得，该书于乾隆五十八年(1793)被袁廷梼(字又恺、寿阶，号五砚楼主人)以白金二十四两的价格从书贾手中购得。臧庸于嘉庆五年(1800)秋曾借之作校记，九日后，臧氏完成校记，又将此本归还袁氏。而此时黄氏又辛苦寻得怀芳家伯父顾应昌(号五痴)、周锡瓒(别号香岩居士)的配补本(即国图本)，聊以自慰，故而一时形成"为言江夏无双士，东郭西郊并二难"的局面。

---

① 〔清〕黄丕烈《百宋一廛书录》，《黄丕烈藏书题跋集》，上海：上海古籍出版社，2015年，第979、980页。

② 〔清〕臧庸《拜经堂文集》卷二，《续修四库全书·集部》第1491册，上海：上海古籍出版社，1997年，第519页。

嘉庆十五年(1810),袁氏殁,袁本被黄丕烈所得。黄氏心愿得偿,遂将自己所藏的配补本以白金四十两的价格卖给了海宁人陈鳣。但陈氏得到的配补本"凡六册,中有文渊阁印"[①],并非我们现在所看到的国图本五册,笔者推测当包括《求古居宋本书目》中"一册"与"五册","一册"即黄氏"去抄存刻"中的顾应昌所抄之一册,袁本并未著录。而随着道光五年(1825)黄氏病殁,其藏书均散出,臧庸当年据之作校记的袁本《尔雅疏》也随之下落不明。此时距离唐翰题同治十三年(1874)获得日藏本尚有近半个世纪的时间,中间又经历过太平军之乱,袁本的下落以及与日藏本的关系遂成待解之谜。

光绪四年(1878),陆氏重刊日藏本时首次提及"其即黄、袁二家所藏,或别为一本"的说法,被王国维、《中国版刻图录》等沿用,但他自己却并不确定,故又云"无可考也"。在其后所撰《皕宋楼藏书志》中,陆氏更云"《尔雅疏》之存于近古者,乾嘉中黄氏百宋一廛、袁氏五砚楼各有其一,兵燹之后,硕果仅存,余已重雕印行"[②],即转而认定日藏本或可能是黄、袁二本中的一本。1929年秋,时任故宫博物院图书馆馆长的傅增湘赴日,在静嘉堂文库观摩到了日藏本,再次提及此问题,说"中经兵乱,世间未必有二日,未知此帙为谁氏所藏,然以余所见密韵楼蒋氏藏有一帙为士礼居旧物,则陆氏所得为袁氏本也"[③],明确提出日藏本就是袁本。汪绍楹又对傅氏表示怀疑,云日藏本"无二氏图记,未可遽以定论"[④]。其实国图本中亦无袁氏、黄氏二人相关印记,汪先生的质疑也略嫌证据不足。

我们认为要考察袁本是否为此日藏本,得先从臧庸所据之本着手,臧氏自云:

> 此当脱胎北宋本,中有明人刊补者,最劣。今作《校勘记》,以此本为据[⑤]。(此本)阙卷八之十一一页,余阙者多系〔明〕(名)人补刻,字体恶劣,讹误出坊本下,难与原刻较短长也。间有模糊不清处,书贾率臆描改,如序疏"若茧之抽绪"改"绪"为"缩",《释诂》第一疏"则但指篇目而已"改"目"为"自",《释诂》"那,于也"疏"《左传》曰'弃甲则那'"改"那"为"郡",此类,读者审其墨迹,无为所惑。[⑥]

日藏本目前尚无发现明补之页,国图本版片虽经明人修补,但亦无发现明

① 〔清〕陈鳣《经籍跋文·宋本尔雅疏跋》,第26页。

② 〔清〕陆心源《皕宋楼藏书志》卷一二,第137页。

③ 傅增湘《藏园群书经眼录》,第101页。

④ 汪绍楹《阮氏重刻宋本十三经注疏考》,《文史》第3辑,北京:中华书局,1963年,第48页。

⑤ 〔清〕阮元撰,刘玉才等整理《十三经注疏校勘记》第11册,北京:北京大学出版社,2015年,第4875页。

⑥ 〔清〕臧庸《拜经堂文集》,第519页。

人补页，臧庸或为误识。又查“绪”在一 2，国图本无描改，日藏本虽有描改，然仍作“绪”，不作“缩”；“目”在卷一 6，国图本与日藏本均作“目”，其上均有点，然无描改；“那”在卷一 11，国图本与日藏本均作“那”，然均无描改，故笔者颇疑臧庸所据之本前三卷当为国图本业已遗失的前三卷，顾顺昌曾据之抄补。我们又仔细研读《校勘记》正文，发现臧氏所据之本后七卷中亦有不同于国图本与日藏本者，如《释言》“毚”下《校勘记》云“单疏本此页系明人补刻，不足据”①，此页为三 7，然国图本、日藏本均是南宋中期张明所刻，非明人补刻；《释器》“象谓之鹄”下郭注“五者皆治朴之名”，《校勘记》云“单疏本‘朴’作‘扑’，误”，今国图本、日藏本五 12B3 此字均作“朴”，不误；《释草》“莩，麻母”下《校勘记》云“按单疏本阙卷八之第十一，自‘一名莩’之‘一’字起，至‘近道田野墟落间甚多’之‘甚’字止。今据元本注疏校补。其标经注起止元本亦无，无以补正云”②，此页为八 11，国图本与一 10 重合，确属阙页，而日藏本不阙，《四部丛刊续编》影印国图本时尚据之抄补（文字稍有差异）。足见臧庸所据之本，也就是陆心源、傅增湘、汪绍楹所关注的“袁本”非日藏本，而更像是接近国图本的明代修补之本，毕竟日藏本版片入明后长期在国子监刷印取用，国图本后七卷藏于南京文渊阁，而袁本则藏于别处，恰巧此两本均阙八 11。王国维所谓“吾郡陆氏十万卷楼所藏又别为一本”③的说法，目前看来还是准确的。

日藏本既然非袁本，且刊印在前，自然可纠正以袁本为底本的阮刻《尔雅注疏》本的许多讹误。只是篇幅所限，且其中大部分与国图本重合，不足以单独体现日藏本的校勘价值，故此处仅以袁本、国图本所缺的八 11 一页为例加以说明。日藏本此页无刻工、字数，从字体上判断，当为南宋中后期补刻，阮本④则以元刻明修注疏本补足，我们试将此二本加以对校，整理出文字异同情况（见表 4）。

表 4　日藏本《尔雅疏》卷八第十一页与阮刻《尔雅注疏》对勘情况

页行	日藏本	阮本	校记
A5	藒车芞舆	芞作艺，非	唐石经以下，元、闽、监、毛本皆作“芞”，阮本新生
A7	与芳芷	无芳，非	闽、监、毛本有“芳”，元本新脱
A8	叶似苜蓿	苜作苽	元本同，闽、监、毛本误作“菽”，元本新生

① 〔清〕阮元撰，刘玉才等整理《十三经注疏校勘记》，第 4937 页。

② 同上书，第 5091 页。

③ 王国维《传书堂藏书志》，第 81 页。其底本为定稿。

④ 〔清〕阮元校刻《十三经注疏》，北京：中华书局，1980 年。

续表

页行	日藏本	阮本	校记
A10	亦芸类	类下有也	元、闽、监毛本皆同,元本新生
A10	葞春草	下有注一名至草云六字,非	元、闽、监毛本无,此注起止为阮本新生
A11	今处处皆	处处作是处,非	元、闽、监、毛本同,元本新生
A12	为岗草也	岗作菵,是	元、闽、监、毛本同,与“芒”同音,日藏本误
A13	葵类也	无也	元闽监毛本同,元本新生
A13	一名终葵	终作蔠,非	元、闽、监、毛本同,阮校云“《五经文字》云‘蔠,《释文》作终’,今本非”,元本新生
A13	叶叶紫黄	下叶作华,是	元本作“叶”,闽、监、毛本作“华”是,日藏本误
B1	大如落葵	落葵作蘡子,是	元、闽、监、毛本同,与《本草》合,日藏本剜改误
B2	陆秽	下有草,非	元、闽、监、毛本同,元本剜挤新生
B5	钩藈始	藈作藈,非	唐石经以下,闽、监、毛本皆作“藈”,元本新生
B5	钩藈始	始作姑,是	唐石经以下,元、闽、监、毛本皆作“姑”,日藏本误
B5	一名藈姑	藈作藈,非	元、闽、监、毛本作“藈”, 阮本新生
B7	孰时赤	孰作熟	元、闽、监、毛本同,元本新生
B7	圆无义缺	义作乂,非	元、闽、监、毛本作“乂”,即“叉”,阮本新生
B8	子如梔子	梔作栀,是	闽、监、毛、本同,元本墨钉,日藏本误
B8	生青孰赤	孰作熟	元、闽、监、毛本同,元本新生
B13	臭如蘪芜	蘪作麋	元、闽、监、毛本同,元本新生
B15	其墙蘼	蘼作蘪,非	元、闽、监、毛本作“蘼”,阮本新生

从中可见阮本“与芒”“是处”“蔠葵”“陆秽草”“藈”等之误大皆源于元本新

生之误，而其本身亦新生出“芸”“乂”“虋”以及出注等讹误，若无日藏本，则将无法从他本得到纠正；其他如“叶似苜蓿”“亦芸类”“葵类也”“孰时赤”“生青孰赤”“虋芜”等处，虽暂时尚不能断定其正确与否，但很可能保留了邢疏早期的文本形态，不容忽视。王国维曾说：“昔阮文达刊《尔雅注疏》，其疏文全据此本，然因与经注合刊，故于单疏中复举经注之文多所刊落，又往往改疏字以就经注本，故与所撰《校勘记》多不合，而校记亦多漏略，阮本新生之讹夺抑又倍之。”①所言甚是。当然，我们也注意到日藏本“岗草”“叶叶紫黄”“大如落葵”“藤始”“栀子”等讹误，只是无其他版本可作参照，不能明晓其来自何时、何地、何人之手，想来全本中此类讹误不少，其文本之复杂可见一斑。

除国子监所刊之本外，南宋前期江南各地也陆续刊刻过其他版本的《尔雅疏》，陈傅良就说瑞安府（今温州）曾刊《尔雅疏》“并《音释》若干卷，以久不就，字画多残阙，金华赵君子良来为推官，缮之，始颇可读”②。只是这些刻本均没有国子监刻本的权威性与传播的广度，故剥蚀、流散在历史的尘埃中。此本包括国图本得以流传至今，实属不易。笔者 2019 年秋始以国图本校诸阮本，发觉二者不合者甚多，后辗转又以日藏本校之，发觉其不仅与阮刻本不合，亦有与国图本不合处。仔细观摩、鉴别这些差别有助于我们进一步加深对包括此本在内的南宋国子监群经义疏的认识。后人欲研究邢昺《尔雅疏》，当须结合此三种印本，方能得出更加科学、合理的结论。

本文撰写过程中得到北京大学李霖教授的批评指正，特此感谢！

① 见《张元济全集》第 9 卷《古籍研究著作》，第 66 页。

② 〔宋〕陈傅良《陈傅良文集》，杭州：浙江大学出版社，1999 年，第 524 页。王国维怀疑国子监本“即温州刊本，后取入监”（《两浙古刊本考》，见《王国维全集》，杭州：浙江教育出版社，2009 年，第七卷，第 71 页），但其实跋中云赵善珍（字子良）与陈氏同为乾道八年（1172）进士，可知该本补版时尚在孝宗乾道八年以后的温州地区，非在杭州国子监，两者非一本也。

古汉语考释三例

钱汝平*

【内容提要】 本文考证了三个古汉语词:贵欲、崿、摸棱。认为"贵欲"的"贵"本字当是"觊","贵欲"是近义词组成的词组。"崿山"的"崿"之所以历来被注为tu音,是由于音切为"他乎切"的缘故,其实"他"是"化"字形近之误,"崿"应是从山雩声的形声字。而"摸棱"一词与"无虑""摹略""迷离""朦胧"等词为一音之转,同出一源,是联绵词,不应望文生义地理解为"用手摸床棱"。

【关键词】 贵欲　崿山　摸棱　他乎切　考释

一、"贵欲"本字考

"贵"字有"希望、企图"义,最早由南宋学者鲍彪发其覆。《战国策·东周策》:"谓周最曰:'魏王以国与先生,贵合于秦以伐齐。'"鲍彪注:"贵,犹欲。"结合后世文献,可知鲍彪此注至为精确。王锳、郭在贻、樊维纲等先生分别从唐宋诗文和魏晋南北朝文献中搜罗了大量"贵"以及"贵欲"同义连文作"希望、企图"解的例证,其说已成定论①。但是于"贵"字为何会有"希望、企图"义,似尚未达一间。如果说此义是由"贵"字的本义"贵重"引申而来,那么其间的演变线索很难理清。笔者以为,"贵"字当是"觊"字的音近假借字。据郭锡良先生的拟音,"贵"字的上古音为 kǐwət,属见母物部;"觊"为 kiəi,属见母微部②。虽有介音和阴入之不同,但主要元音相同,并同属见母,而微、物二部字又例得通假。如《论语·阳货》:"阳货欲见孔子。孔子不见,归孔子豚。"又同书《微子》:"齐人归女乐,季桓子受之,三日不朝。"此两例"归"字,《释文》云:"郑(玄)本作

---

* 本文作者为绍兴文理学院越文化研究院副研究员。

① 王锳《诗词曲语辞例释》(第二次增订本),北京:中华书局,2005年,第120页。郭在贻《〈太平广记选〉(上册)注释商榷》,《齐鲁学刊》1983年第1期。樊维纲《晋南北朝乐府民歌词语校释》,《杭州师范学院学报(社会科学版)》1991年第2期。

② 郭锡良《汉字古音手册》(增订本),北京:商务印书馆,2010年,第113、224页。

馈。”[①]“归”在见母微部，“馈”在群母物部，属阴入对转。《说文·见部》：“觊，钦幸也。从见，岂声。”段玉裁注：“觊钦叠韵。古多作幾，汉人或作冀，亦作冀于，从岂取意，岂下曰：欲也。”若“钦”“幸”连文，亦即今日所云“侥幸”矣。“侥幸”即有“希望、企图”义。至于同义连文的“贵欲”一词，其本字当是“觊觎”，亦作“觊欲”，三者仅一声之转耳。“觊觎”亦是同义连文，《说文·见部》：“觎，欲也。从见，俞声。”段玉裁注：“觎欲叠韵，《广韵》曰：觊觎，欲得也。”钱坫《说文解字斠诠》云：“《汉书》广陵王胥有觊欲心，觊欲即觊觎。”[②]其说是矣。

二、“嵑”字读音臆说

“嵑”字，在现存传世文献中，最早出现于江淹《谢法曹赠别（惠连）》，诗中有“今行嵑嵊外，衔恩至海滨”[③]之句。此诗后被收入《文选》，唐初李善为其作音注，对“嵑嵊”二字，正文夹注“呼剩”二字，表示二字读音与“呼剩”同。又于注文中对此二字下了反切：“嵑，他乎切；嵊，食证切。”[④]以“食证切”来切“嵊”字，自然准确，此可不论。然而“他乎切”切不出“呼”字的读音，只能切出类似“tu”的读音。但是后世字书韵书均据此一边倒地将其音定为“他胡切”或“通都切”（即他乎切），《广韵》在平声透母模韵。连带地，“嵑”字的异体嵲，甚至瑦、璷、杇、隖等字也一并收入同一小韵。然而，从造字的常例来说，“嵑”字显然是一个形声字，从山，雩声，而“雩”字，据《说文》孙愐音，为“羽舞切”，《广韵》为“况于切”，其声母是喉音晓母，明显与“他胡切”的舌头音透母不合。这从“嵑”字的异体嵲更可直接看出，嵲从乎得声，是喉音晓母字。其实比李善年代稍晚的唐代僧人慧琳就曾对此提出过怀疑。他在给慧皎《高僧传》卷四《竺法潜传》的“徐步东瓯，远瞩嵑嵊”一句作注时说：“雩堘，上音诩于反。《汉书》云：雩娄，县名……《考声》云：吴邑名也。《传》文从山作嵑，字书及《郡国志》并无此嵑字，多恐传写误耳。下音绳，《考声》从土作堘（堘），小山也。案《郡国志》，堘（堘）亭在剡山。”[⑤]慧琳于字学似稍嫌保守，只因当时字书未收“嵑”字就不愿承

① 引例据邓安生《通假字典》，石家庄：花山文艺出版社，1998年，第178—179页。

② 见丁福保编《说文解字诂林》，北京：中华书局，1988年影印，第3855—3856页。

③ 〔梁〕萧统编，李善注《文选》卷三一《杂拟下》江淹《杂体诗三十首》，清嘉庆十四年胡克家刻本。

④ 对《文选》正文中音注的来历，学界争议较大。据李华斌研究，正文中的音注原本与注文中的音注是一个整体，后被刊刻者置之于前，有规范读音的作用，其权威性高于注文中的音注；它来源于注文，一部分是李善的，一部分是五臣的，一部分是《文选》旧注的。总之，即使不全是李善的音注，但作于中唐以前是可以肯定的。李说见《〈文选〉正文中的音注的来历兼及尤刻本的来历》一文，《长江学术》2013年第1期。

⑤ 〔唐〕释慧琳《一切经音义》卷八九，上海：上海古籍出版社，1986年影印日本狮谷白莲社版，第3427页。

认它的存在，故只以“雩”字出注，并以“吴邑名雩娄”的传统说法来解释它。但他将“雩”字注为“诩于切”则无疑是准确的。“雩”肯定是喉音晓母字。在对同书卷七《释僧镜传》“常共游嵣嵊”一句作注时，慧琳似乎改变了看法，承认了“嵣”字的存在，他说：“嵣嵊，上音户，下音乘。”[①]可见在慧琳看来，“嵣”字就是读如“户”音的，不存在读“他胡切”的可能。笔者以为，《文选》注文中的“他乎切”的“他”字当是“化”字之误，形近而讹。“他”字与“化”字极易相混。笔者曾整理后周高僧释义楚编纂的佛教类书《释氏六帖》，该书的宋刻本第四帖《神仙高士部》第二十七《仙人》一“求仙无益”条引《正理》云：“求仙道者，或负笈从师，担簦远岳，披萝缉蕙，鸟曳熊经，金灶罕成，玉华难覯，凝髓他（化）骨，空致斯谈。”《正理》就是初唐高僧释法琳的《辩正论》。此节文字见于今本《辩正论》卷六[②]，“他”字作“化”字，自当以“化”为是，可知“化”易误为“他”。“嵣”字的读音当是“化乎切”，如此才能与正文中的夹注“呼”字相呼应。当然，这不是李善之误（因为比李善年代稍晚的慧琳还将“嵣”字读如“户”音），而是因辗转传抄刊刻导致的错讹，但至迟在北宋真宗年间纂修《广韵》时就已出现。

此山在今浙江省嵊州市，当地俗称猪大山，大概因此山多野猪而得名。当地文史研究者据此认为“嵣”字方言读音当为 zi（因方言猪字读 zi）。笔者以为，这是一种倒果为因的说法。因民间俗称猪大山，而此山刚好对应古代文献中的嵣山，从而牵强附会地认为“嵣”字读 zi 音，这显然是难以成立的。

三、也谈“摸稜”

《文史知识》2004 年第 4 期刊登了王国锋先生的随笔《何谓“模棱”》，考证了典故“模棱两可”的来源，引用了《旧唐书·苏味道传》和《唐语林》卷五《补遗》的两则材料。《旧唐书·苏味道传》：“（苏味道）前后居相位数载，竟不能有所发明，但脂韦其间，苟度取容而已。尝谓人曰：‘处事不欲决断明白，若有错误，必贻咎谴，但摸稜以持两端可矣。’”《唐语林》：“苏味道初拜相，门人问曰：‘方事之殷，相公何以燮和？’味道但以手摸床稜而已。时谓‘摸床稜宰相’。”王先生由此认为“摸稜”就是“摸床稜”的意思，并进一步发挥说：“稜同棱。……棱是四方木，四方木上下、左右没有区别，这就暗示，处理事务要像‘摸棱’一样，可上可下，可左可右，不分出是非对错。”笔者读此，窃有疑焉。且不说“棱”是否四方木，即使是，也怎么会“上下、左右没有区别”呢？

其实，“摸稜”一词在古代文献中有多种写法。有作“模棱”者，如宋陆游

① 〔唐〕释慧琳《一切经音义》卷九〇，第 3442 页。

② ［日］高楠顺次郎主编《大正新修大藏经》，台北：新文丰出版公司，1982 年，第 52 册，第 533 页 a。

《剑南诗稿》卷七《老健》诗："不怪模棱嗤了，但惊袗臂劝徐徐。"也有作"摸稜"者，宋蔡絛《铁围山丛谈》卷三："改官匪难，当别有骤进用，径入侍从行缀矣。然反复无常，惟畏慎作摸稜态过当，卒致身辅相。"宋马永易《实宾录》卷三："唐苏味道为相，恃名位，尝谓人曰：摸稜持多端可矣。故世号摸稜首。"亦有作"模棱"者，明张居正《张文忠集》卷一《陈六事疏》："上下务为姑息，百事悉从委徇，以模棱两可谓之调停，以委曲迁就谓之善处。"从词形的不定来看，"摸棱"只有可能是联绵词，其义存乎其声，不在其形，因此在解释其义时，不能坐实，只能以声训得之。

最近笔者阅读王引之《经义述闻》有"无虑"一条，读后愚心似有所悟，觉得"摸棱"实为"无虑"的音转而已。现将该条择要摘述如下：

> 家大人曰：……高诱《淮南·俶真篇》曰："无虑，大数名也。"《广雅》曰："无虑，都凡也。"又曰："都，大也。"都凡犹言大凡，即高诱所谓大数名也。……《赵充国传》："亡虑万二千人(亡与无同)。"注曰："亡虑，大计也。"……无、勿一声之转，故无虑或谓之勿虑(笔者按：又作莫虑，《汉书·贾谊传》："地制壹定，宗室子孙莫虑不王，下无倍畔之心，上无诛伐之志，故天下咸知陛下之仁。"莫虑不王，朱起凤《辞通》云："谓大氐莫王也。")……无虑之转又为摹略。《墨子·小取篇》曰："摹略万物之然，论求群言之比。"摹略者，总括之词，犹言无虑也。又转之为孟浪。《庄子·齐物论篇》："以为孟浪之言，而我以为妙道之行也。"李颐曰："孟浪，犹较略也。"崔譔曰："不精之貌。"(笔者按：向秀读孟浪为漫烂)左思《吴都赋》："若吾子之所传，孟浪之遗言，略举其梗概而未得其要妙也。"刘逵注曰："孟浪犹莫络，不委细之意。"无虑、勿虑、摹略、孟浪皆一声之转。①

按"无虑"的音转形式除上述勿虑、莫虑、摹略、孟浪、莫络外，郭晋稀先生《声类疏证》于此尚搜罗甚夥，见解精辟。他说："凡事之大计不精细，为孟浪、漫烂、莫略、无虑、灭裂，……其义小变，谓物之仿佛不清楚，则为弥离、迷离、蒙茏……摹络。《木兰诗》：'雌兔眼迷离'，谓所见模糊耳，迷、弥本同音字，故弥离即迷离。《汉书·扬雄传》：'猎蒙茏'，师古曰：'蒙茏，草木所蒙蔽处也。'……月下见物不清，故字又作朦胧。《射雉赋》云：'幎历乍见。'盖谓乍见乍隐之貌。《文选·吴都赋》：'幂历江汉之流'，刘逵注：'幂历，分布覆被貌。'羃䍥则字形增网，以网蒙蔽之，《广韵》云：'羃䍥，烟状。'云烟笼罩不清也。……《广韵》云：'羃䍦，妇人所戴。'皆谓蒙蔽可知。诸联绵辞上字：弥、迷、蒙、朦……，皆读微明两母，微古读明，故知其同纽双声也。其下字：离、茏、笼、胧、

① 〔清〕王引之《经义述闻》卷三一"无虑"条，清道光七年刊本。

历……络，皆读来纽，亦同纽双声也。”[①]郭先生又说：“凡此变化，不知纪极。循此以求可推知也。形既转动，义亦移易，然虽移易，又相牵连，仔细抽寻，自可得其仿佛。”[②]王引之、郭晋稀的说法为我们考释“摸棱”的词义提供了线索。无、勿古读同莫。摸从莫得声。虑，《广韵》良倨切，去声，御韵，来母。棱，《广韵》鲁登切，平声，登韵，来母，两字同纽，而韵部似乎相去较远。但粤方言虑读[1eu]，与棱[lng]主要母音相同，例得通转。《汉语方言大词典》收有“摸棱”一词，释义云：“山西榆次‘摸棱’有‘蒙盖’之义，如用被子摸棱住头，蒙盖住头，则有‘不明白’、‘模糊’、‘糊涂’之意。”又云：胶辽官话、闽语中“摸棱”一词有“估计、揣摸”义，并引《真本金瓶梅》第八十回：“妈说，你摸棱你手中没什么细软东西，不消只顾在他家了。”[③]也与王、郭两先生的说法相合。于此，可知“摸棱”一词实是古语“无虑”的音转，其义得之于“无虑”的“大凡”、“大概”义，引申之则有“不清楚”、“不明白”、“模糊”之义，在具体语境中，可释为“遇事不置可否，态度含糊”，因此，“摸棱”一词的词义并非如王国锋先生所说的得之于苏味道的“摸床棱”。至于《唐语林》记载的苏味道以手摸床棱的细节，只不过想以谐音的方式用“摸床棱”[④]这个动作向对方暗示“摸棱”的“含糊”义而已，不当坐实。

---

① 郭晋稀《声类疏证》，上海：上海古籍出版社，1993年，第378页。

② 同上书，第375页。

③ 许宝华、宫田一郎主编《汉语方言大词典》，北京：中华书局，1999年，第6751页。

④ 古人手书，往往扌、木不分，故模字易写作摸。

李笠《广史记订补》考述

张 彧*

【内容提要】 近人学者李笠一生致力于朴学，其学术研究领域遍及经史子集四部，对《史记》的研究更是贯穿其学术生涯的始终，留下了以《广史记订补》为代表的大量《史记》研究著作和文章。《广史记订补》一书的内容主要体现在《史记》体例发微、文字考释、文字校勘、三家注勘误这四个方面，也全面展现了李笠先生的《史记》研究成果。本文在阅读相关资料的基础上，力求对《广史记订补》一书做出全面分析和评价。

【关键词】 李笠 《广史记订补》 《史记》研究 成就

李笠(1894—1962)，字雁晴，浙江瑞安人，精治朴学，是孙怡让先生的私淑传人。他从治《说文解字》始，进而治文字学、训诂学、校勘学，进而治群经，旁及诸子，最终致力于乙部，对《史记》之研究，更是毕其一生。在1925年，以木刻版出版《史记订补》八卷，即受学界重视。之后数十年，又广为研究考订，陆续发表《史记订补二续》《史记订补之余》《史记订补札余》等文章。20世纪50年代后期，李笠在复旦大学执教时，计划并着手将《史记订补》诸文字及手稿重新整理、修订，集为一册，定名为《广史记订补》，共十二卷，可惜草创甫就，未及校理而不幸病逝。2001年，由李笠之女李继芬整理的《广史记订补》，终于由复旦大学出版社出版。

《史记订补》出版时，杨树达先生就引为同道，欣然为之作序。杨《序》对《史记订补》评价颇高，认为该书"引证赅博，思理缜密"，尤其对卷首的《叙例》大为赞叹，称其"于后人所抵讥排击史公者，一一理董而求其所以然之故，盖庶几乎史公所谓好学深思心知其意者"[①]，于是为《史记订补》作序。由于此书考证精研，也受到了当时日本学者的关注，泷川资言撰写《史记会注考证》，曾多处引用此书，如《范睢蔡泽列传》"意者臣愚而不概于王心邪?"《考证》引李笠云："概与溉，音同字通。溉与沃同义，'溉于王心'者，亦即《尚书·说命》'启乃

---

* 本文作者为山东大学文学院博士后。

① 杨树达《〈史记订补〉序》，李笠撰，李继芬整理《广史记订补》，上海：复旦大学出版社，2001年，第2页。

心沃朕心'之义也。"并云:"愚按:今本《策》作'阖',别是一义。"[①]李说指明了《史记集解》所引异文"溉"与《史》文"概"的同音假借关系,又引《尚书》来训释,十分简明扼要,泷川引述其说,并引《战国策》补释。可见日本学者对其书之重视。

可以说,李笠先生的《广史记订补》是民国时期《史记》研究的重要著作,然而近来学界对其研究却并不多。比如《集语言文字学家、教育家、藏书家于一身的近代学者李笠》[②]一文是对李笠其人其学的总体介绍,对《史记订补》仅简单提及;又如《史记研究史》之《清末民国〈史记〉研究的创获》一章[③],也仅略作提及。可以说,至今为止未有学者对该书做专门研究。有鉴于此,本文在前人对《广史记订补》一书评价、研究的基础上,对其在《史记》体例发微、文字考释、文字校勘、三家注勘误这四个方面的内容做全面分析和评价。

一、《史记》撰述体例发微

李笠在 1919 年作有《叙例》八例,后又加修改,增为十二例,于 1925 年发表在《东方杂志》二十二卷,《史记订补》成书时又附于在书前。这些叙例,是李笠对《史记》文字、文句、行文规律的总结。因为"正名例""异义例"两例主要涉及《史记》文字考释,"异文例""旁证例"主要涉及《史记》文字校勘,严格来说不属于《史记》体例问题。因此,我们这里仅探讨剩下的八例,根据其内容分为叙事、用字两大类体例。

(一)《史记》叙事体例

司马迁撰述《史记》,有丰富的史料来源,他"紬史记石室金匮之书,罔罗天下放失旧闻",搜集了丰富的原始材料,并运用"厥协六经异传,整齐百家杂语"的方法,将经过整理取舍的材料融会于《史记》之中。在撰述过程中,有意无意间遵循着一定的叙事体例。李笠总结的《叙例》中,有"互见例""抵牾例""假托例""草创例""别裁例"五例关于《史记》叙事,我们考论如下。

1. 互见例

互见例是司马迁为适应《史记》五体而创造的叙事体例,具体是把一个人

---

① [日]泷川资言撰,杨海峥整理《史记会注考证》,上海:上海古籍出版社,2015 年,第 6 册,第 3123 页。

② 俞海《集语言文字学家、教育家、藏书家于一身的近代学者李笠》,收入《中国近代史及史料研究》,北京:社会科学文献出版社,2010 年,第 190—199 页。

③ 张大可、丁德科主编《史记论著集成》,北京:商务印书馆,2015 年,第 13 卷,第 218 页。

的事迹、一件史事分散在各篇之中参差互见，彼此互补。宋人苏洵最早论及此例，将其法概括为“本传晦之，而他传发之”[①]，后章学诚《文史通义》又做了详细的阐述。李笠则认为：

史臣叙事，有关于本传而详于他传者，是曰互见。史公则以属辞比事而互见焉；以避讳与嫉恶，不敢明言其非，不忍隐蔽其事而互见焉。《游侠传》不详朱家之事，而述于《季布传》；《高祖纪》不言过鲁祀孔子，而著于《孔子世家》。此皆引物连类，而举遗漏者也。《封禅书》盛推神鬼之异，而《大宛传》云：张骞通大夏，“恶睹本纪所谓昆仑者乎？”又云：“所有怪物，余不敢言之也！”《高祖纪》谓高祖“豁达大度”，而《佞幸传》云：“汉兴，高祖至暴抗也。”此皆恐犯忌讳，以杂见错出而明正论也。[②]

李笠对该例做了比较明确的定义，并指明了其种类。第一是对史事的补充，一事所系数人，一人所系数事，若都详细记载，则繁复不堪，详此略彼，或详彼略此，则互为补充。比如《高祖纪》不言过鲁祀孔子，而《孔子世家》于孔子葬后则言“高皇帝过鲁，以太牢祠焉”[③]，可以说是对《高祖纪》的补充。第二是在本篇中对人物史事有所隐晦，而明言于他篇中以互见，如《高祖本纪》《佞幸列传》对刘邦的评价有所不同，是为了免触忌讳。这对于我们阅读《史记》有重要的指导意义。

2. 抵牾例

这一例实际是对上一例的补充与延伸，《史记》在叙事上往往一事互见，有时却看起来相互矛盾，实际上是司马迁有意隐晦，但有些看起来相互抵牾，并不是司马迁有意为之，而是信以传信，疑以传疑，是一种客观上的保留，与互见例有所不同。对这种相互抵牾之处，古代学者多有批评，如班固讥史公：“至于采经摭传，分散数家之事，甚多疏略，多有抵牾。”[④]后如刘知几《史通》、王若虚《史记辨惑》、梁玉绳《史记志疑》都对此有所辩议。而李笠则指明了其中的原因：

今原其故，盖有二焉：司马贞《刺客传》索隐曰：“太史公闻疑传疑，事难的据，欲使两存，故表、传各异。”此其故一也。《六国表》叙云：“秦既得意，烧天下《诗》《书》，诸侯史记尤甚，为其有所刺讥也。独有《秦纪》，又不载日月。”是六国存时，各有史记，秦政始焚毁之。然《天官书》云“余观史

---

① 〔宋〕苏洵《史论》，曾枣庄、刘琳主编《全宋文》，上海：上海辞书出版社，2006年，第四十三册，第144页。

② 李笠《〈史记订补〉叙例》，《广史记订补》，第4页。

③ 《史记》卷四七《孔子世家》，北京：中华书局，2014年，第2356页。

④ 《汉书》卷六二《司马迁传》，北京：中华书局，1962年，第2737页。

记考行事”,《自叙传》云“紬史记石室金匮之书”,则史公犹及见其阙文,是以纪录互异。此其故二。[①]

虽然秦始皇焚书坑儒,六国史书多有散佚,但马迁父子两代任太史令,职责之一就是掌管国家藏书,故司马迁得以看到西汉“石室金匮”的史料文献,包括自西周至秦汉的典籍文献及档案文献。档案文献可以说更为宝贵,包括记功档案、专科档案、诏令奏议等。虽然看到的文献资料很多,但司马迁对史料秉持多闻阙疑的审慎态度,信以传信,疑以传疑,对相互抵牾之处并没有整齐划一。这其实属于《史记》叙事的体例,因此不能厚诬太史公。

3. 假托例

《史记》叙事多有假托,比如《鲁世家》叙述周公戒伯禽云:“我一沐三捉发,一饭三吐哺,起以待士。”[②]然而《吕氏春秋》《淮南子》皆以其事属之夏禹。梁玉绳以为吐握之事乃诸子所说,未必有其事。又如《李将军列传》:“广出猎,见草中石,以为虎而射之,中石没镞。”[③]射石一事,《吕氏春秋》以为养由基,《韩诗外传》《新序》又以为楚熊渠子。梁玉绳据此以为李广射石一事不可信。而李笠则认为这是《史记》叙事之一例:“史贵翔实,然亦有意主形夸词务奇谲者,不可以循名而责实也。……盖一以形容礼贤之殷,一以夸张术艺之精,初非信有其事也。若必覈其事迹,考其时代,不亦颠乎?……苟不明假托之谊,何所适从?”[④]对于这些传说故事,本来各种文献记载都不尽相同,与其怀疑,不如将其视为《史记》的一种文学手法,即李笠所谓的“假托例”。自春秋起,学术下移,不同学派的代表人物纷纷著书立说,百家杂语层出不穷,比如上面所说的《吕氏春秋》《淮南子》都是杂家著作,司马迁面对这些与自己所见文献记载矛盾、抵牾的百家杂语,选择整理使之统一。有些史事本就无所考证,为了突出人物的特点,司马迁就选择用在了自己要记述的人物身上,实际上也算一种“假托”,可以不必究其文献来源。

4. 草创例

李笠认为司马迁“攟摭传记,亦有草创而未及理董者”[⑤],即所谓的草创例。如《燕召公世家》“子今王喜立”[⑥],钱大昕认为:“其‘今王’,盖当时人所称,犹

---

① 《〈史记订补〉叙例》,《广史记订补》,第 3 页。

② 《史记》卷三三《鲁周公世家》,第 1836 页。

③ 《史记》卷一〇九《李将军列传》,第 3472 页。

④ 《〈史记订补〉叙例》,第 5 页。

⑤ 同上书,第 5 页。

⑥ 《史记》卷三四《燕召公世家》,第 1886 页。

《纪年》称魏襄王为'今王'也。史公杂采战国书未及刊正。"[①]"今王"是时人的称呼，司马迁称汉武帝为"今上"，而《燕世家》称王喜亦为"今王"，并未做整理。李笠引钱大昕说并加以总结。比如，司马迁撰述战国史事，多有与《战国策》文字相同者，此处抑或移录原文。

(二)《史记》用字体例

《史记》的用字体例，与《史记》叙事体例既相互联系也有所区别，如果说叙事侧重于宏观的角度，用字则侧重于微观的角度，涉及修辞、称引等多个方面。李笠对《史记》用字体例也有所总结，具体包括"繁重例""错综例""辩讳例""别裁例"这四例。

1. 繁重例

李笠认为，《史记》多用复合式的合成词，即所谓的"繁重例"：

> 史公为文，专取气势，不事琢镂，间有冗烦，益形古茂，不足病也。如"皆各"(见《五帝纪》及《大宛传》)、"愈益"(《秦本纪》)，"尚犹"(同上，又《货殖传》)、"唯独"(《景惠间侯者年表》)、"始初""仍再"(并见《历书》)、"咸各"(《自序》)之类，皆骈累出之，似复而非复也。《齐世家》云："尚其后苗裔也。"既云"其后"，则"苗裔"二字可省，然《陈杞世家》亦云"夏后禹之后苗裔"，则此非误衍可知。[②]

以上所举骈字，有"皆各""愈益""唯独""始初"等。这些其实是一种联合关系复合式的合成词，这些合成词由两个意义相同或相近的词素组成，而表示同一个概念，在古代汉语里占了很大的数量。而且这些词在音节上常常有颠倒来用的现象，而词义并不发生变化，比如《越王勾践世家》"吴国精兵从王，唯独老弱与太子留守"[③]，《燕召公世家》"齐城之不下者，独唯聊、莒、即墨，其余皆属燕，六岁"[④]，"唯独"颠倒作"独唯"，词义相同。这种结构在意义的表达上具有鲜明的修辞作用，可以起到加强语气的效果。李笠指出其特点是"骈累出之，似复而非复"，恰恰是《史记》的用字体例之一，因此我们不能把它当作衍文来看待。

2. 错综例

李笠认为司马迁撰述《史记》，同一人同一事往往经纬其文，变换不同的说

---

① 〔清〕钱大昕撰，方诗命、周殿杰点校《廿二史考异》卷四，上海：上海古籍出版社，2014 年，第 48 页。

② 《〈史记订补〉叙例》，第 3 页。

③ 《史记》卷四一《越王勾践世家》，第 2105 页。

④ 《史记》卷三四《燕召公世家》，第 1885 页。

法，将其总结为“错综例”。比如《吕太后本纪》云“吕后祓，还过轵道，见物如苍犬，据高后掖”①，《季布列传》云“高祖急……汉王遂解去”②，“吕后”与“高后”，“高祖”与“汉王”，都是司马迁错综其文，是一种修辞手法，看起来好像是两个，实际上是同一人。对此，前人学者王若虚、梁玉绳等皆持怀疑态度，如梁玉绳认为：“方言高祖，遽曰汉王，似是两人矣。”③李笠批评其说“未达体要也”④。其实，古代史官作史往往错综其文以成其义，比如《尚书》之《君奭篇》既曰“格于皇天”，又曰“格于上帝”，“天”是侧重其形体，“帝”是侧重其主宰，《尚书》之言天而又言帝者，是史官错综其文，不欲重言之；又如《左传》叙事，往往一人而名字谥号迭出。《史记》这种手法当有所承，只要明白了《史记》这种手法，疑问便会涣然冰释。

3. 辨讳例

君父之讳，前人所重，然而《史记》书内，君父之名屡见不鲜，而避讳者则不过十之一二。比如，迁父名谈，《史记》偶以赵谈为赵同，《晋世家》则两书“惠伯谈”，《李斯传》两书“韩谈”，《司马相如列传》《滑稽列传》并有“谈”字，且《自序》明云“谈为太史公”，皆不讳“谈”字。又如惠帝名盈，汉人或以“满”字代之，《十二诸侯年表》《田完世家》“大夫栾盈”，并作“栾逞”，而《齐太公世家》“栾盈”，《晋世家》“万盈数也”，《春申君列传》“盈满海内矣”，《范雎蔡泽列传》“进退盈缩”，皆不讳“盈”字。大概“谈”“同”声同，“逞”“盈”韵同，史公偶取音近字代之，或许并不是避讳。对此，李笠将其总结为“辨讳例”：

> 临文不讳，古有明训。史迁达人，傥不拘也。……孔平仲《杂说》遂谓《史记》无“谈”字，后学盲从，奉为定论。……梁氏《志疑》，综覈《史》文，亦知“谈”字不避，而疑“栾盈”为不应书，犹未达也。⑤

《史记》多不讳君父，如果据《史记》以同音字代人名而言避讳，以为直书君父名处当讳，甚至改《史记》文本，则求之过甚。

4. 别裁例

司马迁撰述《史记》，除了移录经典原文之外，大部分情况下都进行了整理加工，包括以训诂代本字、摘要裁剪、翻译文句、改写原文、增插注释等方式，由于司马迁对史料进行采摭与加工，所以才真正做到了“成一家之言”。李笠认为：

---

① 《史记》卷九《吕太后本纪》，第 514 页。

② 《史记》卷一〇〇《季布栾布列传》，第 3309 页。

③ 〔清〕梁玉绳撰，贺次君点校《史记志疑》，北京：中华书局，1981 年，第 1357 页。

④ 《〈史记订补〉叙例》，第 6 页。

⑤ 同上书，第 8 页。

> 《史记》组缀群经，而非经也；贯穿百氏，而非子也。故凡六经之注，诸子之文，有不适于《史记》者，不可不察也。《齐太公世家》云："齐君无知游于雍林。"盖《史记》以雍林为邑名，与《左传》"雍廪杀无知"不同也。而《集解》引贾逵曰："渠邱大夫也。"则与《史》文牴牾矣，此《左传》注之不适于《史记》者。[①]

司马迁对文献的裁剪，并不是胡乱发挥，总的原则是"考信于六艺"，只不过用更为通行的语言来叙述经传，所以看上去与经传文本有所矛盾，实际上《史记》是合于经传文本的。比如李笠所举此例，《齐太公世家》云："齐君无知游于雍林，雍林人尝有怨无知，及其往游，雍林人袭杀无知。"历来注家及研究者多认为《左传》作"雍廪"乃人名，《史记》作"雍林"乃地名，李笠也认同旧说。《秦本纪》有"齐雍廪杀无知、管至父等"，王念孙《读书杂志》以为"雍廪"当作"雍林人"，作"雍廪"者乃后人依《左传》改《史记》[②]。笔者认为"雍廪"是地名的可能性比较大。《春秋》作"齐人杀无知"，《左传》作"雍廪杀无知"，秦汉文献如《国语》《吕氏春秋》《春秋公羊传》《春秋榖梁传》《春秋繁露》对此事记载只作"齐人杀无知"或"国人杀无知"，皆无言及"雍廪"为人名者，到了东汉以后的注家才多以"雍廪"为人名。"廪""林"上古音皆为来母侵部字，可以通假。《左传》"雍廪"即"雍廪人"之省，指雍廪的齐人，省略"人"字，《齐太公世家》以"林"代"廪"，并增"人"字，属于增述其文。《秦本纪》则移录原文。实际上，《史记》是合于《左传》的。

二、《史记》文字考释

李笠一生致力于训诂学的研究，因此《广史记订补》一书对《史记》的文字训诂也多有关注，颇有创获，下面分"释字义""明假借""定句读"三个方面来讨论。

（一）释字义

释字义是训诂学的基本任务。李笠对《史记》旧注未有或少有训释的字多有训释，有实词，也有虚词。实词比如《秦本纪》"秦兵遂东，更晋地"，此"更"字，三家注皆未出注，李笠引《广雅·释诂》释为"过"，并举出《汉书·张骞传》"欲通使道，必更匈奴中"及《司马相如列传》"丹水更其南"两个用例[③]，使人豁

① 《〈史记订补〉叙例》，第9页。

② 〔清〕王念孙撰，徐炜君等点校《读书杂志》，上海：上海古籍出版社，2015年，第188页。

③ 《广史记订补》，第30页。

然开朗。又如《樗里子甘茂列传》"禽困覆车"之"禽"字,李笠认为"禽"字古人有三说:第一是训为"鸟",如《尔雅·释鸟》"二足而羽谓之禽";第二是训为"兽",如《说文解字》释"禽"为"走兽总名";第三是训为鸟兽的总名,如《白虎通义》"禽者何?鸟兽之总名,明为人所擒制也"。李笠认为此处之"禽"当从许慎之说,因为"鸟兽无覆车之理",比如曹植诗《名都篇》"一纵两禽连",以两禽指双兔也是此义[①]。按甲骨文"禽"字像一捕兽之长柄网,其本义是动词擒获,《说文》释为"走兽总名"乃其引申义,《史记集解》云"譬禽兽得困急,犹能抵触倾覆人车"[②],"禽"在这里既不是鸟兽总名,也不是指鸟,指的是走兽,李笠用义界的方式准确指明其义,十分准确。对于一些虚词,李笠也有关注,如《刺客列传》"若曹沫之与齐桓公,则太善矣;则不可,因而刺杀之"[③],李笠认为:"下'则'字义与'若'同。用'则'字者,避'若'字复耳。"[④]按古代汉语虚词"则"字可用作连词,表示假设关系。李笠不仅释字义,而且实际上指出了司马迁"错综"的用字手法。如此释字义的例子还有许多,兹不赘述。

(二)明假借

《史记》保留了很多假借字而不用本字,有些是依先秦旧例,有的则盛行于汉代。对于《史记》用假借字的现象,李笠多有指明。如《孔子世家》"粥羔豚者,弗饰贾",李笠云:"'粥'同'鬻','贾'同'价'。"[⑤]粥,本义为稀饭,假借为"卖",此义后通作"鬻",义为售卖。贾,本义为买物或卖物,假借为"价",义为物价。又如《六国年表》"秦始小国僻远,诸夏宾之,比于戎翟,至献公之后常雄诸侯",李笠认为:"'宾'通作'摈'。《周本纪》'不显亦不宾灭',《索隐》读'宾'为'摈';《楚世家》'宾之南海',钱氏《考异》云'宾,读为摈'。"[⑥]李说甚是,"宾",本义为客人,假借为宾却之"宾","摈"是"宾"的后起本字,义为排斥,李笠虽然是受到钱大昕的启发,但也提出了自己的论据。《苏秦列传》中又有"六国从亲以宾秦,则秦甲必不敢出于函谷以害山东矣","宾秦"之"宾",姚本《战国策》卷一九即作"摈"[⑦],可见"宾"确为"摈"之假借字。

李笠所指明的《史记》用字假借现象,实际上是广义的假借,包括通假字在内,即本有其字的通假字。比如《宋微子世家》"殷既小大好草窃奸宄",李

① 《广史记订补》,第 30 页。

② 《史记》卷七一《樗里子甘茂列传》,第 2811 页。

③ 《史记》卷八六《刺客列传》,第 3071 页。

④ 《广史记订补》,第 229 页。

⑤ 同上书,第 136 页。

⑥ 同上书,第 54 页。

⑦ 〔西汉〕刘向集录,范祥雍笺证《战国策笺证》卷一九,上海:上海古籍出版社,2006 年,第 1019 页。

笠云：

> 《周本纪》"以奸轨于商国"，《尚书》作"以奸宄于商邑"。是《尚书》作"宄"，《史记》自作"轨"，正史公引书假借例也。《文选·五等论》"奸轨充斥"，李善注"'轨'与'宄'古字通"。[①]

按《说文》曰："轨，车辙也。"[②]轨的本义是车轮的痕迹，又可引申为法度。《说文》曰："宄，奸也。外为盗，内为宄。从宀九声。读若轨。"[③]段玉裁云："宄，经史亦假轨为之。"[④]宄则指内乱、奸邪。《史记》述《尚书》，多用通假字"轨"代替"宄"，如《舜典》作"寇贼奸宄"，《五帝本纪》作"寇贼奸轨"，李笠明于《史记》引经用通假字例，实际上对该"草窃奸宄"之"轨"提出了疑误。

（三）定句读

前人对《史记》多有断句失误，对此李笠一一驳正。比如《宋微子世家》"为死终不得治，不如去遂亡"，张文虎认为当"去"下断句，"遂亡"二字涉下文"遂行"而衍[⑤]，中华书局点校本及新修订本《史记》亦在"去"下断句，并加下引号，将"不如去"以上作为太师若劝说微子的话，"遂亡"二字作为叙述性的文字。李笠则以为："旧以'去'字断句，非也。'去遂亡'三字连读，谓不如引去而遂亡也，皆假设。"[⑥]我们同意李笠先生的说法及断句。其实该句乃述《尚书·微子》"商其沦丧，我罔为臣仆，诏王子出迪"，《史记》训"出"为"去"，训"迪"为"亡"，"去遂亡"即"出迪"。《史记》下文"于是太师、少师乃劝微子去，遂行"，与太师若所言为两个层次的内容，乃补叙其结果。

三、《史记》文字校勘

李笠订补《史记》，时有校勘《史记》传本在流传过程中造成的讹误，但是李笠并没有说明校勘所用底本。我们据《广史记订补》所出《史》文及按语可以推断出，李笠校补《史记》的底本是金陵书局本，并根据需要校改。比如《列传》第三十三出篇题"韩王信卢绾列传"，李笠云："局刊本依宋本、旧刻本、《索隐》本删'王'字。笠按：各本皆有，《汉书》亦同，疑出'王'字，所以别于淮阴侯韩信

---

① 《广史记订补》，第 101 页。
② 《说文解字》卷一四上，第 302 页。
③ 《说文解字》卷七下，第 151 页。
④ 《说文解字注》卷七下，第 342 页。
⑤ 〔清〕张文虎《校刊史记集解索隐正义札记》卷四《世家》，北京：中华书局，2012 年，第 396 页。
⑥ 《广史记订补》，第 101 页。

也。兹姑承旧，待有识者鉴别焉。”[①]李笠认为，篇题当有“王”字，故不依局本。今复核金陵书局本，该篇题作“韩信卢绾列传”，《史记会注考证校补》所校南宋黄善夫刊三家注本、元中统本、元彭寅翁本、毛本、凌本、殿本均有“王”字[②]，李笠之说甚确。但有时为了说明误本之误，所出《史》文也从误本，如《仲尼弟子列传》“有若少孔子十三岁”则从武英殿本，用以说明殿本“子”下脱“四”字[③]。李笠的校勘方法，本校、对校、他校、理校皆有，下面依次分析之。

（一）本校

本校是李笠校勘《史记》运用最多的校勘方法。比如《五帝本纪》“舜耕历山，历山之人皆让畔；渔雷泽，雷泽上人皆让居”，后句“上”字，李笠认为当作“之”，其依据是上句中“历山之人”，上下文当并列。又举《赵世家》“鸿上塞”，今本误作“鸱之塞”为旁证，认为“上”“之”二字易误[④]。按此说甚是，“雷泽之人”即在雷泽居住的渔民。《史记》众刊本均作“上”，没有可供参校的异文，然《群书治要》[⑤]、《太平御览》[⑥]引该句均作“之”，这些类书所用底本或为早期抄本，故作“之”仍具有合理性。

（二）对校

李笠的《史记》对校用得并不多，但也注意到利用《史记》的各种版本来进行对校，如宋黄善夫本、元中统本、明天顺间游明重刻元中统本、明嘉靖六年王延喆翻宋本、明毛晋汲古阁单行《史记集解》本、明毛晋汲古阁单行《史记索隐》本、明万历凌稚隆刻本、清武英殿本等。有些是说底本的错误，有些则说校本的错误，兹举数例说明：

《游侠列传》“比如顺风而呼”，对校黄善夫本：

> 笠案：“比如”亦《史记》骈字。殿本“比”作“此”，非。又案：“比如”即现代语“譬如”。百衲本廿四史影南宋黄善夫刻本亦作“比如”。[⑦]

作“比”为是，殿本“比”作“此”，涉形近而讹，李笠以商务印书馆影印黄善夫本

---

① 《广史记订补》，第 243 页。

② ［日］水泽利忠《史记会注考证校补》，第 4 册，台北：广文书局，1972 年，第 2835 页。

③ 《广史记订补》，第 183 页。

④ 同上书，第 6 页。

⑤ 〔唐〕魏征编《群书治要》卷一一，《四部丛刊初编》影日本尾张刊本，北京：商务印书馆，1926 年，第 3a 页。

⑥ 〔宋〕李昉编《太平御览》卷八一，《四部丛刊三编》影静嘉堂文库藏宋刊本，北京：商务印书馆，1936 年，第 1a 页。

⑦ 《广史记订补》，第 341 页。

作为对校依据正之。

《留侯世家》“北有胡苑之利”，对校中统本、游本：

> 笠案：“苑”当从中统、游本作“宛”，谓大宛也，“胡”“宛”二字并列，与上“巴”“蜀”作对也。注家谓牧养禽兽之苑，未然。[①]

按作“胡苑”殊不辞，“胡、宛”与“巴、蜀”相对成文，《汉纪》、《新序》、《太平御览》卷一五六引《汉书》均作“胡宛之利”，“苑”或因与“宛”字形近而讹。

《吴王濞列传》“佗封赐皆倍军法”，对校凌本、殿本：

> 笠案：凌本、殿本“军”并作“常”，局刊从诸本作“军”，《汉书》亦作“军”。而《集注》引服云“倍汉之常法”，与裴注同，是《史》《汉》俱作“常”也。[②]

《史记集解》云：“服虔曰：‘封赐倍汉之常法。’”《史记会注考证》亦作“常”，并云：“《汉书》‘常’作‘军’，误。”[③]王先谦《汉书补注》云：“军是常形近误字，据服注所见本尚不误，《史记》正作‘常’。”[④]王氏亦据服虔注校正《汉书》讹误，并指出了致误缘由。“常”“军”形近易讹，当作“常”为是，法即军法，吴王刘濞在叛乱时向同盟的诸侯王表示要按照汉之平常军法的一倍作为褒赏，故作“常”于义为胜。

其实，李笠校勘《史记》还注意利用前人校勘成果，主要是利用了张文虎《校刊史记集解索隐正义札记》，比如《越王勾践世家》“致产数千万”：

> 笠案：毛本、局本“千”并作“十”。《札记》柯、凌“十”作“千”。……作“千万”为近是。[⑤]

李笠认为“十”当作“千”，转引《札记》校语并改字。按当作“千”为是，《御览》引作“致钱数千万”，北宋至南宋覆景祐刊本、宋黄善夫刊本、殿本“十”并作“千”，作“十”或形近而讹。

(三) 他校

李笠校补《史记》，多注意利用群经、古注旧疏、唐宋类书作为他校依据，群经主要是十三经的经文，古注旧疏如《毛诗正义》《礼记正义》《春秋左传正义》《论语疏》《文选注》等，类书资料如《艺文类聚》《初学记》《太平御览》《玉海》等，

---

① 《广史记订补》，第 151 页。

② 同上书，第 277 页。

③ 《史记会注考证》，第 7 册，第 3682 页。

④ 〔清〕王先谦《汉书补注》卷三五，清光绪二十六年(1900)王氏虚受堂刻本，第 9b 页。

⑤ 《广史记订补》，第 116 页。

在解决《史记》疑难文字上多有创获。

利用群经者，比如《殷本纪》“格女众庶，来，女悉听朕言”，李笠认为：

> 《尚书·汤誓》作“格尔众庶”，无“来”字。《正义》曰：“来汝在军之众庶。”是知“格”即为“来”。不应用“格”复用“来”也。疑《史》文原只作“汝众庶来”，以“来”代“格”，犹《尚书》“不格奸”，《五帝纪》作“不至奸”也。而以“来”字置在下者，“来汝众庶”“汝众庶来”，于义一也……后人涉《尚书》文，复于句首妄增“格”字耳。①

《尔雅·释诂》云：“格，来也。”②《史记》述《尚书》，多用“来”代“格”字。李笠用训诂学的方法考证《殷本纪》的文句，认为“格”字误衍，用理校的方法来推断《史记》文本的讹误。其实王先谦《尚书孔传参正》就已经提到了这一处衍文，他认为：“‘来女’二字，史公以训诂代‘格尔’，误倒在‘众庶’下，上‘格汝’二字，乃后人误加，下作‘女’，上又作‘汝’，此谬误之显见者。”③李笠的判断则略有不同，认为“格”“来”二字有一字为衍，则有两种可能性，较王说更为灵活。

利用古注旧疏者，又如《萧相国世家》“上林中多空地弃”，李笠认为：“‘地弃’疑误倒。《文选·李陵答苏子卿书》注引《史记》正作‘上林中多空弃地’，当据改。”④按《册府元龟》引之亦作“空弃地”⑤，此处或为误倒。

利用类书者，比如《孔子世家》“夫人自帷中再拜，环佩玉声璆然”，李笠云：“《御览》七百、《艺文类聚》六十七引《典略》，‘玉’并作‘之’，当据改。”⑥按此处并无版本对校依据，又《北堂书抄》引《典略》“再拜”作“而拜”，“玉声璆然”作“之声锵然”⑦，《礼记》有“行步则有环佩之声”。环佩本玉为之，不应复言玉声，盖作“之”为是，作“玉”或涉“环佩”偏旁而误。我们知道，虽然类书在校勘中作为他书资料可资校勘，但也要注意到，类书一般卷帙浩繁，传抄刊刻往往不够精细，而存在各种文字错误，因此在利用类书的时候要特别谨慎，不能轻易下按断。难能可贵的是，李笠在利用类书校勘《史记》时很清醒地认识到这一点：

> 《艺文类聚》《初学记》《太平御览》诸书暨唐宋以前注疏家所引《史记》文与今本互有异同。梁氏、王氏诸儒据以校订，恒获真诠。然亦当审而定之，不宜苟存好异之见也。而《御览》引《史》多混班书。李善《选注》恒以

---

① 《广史记订补》，第 15 页。

② 〔东晋〕郭璞注《尔雅》卷上，北京：中华书局，2016 年，第 2 页。

③ 〔清〕王先谦撰，何晋点校《尚书孔传参正》卷八《商书》，北京：中华书局，2011 年，第 389 页。

④ 《广史记订补》，第 149 页。

⑤ 〔宋〕王钦若编《册府元鬼》卷一八一，南京：凤凰出版社，2006 年，第 2005 页。

⑥ 《广史记订补》，第 137 页。

⑦ 〔唐〕虞世南编《北堂书抄》卷一三二，清光绪十四年（1888）万卷堂刻本，第 8a 页。

臆改，尤宜洞而明之，庶不迷误。[①]

李笠指出了古注旧疏及唐宋类书在校勘《史记》中的独特价值，但是又不迷信，认识到这些文献的局限性。关于各书引《史记》的讹谬之处，他也时有指出。比如《张丞相列传》"苍子复长"，《史记志疑》以为："《御览》五百十九引《史》云'苍子复长八尺余'，与《汉书》同，疑今本脱之。"[②]梁玉绳认为刊本《史记》脱"八尺余"三字。李笠则以为："《集解》引《汉书》云'长八尺'，则裴氏所见《史记》已无'八尺'之文，《御览》引《史》多混班书，恐不足据。"[③]按李说甚是，《太平御览》引《史记》《汉书》同见之文，往往本于《汉书》，而标《史记》之名。裴骃出此条《集解》，说明所见《史》文与《汉书》不同。传世《史记》诸刊本均没有此三字，在没有可供对校的版本依据的情况下，应当以刊本为准而不能单以类书作为校改依据。

（四）理校

在没有其他版本提供异文依据时，李笠多运用理校的方法考证《史记》文字疑误。比如《秦本纪》"皆拜爵，及宦者皆在战中，亦拜爵一级"，李笠认为下"皆"字疑涉上句误衍[④]。此为理校，前一拜爵指的是昌平君、昌文君，后面的拜爵者指的是其他参战者，若无后一"皆"字，其文义亦可通，故李笠的推论是合理的，笔者认为"皆"字或本在"亦"字之下。又如《范雎蔡泽列传》秦昭王写信对赵孝成王称"王之弟在秦"，李笠引《廿二史考异》"平原君为惠文王弟，于孝成为叔父，不当更称弟"，并下按语云："'王之弟'疑为'王之叔父'之误。'叔'古文作'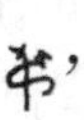'，与''形近，因误作'弟'。'叔'既作'弟'，'父'字自然删去。"[⑤]赵平原君当时因范雎事入秦见昭王，根据下文"秦昭王乃出平原君归赵"可知，此"弟"指的就是平原君，李笠在钱大昕之说基础上，从文字学的视角做出进一步推理，可备一说。

四、《史记》三家注勘误

《史记》学史上，刘宋时期裴骃的《史记集解》，唐代司马贞的《史记索隐》、张守节的《史记正义》这三家注无疑是《史记》最有影响的注本。李笠在《广史

① 《广史记订补》，第9页。
② 《史记志疑》，第1346页。
③ 《广史记订补》，第8页。
④ 同上书，第33页。
⑤ 同上书，第212页。

记订补》对旧注的订补，主要针对三家注，而内容又集中在文字、音韵、训诂等方面。

(一)《史记集解》之误

李笠对《史记集解》的辨正并不多。如《孝武本纪》“皆尝鬺烹上帝鬼神”，《集解》引徐广云：“烹，煮也。鬺音觞。皆尝以烹牲牢而祭祀也。”李笠云：“古‘烹’‘亨’字通。亨，即‘飨’也。此连下‘上帝鬼神’为一句，鬺烹者，谓荐诸鬺而飨之也。《郊祀志》作‘鬺亨’，服虔曰：‘以享祀上帝也。’为得其旨。裴氏不识‘烹’即为‘享’，故于‘上帝鬼神’下引服虔说，改‘享祀’为‘祭祀’。又引‘或曰“尝，烹酌也”’，以曲合徐说，谬甚矣。”[1]“亨”即《说文》“亯”字，其本义为献祭鬼神。亯，隶变作“享”，又省作“亨”，假借作亨煮之“亨”，后来写作“烹”。古书中“亨”多通“烹”，而未见“烹”作献祭义之用例。按《封禅书》有“皆尝亨鬺上帝鬼神”，知此处或误“亨”为“烹”。徐广所据本“亨”误为“烹，因据误本而释，裴骃亦不辨。鬺，《说文》作“鬺”，云：“煮也。”[2]则“鬺”有煮义，故不当复用“烹”字。李说虽不准确，但发现了其中的问题，是值得肯定的。

(二)《史记索隐》之误

李笠对《史记索隐》的辨正在三家注中最多。究其原因，《史记集解》以征引广博为胜，《史记正义》以详释地理著称，而《史记索隐》则以考释文字为长，然而有的注释未免穿凿，抵牾之处较多。李笠长于训诂学，故对《史记索隐》的疏误之处驳正尤多。比如，《孔子世家》“自大贤之息，周室既衰，礼乐缺有间”，《索隐》云：“息者，生也。言上古大贤生则有礼乐，至周室衰微，而始缺有间也。”

> 笠案：“息”通作“熄”，故《易·革》“水火相息”，马注：“息，灭也。”《释文》同。《孟子·滕文公下》“安居而天下熄”，《意林》“熄”作“息”。《史》文明言大贤灭殁，周室已衰，故云“礼乐缺有间”，小司马离文委曲言之，何欤？或谓依小司马说，或“息”下有脱文，今案《晏子春秋·外篇》云：“自大贤之灭，周室之卑也。”则《索隐》之谬不容辩矣。[3]

“息”为“熄”之假借字，小司马不明假借，故为穿凿之说，李笠之驳正甚是。又如《李斯列传》“处卑贱之位而计不为者，此禽鹿视肉，人面而能强行者耳”，关于“禽鹿”，《索隐》释为：“犹禽兽也，言禽兽但知视肉而食之”。对此，李笠

① 《广史记订补》，第52页。
② 《说文解字》卷三下，第62页。
③ 《广史记订补》，第135页。

认为：

> 小司马说迂阔难通。以禽鹿为禽兽，亦无据。古人有“以大名冠小名”之词例，如《礼记·礼运》之“鱼鲔”，《左传》襄十八年之“鸟乌”皆是。……此传言鹿非食肉之兽，肉虽美，而禽中之鹿不食之，犹处卑贱之位而计不求富贵也。此等人只有人面而能强行，实犹鹿耳。[①]

李笠的驳正是合理的。李斯的这段话是自己在去秦国之前告别自己的老师荀卿时候说的，意思是现在是游说秦王的大好时机，自己不能够像鹿一样见了肉不吃，不能“处卑贱之位，困苦之地，非世而恶利”，这不是士子原本的性情，而要积极地为自己谋求富贵，于是西行游说秦王，被秦王任为客卿。李笠所说的“大名冠小名”是由两个名词组成的偏正结构。大名是指事物的共名，小名是事物的专名，由俞樾在《古书疑义举例》中正式命名。具体到“禽鹿”，禽是鸟兽的总名，鹿是小名，禽鹿就是指兽中之鹿，而不能与“禽兽”完全画等号。《索隐》对“禽鹿食肉”的训释却不符合实际，忽略了鹿是草食性动物这一事实，李斯将当时的自己比喻成性情温顺的不吃肉的鹿，进而表明自己要改变这一现状。李笠用古代汉语“以大名冠小命”的词例来驳正《 索隐》的谬误之处，可谓一针见血。

(三)《史记正义》之误

李笠对《史记正义》的驳正也主要在训诂方面，比如《李斯列传》“此布衣驰骛之时，而游说者之秋也”，《正义》云：“言秋时万物成熟，今争强时，亦说士成熟时。”李笠认为：

> 秋，亦时也。张氏望文生训，非。《信陵君传》朱亥曰：“此乃臣效命之秋也。”秋谓效命时也。诸葛亮《后出师表》：“此诚危急存亡之秋也。”亦谓危急存亡时也。《后汉书·班彪传》、《文选·七启》注并云“秋，犹时也”。[②]

李笠批评张守节“望文生训”，可谓一语中的，并举多例来佐证自己的观点。秋指的不是秋天，只是上句“时”字错综之文，因此李笠的驳正是正确的。又如《魏公子列传》“赵王田猎耳，非为寇也”，《正义》云：“为，于伪反。”李笠认为，为当如字读，张氏音非[③]。《正义》在“为”读如“于伪反”时皆出注，比如《项羽本纪》“吾闻汉购我头千金，邑万户，吾为若德”之“为”，《正义》云：“于伪反。言吕马童与项羽先是故人，旧有恩德于羽。一云德行也。”而此处为当如字读，义为

---

① 《广史记订补》，第 232 页。

② 同上书，第 231 页。

③ 同上书，第 205 页。

做，为寇在这里指侵犯魏国，不当破读为去声。此外，还有《孙子吴起列传》“逐射千金”，《正义》解为“随逐而射赌千金”，李笠认为“逐”不当释为“随”，应当读如“秦失其鹿，天下共逐”之“逐”，义为竞争①。等等。

五、结语

其实，李笠在校释、订补《史记》的过程中也存在一些疏误。考释方面，比如《五帝本纪》“官名皆以云命，为云师”，《集解》引张宴云：“黄帝有景云之应，因以名师与官”，即以“官名皆以云命”为句。李笠以为若“官名皆以云命”为句，则与“为云师”语义重复，“命”字当属下读②。按《左传》昭公十七年“昔者黄帝氏以云纪，故为云师而云名”③，太史公或以《左传》为本，以“命”字训“纪”字，“故为云师而云名”摘要为“为云师”，故《集解》断句可通。又如《晋世家》“君即不起病，大夫轻，更立他公子”，李笠云：“‘起’字断句，‘轻’字断句。病，犹患也。轻谓轻忽，言君即不起，患大夫轻忽己，而更立他公子也。或于‘病’字断句，非。”④按《秦本纪》述此事作“即君百岁后，秦必留我，而晋轻，亦更立他子”，《春申君列传》则有“今楚王恐不起疾，秦不如归其太子”。“即”与“若”同义，表假设，“不起病”相当于“不起疾”，义为假如一病不起，相当于《秦本纪》“百岁后”，则于“病”字断句更符合太史公的本义。

校勘方面，比如《礼书》“情胜之为安，若者必灭”，李笠认为：“王本作‘情性’，近是。上云‘怠惰之为安’。‘怠惰’字偶，不应‘情胜’语侧也。又下云：‘一之于情性’，亦可证。⑤ 根据上下文语境，“情胜”义为“冲动固执”，而“情性”是个中性词，此处当为一个贬义词，王本《史记》仅为孤证，作“性”或涉“胜”形近而讹。又如《鲁仲连邹阳列传》“昔卞和献宝，楚王刖之”：

> 笠案：《索隐》本“卞和”作“玉人”，“刖”作“诛”，与《汉书》《文选》《新序》同。今本《史记》盖后人依裴注改也。下文“卞和”仿此，张氏《札记》反疑单本误，疏甚。⑥

按《札记》云：“《索隐》本‘卞和’作‘玉人’，‘刖’作‘诛’，盖误。”⑦此处当作“卞

---

① 《广史记订补》，第175页。

② 同上书，第3页。

③ 〔西晋〕杜预集解，〔唐〕孔颖达正义《春秋左传正义》卷四八《昭公十七年》，阮元校刻《十三经注疏》本，北京：中华书局，2009年，第4523页。

④ 《广史记订补》，第107页。

⑤ 同上书，第61页。

⑥ 同上书，第220页。

⑦ 《校刊史记集解索隐正义札记》卷五《列传》，第559页。

和"为是，该句下文有"李斯竭忠，胡亥极刑"，则作"卞和"才可与"李斯""胡亥"二人名相对，不当单据《索隐》本为说。

尽管《广史记订补》有一些疏误，但瑕不掩瑜。该书在《史记》撰述体例发微、文字考释、文字校勘、三家注勘误这四个方面都取得了比较大的成就，但其成就主要集中在文字考释这一方面。李笠先生在前人研究的基础上，对《史记》字词、文句都提出了自己新的阐释，其方法主要是经学、小学、校勘学，尤其是从经学角度，考证《史记》的文字来源，并阐释其意义，往往能解决文本对校难以解决的问题。此外，该书对《史记》的撰述体例做了全面总结，对后人诋讥排击太史公者做出了回应，对于我们阅读、理解、研究《史记》都有很大的启发。总之，《广史记订补》一书思路清晰，其论述简明扼要，详略得当，既具有朴学的遗风，又能运用现代语言学的方法来解决问题，集中体现了李笠先生的《史记》研究成就，为我们今天的《史记》研究提供了很好的示范，其研究方法应当被学术界进一步继承、发扬，其研究成果应当被学术界进一步借鉴、吸收。

应奉《汉书后序》为《汉事》《后序》详考

徐光明*

【内容提要】 范晔《后汉书·应奉传》记应奉有《汉书后序》一书，李贤注引《袁山松书》提及应奉又有《汉事》。考《隋书·经籍志》，应奉尚有《后序》，辨析此三书之书名与关系，对了解应奉的著述有极大的助益，同时能廓清史书中残存的讹误。本文在前人研究的基础上仔细考辨，认为：范晔《后汉书·应奉传》原文应为“汉事后序”，所记乃《汉事》、《后序》二书，因事、书(書)二字形近，后世传抄过程中讹误为“汉书后序”，又因应奉精通班固《汉书》，后人遂不质疑其作《汉书后序》，致误时间当在萧梁时期。

【关键词】 应奉 《汉事》 《后序》 《汉书后序》

应奉，字世叔，汝南南顿(今河南项城南顿镇)人，后汉武陵太守，司隶校尉，事迹见《后汉书》本传。“应奉半面”常用来形容人聪识强记。《后汉书》记其：“著《汉书后序》，多所述载。”李贤注引《袁山松书》曰：“奉又删《史记》、《汉书》及《汉记》三百六十余年，自汉兴至其时，凡十七卷，名曰《汉事》。”[①]《汉书后序》与《汉事》之间有无关联？二者同书异名？还是名称不同的两部书？孙显斌以为：“《后汉书注》以《汉事》注‘《汉书后序》’，又隋志有《后序》，似‘《汉书后序》’应断为‘《汉书》《后序》’，而‘《汉书》’即‘《汉事》’。”[②]惜未能深究，然足以启发后学。笔者赞成孙氏之说，《后汉书》原文当作“著《汉事》、《后序》”，《汉事》是记录两汉王朝事件的史书，《后序》是儒家类书。辨析如下。

一、儒书《后序》与应奉的杂家思想

《三国志·魏书·王粲传》裴注引华峤《汉书》(即《后汉书》)曰：“(应)玚祖奉，字世叔，才敏善讽诵，故世称‘应世叔读书，五行俱下’。著《后序》十余篇，

---

* 本文作者为南京大学文学院博士后。

① 《后汉书》卷四八《应奉传》，北京：中华书局，1965年，第1607—1608页。

② 孙显斌《〈汉书〉颜师古注研究》，南京：凤凰出版社，2018年，第23页。

为世儒者。延熹中，至司隶校尉。"①《隋书·经籍三》子部儒家类载："《后序》十二卷，后汉司隶校尉应奉撰。"②据此可知，《后序》是独立的书籍名称，十二卷(篇)，内容关涉儒学。又《隋志》子部杂家类记："梁有《洞序》九卷、录一卷，应奉撰，亡。"③杂家类序言："杂者，兼儒、墨之道，通众家之意，以见王者之化，无所不冠者也。"④《洞序》兼杂众家，其中当有儒家思想。结合《后汉书》所记应奉行事，如永兴元年(153)任武陵太守后，慰纳反叛蛮人，兴学校，举仄陋，政称变俗，完全是循吏的做派。延熹中，武陵蛮复寇乱荆州，应奉随车骑将军冯绲出征，勤设方略，贼破后，冯绲推功于奉，荐为司隶校尉，可见应奉善权谋，知兵法。任司隶校尉期间，纠举奸违，不避豪戚，以严厉为名，为政刚猛，颇有法家色彩。延熹八年(165)邓后废，田贵人见幸，桓帝有意立为后，应奉以为田氏微贱，不宜超登后位，上书劝谏，强调名分，重视尊卑等级，尊崇儒家"正名"的伦理观念。党事起，应奉慨然引疾自退，追愍屈原，因以自伤，信奉道家隐居避世的理念。可知应奉绝非纯儒，其思想驳杂，当以杂家视之。

二、《册府元龟》中的材料

清人沈钦韩《后汉书疏证》卷五《应奉传》"著《汉书后序》"条记："《隋志》，梁有《后序》十二卷、《洞序》九卷、录一卷，皆应奉撰。注引《袁山松书》云：凡十七卷，名曰《汉事》(原注：《御览》引之)。《册府元龟》(原注：五百五十五)引作七十卷，名曰《汉书述》。"⑤沈钦韩结合《隋志》与李贤注以备参考，对《汉书后序》、《后序》、《汉事》之间的关系并未进一步作出分析，不过我们可以覆核《册府元龟》。

明刻本《册府元龟》："应奉官至司隶校尉，著《汉书后述》，多所述载(原注：《袁崧书》曰：事天删《史记》、《汉书》及《汉记》三百六十余年，自汉后至其时，凡七十卷，名曰《汉书述》)。"⑥

《宋本册府元龟》："应奉官至司隶校尉，著《汉书后序》，多所述载(原注：《袁崧书》曰：事天删《史记》、《汉书》及《汉记》三百六十余年，自汉后至其时，凡十七卷，名曰《汉书事》)。"⑦

---

① 《三国志》卷二一《魏书·王粲传》，北京：中华书局，1982年，第601页。
② 《隋书》卷三四《经籍三》，北京：中华书局，1973年，第998页。
③ 同上书，第1006页。
④ 同上书，第1010页。
⑤ 〔清〕沈钦韩《后汉书疏证》，上海：上海古籍出版社，2006年，第99页。
⑥ 《册府元龟》卷五五五《国史部·采撰一》，北京：中华书局，1960年，第6665页。
⑦ 《宋本册府元龟》卷五五五《国史部二·采撰》，北京：中华书局，1989年，第1561页。

对比两种《册府》，可以发现，沈钦韩所见并非宋本《册府》，因为宋本《册府》在文字上与沈氏所言多不符，有关应奉此条的记载，宋本较明刻本为优，更接近原貌，然而与《后汉书》及注相较，亦有些许不同之处，如下表：

《后汉书》及注	《宋本册府元龟》及注
著《汉书后序》，多所述载……为司隶校尉	应奉官至司隶校尉，著《汉书后序》，多所述载
袁山松书曰：奉又删《史记》、《汉书》及《汉记》三百六十余年，自汉兴至其时，凡十七卷，名曰《汉事》。	袁崧书曰：事天删《史记》、《汉书》及《汉记》三百六十余年，自汉后至其时，凡七十卷，名曰《汉书述》。

正文方面，《后汉书》与宋本《册府》相同，仅语序有所调整。注文方面，有些许差别。据此可以基本断定，宋本《册府》此条抄自《后汉书》。然而“奉又”与“事天”、“汉兴”与“汉后”明显不同，且“事天”“汉后”在语义上解释不通，当属抄书者手民之误，那么将“汉事”抄成“汉书事”，增字而误，也解释得通了。正文两处《汉书后序》相同，说明这种情况自宋代便出现了。

应奉的《汉事》，虽然史志目录中不见记载，但是通过后人的转引，尚存踪迹，如《史记·匈奴列传》“山戎”条，司马贞《索隐》按语引应奉云：“秦筑长城，徒役之士亡出塞外，依鲜卑山，因以为号。”[①]此处应奉云或是《汉事》中语。假如上述推测成立，可见《后序》和《汉事》是应奉的两部书，并不存在《汉书后序》。

三、《后汉书·应奉传》的史料来源

回到《后汉书》，考察应奉传的史料来源或许是突破口。《宋书·范晔传》记载：“元嘉九年冬……（刘义康）左迁晔宣城太守。不得志，乃删众家《后汉书》为一家之作。”[②]范晔汇聚众家《后汉书》，取资广博，后来居上。《应奉传》中，李贤注征引的众家《后汉书》包括华峤、谢承、袁山松三人。根据周天游《八家后汉书辑注》，司马彪书亦为应奉立传[③]。选取其中一段作表，可以一探范晔采择众书的痕迹（为免烦琐，表中诸家《后汉书》以“人名＋书”指代，省去书名号），如下：[④]

① 《史记》卷一一〇《匈奴列传》，北京：中华书局，1982年，第2883页。

② 《宋书》卷六九《范晔传》，北京：中华书局，1974年，第1819—1820页。

③ 周天游辑注《八家后汉书辑注》，上海：上海古籍出版社，1986年，第419页。

④ 司马彪书、谢承书用《八家后汉书辑注》，分见于第419、71—72页。

范晔书	司马彪书	谢承书	华峤书
奉少聪明，自为童儿及长，凡所经履，莫不暗记。读书五行并下	应奉字世叔，聪明，自为童儿及长，凡所经历，莫不暗记，读书五行并下	应奉字世叔，读书五行俱下，终成名儒	字世叔。才敏善讽诵，故世称"应世叔读书，五行俱下"
为郡决曹史，行部四十二县，录囚徒数百千人。及还，太守备问之，奉口说罪系姓名，坐状轻重，无所遗脱，时人奇之		应奉为郡决曹史，行部四十二县，口说罪系姓名，坐状轻重，无所遗脱	
著《汉书后序》，多所述载。大将军梁冀举茂才			著《后序》十余篇，为世儒者

应奉传中诸事，如少聪明，记忆超群，读书五行并下，采司马彪书；为郡决曹史事，采谢承书；著《后序》，或采华峤书。此段范晔整合司马、谢、华三书，叙述蓝本、事例的模式大致如下：司马彪书（少聪敏，读书事）＋谢承书（为郡决曹史事）＋华峤书（著《后序》）。

范晔能够整合上述三人后汉书，重新创作应奉传，那么袁山松书也不排除被借鉴、采用的可能性。结合袁山松书之《汉事》与华峤书之《后序》的已有记录，将应奉的两部著作重新整合（《汉事》居先，或是范晔考虑方便称呼），以求完备，故范晔书的原文极可能是：著《汉事》《后序》。

《汉事》见于袁山松书仅此一例，孤证难立，此处笔者只能做出一些推测。后汉一朝的"汉事"往往是指汉代之事，如王充说班固，"此儿必记汉事"[①]；蔡邕"撰集汉事，未见录以继后史"[②]。当时又有以"汉×"名书者，如荀爽，"集汉事成败可为鉴戒者，谓之《汉语》"[③]，《汉语》是书名，当为节录《汉书》之作[④]，那么《汉事》"删《史记》、《汉书》及《汉记》"，节录两汉史事而成书，未必不会如《汉语》一般。

---

① 《后汉书》卷四〇上《班彪附班固传》李贤注引《谢承书》，第1330页。

② 《后汉书》卷六〇下《蔡邕传》，第2007页。

③ 《后汉书》卷六二《荀淑附荀爽传》，第2057页。

④ 陈君《〈汉书〉的中古传播及其经典意义》，《上海大学学报（社会科学版）》2017年第2期，第57页。收入氏著《润色鸿业：〈汉书〉文本的形成与早期传播》，北京：北京大学出版社，2020年，第130页。

四、《汉书后序》致误推论

假如以上推测成立，那么范晔书原文“汉事后序”，又怎么讹误成了“汉书后序”？什么时候产生的讹误？

首先，致误原因：一是字形，事書形似（事→書），书写过程中容易混淆，产生讹误。如《史记·黥布列传》司马贞《索隐》引有《汉杂事》，程金造指出：“汲古阁单本《索隐·黥布列传》作‘汉书’误也。”[①]《汉杂事》书名中有一“杂”字尚会误作《汉书》，《汉事》误作《汉书》，亦非意外。二是应奉精通班史与汉代故事，其子劭，曾集解《汉书》，颜师古《汉书叙例》备举二十三位汉晋旧注家，应劭位列其中。后汉学术传授重视师法，应劭的《汉书》知识当来自其父的教授。应奉著有《汉书后序》，后人也不会轻易怀疑这种可能性。

其次，产生讹误的时间，当在萧梁时期。宋文帝元嘉九年（432）后，范晔完成《后汉书》纪传主体部分，此后《后汉书》之学较为兴盛，尤其在梁朝，时人喜读众家《后汉书》，如裴子野，“抄合后汉事四十余卷”[②]；张缅，“抄《后汉》、《晋书》众家异同，为《后汉纪》四十卷，《晋抄》三十卷”[③]；萧子显，“采众家《后汉》，考正同异，为一家之书”[④]，萧子显《后汉书》一百卷，著录于《梁书》本传、《隋志》史部正史类。注《后汉书》者，如王规注《续汉书》，“集《后汉》众家异同，注《续汉书》二百卷”[⑤]。范晔书颇为士人青睐，为之作注者有吴均，“注范晔《后汉书》九十卷”[⑥]，《隋志》不载吴均注，当亡于梁至初唐时。刘昭，“集《后汉》同异以注范晔书，世称博悉。迁通直郎，出为剡令，卒官。《集注后汉》一百八十卷”[⑦]。梁元帝世子萧方等，“注范晔《后汉书》，未就”[⑧]。范晔书流传下的仅有刘昭注，《隋志》载梁剡令刘昭注《后汉书》一百二十五卷，唐代刘昭注本又有缺失，两《唐书》记刘昭补注《后汉书》五十八卷。南朝是写本时代（钞本时代），书籍的获得与流通还需要手抄，注书亦是如此，首先要将书籍内容抄写下来[⑨]，在此过

---

① 程金造《史记索隐引书考实》，北京：中华书局，1998 年，第 345 页。

② 《梁书》卷三〇《裴子野传》，北京：中华书局，1973 年，第 444 页。

③ 《梁书》卷三四《张缅传》，第 492 页。

④ 《梁书》卷三五《萧子恪附萧子显传》，第 511 页。

⑤ 《梁书》卷四一《王规传》，第 583 页。

⑥ 《梁书》卷四九《文学上·吴均传》，第 699 页。

⑦ 《梁书》卷四九《文学上·刘昭传》，第 692 页。

⑧ 《梁书》卷四四《世祖二子·忠壮世子方等传》，第 620 页。

⑨ 写为全取，抄为节抄，参见童岭《六朝隋唐汉籍旧钞本研究》第二章，北京：中华书局，2017 年，第 56—78 页。

程中，极易产生文字的讹误①。众人抄、写诸家《后汉书》，又为范晔书作注，因为“書”“事”字形相近而导致手民之误，不无可能。后来唐高宗时李贤等人注范晔书，这一错误尚未得到及时更正，这或与注释成于众手有关。《旧唐书·高宗纪》记仪凤元年(676)十二月李贤上所注《后汉书》，《旧唐书》章怀太子本传载：“贤又招集当时学者太子左庶子张大安、洗马刘讷言、洛州司户格希元、学士许叔牙、成玄一、史藏诸、周宝宁等，注范晔《后汉书》，表上之，赐物三万段，仍以其书付秘阁。”②王先谦《后汉书集解序》说：“唐章怀注成于众手，皆以为美，犹有憾。”③《后汉书集解述略》又言：“章怀之注范，不减于颜监之注班，惜非一手所成，不免有踳驳漏略之处。”④指出了《后汉书》注存在的问题。其中李贤多以“臣贤案”语提出自己的看法和心得，明确表明他所注的计 43 处⑤。众人注解完成后，李贤审核全书，然条目众多，精力有限，对已经存在的疏漏难免力不从心，百密一疏。书注完成后，藏之秘阁，常人难以得见。《册府元龟》或据李贤注范晔书，将《汉书后序》误抄为《汉书后述》，可见沿用了其中的错误，刊刻印行后，流传渐广，此后其他家《后汉书》日益消亡，李贤注本成为通行本《后汉书》，其内在的讹误遂湮没在历史长河中。然而李贤注所引袁山松书之《汉事》，却成为揭开这一历史秘案的关键锁钥。就此点而言，李贤注可谓功莫大焉。

假如上述推测成立，《汉书后序》之名存在于梁陈至唐初时，为何《汉书后序》在唐初重要的两部记录《汉书》相关著述的文献中却均未见记载？一是颜师古《汉书叙例》，汉晋旧注名家中无应奉，原因或是虽有《汉书后序》之名，然其书不可得见，颜氏以为《汉书后序》无关《汉书》旧注，又或是应奉的《汉书》相关成果被应劭吸纳进《汉书集解音义》中，故而《汉书叙例》对应氏取子舍父。二是魏征的《隋书·经籍志》，史部正史类收录众多《汉书》相关著作，无《汉书后序》，或是魏征疏漏，没有著录《汉书后序》，《梁书》记袁峻抄《汉书》二十卷，《隋志》阙载(史部杂史类著录葛洪《汉书钞》三十卷)，清人汪之昌作《隋书经籍志校补》，张鹏一作《隋书经籍志补》，可见《隋志》对一些著作存在缺记现象。

至此，范晔书记应奉有“汉事后序”，此后讹误成“汉书后序”的经过当如下：

---

① 参见[美]宇文所安《瓠落的文学史》，[美]宇文所安著，田晓菲译《他山的石头记》，南京：江苏人民出版社，2006 年，第 1—18 页；田晓菲《尘几录：陶渊明与手抄本文化研究》，北京：中华书局，2007 年；孙少华《钞本时代的文本抄写、流传与文学写作观念》，《华中师范大学学报(人文社会科学版)》2015 年第 5 期。

② 《旧唐书》卷八六《高宗中宗诸子·章怀太子贤传》，北京：中华书局，1975 年，第 2832 页。

③ 王先谦《后汉书集解》，北京：中华书局，1984 年，第 1 页。

④ 同上书，第 4 页。

⑤ 洪海安《章注〈后汉书〉的历史贡献》，《社会科学家》2009 年第 5 期。

袁山松书《汉事》⇘

《汉事》《后序》（范晔书）⇒《汉書后序》（萧梁→唐初）

华峤书《后序》⇗

综上：范晔书《应奉传》结合华峤书（有《后序》）、袁山松书（有《汉事》），遂书之曰"汉事后序"，事、書二字形近而讹，传抄过程中演变为"汉書后序"，应奉精通班固《汉书》，后人以为其作《汉书后序》在情理之中，遂不质疑。致误时间当在萧梁一朝。《袁山松书》记《汉事》仅此一见，虽为孤证，然吉光片羽，弥足珍贵。

因史料不足，记载缺略，古籍多散亡，本文只能在片言只字的记载中辗转腾挪，尽可能压榨有限的史料文字，以求最大化利用其价值。其中推论，颇多臆测，笔者学识浅陋，尚祈博雅君子教正。

宋元刊《资治通鉴》简注本管窥
——以东京大学东洋文化研究所藏本为例

林　嵩*

【内容提要】 今存之宋元刊《资治通鉴》简注本曾被误认为北宋所刊刻之"龙爪《通鉴》",实际上是南宋鄂州孟太师府鹄山书院之刻本(或元代福建魏天佑之覆刻本)。简注本之夹注虽多节录自史炤《资治通鉴释文》,但也作了少量修改。简注本《通鉴》的文本内容不仅与现存之"无注本"有不同来源,更较通行"胡注本"近古、近真,值得重视。

【关键词】 《通鉴》　简注本　龙爪本　《通鉴释文》

尾崎康将《资治通鉴》(以下简称《通鉴》)的宋元刊本分为"无注本""简注本"与"胡注本"三类[①]。所谓"简注本",是指南宋初期出现的一种正文下附有少量简明双行夹注的《通鉴》印本,其注释内容多与史炤《资治通鉴释文》(以下简称《释文》)相同。日本东京大学东洋文化研究所就收藏了一种"简注本"《通鉴》之残帙。此残帙仅存二卷不到,为《通鉴》卷一四九的最末二叶半与卷一五〇的首二十三叶半(卷一五〇第二十四叶之前半叶,被藏家移置册首半叶之前),纪事起梁武帝普通四年(523)夏四月至普通六年。

一、"龙爪《通鉴》"之孑遗

胡三省在《通鉴释文辨误后序》中提到的《通鉴》早期注本有"史炤本",有托名司马康的"海陵郡斋本",还有"成都府广都县费氏进修堂本"(即世称"龙爪《通鉴》"者,以下简称"费氏本"或"龙爪本")[②]。其中,"史炤本"乃仿陆德明《经典释文》之例,仅摘出相应文辞施以注释,并不提供《通鉴》原文;而带有《通鉴》原文的"海陵郡斋本"与"费氏本"均早亡佚。

旧藏皕宋楼(今藏日本静嘉堂文库)的一种"简注本"《通鉴》,《皕宋楼藏书

* 本文作者为北京大学中国古文献研究中心研究员、北京大学中文系长聘副教授。

① [日]尾崎康撰,乔秀岩译《〈资治通鉴〉的宋元版本》,《文史》2020 年第四辑,第 147 页。

② 〔宋〕胡三省《通鉴释文辨误后序》,《资治通鉴》,北京:中华书局,1956 年,第 20 册,第 187 页。

志》曾著录为北宋所刊刻之“费氏本”：

> 《资治通鉴》残本二百二十四卷，北宋刊大字本，元静江路儒学旧藏。
>
> 宋朝散大夫右谏议大夫权御史中丞充理检使上护军赐紫金鱼袋臣司马光奉敕编集。
>
> 按存卷六至卷十六、卷十九、卷二十一至卷三十四、卷三十八至卷五十四、卷五十七至卷七十、卷七十二至卷一百十一、卷一百十三至卷一百十七、卷一百二十二至卷一百二十九、卷一百三十五至卷一百三十九、卷一百四十一至卷一百五十五、卷一百五十七、卷一百六十一至卷一百八十六、卷一百八十八至卷一百九十、卷一百九十四至卷二百三十、卷二百三十三至卷二百五十、卷二百五十四、卷二百五十五、卷二百六十至卷二百六十五、卷二百七十一。每叶二十二行，每行十九字，版心有字数及刻板衔名，每卷首题衔惟列一朝之首卷，余卷则无纪年，下注干支二字，间附音义于本文。案胡景参《释文辨误》载“海陵本”“费本”各条，核此本音义，知即为“蜀广都费氏进修堂本”，世所谓“龙爪本”者也。音义与史炤《释文》微有异同。卷中有“静江路学系籍官书”朱文长印，“顾仁效水东馆考藏图籍之印”朱文长印，第六卷前有朱文木记曰“关借官书，常加爱护，亦士大夫百行之一也。仍令司书明白，口簿一月一点，毋致久假。或损坏去失，依理追偿。收匿者闻公议罚。”①

其实皕宋楼此藏本既非“北宋本”，又非“费氏本”；是书卷六十八有双行木记“鄂州孟太师府三安抚/位刊梓于鹄山书院”，可知系南宋鄂州孟太师府鹄山书院刻本（以下简称“孟本”）。同样误将“孟本”认作“费氏本”的还有《铁琴铜剑楼藏书目录》②。这一疏误，业已由傅增湘、赵万里、尾崎康等学者纠正③。尾崎康指出，此书的前半部分，“龙爪”字体的痕迹明显，而越往后笔力越弱。全书字体虽前后不一，但墨色无变化，并非补版。故尾崎康推测，前半部分在写板时乃有意模仿“龙爪”，刻版至后半，逐渐懈怠，乃用湖北或江浙之惯用字体④。要之，“孟本”虽不是“龙爪《通鉴》”本身，但它源于“龙爪本”，且保留了

---

① 陆心源《皕宋楼藏书志》卷二〇“史部”，清光绪万卷楼藏本。

② 详瞿镛《铁琴铜剑楼藏书目录》卷九，上海：上海古籍出版社，2000年，第223页。

③ 傅增湘《百衲宋本资治通鉴书后》：“十一行十九字本，纪年下记干支，间附音释，前人称之为蜀中费氏进修堂本，亦号‘龙爪本’。瞿氏之三卷残本、陆氏之大字残本、北京馆之大库蝶装残本皆是。然以余观之，三家所藏均非蜀刻，亦非一刻，实为宋季及元初各地之覆刻蜀本也。……陆氏本无题跋考证，强题为北宋。”（《藏园群书题记》卷二，上海：上海古籍出版社，1989年，第105页。）又，《中国版刻图录》：“孟本从广都费氏进修堂本出，费本俗称龙爪本，前人误认孟本为费本，应予纠正。”（北京：文物出版社，1990年，第1册，第57—58页）

④ [日]尾崎康《〈资治通鉴〉的宋元版本》，《文史》2020年第四辑，第173页。

"龙爪本"的一些特色;在"龙爪《通鉴》"已经亡佚的情况下,"孟本"无疑是值得重视的。

目前存世之"孟本",有南宋原刊本与元至元二十八年(1291)福建魏天佑覆刻本二种,但均无全帙;其中以日本东京静嘉堂文库、台北"中央图书馆"与中国国家图书馆所藏者存卷较多。此外,目前已知者,国内的上海图书馆,东北师范大学图书馆,日本的天理图书馆、美国的哥伦比亚大学东亚图书馆等处,皆有零本、零叶收藏。

东洋文化研究所藏的这不到二卷的残帙,亦属此类零本之列。原书为蝴蝶装,版面左右双边,顺黑鱼尾,版心下端记叶数与刻工姓氏,缺避不甚严格。除"东洋文化研究所图书"之藏印外,在卷一四九末叶,自下而上钤有"小袖和尚"白文印章、"妙风雷斋"朱文戳记[①]、"读数卷残书"白文印章。此残卷乃东洋文化研究所之"大木文库"所藏,原主人大木干一在北京、天津担任律师期间,搜集了大量中国古代法律典籍,因偶得明人"读数卷残书"图章,乃自号斋名"读残书堂"。大木之藏书(3358 部,44870 卷),后经法制史研究专家仁井田升斡旋,有偿赠予东京大学东洋文化研究所。仁井田升并撰《大木文库私记》以述其事[②]。"小袖和尚"与"妙风雷斋"二印,并见于东北师范大学藏本卷末,东北师大藏本卷端另有"金菊子""琴书自乐"二印[③],其中"金菊子"印又见于天理图书馆藏本。看来东洋文化研究所藏本在由大木干一收藏之前,当与东北师大及天理图书馆藏本同源——极有可能系清内阁大库故物。

据傅增湘《藏园群书经眼录》记载,内阁大库至少曾有"孟本"残帙二部:"此本(即宋鄂州孟太师府鹄山书院刊本,引者注)北京图书馆亦藏残本二部,为内阁大库物,行款皆同,字体一瘦劲一方整。皆目为龙爪本。后本即此书之

---

① "妙风雷斋"戳记,昔有误释为"幼两斋"或"幼雨斋"者(详下文),李国庆释为"妙香斋",并指其人为江西都昌之李秀峰(1833—1907),号乘时,曾任崇仁县教谕,著有《妙香斋主人偶存草》二卷。(详李国庆《〈加拿大多伦多大学东亚图书馆藏中文古籍善本提要〉钤印订考》,《天禄论丛——中国研究图书馆员学会学刊》第七卷,桂林:广西师范大学出版社,2017 年,第 10 页)按:有清一代,号"妙香斋"者甚多,不宜遽定为李秀峰。今就此印文请教北京大学《儒藏》编纂与研究中心沙志利先生与北京大学中文系李宗焜先生,就字形本身而言,释为"妙风雷斋"较的当,今识此以待考。释文如有不妥,则错在笔者。

② 仁井田升《大木文库私记——特别是其中的官箴、官牍与民众的关联》(原题《大木文库私记——特に官箴・官牍と民众とのかかわり》),转自辛德勇《搜书记》,北京:九州出版社,2017 年,第 256 页。

③ 据东北师范大学图书馆编《古籍善本书目解题》著录:卷端有"金菊子""琴书自乐"("自"原本误植为"白",此正——引者)"小袖和尚""幼两斋"印。(吉林省文化厅,1984 年,第 91 页。)又,高振铎《〈资治通鉴〉刊刻出版考》:"存第二一六卷一卷。蝴蝶装,双板框,半叶十一行,行十九字,共十六页。卷端有金菊子、琴音自乐,卷未有小被和尚,幼雨斋等四印。东北师范大学图书馆藏。"(刘乃和、宋衍申主编《司马光与资治通鉴》,长春:吉林文史出版社,1986 年,第 261 页)按:"幼雨斋"或"幼两斋"皆前述"妙风雷斋"之誤,"小被和尚"宜作"小袖和尚"。

配本。"[①]按：清宣统元年(1909)，整理内阁大库时，清出图书十余万册，送交学部，后入藏京师图书馆。时图书馆犹未建，暂借城北积水潭广化寺为储书之所。由京师图书馆正监督缪荃孙任其事，"分类清理书籍，从中检出元明旧帙，其中宋本犹为元师平宋时由临安秘阁所收，一鳞片甲有自来藏书家所未睹者"[②]。由于内阁大库所藏宋元版书多为昔日秘阁所藏，故多无私人藏书印记；外观上仍保持蝴蝶装样式；又多零本残帙——这几个特征，东洋文化研究所等处收藏的"简注本"《通鉴》残帙都能符合。内阁大库故书除大部分移藏京师图书馆(今中国国家图书馆)外，在清理与移交过程中，或因管理不善，或因人为盗窃，有相当数量流入民间；傅增湘便曾言："疑自嘉道以来，库书盗出者当不止此一帙矣。"[③]就目前可见的国内外图书馆的书目著录情况看，钤有"金菊子""小袖和尚""妙风雷斋"诸印之宋元版古籍为数不少。能收藏或经眼如此数量之珍稀古籍，此"金菊子"当非碌碌之辈，不应于史无征。颇疑"金菊子"等皆非实有之人，乃书贾以不正当手段取得内阁大库故书后，为掩饰真相而伪盖之印记[④]。

二、"简注本"与史炤《释文》之关系

由于蜀广都费氏进修堂刊本已经散佚，尾崎康认为无法直接确认其注是否出自史炤《释文》。据尾崎康统计："胡三省《通鉴释文辨误》单独引'费本注曰'者八处，先引史炤《释文》而称'费本同'者八十五六处。既然同误，则两者关系可谓极近，不妨从胡三省之说，推测费氏本因袭史炤《释文》。"[⑤]其实为史炤《释文》作序的南宋学者冯时行已经明确指出："《通鉴》之成殆百年，未有释文。"[⑥]此语可证"海陵郡斋本"与"龙爪《通鉴》"等"简注本"均较史炤《释文》晚出[⑦]。

"简注本"之音义，既然较史炤《释文》晚出，篇幅又不及《释文》之半，且文字存在高度雷同，故以往学者多认为"简注本"的注释完全是节录自史炤《释

① 傅增湘《藏园群书经眼录》，北京：中华书局，1983年，第234页。

② 《碑传集补》卷九《缪艺风先生行状》，民国十二年(1923)刊本。

③ 傅增湘《宋刊南齐书跋》，《藏园群书题记》卷二，第83页。

④ 关于此数种零本系清内阁大库故物之推测，乃承人民文学出版社董岑仕女史提示，特致谢忱。又，林振岳《内阁大库藏书研究》亦指天理图书馆与东洋文化研究所所藏简注本《通鉴》为内阁大库旧藏，藏印疑出书贾伪造。(北京：中国社会科学出版社，2022年，第320—321页)

⑤ 《〈资治通鉴〉的宋元版本》，《文史》2020年第四辑，第171页。

⑥ 〔宋〕冯时行《资治通鉴释文序》，〔宋〕史炤《资治通鉴释文》(以下简称《释文》)，上海：商务印书馆，1960年，第1册，第1页。

⑦ 详林嵩《通鉴胡注论纲》，上海：上海古籍出版社，2012年，第110页。

文》。美国哥伦比亚大学东亚图书馆亦收藏"孟本"零叶一纸，为卷八之第十六叶，原书亦蝴蝶装，现改为经折装；该叶第七行注文云：

> 传舍者，人所上（字当作"止"，原手民误植，引者注）息。前人已去，后人复来。传，相传也。一音张恋切，谓传置之舍也，其义两通。它皆类此。[①]

比较史炤《释文》此条：

> 传，张恋切，传者以木为之，长尺五寸，书符于上，又以一板偕封以御史印章，所以为信，见唐《苏鹗演义》。[②]

就此条注文看，"孟本"解释了"传舍"的含义（大体与今"旅社"相似），并说明"传"字可两读。史炤却只解释了"传"字的音义，认为应读去声，在字义方面将其理解为一种文书。那么"传舍"是否为传递文书之机构，抑或为信使休憩之所呢？看了史炤的《释文》，还是不得明白。就这条材料看，"简注本"在蹈袭史炤《释文》的同时，还是做了少量删改的。"人所止息，前人已去，后人复来"的解释来源于《汉书》颜师古注，显然"简注本"的这条音义要优于史炤《释文》。《皕宋楼藏书志》谓"孟本"之音义与史炤《释文》"微有异同"，这一表述是准确的。类似这样的"微异"，产生于不同的解释思路，是注者有意为之，而非传刻脱误所造成。

三、"简注本"之文本价值

民国时章钰曾取宋本《通鉴》九种以校胡克家翻刻之元刊"胡注"本，并撰《胡刻通鉴正文校宋记》（以下简称"章校"）。这九种宋本中，八种为"无注本"，最后一种乃"简注本"，实即"孟本"。受过往目录书的影响，章钰亦误认此本为"费氏本"，但在《校余杂记》中，章钰对此本是否为北宋本，也产生了一定的怀疑并做了辨析：

> 费本，《皕宋志》目为北宋本，《适园志》但称宋本。检胡氏《释文辨误》，谓进修堂本正文下附注多本之史炤。按史书系绍兴三十年所刻，冯时行序称"见可年几七十，好学不衰"云云，作同时人语。如费本所采为史氏《释文》，则费刻之果在北宋，实一疑问。胡援不訾重器之例，沿其

① 详曹亦冰、卢伟《美国图书馆藏宋元版汉籍图录》著录："半叶十一行，行十九字，双行小字注，左右双边，白口，双黑鱼尾，版心上记本叶字数，版心题'通鉴八'，版心下题叶数'十六'及刻工姓名。"（北京：中华书局，2015 年，第 273 页）

② 《释文》卷一，第 1 册，第 24 页。

旧称。[①]

但对此本为《通鉴》版本之"重器"这一点，章钰并无异议。不过，遗憾的是，章钰当时仅根据傅增湘的校记校了五卷[②]。今以东洋文化研究所此残卷对校《四部丛刊》影宋本（即章校所称"乙十一行本"）与元刊"胡注"本，可以看出，"简注本"之文句不仅较"胡注本"近古、近真，个别文字甚至有助于校正常见宋本之疑误。下面举四例说明。

> 1. 卷一四九末叶行十四：上乃铸五铢钱，肉好周郭皆备。别铸无肉郭者谓之"女钱"。民间私用古钱交易，禁之不能止。十二月，戊午，始铸铁钱。（据东洋文化研究所藏本，着重号系引者所加，下同。）

"古钱"，元刊"胡注本"作"女钱"[③]；据章校，乙十一行本、宋十二行本、明孔天胤本与东洋文化研究所藏本相同，皆作"古钱"。按《隋书·食货志》："武帝乃铸钱，肉好周郭，文曰'五铢'，重如其文。而又别铸，除其肉郭，谓之女钱。二品并行，百姓或私以古钱交易。……天子频下诏书，非新铸二种之钱，并不许用。而趣利之徒，私用转甚。至普通中，乃议尽罢铜钱，更铸铁钱。"梁武帝造钱二种，一曰"五铢"，一曰"女钱"，诏令非此新铸二种钱，皆禁用。可证民间私用者，不在此二种之列，乃前朝"古钱"。此处"胡注本"盖涉上文"女钱"而误。

> 2. 卷一五〇叶十三行六：南梁州刺史锡休儒等自魏兴侵魏梁州，攻直城。魏梁州刺史傅竖眼遣其子敬绍击之，休儒等败还。

"南梁州"，《四部丛刊》本、"胡注本"皆作"北凉州"。胡三省认为"北凉州"不对，"凉"应为"梁"之误："梁置北梁州于魏兴。'凉'当作'梁'。魏收《志》：东梁州金城郡领直城县。《五代志》：金州安康县，萧督改直州，盖因直城以名州。魏以其地出金，故郡曰金城，州曰金州。"[④]

按杜佑《通典》卷一七五《州郡五》："金州，（今理西城县。）虞舜尝居之，谓之妫墟。（《帝王世纪》谓之姚墟，本曰妫汭。）战国时属楚。秦属汉中郡，两汉因之。魏以汉中遗人在东垂者置魏兴郡，即其地也。晋、宋、齐皆因之。梁寻改为南

---

① 《胡刻通鉴正文校宋记述略》，《通鉴》，第1册，第21页。

② 《胡刻通鉴正文校宋记述略》："京师图书馆藏北宋残本，半叶十一行，行十九字，附音释。为广都费氏进修堂刻。傅氏以百衲本中有明钞补本，因就馆本对校，钰即从之传录，馆目存卷较多，余未及也。傅校卷数：九至十、十七、二十八至二十九，计五卷。——《校记》称'傅校北宋本'。"（《通鉴》，第1册，第16页。）

③ 《元本资治通鉴》，北京：国家图书馆出版社，2020年，第29册，第67页。

④ 《元本资治通鉴》，第29册，第103页。

梁州，西魏改置东梁州，后因其地出金，改为金州。”[①]从《通鉴》原文看，当时南朝梁与北朝魏均置梁州。直城在魏之梁州域内，据“胡注”所引魏收《志》，此梁州在魏称“东梁州”，时任刺史为傅竖眼；魏兴则在南朝梁州控制之下，据《通典》，梁时改称“南梁州”。

《魏书》对这一段史事的记述是：“萧衍遣其北梁州长史锡休儒、司马鱼和、上庸太守姜平洛等入寇直城。梁州刺史傅竖眼遣息敬绍率众拒击，大破之，擒斩三千余人；休儒等走还魏兴。”[②]《北史》的记载与《魏书》大体相同[③]，都是站在北朝的立场叙事，称锡休儒为“北梁州长史”，指其率众“寇直城”。而《通鉴》是以晋、宋、齐、梁为正统的，故云“攻直城”而不言“寇”，称“败还”而不言“大破之”。因此我们认为，称锡休儒为“北凉州刺史”显然是不对的；但如按胡三省的意见，作“北梁州刺史（或长史）”，则是依从了北朝的提法，亦可商榷；而东洋文化研究所此本作“南梁州刺史锡休儒”，似更符合《通鉴》之史法。

> 3. 卷一五〇叶十三行六：（潘）嫔泣诉于帝曰：“义非独欲杀妾，又将不利于陛下。”

“杀”，《四部丛刊》本、“胡注本”作“害”，《通鉴纪事本末》（《四部丛刊》影宋宝祐刻本）、《通鉴纲目》（明成化内府刻本）则与东洋文化研究所藏本相同，作“杀”；“又”字，《本末》《纲目》亦同，《四部丛刊》本、“胡注本”无“又”字[④]。

> 4. 卷一五〇叶十三行六“别造大盾，内为柱锁，使壮士负而趋，谓之排城。”

“而”，《四部丛刊》本、“胡注本”作“以”[⑤]，《本末》作“而”。

综合以上四例：第1例“胡注本”讹误，“简注本”“无注本”皆不误；第2例“胡注本”与《四部丛刊》影宋本（“无注本”）有误，而“简注本”提供的文本极有可能是正确的；第3、4两个例子中，虽然异文对文义的理解并不造成实质性影响，但就异文本身而言，“简注本”的文句可与《本末》《纲目》等书相合，而与《四部丛刊》影宋本有异，显示出“简注本”与现存之“无注本”当各有不同之文字来源。

---

① 〔唐〕杜佑《通典》卷一七五《州郡五》，北京：中华书局，1988，第5册，第4580页。

② 《魏书》卷九《肃宗孝明帝纪》，北京：中华书局，1974，第1册，第240页。

③ 《北史》卷四五《傅竖眼传》：“梁遣其北梁州长史锡休儒等十军率众三万人寇直城，竖眼遣敬绍总众赴击，大破之。”（北京：中华书局，1974，第1673页）

④ 《元本资治通鉴》，第29册，第104页。

⑤ 同上书，第112页。

日本京都大学藏《三朝北盟会编》旧抄本的递藏过程与文献价值*

许峻玮**

【内容提要】 日本京都大学人文科学研究所藏有一部《三朝北盟会编》抄本，历经众手而递藏有序。本文以书中钤印为线索，结合相关文献记载，重新梳理此抄本的递藏过程，附带论及其他相关问题。并将此抄本与清末许涵度刻本相比，认为此抄本可以纠正许刻本的诸多错漏，具有相当的文献价值；而与其他明清抄本相比，此抄本又难称善本，使用时应与其他抄刻本对校，从而得到更加准确的文本。《会编》抄本众多，诸抄本深藏于各地图书馆，其文献价值、版本价值仍待进一步发掘。

【关键词】 京都大学　《三朝北盟会编》　抄本　递藏　文献价值

引言

《三朝北盟会编》(以下简称“《会编》”)卷帙浩繁、版本众多，在清末袁祖安活字本和许涵度刻本出现之前，一直以抄本的形式流传于世，只是各家书目所载抄本的分册并不相同，如陈乐素《三朝北盟会编考》指出：“脉望馆作二十五本，绛云楼作七十五册，四明天一阁作十六本，竹垞行笈作二十六本，知圣道斋作三十本。”①仲伟民《〈三朝北盟会编〉传本及其体例》也说：“玉海楼旧藏本为四十二册，传是楼为三十册，涵芬楼为四十六册，明王氏郁冈斋为二十五册，稽瑞楼为二十六册，嘉业堂为三十二册，勤志馆为二十册，白华楼为四十册。”②各版本因所据底本不同、抄写质量各异，造成版本之间异文情况严重。因此，发

* 本文为湖南省社科基金青年项目“《三朝北盟会编》词汇语法研究”(项目号：21YBQ020)的阶段性成果。导师汪维辉教授对本文提出了中肯的修改意见，谨致谢忱。

** 本文作者为湖南大学中国语言文学学院助理教授。

① 陈乐素《三朝北盟会编考》，《中央研究院历史语言研究所集刊》第6册，1936年。后收入《求是集》，广东人民出版社，1986年，第153页。

② 仲伟民《〈三朝北盟会编〉传本及其体例》，《史学史研究》1990年第2期，第36—37页。

掘深藏于各地图书馆的不同《会编》抄本，辨析其版本优劣，从中择选质量较高的抄本作为研究的底本，将极大促进《会编》的相关研究。

据《日本所藏中文古籍数据库》，日本共藏有《三朝北盟会编》三十种，其中抄本两种①：

1. 静嘉堂文库藏抄本。《静嘉堂文库汉籍分类目录》史部纪事本末类："《三朝北盟会编》二五〇卷，宋徐梦莘撰写。"②《静嘉堂秘籍志》史部纪事本末类的记载更为详尽："《三朝北盟会编》，宋徐梦莘撰。旧抄二十四本。志：《三朝北盟会编》二百五十卷。旧抄本。马笏斋旧藏。案：卷中有'笏斋'朱文、'马玉堂印'白文二方印。"③可知此抄本为马笏斋旧藏。静嘉堂之书多得自陆心源皕宋楼和十万卷楼旧藏④，检《皕宋楼藏书志》史部纪事本末类："《三朝北盟会编》二百五十卷。旧抄本。马笏斋旧藏。"⑤可知此抄本确为陆心源皕宋楼旧藏书⑥。

2. 京都大学人文科学研究所藏抄本。太田辰夫先生在《汉语史通考·宋代语法试探》中，将此抄本的用字法与其他五种可靠的宋刊本或抄本进行对比，认为："这个文本是非常可靠的。……《三朝北盟会编》人文的抄本为善本。"⑦而关于这个抄本的来历，太田先生未作更多说明，也没有继续探讨这个抄本的文本内容和文献价值。

本文介绍日本京都大学人文科学研究所藏《三朝北盟会编》抄本（以下简称为"京大本"）的基本情况，爬梳其递藏源流，将其与《中华再造善本》影印的原季振宜旧藏明抄本（以下简称为"明抄本"）⑧、上海古籍出版社影印的许涵度刻本（以下简称为"许刻本"）⑨相互对照，辨析其文字优劣，对其文献价值作出进一步判断。

---

① 其余二十八种刊本为袁祖安校勘排印的木活字本、海天书店以袁活字本为底本出版的铅字排印本、台湾文海出版社出版的袁活字本的影印本、许涵度刻本以及四库本。见《日本所藏中文古籍数据库》网页：http://www.kanji.zinbun.kyoto-u.ac.jp/kanseki/，2022年7月25日。

② 静嘉堂文库编纂《静嘉堂文库汉籍分类目录》，单式印刷株式会社，昭和五年(1926)，第234页。

③ "志"为河田罴抄撮陆心源《皕宋楼藏书志》的内容，"案"为河田罴所加按语。[日]河田罴撰，杜泽逊等点校《静嘉堂秘籍志》史部纪事本末类，上海：上海古籍出版社，2016年，第619页。

④ 关于陆心源旧藏书归入静嘉堂文库的始末，可参看[日]河田罴撰，杜泽逊等点校《静嘉堂秘籍志·整理说明》，第1—4页。

⑤ 陆心源《皕宋楼藏书志》史部纪事本末类，光绪八年壬午冬月十万卷楼藏版。

⑥ 关于此抄本的版本信息及文献价值，笔者拟另文详论。

⑦ [日]太田辰夫著，江蓝生、白维国译《汉语史通考·宋代语法试探》，重庆：重庆出版社，1991年，第152—166页。

⑧ 〔宋〕徐梦莘《三朝北盟会编》，中华再造善本影印国家图书馆藏明抄本，北京：国家图书馆出版社，2013年。

⑨ 〔宋〕徐梦莘《三朝北盟会编》，上海古籍出版社影印许涵度刻本，1987年。

一、京大本的基本情况

此抄本共十六册,每页十四行,行二十四字。采用平装方式装订,为清代抄本的典型面貌。此书抄手不一,如卷七与卷八字体风格截然不同,甚至同一卷中出现了数种字体,如卷二〇中肉眼可辨的不同字迹即有三种,显为三名不同的抄手所致。书中仅少数卷次有朱笔、墨笔批校及夹页批注,如卷一有朱笔批校四处,墨笔批校三处,这些批校大体正确,纠正了抄手的诸多疏漏,但也偶有可商之处。

1. 具言辽人以渤海变乱,因为女**贡**侵暴,女**贡**军马与辽人争战累年,侵夺地土,已过辽河之西,今海岸以北,自蓟复至兴、渖、同、咸州,悉属女**贡**矣。(卷一)

此处言及辽与女真的历年征战,盖因"贡""真"繁体字形相近,抄手误将"女真"抄为"女贡"。朱笔在原字之上直接涂改,将这三处"贡"改为"真",并在书页底部加批语:"贡乃真字之讹,下同。"

2. 故秦晋国王**耶淳**,九族之内,推为仲叔之尊。(卷九)

此处显然当为"耶律淳","律"字为抄写时遗漏,因此墨笔在"耶""淳"之间另补上"律"字。

3. 处温令李奭回书云:"顷自白**霫**拜别,时绝音耗,耳可得闻,目不得视。"(卷八)

墨笔在"霫"字之上注:"字误,改作音字。"盖因"霫""音"字形相近,而批校者已经不知"白霫"为何,反而认为"霫"为误字。实际上,"白霫"为古部族之名,后来也常用作地名,如齐伟《辽代"白霫"考》指出:"值得注意的是,辽中期以后直至元代,'白霫'作为地域名称常被引用,而作为族名的含义则大为弱化。"[①]这些例子说明,此抄本除了抄手的抄写质量不一之外,批校者的校改质量也有优劣,使用时应格外小心。

与明抄本和许刻本相比,此抄本的一个突出特点是多采用明清之际通行的民间俗字简字,可以为近代俗字研究提供新的材料。如卷二〇中俗字极多,酌举如次:宝(寶)、国(國)、礼(禮)、医(醫)[②]、辞(辭)、离(離)、旧(舊)、抚(撫)、万(萬)、舣(艤)、边(邊)、对(對)、仪(儀)、劳(勞)、弥(彌)、预(預)、数(數)、類

---

① 齐伟《辽代"白霫"考》,《宋史研究论丛》第18辑,保定:河北大学出版社,2016年,第314—324页。

② 此卷中另有"醫巫闾"一词,与"医生"之"医"用字不同。

(顊)、経(經)、频(瀕)、䪨(韻)、盏(盞)、责(責)、贵(貴)、执(執)、灯(燈)、款(款)、吅(叫)。

二、京大本的递藏过程及相关问题

此抄本在序言页首、引书及目录页首、卷一页首等处有多枚钤印,历经众手而递藏有序。桥本秀美、陈捷《"傅增湘先生逝世六十周年纪念展"东京会场纪事》对此抄本的递藏过程有所论述[①],但仍有未尽之处。本文根据这些印章所提供的信息及相关的文献记载,重新梳理此抄本的递藏过程,附带论及其他相关问题。

卷一页首"邓尉山樵"印,当为清代书法家、篆刻家徐坚(1712—1798)之印,则此抄本最初为徐坚收藏。马博主编《书法大百科》:"徐坚,清代书家。字孝先,号有竹、子固、茧园、溧雪老人、洞庭山人、邓尉山人、邓尉山樵、邓尉老樵、溧雪老樵,江苏吴县人。"[②]徐坚撰有《西京职官印录》《茧园诗钞》等书,但并未对所藏之书进行编目,今人无从知晓此抄本归入徐坚藏书的时间及过程。

书目页首"秘册"、"张月霄印"、"爱日精庐藏书"三枚钤印均为张金吾(1787—1829)藏书印。许嘉璐主编《传统语言学辞典》:"张金吾,清江苏昭文(今江苏常熟县)人。字慎旃,一字月霄。道光时诸生。好藏书,多达8万余卷。又竭20年之精力,网罗图经碑刻,著成《金石最》一书。还著有《广释名》、《释冕》、《释弁》、《释龟》、《十七史引经考》、《西汉五经博士考》、《白虎通注》、《爱日精庐藏书志》等书。"[③]张金吾《爱日精庐藏书志》史部纪事本末类记载此抄本:"《三朝北盟会编》二百五十卷,旧抄本。"[④]另抄撮徐梦莘所作序言。值得注意的是,原季振宜旧藏明抄本之上亦有张金吾藏书印,因此邱靖嘉《国家图书馆藏〈三朝北盟会编〉明抄本考略——兼与许刻本相较》认为张金吾《爱日精庐藏书志》所记抄本为原季振宜旧藏明抄本[⑤]。本文将明抄本与京大本对照,认为张金吾《爱日精庐藏书志》所记当为京大本。就徐梦莘为《会编》所作序言来看,明抄本与京大本存在三处比较明显的异文,而张金吾《爱日精庐藏书志》这三处异文均与京大本相同:

---

① 参看桥本秀美、陈捷《"傅增湘先生逝世六十周年纪念展"东京会场纪事》,《版本目录学研究》第二辑,北京:国家图书馆出版社,2010年,第61—63页。

② 马博主编《书法大百科》,北京:线装书局,2016年,第364页。

③ 许嘉璐主编《传统语言学辞典》,石家庄:河北教育出版社,1990年,第564页。

④ 张金吾撰,冯惠民整理《爱日精庐藏书志》史部纪事本末类,北京:中华书局,2012年,第135页。

⑤ 邱靖嘉《国家图书馆藏〈三朝北盟会编〉明抄本考略——兼与许刻本相较》,《文史》2018年第3辑,第190页。

1. 于是取诸家所**撰**及诏敕、制诰、书疏、奏议、记传、行实、碑志、文集、杂著事涉北盟者，悉取诠次。

2. 若夫事不主此，皆在所略，嗣有所得，续系于后，如洪内翰迈《国史》、李侍郎焘《长编》、并《**系年录**》，已上太史氏，兹不重录云焉。

3. 绍熙五年十二月嘉平日，**朝散**大夫、荆湖北路安抚司参议官、赐绯鱼袋臣徐梦莘谨序。

例(1)明抄本无"撰"字，例(2)明抄本作"四系录"，例(3)明抄本作"散朝"。从这三处异文来看，张金吾《爱日精庐藏书志》所记显然为京大本。

序言页首"潘茉坡图书印"、书目页首"茉坡潘介繁珍藏之印"为清代藏书家潘介繁(1829—1893)私印。序言页首"潘氏桐西书屋之印"、目录页首"崦西草堂"为潘介繁或其子潘志万(1849—1899)所用。李玉安、黄正雨编《中国藏书家通典》："潘介繁，字谷人，号茉坡，亦作椒坡，又号桐西。……家有藏书楼'桐西书屋'。……子潘志万，字子俣，号硕庭，继承藏书并全力守藏。"[①]另卷一页首有"乃今日之介也"朱文方印，桥本秀美、陈捷《"傅增湘先生逝世六十周年纪念展"东京会场纪事》认为此印不可考。实际上，西泠印社 2018 年秋季拍卖会曾拍卖一枚潘介繁自用闲章，其印文正为"乃今日之介也"六字，边款为"虞叔杨沂孙为桐西居士篆，遂生刻石"，可知此印为杨沂孙篆、朱志复刻[②]。京大本此印虽与西泠印社拍卖之印略有不同，但大概也为潘介繁私印。

傅增湘撰，傅熹年整理的《藏园群书经眼录》史部编年类也记载了此抄本：

《三朝北盟会编》二百五十卷。宋徐梦莘撰。旧写本，十四行二十四字。钤有"张月霄"、"爱日精庐秘册"、"茉坡"、"潘介繁珍藏之印"、"潘茉坡图书印"、"潘氏桐西书屋之记"、"碧山柏氏"各藏印。(徐枋遗书。癸亥)[③]

《藏园群书经眼录》记录此抄本为徐枋遗书，则此抄本原为徐枋旧藏。而桥本秀美、陈捷《"傅增湘先生逝世六十周年纪念展"东京会场纪事》则认为"徐枋"当为"徐坊"之讹[④]，此抄本原为清末藏书家徐坊的旧藏书。本文认同桥本秀美、陈捷的观点，此抄本不可能为明末清初书画家徐枋旧藏，原因有三：

1. 此抄本各家著录为"旧抄本"，未明确指出此抄本的时代。但此抄本每

---

① 李玉安、黄正雨编《中国藏书家通典》，北京：中国国际文化出版社，2005 年，第 637 页。

② 参看西泠印社 2018 年秋季拍卖会网页：http://www.xlysauc.com/auction5_det.php? ccid=1094&id=157646&n=3713，2022 年 7 月 25 日。

③ 傅增湘撰，傅熹年整理《藏园群书经眼录》史部编年类，北京：中华书局，1983 年，第 257 页。

④ 桥本秀美、陈捷《"傅增湘先生逝世六十周年纪念展"东京会场纪事》，《版本目录学研究》第二辑，第 63 页。

页纸正反均抄写文字，且采用平装方式装订，与明代流行的线装格式截然不同，当为清代民间抄本的典型装订方式。如杜泽逊《文献学概要》指出："线装大约明中叶兴起，沿用至清末民国间，被洋装书取代。……线装之后为今天流行的平装、精装。"[①]如果此抄本为明末清初徐枋旧藏，则必然采用线装方式装订，而不可能采用平装。

2. 傅熹年在《藏园群书经眼录・整理说明》中说："原稿各条末尾多记收藏者和观书的时间地点。"[②]则傅增湘是在癸亥年(1923)见到徐枋遗书，此时徐枋早已去世二百余年，显然不合理。

3. 更为直接的证据，是莫友芝撰，傅增湘订补，傅熹年整理《藏园订补郘亭知见传本书目》史部纪事本末类记载："《三朝北盟会编》，**清写本**，十四行二十四字。张月霄、潘介繁藏印。**徐坊**遗书。"[③]直接点明此抄本为清代抄本，且原为徐坊藏书。盖因"枋""坊"字形相近，因此傅熹年整理《藏园群书经眼录》误将"坊"记作"枋"字。

徐坊(1864—1916)，字士言，号梧生，清末民初藏书家。徐坊生前藏书颇丰，但去世后其藏书开始逐渐流失，傅增湘正是在这时收购了徐坊的部分藏书，此《会编》抄本也转归傅增湘收藏。沙嘉孙《徐坊和他的"归朴堂"藏书》详细考证了这段历史："傅先生(傅增湘)通过当时的书贾，主要是翰文斋、蟠青书室、文禄堂、文德书坊等陆续看见和收购了不少，并将这些书著录在《藏园群书经眼录》、《藏园群书题记》、《双鉴楼善本书目》、《双鉴楼藏书续记》中。"[④]值得注意的是，此抄本虽为徐坊旧藏，却未见徐坊藏书印，杜泽逊、程远芬《山东著名藏书家》所叙当为重要原因之一："徐坊藏书秘不示人，也很少在藏书上加盖印章。"[⑤]

此抄本序言页首"藏园秘笈"、书目页首"长春室主"、目录页首"沅叔金石文字"、卷一页首"双鉴楼藏书记"、第十六册页尾"双鉴楼主人""沅叔藏书"等均为傅增湘藏书印。傅增湘《藏园群书题记・钞本三朝北盟会编跋》记载了这个抄本，并对其版本价值有所判断。今不惮烦，转引如次：

> 旧写本，十四行，行二十四字，语涉宋帝皆提行，源出宋刊，盖爱日精庐藏书也。首徐梦莘绍熙五年自序，次引用书目，罗列至一百九十六事。目录一至二十五为政、宣上帙，二十六至一百为靖康中帙，一百一至二百

① 杜泽逊《文献学概要》，北京：中华书局，2001 年，第 34 页。

② 傅增湘撰，傅熹年整理《藏园群书经眼录》，第 3 页。

③ 莫友芝撰，傅增湘订补，傅熹年整理《藏园订补郘亭知见传本书目》史部纪事本末类，北京：中华书局，1993 年，第 91 页。

④ 沙嘉孙《徐坊和他的"归朴堂"藏书》，《文献》1987 年第 3 期，第 185 页。

⑤ 杜泽逊、程远芬《山东著名藏书家》，济南：山东文艺出版社，2004 年，第 172 页。

五十为炎、兴下帙，起政和七年七月四日，讫绍兴三十二年四月二十一日，凡四十有六年。

按：此书宋以后久无刊本，光绪初元粤中以活字排印行世，而脱误至不可胜计，甚者连篇累页，删落凌乱，真有刻如不刻之叹。戊申岁，许布政涵度依吴瓯亭、朱映漘、江艮庭、彭芸楣校本，于吾蜀镌板，更逐卷附以校记，扫尘之功甚伟。今以此本对勘，符契至多，而单词剩句，此胜于彭校本尚夥。盖月霄秘册，其所从来者旧也。卷中钤收藏印记有"张月霄印"、"爱日精庐藏书"、"秘册"、"碧山柏氏"、"潘茉坡图书印"、"潘氏桐西书屋之印"、"茉坡"、"介繁珍藏之印"、"邓尉山樵"、"乃今日之介也"诸印。[①]

自傅增湘之后，此抄本即归入东方文化学院京都研究所（京都大学人文科学研究所的前身）。此抄本序言页首、卷七页首有"东方文化学院京都研究所"藏书印，《东方文化学院京都研究所汉籍目录》史部纪事本末类记载："《三朝北盟会编》二百五十卷。宋徐梦莘撰。抄本。有张金吾、潘介繁图记[②]。"《东方文化学院京都研究所汉籍目录》出版于 1938 年，则此抄本的入藏时间还要早于 1938 年。那么，此《会编》抄本究竟何时入藏京都大学，又是如何从傅增湘手中流出呢？

桥本秀美、陈捷《"傅增湘先生逝世六十周年纪念展"东京会场纪事》据东方文化学院京都研究所购书登记簿指出："东方文化学院于 1930 年 5 月 26 日由文求堂购买傅增湘旧藏《三朝北盟会编》、《广东通志》、《广西通志》三书。"[③]文求堂主人田中庆太郎（1880—1951）多次到北京购书，与中国学者、藏书家、书店建立了密切联系，将大量中文古籍输入日本。如钱婉约《日本学人中国访书记·绪论》指出："内藤湖南收藏的如今被法定为'日本国宝'的北宋刊本《史记集解》残本 58 卷，便是 1915 年通过田中庆太郎文求堂，用 1500 日元巨资购得的。"[④]而在傅增湘的日记中，田中庆太郎和文求堂也是经常出现的名字，这都是傅增湘能通过田中庆太郎文求堂将此《会编》抄本售与东方文化学院京都研究所的便利条件。傅增湘《藏园日记钞》记载："（1929 年）十月初九日，到东京。访田中子祥（田中庆太郎），即电长泽规矩也来晤，为拟定分往各处看书日期，然排至十九日矣。……十七日，赴东京驿，至逗子，抵田中家。出至镰仓，

---

① 傅增湘《藏园群书题记》，上海：上海古籍出版社，1989 年，第 124 页。

② 东方文化学院京都研究所编《东方文化学院京都研究所汉籍目录》史部纪事本末类，东方文化学院京都研究所，1938 年，第 59 页。

③ 桥本秀美、陈捷《"傅增湘先生逝世六十周年纪念展"东京会场纪事》，《版本目录学研究》第二辑，第 61 页。

④ ［日］内藤湖南、长泽规矩也等著，钱婉约、宋炎辑译《日本学人中国访书记·绪论》，北京：中华书局，2006 年，第 10 页。

观大佛，住热海。……十九日，至文求堂，余买高丽本周礼郑注二函。二十元。晚离东京。”[①]而傅增湘选择将部分藏书售与田中庆太郎，则与傅增湘在经济上的窘迫有关，仅1930年初到五月，傅增湘就在与张元济的通信中多次提及售书之事：

1.售书之事容再向某君进行。（1930年2月1日张元济致傅增湘）

2.潘明训称白六帖、龙龛手鉴均愿购藏，百衲通鉴要看全书，其他各书亦须看书，方能定价。（1930年2月27日张元济致傅增湘）

3.明训购书恐不出大价，难以言成，百衲通鉴印本可证，但其中有明钞二卷耳。（1930年3月27日傅增湘致张元济）

4.近略卖书籍，得万余元，悉数还债，只了三分之一耳。（1930年5月29日傅增湘致张元济）[②]

1930年5月傅增湘所谓“近略卖书籍”，应当也包括将此《会编》抄本通过田中庆太郎文求堂售与东方文化学院京都研究所一事。

此外，此抄本序言页首、第十六册页尾有“碧山柏氏”印，疑为柏氏碧山堂分支的某位学者或藏书家，今史籍无载。其中较有可能的一位，是清代中前期的诗人、书法家柏谦。龚笃清《中国八股文史·清代卷》：“柏谦（1697—1765），字蕴高，江苏崇明（今上海崇明县）人。”[③]柯愈春《清人诗文集总目提要》记载：“民国《崇明县志》卷十六，载《碧山堂遗稿》四卷。今存《碧山堂集》二册，嘉庆二十年文盛堂刻，泰安县图书馆藏。”[④]可惜的是，可靠的柏谦私印今已无从得见，此“碧山柏氏”印的归属尚无确切答案。

综上，我们以京大本诸枚钤印及相关的文献记载，梳理了此抄本入藏京都大学的过程，概括如下：

柏谦（疑）——徐坚——张金吾——潘介繁——潘志万——徐坊——傅增湘——田中庆太郎文求堂——东方文化学院京都研究所（京都大学人文科学研究所的前身）。

三、京大本的文献价值概说

自《会编》问世以来，即以抄本形式流传于世，邓广铭、刘浦江《〈三朝北盟会编〉研究》根据相关书目的记载，猜测《会编》“可能曾有过某些比较罕见而不

① 傅熹年整理《〈藏园日记钞〉摘录》，《文献》2004年第2期，第258—261页。

② 《张元济傅增湘论书尺牍》，北京：商务印书馆，1983年，第218—231页。

③ 龚笃清《中国八股文史·清代卷》，长沙：岳麓书社，2017年，第420—422页。

④ 柯愈春《清人诗文集总目提要》，北京：北京古籍出版社，2001年，第554页。

大为人所知的刻本"[①],但证据不足。而自清末许涵度刻本问世之后,现当代学者多以许刻本作为研究的底本,反而忽视了对《会编》诸抄本的研究。傅增湘《藏园群书题记·钞本三朝北盟会编跋》将京大本与许刻本相比较,认为:"单词剩句,此(指京大本)胜于彭校本(指许刻本)尚夥。盖月霄秘册,其所从来者旧也。"[②]充分肯定了京大本作为旧抄本的价值。京大本与许刻本究竟孰优孰劣,文献价值如何,尚需进一步考辨。本文以笔者仔细校对过的《会编》卷二〇为例,将京大本与许刻本、明抄本相比较,探讨京大本相对于许刻本的校勘及文献价值,并举例说明京大本相较于其他抄本的文字优劣。

《会编》卷二〇为抄录许亢宗《宣和乙巳奉使行程录》的内容,除《会编》此本之外,尚有《靖康稗史》本、《大金国志》本及顾炎武《天下郡国利病书》所收录的《许奉使行程录》三种。崔文印《大金国志校证》以《会编》、《靖康稗史》来校证《大金国志》,对诸版本的异文做出了一些考辨[③]。不过《靖康稗史》和《大金国志》的成书历来有争议,在资料的可靠性上恐怕无法与《会编》所收《宣和乙巳奉使行程录》相比,如刘浦江《再论〈大金国志〉的真伪兼评〈大金国志校证〉》认为:"《大金国志》这部书根本就无法作'校证',因为它是杂抄群书编辑而成,而为抄撮编辑者的水平所限,对于所抄书籍不加别择,有些完全凭空编造的伪书也被抄袭于其中。"[④]而顾炎武《天下郡国利病书》所收录的《许奉使行程录》,实际上是抄自《大金国志》[⑤],显然也不是非常可靠的版本。因此,较为合理的做法,是径以《会编》诸版本互相对照,纠谬补缺,才能不断逼近徐梦莘《会编》的原貌。

许刻本是据乾隆五十二年覆校《四库》时所用的底本[⑥]刊刻而来,将《四库》馆臣在底本上所做的删改原样跨注于正文之下,保存了《四库》馆臣删改之前的面貌,是相对可靠的版本。但是许刻本仍然存在不少错讹,有些源于所据底本,而有些则源于刊刻时的无心之失。将京大本与许刻本相对照,可以纠正许刻本的一些疏漏。酌举数例如次。

1. 礼物则有:果子十小笼、<u>蜜煎</u>十瓮、子茶三斤。

许刻本、明抄本作"密煎",误。"蜜煎",即今之所谓"蜜饯",袁宾等编著

---

① 邓广铭、刘浦江《〈三朝北盟会编〉研究》,《文献》1998 第 1 期,第 109 页。

② 傅增湘《藏园群书题记》,第 124 页。

③ 参看崔文印《大金国志校证》,北京:中华书局,1986 年。

④ 参看刘浦江《再论〈大金国志〉的真伪兼评〈大金国志校证〉》,《文献》1990 年第 3 期,第 96 页。

⑤ 参看娄雨亭《〈宣和乙巳奉使金国行程录〉的一个被人忽略的抄本》,《中国历史地理论丛》1990 年第 1 期,第 52 页。

⑥ 即彭元瑞家藏本。参看邱靖嘉《清修〈四库全书〉删改问题刍议——以校办〈三朝北盟会编〉为例》,《清史研究》2019 年第 2 期,第 41 页。

《宋语言词典》解释为“经糖蜜浸渍加工的瓜果食品”[①]，不误。记载宋代风俗的文献中“蜜煎”用例极多，如《东京梦华录·相国寺内万姓交易》“近佛殿，孟家道院王道人蜜煎，赵文秀笔，及潘谷墨，占定两廊”，《武林旧事》卷三“御街如绒线、蜜煎、香铺，皆铺设货物，夸多竞好，谓之‘歇眼’”等。“蜜”“密”字形相近，许刻本误将“蜜”刻为“密”，而京大本不误。

2. 壬寅年冬，金人之师过居庸关，契丹弃城而遁，金人以朝廷尝遣使海上，约许增岁币，以迁徙者，寻皆归业，户口安堵，人物繁庶，大康广陌，皆有条理。……**癸卯年春，归我版图，更府名曰燕山，军额曰永清，城周围二十七里，楼壁共四十尺，楼计九百一十座，地堑三重，城开八门。**

此段讲述燕山府回归宋朝廷的过程，先是壬寅年冬契丹弃城逃走，《会编》卷一六“十二月二日，契丹悉燕中兵马来犯永清一带已归顺地分，王师鏖击，大获胜捷，横尸蔽野，余众溃散，不能再举，四军遂与伪后弃城逃遁。金国十二月五日入居庸关，与王师夹攻，收复燕城了当”；再是癸卯年春此城复归宋朝版图，更名为“燕山府”，《会编》卷一〇“御笔改燕京为燕山府”。许刻本将“癸卯年春”此段放在“约许增岁币”和“以迁徙者”中间，应据京大本和明抄本纠正此错乱之处。另许刻本将“更府名曰燕山”改为“更名府曰燕山”，显误，而京大本和明抄本均正确。

3. 天下视燕为北门，**失幽蓟**，则天下常不安；幽燕视五关为喉襟，无五关，则幽燕不可守。五关虽得其三，纵药师不叛，而边患亦终无宁岁也。

许刻本作“失幽蓟五州之地”，多“五州之地”四字。前文有“与金人岁币加契丹之倍，以买幽蓟五州之地”一句，许刻本应是受此句影响，将后文“失幽蓟”改为“失幽蓟五州之地”，与文义不符。而京大本和明抄本不误。

4. 第三十二程至黄龙府。契丹阿保机初攻渤海，**射黄龙于此地**，即建为府。

许刻本作“黄龙现于此地”，当为误改。实际上，阿保机射黄龙一事，在宋代典籍中不乏记载。如《梦溪笔谈》卷二四：“黑水之西有连山，谓之夜来山，极高峻。契丹坟墓皆在山之东南麓，近西有远祖射龙庙，在山之上，有龙舌藏于庙中，其形如剑。”《契丹国志》卷一的记载更为详尽：“后因游猎，弥旬不止，有黄龙在其毡屋上，连发二矢，殪之，龙坠其前。后太子德光于其地建州，黄龙府即其地也。太祖曰：‘吾欲伐渤海国，众计未定而龙见吾前，吾能杀之，是灭渤海之胜兆也。’遂平其国，掳其主。”阿保机射黄龙一事在宋代广为流传，而许刻

① 袁宾等编著《宋语言词典》，上海：上海教育出版社，1997年，第199页。

本刊刻于清末，显然已经不知道这个故事，因此误改。

5. 既回阙，以前此有御笔指挥，敢妄言边事者，流三千里，赏钱三千贯，不以赦荫减，繇是无敢言者，是秋八月初五日到阙。

许刻本作“八月八日”，而京大本、明抄本均作“八月五日”。当据抄本改为“八月五日”。

京大本虽然可以校正许刻本的一些疏漏，但也绝非善本，正如邓广铭、刘浦江《〈三朝北盟会编〉研究》开篇即指出：“自此书问世八百年来，还始终没有一个比较理想的善本。”[1]诸抄本均有讹、脱、衍、倒之处，唯有选择质量较好的抄本作为底本，并以其他抄本对校，才能为正确使用《会编》材料奠定基础。因京大本由不同抄手抄成，错漏之处在所难免。与明抄本相比，京大本的版本价值略逊。太田辰夫先生所谓“《三朝北盟会编》人文的抄本为善本”，略显言过其实。

6. 宣和七年正月二十日壬辰，诏差奉议郎、尚书司封员外郎许亢宗充贺大金皇帝登宝位国信使，武义大夫广南西路廉访使者童绪副之，管押礼物官钟邦直。

京大本误作“廉南西路廉访使者”，盖因“广”“廉”繁体字形相近，抄手受后文“廉”字影响，将前一“广”字也抄成了“廉”。而明抄本和许刻本不误。

7. 涂金平级八角银瓶十只，盖全。涂金大浑银香狮三只，座全。

京大本作“盖金”，误。而后文又作“座全”，正确。此抄手显然水平不高，对文句的理解似懂非懂，因此将前一个“全”字臆改为“金”字。

8. 第二十二程至显州。出榆关已东行，南濒海而北限大山，尽皆粗恶不毛，至此山忽峭拔摩空，苍翠万仞，全类江左，乃医巫闾山也。

京大本缺“翠”字，以空格代替，大概据以抄录的底本之上此字已经残泐，因此抄手只得以空格代替。

9. 阶高四尺许，阶前土坛，方阔数丈，名曰龙墀。

京大本缺“前”字，当据明抄本和许刻本补。

10. 第十程至虏界清州。出镇东行十里，至金人所立新地界。

京大本作“出锁东行至十里，金人所立新地界”，此句有讹文和倒文两个问题。“锁”“镇”繁体字形相近，“锁”为“镇”字之讹，而许刻本改作“城”字，不知

---

① 前揭邓广铭、刘浦江《〈三朝北盟会编〉研究》，《版本目录学研究》第二辑，第93页。

所据。京大本“十里”“至”次序颠倒，当据明抄本改。

11. 第二十九程至同州。州平地壤，居民所在成聚落，耕种殆遍，地宜穄黍。乃金人破契丹国，于所至处迁其民于此，岁久安居。

京大本作“其迁民于此”，当据明抄本改。

综上，本文以京大本书中钤印及相关文献记载，梳理了京大本的递藏过程，并对此前已有的研究有所补充：此抄本最初疑为柏谦藏书，后为徐坚、张金吾、潘介繁、潘志万、徐坊、傅增湘递藏，1930 年 5 月傅增湘通过田中庆太郎文求堂将此抄本售与东方文化学院京都研究所（京都大学人文科学研究所的前身）。京大本可以纠正许刻本的疏漏及一些臆改之处，具有一定的文献价值。但与其他抄本（如明抄本）相比，京大本存在不少讹、脱、衍、倒之处，在版本上并非最优，使用时应与其他抄刻本对校，从而得到更加准确可信的文本。

目前《会编》的版本研究还很薄弱，对《会编》抄本的专门研究为数更少。与现在通行的许刻本相比，《会编》诸抄本之间存在相当的共性，可据以校勘许刻本。诸抄本深藏于各地图书馆，其文献价值、版本价值尚待进一步发掘。

整理本《宋元学案》史实、标点问题献疑及补阙*

金晓刚**

【内容提要】《宋元学案》的人物小传存在史实讹误与缺漏，辑采案主论著的文字也有脱、衍、错字等问题。三种整理本因不明人名、书名等专有名词，或未详核引原文，导致不少标点讹误。将这些问题归类汇总，对该书再版修改或有所裨益。

【关键词】《宋元学案》　人物小传　标点　订误

清代黄宗羲原著、全祖望补修的《宋元学案》是观识宋元理学史的经典。后世流行的通行本是道光年间由王梓材、冯云濠校定，何绍基刊刻的百卷本。然此书编纂过程复杂，从黄宗羲到王梓材，书稿几经众手传抄，存在诸多文献讹误。王梓材、冯云濠在校定《宋元学案》后，又纂辑成《宋元学案补遗》(以下简称《补遗》)对正编进行大规模的纠正、补阙。今人整理的《宋元学案》三种点校本，中华书局本(1986 年)、浙江古籍本(《黄宗羲全集》1986 年，2005 年又出版了增订版)及《儒藏》精华编(第 157—159 册，北京大学出版社，2017 年)虽对文本内容进行了较多的校勘、订误，但一些人物小传的讹误，以及辑采案主论著的文字问题未得到全面校正①。而且，三种整理本在标点方面也有似可商榷之处。现将这些问题按类别进行举例，以就教于方家。

---

* 本文系浙江省哲学社科规划基金项目“《宋元学案》及其《补遗》研究”(项目号：16JDGH120)阶段性成果。

** 本文作者为浙江师范大学人文学院讲师。

① 当代学者对《宋元学案》人物小传的史实也有不少匡纠，如李才栋《对〈宋元学案〉中陈澔传略的一些订正》(《南昌大学学报(人文社会科学版)》1982 年第 3 期)，倪士毅、翁福清《贞珉可珍——从〈黄震墓志〉补正〈宋史〉与〈宋元学案〉之误》(《浙江师范大学学报》1987 年第 1 期)，李光生《〈宋元学案〉辨误一则》(《船山学刊》2010 年第 1 期)，沈志权《〈宋元学案〉巩丰、巩岘关系考订》(《杭州师范大学学报(社会科学版)》2010 年第 6 期)。

一、人物小传史实之讹

《宋元学案》全书的人物小传，出于黄宗羲、黄百家、全祖望、王梓材、冯云濠等不同编纂者之手。其撰写的方式亦不尽同，有些属于编纂者亲自撰写，有些则节改自原有的人物传记。因篇幅宏巨，人物小传及原文征引存在不少商榷之处。

卷一《安定学案》，《祝常传》称其"常山人"。核此传文，史源当出自《两浙名贤录》卷一。而《儒林宗派》卷九则称祝常为"江山人"，《(雍正)浙江通志》引《(弘治)衢州府志》亦云"江山人"。《(同治)江山县志》卷九则迟疑不决，并存两说："《两浙名贤录》作常山人，《宋登科记》作江山人。"然卷七《选举志》又云："住郎峰，官太子太保，平章事。"

按，郎峰即江郎山，位于江山南部。《(弘治)衢州府志》卷一〇《科贡》之"江山县"下，称祝程"大中祥符八年王整榜进士"[①]，祝常传称："父程。嘉祐八年许将榜进士。"[②]祝程系江山人，常既为程子，则为江山人无疑。此外，《须江郎峰祝氏世谱》(民国四年刊本)载祝常为江山人，柴成务亦有诗赞江郎山祝常。而各版《常山县志》亦未收祝常传，此二者均可证江山说更合理。学案作"常山"说，恐因名"常"而笔疏之讹。

卷八二《北山四先生学案》，《何基传》称："居金华山北，人称北山先生。"[③]按何基所居盘溪(今浙江省金华市婺城区罗店镇后溪河村)位于金华山之南。何氏弟子金履祥《再奠北山先生文》明确称："北山之南，先生所盘。南山之北，先生所宁。"[④]即指何基隐居北山之南，葬于南山之北。北山即金华山，因位于金华城北，故又称北山。何基被称为北山先生，并非居于山北之故。

同一学案中，《赵宏伟传》后有冯云濠案语："《元史》先生本传：'卒年七十四，追封天水郡侯，谥贞献。'"[⑤]考《元史》赵宏伟本传载："赵宏伟字子英，甘陵人，后徙颍川。至元十三年，国兵攻宋，宏伟以书谒元帅宋都觕于军中，奇之，俾以兵略地临江。……皇庆二年，致仕。延祐三年，复起为福建道肃政廉访

---

① 〔明〕沈杰《(弘治)衢州府志》卷一〇，《衢州文献集成》史部第 26 册，北京：国家图书馆出版社，2015 年，第 239 页。

② 〔明〕沈杰《(弘治)衢州府志》卷一〇，《衢州文献集成》史部第 26 册，第 240 页。

③ 〔清〕黄宗羲原著，全祖望补修，陈金生、梁运华点校《宋元学案》卷八二《北山四先生学案》，北京：中华书局，1986 年，第 2726 页。

④ 〔元〕金履祥《仁山集》卷一《再奠北山先生文》，北京：中华书局，1985 年，第 10 页。

⑤ 〔清〕黄宗羲原著，全祖望补修，陈金生、梁运华点校《宋元学案》卷八二《北山四先生学案》，第 2755 页。

使。未几，以疾辞。泰定三年，卒，年四十四。”[①]按至元十三年(1276)，赵宏伟已能率军立功，距其皇庆二年(1313)致仕已37年，与泰定三年(1326)逝世亦隔50年，故卒年“四十四”显误。考《赵宏伟传》，史源来自赵氏好友许谦的《治书侍御史赵公行述》。《行述》虽未确载卒年，然载：“至元十三年，王师伐宋，公单骑从役。副帅宋都解授以兵，降临江，下吉州，与有战功。……皇庆二年，甫及七秩，即致仕而归。”[②]皇庆二年，赵宏伟七秩(七十岁)致仕，则其当生于1243年，又本传载其卒于泰定三年[③]，则赵氏享年八十四岁，故《元史》之年“四十四”恐“八十四”之误。冯云濠记“七十四”亦笔误。

卷八六《东发学案》载黄震长子黄梦榦“欲奉其父归讲学，未竟而病，亟还宝幢，竟卒。是年文洁亦卒”[④]。文洁即黄震，据文义，黄梦榦与黄震卒于同年。而据黄震次子黄儒雅所撰《黄震墓志》，称：“子男三，长梦榦，先一年卒，次儒雅、儒英。”[⑤]明确称梦榦先黄震一年而卒。儒雅为梦榦弟，所记当不误。又据墓志，黄震“岁在辛巳正月戌，以疾终于先祖墓侧精舍，享年六十有九”，即至元十八年(1281)。黄梦榦卒于前一年，为至元十七年。《元人传记资料索引》虽标为“至元十七年卒”[⑥]，不误。但按其注释，参考文献为《宋元学案》，则恐结合黄震卒年(1280)的传统说法以及“是年文洁亦卒”的记载，推算而成，过程亦误。

卷八九《介轩学案》，朱洪范小传载：“朱洪范，号小翁，朱子从孙。胡孝善之父易简居士师夔，实授《易》学于先生。(参《戴剡源集》)”[⑦]按戴表元《剡源集》卷一六有《孝善胡先生墓志铭》，云：“公讳斗元，字声远，少孤，师朱文公从孙小翁，受《书》说。年十四，始从小翁闻居士所授《易》学。”[⑧]《宋元学案》征引无误。然考朱熹子，名在、埜、塾，皆从土，孙辈如鉴、铨、铉、钦，皆从金，曾孙辈如浚、沂、沅，皆从水。按五行相生之说，朱洪范从水，与浚、沂、沅同辈，当属朱熹从曾孙辈。又据《新安月潭朱氏族谱》卷一《芦村府君三房发公支图》，朱洪

① 〔明〕宋濂等撰《元史》卷一六六，北京：中华书局，1976年，第3912—3913页。

② 〔元〕许谦撰，蒋金德点校《许白云先生文集》卷二《治书侍御史赵公行述》，《许谦集》下册，杭州：浙江古籍出版社，2015年，第959—960页。

③ 从赵宏伟、许谦挚友吴师道之自述，可证《元史》所载赵氏卒年不误。吴师道《送尉彦诚序》中有“是时赵公子英持使者节来浙东，……赵公殁今几二十年，许君亦前五年卒。”(《礼部集》卷一五)按许谦卒于元顺帝至元三年(1337)，吴氏撰此序当在1342年，赵宏伟卒于“几二十年”(当为十五年至二十年)前，当在1322年至1327年之间。

④ 〔清〕黄宗羲原著，全祖望补修，陈金生、梁运华点校《宋元学案》卷八六《东发学案》，第2903页。

⑤ 〔元〕黄儒雅《宋黄震墓志铭》，见俞福海《宁波市志外编》，北京：中华书局，1988年，第876页。

⑥ 王德毅编《元人传记资料索引》第3册，北京：中华书局，1987年，第1497页。

⑦ 〔清〕黄宗羲原著，全祖望补修，陈金生、梁运华点校《宋元学案》卷八九《介轩学案》，第2986页。

⑧ 〔元〕戴表元撰，李军、辛梦霞校点《戴表元集》卷一六《孝善胡先生墓志铭》，《戴表元集》，长春：吉林文史出版社，2008年，第222页。

范为朱桊曾孙。朱熹属“芦村府君二房绚公”系下，与朱桊属堂兄弟，则朱洪范当为朱熹从曾孙。台北“中研院”史语所藏《宋儒学案》黄璋校补本记载，胡炳文师从“朱子曾孙朱洪范”[①]，虽脱“从”子，但在辈分记载上无误。故朱洪范当为朱熹从曾孙。

卷九二《草庐学案》，《皮溍传》云：“以父南雄总管荫补邵阳丞，廉洁有惠政。秩满归家，三召始起，为平江路通判。”[②]考虞集《道园学古录》卷四三《皮桊维桢墓志铭》，文中载：“荫受忠显校尉前岳州路平江州判官溍之子也。”[③]则皮溍为岳州路平江州判官。按《元史·地理志》：“岳州路，唐巴州，又改岳州。宋为岳阳军，元至元十二年归附。十三年，立岳州路总管府。……领司一、县三、州一。”[④]州即平江州，“唐平江县，宋因之，元元贞元年，升州”。而元代的平江路，“唐初为苏州，又改吴郡，又仍为苏州，宋为平江府。元至元十三年升平江路”。可知岳州路平江州在湖南岳阳，平江路即苏州。《学案》将“岳州路平江州”删略为“平江路”，可谓失之千里。

卷九四《师山学案》，《鲍元康传》后有王梓材案语：“谢山于是卷《札记》云：‘尚有鲍安。’然查《师山文集》及诸书无及鲍安者，盖即鲍仲安也。”[⑤]鲍元康，字仲安，王梓材称“《师山文集》及诸书无及鲍安者”，此说不确。考郑玉《师山集》卷三《燕耕读堂诗序》云：“携酒过鲍氏耕读堂，与子经叙故旧。是日会者，项子闻、鲍仲安与其侄伯原、以仁、伯尚，诸生得侍者鲍安、鲍葆。”[⑥]郑玉与鲍氏家族为密友，依郑玉所述，鲍仲安与人聚宴时，鲍安一旁侍奉，显然属于晚辈，故二者非同一人。

在人物小传之外，王梓材、冯云濠在小传末所标注的参考文献亦有讹误。如卷七九《丘刘诸儒学案》，《游似传》后有冯云濠案语：“先生号克斋。见刘后村《看详薛氏孔子集评进状》。”[⑦]刘后村《看详薛氏孔子集评进状》即刘克庄《后村集》卷八一《稽山书院山长薛据所上进孔子集语撰成鉴状》。然文中并无“号克斋”之记载。“号克斋”实出自卷一三八《游丞相》一文，其曰：“涑水纯粹，或疑其才之稍偏。堂堂克斋，庶几于全。其师旨后溪之密付，其家训忠公之嫡传。”

---

① 台北“中研院”史语所藏《宋儒学案》卷七八《新安朱门学案》，《宋儒学案》第 20 册，第 8 页。

② 〔清〕黄宗羲原著，全祖望补修，陈金生、梁运华点校《宋元学案》卷九二《草庐学案》，第 3077 页。

③ 〔元〕虞集撰，王颋点校《道园学古录》卷四三《皮桊维桢墓志铭》，《虞集全集》，天津：天津古籍出版社，2007 年，第 926 页。

④ 〔明〕宋濂等撰《元史》卷六三《地理志》，第 1524 页。

⑤ 〔清〕黄宗羲原著，全祖望补修，陈金生、梁运华点校《宋元学案》卷九四《师山学案》，第 3134 页。

⑥ 〔元〕郑玉《师山集》卷三《燕耕读堂诗序》，《景印文渊阁四库全书》第 1217 册，台北：台湾商务印书馆，1986 年，第 24 页。

⑦ 〔清〕黄宗羲原著，全祖望补修，陈金生、梁运华点校《宋元学案》卷七九《丘刘诸儒学案》，第 2643 页。

二、人物小传缺漏补遗

人物小传除了史实讹误外，传中还有一些缺字或者撰者未定之论，可依据其他文献予以补足、定谳。

卷二五《龟山学案》，"郑修，字季常，不知何所人。"《郑修传》后，王梓材案语引《北窗炙輠》云："龟山为余杭宰，郑季常本路提学。"[①]又据李纲《梁溪集》卷一六九《故南昌县丞吴君墓志铭》："时长乐郑修提举两浙学事。"则郑修为福建长乐人。

卷三三《王张诸儒学案》，《杨国宝传》："杨国宝，字应之，□□人。"[②]

《续资治通鉴长编》卷三八〇作："杨国宝，仲元子。"据《宋史·杨仲元传》载仲元"字舜明，管城人"，则杨国宝为管城人。程颐《祭杨应之文》(《二程文集》卷一三)称"管城之原，归附先兆"，亦可佐证，故阙字内容当为"管城"。

卷三四《武夷学案》，《叶廷珪传》："叶廷珪，字嗣忠，□□人。……有《海录》三十卷。"[③]《直斋书录解题》卷一四："《海录碎事》三十三卷，知泉州建安叶廷珪撰。"[④]《续文献通考》卷一七八《经籍考》、《闽中理学渊源考》卷一四均作"瓯宁人"。瓯宁县，宋治平三年分建安县置，与后者同为建宁府治所。则阙字可作"建安"或"瓯宁"。

卷八二《北山四先生学案》，"漕元何南坡先生□"[⑤]。按何南坡传称其"北山先生之兄也"。唐士耻《灵岩集》卷八《府判何公行状》："公讳松，字伯固，世居婺之金华。……男一人伯熭，迪功郎，新抚州临川县主簿……孙男二人：坚、基。"[⑥]何基祖名松、父名伯熭，所称官职亦吻合，则何坚即何基兄南坡，阙字当为"坚"。

卷八二《北山四先生学案》，《郭子昭传》载其"汝南人。仕为御史掾，受业于仁山"[⑦]。历来诸家均认为郭名子昭，而据元刻本金履祥之《通鉴前编》卷末

---

① 〔清〕黄宗羲原著，全祖望补修，陈金生、梁运华点校《宋元学案》卷二五《龟山学案》，第959页。

② 同上书，卷三三《王张诸儒学案》，第1162页。

③ 同上书，卷三四《武夷学案》，第1181页。

④ 〔宋〕陈振孙撰，徐小蛮、顾美华校点《直斋书录解题》卷一四，上海：上海古籍出版社，2015年，第427页。

⑤ 〔清〕黄宗羲原著，全祖望补修，陈金生、梁运华点校《宋元学案》卷八二《北山四先生学案》，第2728页。

⑥ 〔宋〕唐士耻撰《灵岩集》卷八《府判何公行状》，《续金华丛书》本，《重修金华丛书》第15册，上海：上海古籍出版社，2014年，第558页。

⑦ 〔清〕黄宗羲原著，全祖望补修，陈金生、梁运华点校《宋元学案》卷八二《北山四先生学案》，第2759页。

有“门人御史台都事汝南郭炯校正、门人金华许谦校正”[1]两行，其官职、籍贯均与《学案》符，“炯”与“昭”义亦同，传文许谦自述“师门数十人，惟子昭与余合志以求道”[2]，故可推断郭氏名炯，子昭其字也。

卷九〇《鲁斋学案》，《吕域传》后有全祖望案语：“《鲁斋列传》所征伴读十二人者无先生名，岂即吕端善邪?”[3]按苏天爵《滋溪文稿》卷七有吕域的神道碑铭，其云：“至正六年秋七月癸卯，御史台臣传敕若曰：‘故翰林侍读学士吕端善道明经济，仁宗皇帝召入禁林。’”[4]则吕域即吕端善无疑。

卷九六《元祐党案》，《强浚明传》：“字□□，钱塘人。□□□□。”曾协《云庄集》卷五《右中散大夫提举台州崇道观强公行状》云：“公某杋幼安……皇考讳浚明……终两浙路提点刑狱……公始还乡里，造父友傅岩老，迎劳曰：‘宣城之节甚高，行季有子矣。’行季，开府公字也。”可知强浚明，字行季。又据《绍定吴郡志》卷三三载：“寿圣院，在吴郡西南二十里，至本朝治平中改赐今额……崇宁元年，威显之孙……俾承议郎、行少府监丞、云济尉强浚明为之记。”则强浚明官至少府监丞。按照此案人物小传中先人名、籍贯，后官职的排序体例，阙字内容当为“字行季，少府监丞”。

卷九八《荆公新学略》，《宋保国传》称：“不知何许人。”[5]按王安石有《酬宋廷评请序经解》、《答宋保国书》等诗文，可知宋保国即宋廷评，《名臣碑传琬琰集》称：“子男十五人：定国，进士及第，终太常博士；次不及名；靖国、彦国，国子博士；惠国，尚书虞部员外郎；辅国、奉国、祚国，太子右赞善大夫；顺国，大理寺丞；佑国，终秘书省正字；亮国、保国，大理评事；嗣国、俊国、广国，太常寺太祝。嗣国早亡。”[6]按顺序，宋保国为宋祁第十二子，李壁笺注《酬宋廷评请序经解》称宋保国为宋祁第十一子[7]，恐遗漏“次不及名”者，故误。

---

① 陆心源撰，冯惠民整理《仪顾堂续跋》卷六，《仪顾堂书目题跋汇编》，北京：中华书局，2009年，第337页。

② 〔清〕黄宗羲原著，全祖望补修，陈金生、梁运华点校《宋元学案》卷八二《北山四先生学案》，第2759页。

③ 同上书，卷九〇《鲁斋学案》，第3010页。

④ 〔元〕苏天爵撰，陈高华、孟繁清点校《滋溪文稿》卷七《元故翰林侍读学士赠陕西行省参知政事吕文穆公神道碑铭》，北京：中华书局，1997年，第92页。

⑤ 〔清〕黄宗羲原著，全祖望补修，陈金生、梁运华点校《宋元学案》卷九八《荆公新学略》，第3256页。

⑥ 〔宋〕范镇《宋景文公祁神道碑》，杜大珪《名臣碑传琬琰集》卷七，台北：文海出版社，1967年，第118页。

⑦ 〔宋〕王安石撰，李壁笺注《王荆文公诗笺注》卷四一《酬宋廷评请序经解》，上海：上海古籍出版社，2010年，第1060页。

三、人物小传的脱、衍、错字之讹

如前所言,《宋元学案》人物小传有些是纂修者参照原有的人物传记进行节改。由于纂修者在修改、抄录时存在失误,以及后来刊印者的疏忽,小传文字出现不少脱、衍、讹字等问题,从而影响小传的利用,故有必要进行校正。

一是因脱字而误。

卷一《安定学案》胡瑗传,"先生世居安定,流寓陵州"。[①] 按《宋史·地理志》,陵州在四川。而《宋史》胡瑗本传称:"泰州海陵人",则陵州前脱"海"字。

卷二五《龟山学案》,《魏杞传》称其"绍兴二年进士",传后注"参史传"[②]。考《宋史》魏杞本传,原文作"十二年"。郑清之所撰《魏杞神道碑》亦云:"登十二年进士第。"[③]《南宋馆阁录》卷七称魏杞"陈诚之榜进士及第"[④],陈诚之系绍兴十二年状元,则魏杞与其同年进士。故《学案》脱"十"字。

卷六二《西山蔡氏学案》,《陈光祖传》后有王梓材案语:"《道南源委》载先生父吉老通《春秋三传》学,又言先生尝师事陈北溪,又受《易》书于蔡渊。蔡沉丧,一遵文公《家礼》。考《北溪文集·韶州学师道堂记》,称先生为陈侯,盖作于提刑广东时。其奠先生文亦止云有同窗之契,未见其为师徒,唯其子沂为北溪高弟耳。"[⑤]《道南源委》原文,未见"先生父吉老……一遵文公《家礼》"文字。此段文字实出自李清馥《闽中理学渊源考》卷二八《陈沂传》,其云:"曾祖吉老,通《春秋》三传……祖希造……父光祖"[⑥],则吉老为陈沂曾祖,陈光祖之祖。《学案》于"先生"与"父吉老"间脱一"祖"字。

卷八二《北山四先生学案》,《潘墀传》:"潘墀,字经,一字介岩,金华人,鲁斋之学侣也。"[⑦]秦汉以后,人物表字多为两字,鲜见单字,南宋陈骙《南宋馆阁录》记载潘墀"字经之",当是。余姚博物馆藏《宋元学案》黄璋校补本载"字经之",是。

---

① 〔清〕黄宗羲原著,全祖望补修,陈金生、梁运华点校《宋元学案》卷一《安定学案》,第 28 页。

② 同上书,卷二五《龟山学案》,第 979 页。

③ 〔宋〕郑清之《宋故太师右丞相食邑五千九百户食实封三千九百户谥文节鲁国公公魏公(杞)神道碑》,见章国庆编著《宁波历代碑碣墓志汇编》(唐五代宋元卷),上海:上海古籍出版社,2012 年,第 268 页。

④ 〔宋〕陈骙撰,张富祥点校《南宋馆阁录》卷七,北京:中华书局,1998 年,第 267 页。

⑤ 〔清〕黄宗羲原著,全祖望补修,陈金生、梁运华点校《宋元学案》卷六二《西山蔡氏学案》,第 2014 页。

⑥ 〔清〕李清馥撰,徐公喜、管正平、周明华点校《闽中理学渊源考》卷二八《陈沂传》,南京:凤凰出版社,2011 年,第 380 页。

⑦ 〔清〕黄宗羲原著,全祖望补修,陈金生、梁运华点校《宋元学案》卷八二《北山四先生学案》,第 2743 页。

二是因衍字而误。

卷五三《止斋学案》，王梓材案语称："然考艮斋《浪语集》末卷所载《行状》云：'乾道九年门人迪功郎新泰、忻州教授陈傅良状。'"[①]《文渊阁四库全书》本的薛季宣《浪语集》卷三五《行状》末云："乾道九年十二月某某日，门人迪功郎新泰州州学教授陈傅良谨状"。《浪语集》的金陵书局本、瑞安孙氏诒善堂祠塾本文字亦同。而各版本的陈傅良《止斋集》中的薛季宣行状末无此段落款文字。

关于王梓材所称陈傅良"新泰、忻州教授"一职，考楼钥所撰陈傅良《神道碑》云："既登甲科，朝野想望风采，授泰州教授以归。"[②]陈傅良弟子蔡幼学、叶适分别撰有陈傅良的行状、墓志，行状称："授迪功郎泰州州学教授，未赴。"[③]墓志云："教授泰州。"[④]所记均是泰州教授。按忻州在今山西中北部，时属金国境内。陈傅良所受职，亦非遥领，自然不可能教授此州。陈傅良所任的泰州乃今江苏泰州一地，历史上未曾改名新泰州[⑤]，故"新泰、忻州教授"、"新泰州州学教授"均有衍字，当省作"乾道九年门人迪功郎泰州教授陈傅良状。"浙古本(册5，页73)衍文同，亦误。

三是因错字而误。

卷二三《荥阳学案》，"荆公为政，将置其子雩于讲官"[⑥]。王安石子名雱，"雩"恐手民之误。浙古本(册4，页145)不误。

卷二五《龟山学案》，吕紫微《童蒙训》曰："崇宁初，本中始问杨中立先生于关止叔治。"[⑦]关沼字止叔，《童蒙训》南宋绍定二年三卷本、吕本中《官箴》等文献皆作"沼"。《学案》"治"恐"沼"之误。

卷二六《廌山学案》载："曾集，字致虚，吏部尚书楙之孙也。绍兴间，累官知南康军，……而于东莱为中表，又从南轩。"[⑧]此处"绍兴"为"绍熙"之误。杨万里于绍熙三年荐举曾集，奏文称："知南康军曾集，胄出名家，躬服寒素，少从

---

① 〔清〕黄宗羲原著，全祖望补修，陈金生、梁运华点校《宋元学案》卷五三《止斋学案》，第1710页。

② 〔宋〕楼钥撰，顾大朋点校《攻媿先生文集》卷一〇一《宝谟阁待制赠通议大夫陈公神道碑》，《楼钥集》，杭州：浙江古籍出版社，2010年，第1759页。

③ 〔宋〕蔡幼学撰，周梦江点校《宝谟阁待制致仕赠通议大夫陈公行状》，《陈傅良先生文集》附录二，杭州：浙江大学出版社，1999年，第691页。

④ 〔宋〕叶适撰，刘公纯等点校《水心文集》卷一六《宝谟阁待制中书舍人陈公墓志铭》，《叶适集》，北京：中华书局，1961年，第298页。

⑤ 〔清〕王有庆修，陈世镕纂《道光泰州志》卷一《建置沿革》，光绪三十四年补刻本，第1—6页。

⑥ 〔清〕黄宗羲原著，全祖望补修，陈金生、梁运华点校《宋元学案》卷二三《荥阳学案》，第903页。

⑦ 同上书，卷二五《龟山学案》，第956页。

⑧ 同上书，卷二六《廌山学案》，第998页。

名儒张栻讲学。”[①]朱熹撰于绍熙三年的《壮节亭记》称：“绍熙二年，岁在辛亥，予去郡甫十年，而今太守章贡曾侯寔来……曾侯名集，字致虚，学有家法。”[②]今庐山卧龙潭崖壁还保存曾集题识：“绍熙壬子三月五日，赣州曾集致虚、东莱吕六勋允功、括苍郭师尹汤举、龙游桂堂、刘康同来。时抱膝新桥落成，相与观飞瀑桥上。”[③]熙、興(兴)字形相近，《学案》误。

卷三四《武夷学案》，《唐巩传》：“字处厚，荆南人。与胡文定情义最笃。”传后注：“参《斐然集》。”[④]胡寅《斐然集》卷二五《先公行状》：“从游三君子之外，则河清刘奕君曼、开封向子韶和卿、赣上曾开天游、荆南唐恕处厚及朱震子发，情义最笃者也。”吕本中《童蒙训》(南宋绍定二年三卷本)亦曰：“唐丈名恕，字处厚，崇宁初，任荆南知县。”则“唐巩”系“唐恕”之讹。

卷五〇《南轩学案》，《张栻传》：“嘉泰中，赐谥宣。”[⑤]中华本点校者页下注云：“嘉泰，《宋史》本传作‘嘉定’，皆宁宗年号。”未断正误。《宋史》张栻本传外，《宋史·宁宗本纪》亦载：“嘉定八年八月己丑，赐张栻谥曰宣。”又，朱熹赐谥“文”的时间在嘉定二年(1209)十二月，而张栻、吕祖谦赐谥均在朱熹后，且嘉泰(1201—1204)在嘉定(1208—1224)前，张栻赐谥时间自然不可能是嘉泰，故嘉泰为嘉定之讹。

卷七三《丽泽诸儒学案》，《夏明诚传》：“直斥沈休文为是楼之辱，吴礼部敬卿特称之。”[⑥]此处“敬卿”当为《敬乡录》之谬。编纂者以为敬卿乃吴师道字，误。按吴师道字正传，其《敬乡录》卷一二有夏明诚《八咏楼赋序》。“乡”繁体字“鄉”与“卿”字形相近而误抄。

卷七五《絜斋学案》，《袁甫传》冯云濠案语称：“清容之祖卫公，絜斋之徒也，卫公得师而不能传其学，而清容亦仅传其文云。”[⑦]袁桷《西山阡表》称：“大父讳似道，字子渊，曾祖讳皋……祖讳昇，累赠太师、卫国公……考讳韶，少傅、同知枢密院事，资政殿大学士，累赠太师、越国公……长子讳浚……讳洪……子桷为嫡长。”[⑧]袁桷世系为：似道—皋—昇—韶—洪—桷，则袁昇(卫国公)为

---

① 〔宋〕杨万里撰，辛更儒笺《诚斋集》卷七〇《荐举王自中曾集徐元德政绩同安抚司奏状》，《杨万里集笺校》，北京：中华书局，2007年，第367页。

② 〔宋〕朱熹撰，朱杰人、严佐之、刘永翔主编《晦庵先生朱文公文集》卷八〇《壮节亭记》，《朱子全书》(修订本)第24册，上海：上海古籍出版社；合肥：安徽教育出版社，2010年，第3795页。

③ 陶勇清《庐山历代石刻》，南昌：江西美术出版社，2010年，第43页。

④ 〔清〕黄宗羲原著，全祖望补修，陈金生、梁运华点校《宋元学案》卷三四《武夷学案》，第1181页。

⑤ 同上书，卷五〇《南轩学案》，第1611页。

⑥ 同上书，卷七三《丽泽诸儒学案》，第2442页。

⑦ 同上书，卷七五《絜斋学案》，第2534页。

⑧ 〔元〕袁桷撰，王颋点校《清容居士集》卷三三《西山阡表》，杭州：浙江古籍出版社，2015年，第802页。

袁桷曾祖。然袁昇生于政和元年(1111),而袁燮生于绍兴十四年(1144),前者大后者33岁,称前者师从后者,显误,“卫”系“越”之讹。《学案》同卷列袁韶为絜斋门人,亦可佐证。浙古本(册5,页1026)断句为:“清容之祖,卫公、絜斋之徒也。”以为袁桷之祖为卫公之徒,不知卫公即桷曾祖,误。同卷《袁韶传》后,全祖望云:“是传出于越公曾孙清容之手。”袁桷系袁韶(越国公)之孙,非曾孙,学案袭《鲒埼亭集》之误,仍衍“曾”字。

卷八二《北山四先生学案》,《季镛传》后有冯云濠案语:“《万姓统谱》载,先生字伯韶,括苍人。淳祐十三年,知睦州。”[①]《万姓统谱》卷九三原文作:“淳祐十二年,知睦州。”又考《淳熙严州图经》卷一,载:“赵汝历,淳祐十年六月初三日以奉议郎到任,十二年三月转承议郎,十二年四月除司农寺丞。季镛,淳祐十二年八月初一日以承议郎监都进奏院到任,宝祐二年八月十三日替。”[②]可证“十二年”为是,冯云濠引文有失缜密。

四、三种整理本标点之讹

《宋元学案》现有三种整理本,一是中华书局本,二是浙江古籍出版社《黄宗羲全集》收录的点校本,三是北京大学出版社《儒藏》精华编。前两书均出版于1986年,浙古本虽于2005年出了增订版,但点校未有改动。《儒藏》精华编出版于2017年。此三种标点本,有些为中华本误,而浙古本不误;有些乃浙古本误,而中华本不误;有些则为两本皆误;有些《儒藏》精华编已改,但不少则仍延续讹误。今择三本皆误者,挑选数例商榷如下。这些标点讹误主要可分为两类:

一是不明人名、书名等专有名词致误。

卷三四《武夷学案》,王梓材案语称:“致堂《斐然集》为《先公行状》云:‘元祐盛际,师儒多贤彦。公所从游者,伊川程先生之友朱长文,及颍川靳裁之、朱乐圃,得泰山《春秋》之传。’”[③]浙古本(册4,页452)标点为“师儒多贤,彦公所从游者”,误。朱乐圃即朱长文,《斐然集》卷二五《先公行状》:“公所从游者,伊川程先生之友朱长文,及颍川靳裁之。裁之才识高迈,最奇重公。”[④]则“朱乐圃”一句非《行状》文。中华本以为朱乐圃系另一人,误。故全句当标点为:“致

---

① 〔清〕黄宗羲原著、全祖望补修,陈金生、梁运华点校《宋元学案》卷八二《北山四先生学案》,第2737页。

② 〔宋〕陈公亮《淳熙严州图经》卷一,《丛书集成初编》,北京:中华书局,1985年,第74—75页。

③ 〔清〕黄宗羲原著,全祖望补修,陈金生、梁运华点校《宋元学案》卷三四《武夷学案》,第1173页。

④ 〔宋〕胡寅撰,尹文汉点校《斐然集》卷二五《先公行状》,长沙:岳麓书社,2009年,第486页。

堂《斐然集》为《先公行状》云：'元祐盛际，师儒多贤彦。公所从游者，伊川程先生之友朱长文，及颍川靳裁之。'朱乐圃，得泰山《春秋》之传。"《儒藏》精华编（册158，页1161）标点与中华本同，亦误。

卷七三《丽泽诸儒学案》，《时少章传》云："时少章，字天彝，号所性，金华人。父朝散郎澜。师事吕东莱。"[①]时少章事迹，以吴师道《敬乡录》所记最详，其卷一一《时少章传》载："少章，字天彝，由乡贡入太学，登宝祐癸丑进士第……天彝自视甚高，登第时年近六十，为忌嫉者沮格。"[②]少章登宝祐癸丑（元年，1253年）进士，年近六十。若按六十计，则其生于1193年，此时吕祖谦已谢世，则少章不能师从东莱，师吕祖谦者乃少章父时澜，故"父朝散郎澜"后之句号当为逗号。浙古本（册5，页939）、《儒藏》精华编（册159，页2410）标点与中华本同，亦误。

卷七四《慈湖学案》，《史弥坚传》："吴鹤林泳行词有云：'在熙宁则不党于熙宁，如安国之于安石。'"[③]中华本以为《泳行词》为篇名，误。按吴泳，字叔永，著有《鹤林集》。"在熙宁则不党于熙宁，如安国之于安石"一句出自《鹤林集》卷一〇《史弥坚赐谥忠宣制》，即所谓《行词》，故标点当作："吴鹤林泳行词"。浙古本（册5，页972）、《儒藏》精华编（册159，页2438）标点与中华本同，亦误。

卷八二《北山四先生学案》，《张润之传》："北山辑《敬思录》，发挥未就，金仁山履祥续成之。"[④]《敬思录》系《近思录》之讹。何基所辑乃《近思录发挥》，王柏《何北山先生行状》谓何基"犹有《近思录发挥》未校正"[⑤]。吴师道《代孙干卿御史请刊〈近思录发挥〉等书公文》亦称何基"止有《近思录发挥》未就。……以上《近思录发挥》、《读四书说》、《诗集传名物抄》三书，不过数十卷"[⑥]。故此处标点当为："北山辑《近思录发挥》，未就。"浙古本（册6，页226）、《儒藏》精华编（册159，页2689）标点与中华本同，亦误。

《苏友龙传》后有冯云濠案语："先生门下侍郎辙之裔……然其子平仲为待制，迟八世孙，则先生距文定只八世耳。"[⑦]待制指苏友龙祖上苏迟，其官曾至徽猷阁待制，宋濂《苏平仲文集序》称："平仲名伯衡，先居眉，自文定公长子徽猷

---

① 〔清〕黄宗羲原著，全祖望补修，陈金生、梁运华点校《宋元学案》卷七三《丽泽诸儒学案》，第2457页。

② 〔元〕吴师道《敬乡录》卷一一《时少章传》，《续金华丛书》本，《重修金华丛书》第47册，第430页。

③ 〔清〕黄宗羲原著、全祖望补修，陈金生、梁运华点校《宋元学案》卷七四《慈湖学案》，第2483页。

④ 同上书，卷八二《北山四先生学案》，第2736页。

⑤ 〔宋〕王柏《何北山先生行状》，《何北山遗集》卷四，北京：中华书局，1985年，第31页。

⑥ 〔元〕吴师道撰，邱居里、邢新欣点校《吴师道集》卷二〇，长春：吉林文史出版社，2008年，第471—472页。

⑦ 〔清〕黄宗羲原著，全祖望补修，陈金生、梁运华点校《宋元学案》卷八二《北山四先生学案》，第2772页。

阁待制迟来知婺州，遂家焉，今为婺之金华人”[①]，而苏伯衡(平仲)并未任此职。故“待制”与“迟”之间不可断，否则易致人误解苏伯衡曾任待制，“然其子平仲为待制，迟八世孙”中逗号当去。浙古本(册6，页266)、《儒藏》精华编(册159，页2727)标点与中华本同，亦误。

卷九七《庆元党案》，《庆元党案表》“淳熙八年辛丑”条下：“六月，忠定荐薛象先、杨慈湖、陆象山、陈益之、石应之、宗昭、叶水心、袁絜斋、赵静之，善誉张子智等十五人。”[②]石宗昭，字应之，见《槐堂诸儒学案》。赵善誉，字静之，见《建炎以来朝野杂记》乙集卷一〇。故“石应之、宗昭”中间顿号当去，“赵静之，善誉张子智”当改为“赵静之善誉、张子智”。浙古本(册6，页754)、《儒藏》精华编(册159，页3156)两处标点均与中华本同，亦误。

二是未详核原文致误。

如卷一一《濂溪学案上》，黄百家有案语：“《明儒学案·蒋道林传》：‘周子所谓动者，……以其不落于有无，谓之神。’道林以念起处为几，念起则形而为有矣。”[③]按《明儒学案·蒋道林传》原文，有“道林以念起处为几，念起则形而为有矣”句，故止引号当至文末。浙古本(册3，页592)、《儒藏》精华编(册157，页473)标点与中华本同，亦误。

卷二五《龟山学案》，全祖望案语称：“慈溪黄氏曰：‘龟山气象和平，议论醇正，说经旨极切，论人物极严，可以垂训万世，使不间流于异端，岂不诚醇儒哉！乃不料其晚年竟溺于佛氏。……如此数则，可骇可叹！’[④]按“慈溪黄氏”所云出自黄震《黄氏日钞》卷四一《读本朝诸儒理学》，原文止于“岂不诚醇儒哉”，则“乃不料”句属全祖望言，故止引号当移“乃不料”前。浙古本(册4，页204)、《儒藏》精华编(册157，页946)标点与中华本同，亦误。

卷七五《絜斋学案》，冯云濠案语云：“谢山为四先生祠堂碑文云：‘絜斋谓，当通知古今。学者但慕高远，不览古今，最为害事。’又为碑阴文云：‘絜斋之父通议公，予曾见《瓮牖闲评》一书，特说部耳。至其折节忘年，问道于定川，因使絜斋严事之，则知其从事于躬行之实，非徒洽闻者流也。通议名文，其所著又有《名贤碎事手钞》三十巨帙，无一字不楷。见絜斋所作墓表。’”[⑤]四先生祠堂碑文，即《鲒埼亭集外编》卷一四《淳熙四先生祠堂碑文》，原文止于“非徒洽闻者流也”，则“通议名文”以下皆冯云濠案语，故末句止引号当移至“闻者流也”

① 〔明〕宋濂撰，黄灵庚编辑校点《宋濂全集》卷三〇《苏平仲文集序》，北京：人民文学出版社，2014年，第647页。

② 〔清〕黄宗羲原著，全祖望补修，陈金生、梁运华点校《宋元学案》卷九七《庆元党案》，第3203页。

③ 同上书，卷一一《濂溪学案上》，第485页。

④ 同上书，卷二五《龟山学案》，第951页。

⑤ 同上书，卷十五《絜斋学案》，第2529页。

后。浙古本(册 5,页 1019)、《儒藏》精华编(册 159,页 2483)标点与中华本同,亦误。

卷七六《广平定川学案》,谢山《广平先生类稿序》曰:"舒文靖公之学,得于其妇翁童持之……《宝庆志》云:'嘉定初,朝廷革文弊,选前辈之文以范后学,舒文靖公实冠编首。世知文靖之理学,而不知其文为当时宗仰若此。'当文靖时,巨公元夫甚多,乃以其文冠者,盖其心气和平,而议论质实,足以消诡诞之习俗……不肯少屈如此,是岂可以区区文字目之哉!"[①]按《宝庆志》即《宝庆四明志》,全祖望所引内容出自该书卷九,原文止于"舒文靖公实冠编首"。"世知文靖之理学,而不知其文为当时宗仰若此"属全祖望语。故单止引号当移至"实冠编首"处。浙古本(册 6,页 12)、《儒藏》精华编(册 159,页 2503)标点与中华本同,亦误。

卷七七《槐堂诸儒学案》,黄宗羲案语:"故朱子曰:'浙东学者,多子静门人,类能卓然自立,相见之次,便毅然有不可犯之色。然则,此数千人者,固多旅进旅退之徒耳。今传数十人于此,其概可睹矣。'"[②]朱子之言出自《朱子语类》卷一一三,原文为:"浙东学者,多陆子静门人,类能卓然自立,相见之次,便毅然有不可犯之色。自家一辈朋友又觉不振,一似忘相似彼则又似助长。"[③]则"然则"以下系黄宗羲语。故止引号当止于"不可犯之色"。浙古本(册 6,页 36)止引号至"固多旅进旅退之徒耳"处,亦误。《儒藏》精华编(册 159,页 2523)标点与中华本同,误。

卷九一《静修学案》,黄百家案语云:"然是时虞邵庵之论曰:'文正没,后之随声附影者……外以聋瞽天下之耳目,内以蛊晦学者之心思,虽其流弊使然,亦是鲁斋所见,只具粗迹,故一世靡然而从之也。若静修者,天分尽高,居然曾点气象,固未可以功效轻优劣也。'"[④]虞集所云出自《道园学古录》卷五《送李扩序》,原文仅止于"内以蛊晦学者之心思"[⑤],则"虽其流弊使然"以下皆黄百家案语。故止引号当移前至"内以蛊晦学者之心思"处,并易逗号为句号。浙古本(册 6,页 556)、《儒藏》精华编(册 159,页 2982)标点与中华本同,亦误。

卷九八《荆公新学略》,《孙侔传》后有王梓材案语:"刘公是《杂录》云:'处士之有道者,孙侔、常秩、王令。侔,扬州人,好为古文章,尤方廉,不能与俗浮沉,而接物则恭以和。《实录》谓其晚年卞急,至于骂坐怒邻,异矣!'朱子为《刘

① 〔清〕黄宗羲原著,全祖望补修,陈金生、梁运华点校《宋元学案》卷七六《广平定川学案》,第 2550 页。

② 同上书,卷七七《槐堂诸儒学案》,第 2572 页。

③ 〔宋〕黎靖德编,王星贤点校《朱子语类》卷一一三,北京:中华书局,1986 年,第 2738 页。

④ 〔清〕黄宗羲原著,全祖望补修,陈金生、梁运华点校《宋元学案》卷九十一《静修学案》,第 3021 页。

⑤ 〔元〕虞集撰,王颋点校《道园学古录》卷五《送李扩序》,《虞集全集》,第 539 页。

子和传》，言子和之父娶长垣赵氏，实吴兴孙侔先生外孙女，读书能文，实生子和云。"[①]刘敞之言出自氏著《公是集》卷四八《杂录》，原文止于"接物则恭以和"[②]，则《实录》以下语系王梓材案语。浙古本(册6，页814)止引号至"实生字和云"，亦误。《儒藏》精华编(册159，页3203)标点与中华本同，误。

① 〔清〕黄宗羲原著，全祖望补修，陈金生、梁运华点校《宋元学案》卷九八《荆公新学略》，第3255页。

② 〔宋〕刘敞《公是集》卷四八《杂录》，上海：商务印书馆，1935年，第584页。

试论吴慰祖《四库采进书目》整理方面的问题*

王　勇**

【内容提要】 吴慰祖先生《四库采进书目》为四库进呈文献的整理之作，乃"四库学"研究者案头必备参考书。此书在整理方面做出了巨大贡献，但也存在体例不清、补正谬误等一些问题。本文尝试说明分析这些问题，并对进一步整理所需之相关抄本进行介绍。

【关键词】 吴慰祖 《四库采进书目》 整理刍议

四库进呈文献，属于"四库学"文献中的一类。据江庆柏先生，"四库学"文献可分为进呈文献、提要文献、库本文献、禁毁文献、档案文献①。四库进呈文献是指清代地方行政机关、相关机构、个人向四库全书馆呈送图书时开具的图书登记清册，标明书籍呈送者，著录书名、卷数、作者、册数等相关信息，是"四库学"文献中最早形成的文献，在"四库学""四库全书学""四库总目学"研究中具有特殊重要价值。

四库进呈文献，目前存世主要以《各省进呈书目》的形式及题名存在，包括清代奉天、直隶、江苏、浙江、陕西、山东、湖南、江西、湖北、广东、安徽、河南、山西、福建、云南等省及范懋柱、马裕等私人藏书家所进书，亦包括部分在京官员、武英殿等内府机构所进书籍。随着"四库学"的蓬勃发展，对于四库提要、各省进书的研究较多，但对于以《各省进呈书目》为代表的进呈文献文本本身研究者却不多②。

---

* 本文为国家社科基金后期资助项目《四库总目辨证》(项目号:20FTQB004)、全国高校古委会直接资助项目《四库总目补正》(项目号:1957)研究成果之一。

** 本文作者为山东理工大学齐文化研究院、山东省社科理论重点研究基地山东省齐文化研究基地副教授。

① 江庆柏《〈四库全书荟要〉研究》，南京：凤凰出版社，2018年，第1—17页。

② 目前所见校订或涉及校订之作有杜泽逊《吴慰祖校订〈四库采进书目〉举正(上)》、《吴慰祖校订〈四库采进书目〉举正(下)》，《图书馆工作与研究》2000年第2期、第3期；江庆柏《〈纂修四库全书档案〉与四库类文献的校勘》，《历史档案》2007年第3期；张学谦《〈四库采进书目〉考订》，《图书馆工作与研究》2010年第2期；张学谦《浙江鲍士恭汪启淑进呈四库书目辨正》，《山东图书馆学刊》2012年第4期；姜雨婷《傅斯年图书馆藏〈四库馆进呈书籍底簿〉研究》，南京师范大学2012年硕士论文；姜雨婷《傅斯年图书馆藏〈四库馆进呈书籍底簿〉考略》，《图书馆杂志》2012年第5期，共7篇文章。

现存《各省进呈书目》,目前学界所熟知的有：

(1)《四库馆进呈书籍底簿》(简称"《底簿》")。台北"中央研究院"历史语言研究所傅斯年图书馆藏,十册,不分卷,乾隆抄本。实即《各省进呈书目》,书中未见此题名,今名当系后人所拟。原抄本封面既无册次,内页亦无页码。据姜雨婷介绍,民国时张政烺先生到北平东方文化事业委员会接收,挑出当时南京没有的藏书给中央研究院历史语言研究所使用,《四库馆进呈书籍底簿》即在其中。该书十册之顺序,系根据当时入库之登录号而定①。此本有涵秋阁抄本排印本所缺乏之两淮马裕家第四次进呈书目,可供校勘之处甚多,讹误之处亦多,不少页次存在颠倒散乱,可能为此书未有页码而造成的混乱。目前学界一般认为此本乃最早的进呈书目。

(2)涵秋阁抄本之排印本。四册,不分卷,版心题进书之省份、个人等。据书后民国辛酉(1921)孙毓修跋,知此抄本乃民国时美国图书馆员于广州购得,而孙氏从之假印,排入民国《涵芬楼秘笈》第十集。检各古籍书目,此抄本国内未见收藏,或尚存美国。

(3)涵秋阁抄本排印本之整理本。即吴慰祖《四库采进书目》。1960年由商务印书馆出版。

作为《四库全书》《四库全书总目》等的源头与基础文献,四库进呈文献的重要性毋庸置疑。司马朝军《四库学研究的战略思考》一文从学术发展的战略高度曾对《四库全书》《四库提要》的精校问题提出过建议②。笔者认为,在梳理诸本关系基础之上,亦应对四库进呈文献作精校、汇编等整理,以及在文本方面进行深入研究。笔者目前正从事此项工作,现结合《底簿》、涵秋阁抄本排印本《各省进呈书目》及《四库全书总目》(简称"《总目》")等,就吴慰祖《四库采进书目》整理方面存在的一些问题予以说明,并祈教于专家学者。

一、体例方面之问题

吴书在整理方面存在不少问题,仅以《浙江省第七次呈送书目》为例,该份书单共收书202种,体例方面问题就已达60余处。总之,这些体例方面的问题又可略分为：

第一,校勘符号的混用。《四库采进书目》一书,分正文、补遗、附录三部分。此书未见整理凡例,只有1959年商务印书馆编辑部的《出版说明》。据此

① 姜雨婷《傅斯年图书馆藏〈四库馆进呈书籍底簿〉考略》,《图书馆杂志》2012年第5期,第1页。

② 司马朝军《四库学研究的战略思考》,载司马朝军主编《学鉴》第5辑,武汉：武汉大学出版社,2012年,第185—200页。

说明：一、吴慰祖以商务印书馆涵秋阁抄本《各省进呈书目》之排印本为底本，校以北京图书馆（今中国国家图书馆）所藏抄本（书中称“旧抄本”），复据四库提要、《四库简明目录》查补原缺的卷数与作者。对于新补的字，统以方括号“〔〕”标明。二、涵秋阁抄本排印本缺少武英殿书目，北京图书馆旧抄本尚存，经抄出作为补遗。又补充《江苏采辑遗书目录》《浙江采集遗书总目》作为简目附录。

但实际上，该说明并不详赡。就校勘符号而言，除了“〔 〕”外，此书尚有“□”符、“「 」”符、“( )”符三种校勘符号。其中，“□”代表涵秋阁抄本排印本中原缺文字，书中大量散见。如《直隶省呈送书目》“石蕊集〔□卷，明张凤翔著，案禁书总录入全毁类〕”。“「 」”集中出现在《两江第一次书目》中，如“古周易订诂〔十六卷〕，明何楷辑。「抄本」。”经与底本涵秋阁抄本排印本、参校本国图旧抄本比对，知是书中本来即有之注文。这部当不必添加校勘符号。“( )”则主要用于吴慰祖的说明、补充。首见于《直隶省呈送书目》之“马中锡孙绪合集”条，内容为“(东田集十五卷，乃单刻本，亦见存目)”。但实际上，吴氏的说明文字更多存在于“〔 〕”内，如全书首条“〔 〕”，即在《直隶省呈送书目》题名下：“〔案卷数、撰人原并缺，今订补。〕”因此在校勘符号的使用上，“〔 〕”“( )”存在功能上的混乱。这究竟是排版问题，还是吴氏不同校勘时期之按语，抑或其他状况，已难区分。

而该次整理最大问题，不仅在校勘符号的混用，更多的是校勘符号主要是“〔 〕”符号的乱用所造成的文本内容认知问题。这类问题，略为统计之，不下数千处。

第二，以不缺为缺。这是《四库采进书目》中数量最为庞大的部分。如《江苏省第一次书目》“黄学士〔文〕集”，涵秋阁抄本排印本“文”字不缺。“六书〔统〕溯源”，涵秋阁抄本排印本“统”字不缺。《两江第一次书目》“邢孟贞集〔明邢昉著……〕”，涵秋阁抄本排印本自有“明邢昉著”四字。《两淮盐政李续呈送书目》“针灸节要〔三卷〕聚英〔四卷〕，明高武”。核之涵秋阁抄本排印本“三卷”“四卷”皆正文内容。《安徽省呈送书目》“周礼疑义举要〔七卷，附群经补义五卷，清江永著〕”，核之涵秋阁抄本排印本，正文有“附群经补义”。

第三，补充而未加标明。如《两江第一次书目》“水经注〔四十卷〕汉桑钦著，后魏郦道元注”，涵秋阁抄本排印本无“后魏郦道元注”，此吴氏自注；《陕西省呈送书目》中“骊山集十四卷，附杜律意注二卷”，核之涵秋阁抄本排印本，“十四卷”“二卷”皆未载，则当为吴氏补充的文字；《两淮商人马裕家呈送书目》“宋政和本草三十卷，宋唐慎微编”，涵秋阁抄本排印本无“宋唐慎微编”，此乃吴氏补注。此外，大量的“题某某著”“旧题某某著”中的“题”“旧题”均不在正文中，都属吴氏自增文字。如《两江第一次书目》“亢仓子〔一卷〕题周庚桑楚著”，涵秋阁抄本排印本无“题”字。“墨子〔十五卷〕，旧题周墨翟著”，涵秋阁抄本排印本无“旧题”二字。

第四，径改、径增、径删文字，而未加说明。对于改动者，吴氏一般都会添加说明或论证，以示行文谨慎，有理有据。如《安徽省呈送书目》“周礼全经释原”，吴氏说明“原作周易”。但亦存在大量未添加说明的条目。诚然，这些改动的内容，吴氏往往有其道理。但若从原始文献考虑，通过这些文献可考察进呈各省、机构、个人的编目水平、书籍著录之偏好、所见书籍之题名等，是最宝贵之原始材料。这种不加说明的一味改动，实则给今日之学术研究造成了极大不便与困扰。略举几例说明如下：

(1) 径改之例。如：《直隶省呈送书目》“易翼述信”，涵秋阁抄本排印本“翼”作“传”；《江苏省第一次书目》“明舆地志”，涵秋阁抄本排印本作“明地舆志”；《两江第一次书目》“陆清河集〔二卷〕晋陆云著”，“陆云”，涵秋阁抄本排印本径改作“陆机”；《两淮盐政李呈送书目》“名义考十二卷，明周祈”，涵秋阁抄本排印本“周祈”作“祈召”；《浙江省第四次吴玉墀家呈送书目》“仪礼经传五宗考义一卷，明潘潢著”，涵秋阁抄本排印本“卷”作“册”；《浙江省第四次汪启淑家呈送书目》“填词图谱六卷，续集二卷”，“二卷”，涵秋阁抄本排印本作“一种”；《浙江省第六次呈送书目》“兰室秘藏三卷，金李杲著”，涵秋阁抄本排印本“金”作“明”；《都察院副都御史黄交出书目》“〔两〕汉诏令〔二十三卷，宋林虙、楼昉辑〕”，涵秋阁抄本排印本作“汉诏令，洪咨夔撰”，等等。

(2) 径增之例。如：《直隶省呈送书目》“燕香斋诗集”，涵秋阁抄本排印本无“诗”字；《江苏省第一次书目》“知稼翁集”，涵秋阁抄本排印本无“翁”字；《浙江第一次书目》“仪礼商二卷，附录一卷，国朝万斯大著”，涵秋阁抄本排印本无“附录一卷”；《浙江省第四次汪启淑家呈送书目》“董从吾集，一卷”，涵秋阁抄本排印本无“一卷”。又，“西村集八卷，附录一卷”，涵秋阁抄本排印本无“附录一卷”；江西《六次续采》“世玉集选”，涵秋阁抄本排印本无“选”字；《福建省呈送第四次书目》“易史参录”，涵秋阁抄本无“参录”二字；《福建省呈送第六次书目》“晚廉诗文抄”，涵秋阁抄本排印本书名为四空格；《衍圣公交出书目》“毗陵忠义祠录〔四卷〕明叶夔著”，涵秋阁抄本排印本“叶”字为空格；《编修励第一次至六次交出书目》“春秋属辞，元休宁赵汸著”，涵秋阁抄本排印本“汸”字为空格，等等。

(3) 径删之例。如：《江苏省第一次书目》“鸟鼠山人集”，涵秋阁抄本排印本原作“鸟鼠山人小集”；“苍润轩碑跋”，涵秋阁抄本排印本“跋”下有“记”字；《江西巡抚海续购书目》“读史集”，涵秋阁抄本排印本作“读书四集”；《总裁曹交出书目》“从古正文〔五卷，明黄谏著〕”，涵秋阁抄本排印本作“黄谏从古正文”，等等。

主条目内容有删改外，还删除了一些附属条目。这些原本属于涵秋阁抄本排印本上附加的关键数据。如《浙江省第四次汪启淑家呈送书目》条目之下，著录了条目互见的情况。一种如：

> 周易元包经传五卷，后周卫元嵩述。总义、易修墨守。
> 元包数总义二卷，宋张行成著。周易元包经传、易修墨守。
> 易修墨守一卷，明唐枢著。周易元包经传、元包数总义。

另一种情况为：

> 考工记纂注二卷，明程明哲著。孔子集语、经籍异同。
> 孔子集语二卷，宋薛据著。见前考工记纂注。
> 经籍异同三卷，明陈禹谟著。见前考工记纂注。

类似条目计有八九十条。吴氏都进行了删除。再如《陕西省呈送书目》"古雪堂文集"条，涵秋阁抄本排印本后有"重浙"。这种附加"重某"的文字，还在其他书单出现。吴氏也进行了删除。以上这些附加文字，不仅涵秋阁抄本排印本有，《底簿》中也存在，怀疑为校勘者所加。至于这些校勘者是四库馆臣抑或传抄之人，以及这些附加文字的意义、价值，都有进一步考察的必要，应当予以保留。

第五，所补书目有漏脱。《四库采进书目》虽据国家图书馆所藏旧抄本补充了武英殿第一次、第二次共两次书目。但《两淮商人马裕家四次呈送书目计共一百三十四种》亦在国图所藏民国旧抄本之中，为涵秋阁抄本排印本所缺，吴氏未据补，不详何故。又如，《浙江省第三次书目》中包含"曝书亭书十四种"，《四库采进书目》之底本涵秋阁抄本排印本虽已包含这十四种书，但在国图所藏民国旧抄本之上有"曝书亭书十四种"之标题，为提示此批书籍来源之重要信息，吴氏亦漏脱。

第六，为求体例划一，调整书目著录格式，破坏文献原始状态。这种问题在吴书中亦常见。如《山东巡抚第二次呈进书目》中，涵秋阁抄本排印本原作"王士点禁扁"，吴氏改作"王禁扁，〔一卷，元王士点著〕"；《总裁曹交出书目》中，涵秋阁抄本排印本原作"国朝魏方泰行年录"，吴氏改作"行年录，〔不分卷，清魏方泰著〕"。涵秋阁抄本排印本原作"黄谏从古正文"，吴氏改作"从古正文，〔五卷，明黄谏著〕"；《编修励第一次至六次交出书目》中，涵秋阁抄本排印本原作"唐龙渔石集"，吴氏改作"渔石集，〔四卷，明唐龙撰〕"；《国子监学正汪交出书目》，涵秋阁抄本排印本原作"文震亨长物志"，吴氏改作"长物志，〔十二级卷，明文震亨著〕"。等等。再如《浙江省第五次范懋柱家呈送书目》"素王记事……二本"，涵秋阁抄本排印本作"素王记事一册……二本"，吴氏以书单中书名后皆题"卷数"，而删除"一册"，改作"不分卷"，这实则抹杀了这条书目不成于一人之手等复杂可能性。

二、补正方面之问题

除整理体例方面存在诸多缺陷，在吴氏最大的功绩订补方面，也存在一些问题。主要存在书名、卷数、时代、作者、书籍册(本)数、疏漏未注等方面。今将所见部分列下：

(一) 书名之误

1.《梅果集》〔旧抄本作《梅里集》〕，四本[①](江苏省第二次书目【计共二百零五种】)

按：《底簿》作“《梅里集》”，涵秋阁抄本排印本作“《梅果集》”。吴氏所谓“旧抄本”，即国家图书馆所藏抄本。此处实则当作“《梅里志》”。《江苏采辑遗书目录》作：“《梅里志》四卷，清江苏巡抚三韩吴存礼著。……共四卷。”[②]即此书。《总目》史部传记类存目二著录亦吴存礼《梅里志》四卷，江苏巡抚采进本，亦即此书。综上，此处当补作：“《梅里志》〔四卷，清吴存礼著〕，四本”。

2.《古今通韵》〔旧十二卷，清毛奇龄著，案原作《古今韵通》〕，一本(31a)(江苏省第二次书目【计共二百零五种】)

按：作“《古今韵通》”是。此为两种书。《江苏采辑遗书目录》二书前后条著录：“《古今韵通》，国朝翰林院检讨富平李因笃著。按：此书集汉魏六朝唐人通用之韵而撮其纲，不分卷；《古今通韵》，国朝翰林院检讨萧山毛奇龄著。按此书共十二卷。”[③]则李因笃所著与毛奇龄所著不同。李著《总目》未收，毛著《总目》经部小学类三著录《古今通韵》十二卷，江苏巡抚采进本，已著录于《江苏省第一次书目》。此书乃江苏第二次书目所进，不当与第一次重复，知非毛奇龄之书。

3.《石云居〔士诗〕集》〔七卷《文集》十五卷，清陈名夏著〕，十本(31b)(江苏省第二次书目【计共二百零五种】)

按：此书原题“《石云居集》”，《底簿》、涵秋阁抄本排印本均同。《总目》集部别集类存目八作“《石云居士集》十五卷《诗》七卷，江苏巡抚采进本”，即此书，故吴氏据改。然考《江苏采辑遗书目录》著录：“《石云居诗集》，大学士溧阳

---

① 吴慰祖《四库采进书目》，北京：商务印书馆，1960 年，第 31 页 a。“a”“b”表示单页左右栏。下放此，不另注。又，所引条目吴书原无书名号、分号，今为清楚起见酌加，下皆同。

② 〔清〕黄烈编《江苏采辑遗书目录》，张升编《四库全书提要稿辑存》第 4 册，北京：北京图书馆出版社，2006 年，第 280—281 页。

③ 〔清〕黄烈编《江苏采辑遗书目录》，张升编《四库全书提要稿辑存》第 4 册，第 197 页。

陈名夏著。……按：此集诗七卷，文十五卷，共二十二卷。”[①]“石云居诗集”，“诗”字当为衍文，以其下按语中已明言包括诗集、文集。《底簿》、涵秋阁抄本排印本乃初期所上，《江苏采辑遗书目录》乃后来汇总时所刊，因误。清人所载亦作“《石云居集》”。如谈迁《北游录》“夜阅陈百史《石云居集》”、“《石云居集》阅竟”[②]云云，徐乾学《传是楼书目》卷五著录《石云居集》十五卷[③]，《（乾隆）江南通志》卷一九四《艺文志》著录“《石云居集》三十卷，溧阳陈名夏”[④]，则此书确有作“《石云居集》”者，吴改不确。查陈名夏传世著作，有《石云居文集》《石云居诗集》，皆题“石云居”，无作“石云居士”者，疑《总目》“士”字当作“文”字，而吴氏复因之。

4.《秋水阁文集》〔一卷，清陈维岳著〕，一本（32a）（江苏省第二次书目【计共二百零五种】）

按：“文集”当作“文抄”。若为“文集”，一卷似嫌太少。《总目》别集类存目十著录陈维岳《秋水阁文抄》一卷，江苏巡抚采进本，即此书。考《江苏采辑遗书目录》亦题“《秋水阁文抄》”[⑤]。《底簿》、涵秋阁抄本排印本均误作“《秋水阁文集》”。

5.《均藻》四卷，明杨慎，一本（72a）（两淮商人马裕家呈送书目【计共三百九十四种】）

按：“均藻”，涵秋阁抄本排印本同。《底簿》作“韵藻”。《总目》子部类书类存目二著录《广韵藻》六卷，提要称：“是编取杨慎《韵藻》，删其繁复，而广其未备，然挂漏仍多。”则杨慎所著为“《韵藻》”。中国人民大学图书馆藏有明万历间曼山馆刻杨慎《韵藻》四卷。皆可证作“均藻”误。

6.《韵补本义》十卷，明茅溱辑，五本（98a）（浙江省第四次汪启淑家【计共五百二十四种】）

按：“《韵补本义》”，《底簿》、涵秋阁抄本排印本、《浙江采集遗书总录》均同[⑥]，均当作“《韵谱本义》”。《总目》经部小学类存目二著录茅溱此书，作《韵谱本义》。黄虞稷《千顷堂书目》卷三小学类著录此书，亦作“茅溱《韵谱本义》”[⑦]。考《四库全书存目丛书》（简称“《存目丛书》”）经部第212册收有此书万历三十

---

① 〔清〕黄烈编《江苏采辑遗书目录》，张升编《四库全书提要稿辑存》第4册，第475页。

② 〔清〕谈迁《北游录》，《续修四库全书》第737册，上海：上海古籍出版社，1995年，第222页。

③ 〔清〕徐乾学《传是楼书目》卷五，《续修四库全书》第920册，第905页。

④ 〔清〕赵弘恩等《（乾隆）江南通志》卷一九四，《景印文渊阁四库全书》第512册，台北：台湾商务印书馆，1986年，第704页。

⑤ 〔清〕黄烈编《江苏采辑遗书目录》，第486页。

⑥ 〔清〕沈初等撰，杜泽逊、何灿点校《浙江采集遗书总录》，《中国历代书目题跋丛书》第3辑，上海：上海古籍出版社，2010年，第148页。

⑦ 〔清〕黄虞稷撰，瞿凤起、潘景郑整理《千顷堂书目》，上海：上海古籍出版社，2001年，第97页。

二年(1604)刻本,正题"《韵谱本义》"。知《底簿》、涵秋阁抄本排印本、《浙江采集遗书总录》同误。

7.《〔大学黼藻文章〕百段锦》一卷,宋方颐孙编,二本(113a)(浙江省第五次范懋柱家呈送书目【计共六百零二种】)

按:吴氏补"大学黼藻文章",然"大学"当作"太学"。《总目》集部诗文评类存目著录《太学黼藻文章百段锦》一卷,浙江范懋柱家天一阁藏本,即此书。《续修四库全书》收有国家图书馆藏明弘治刻本,即题"太学"。

8.《军占杂事》一卷,缺名著,一本(114b)(浙江省第五次范懋柱家呈送书目【计共六百零二种】)

按:"事"当作"集"。《浙江采集遗书总录》作:"《军占杂集》一册,……不著撰人姓名。"[①]《天一阁书目》著录所进呈本亦作"《军占杂集》",《天一阁书目》整理者出校语,乃据《四库总目》改作"《军占杂事》"[②]。《中国古籍总目》著录明万历三十二年(1604)抄本亦作《军占杂集》。考《总目》术数类存目一著录浙江范懋柱家天一阁藏本,即此本,已误著为"军占杂事"。

(二) 卷数之误

1.《李退庵集》〔三十一卷附《诗余》,清李敬著〕,四本(31a)(江苏省第二次书目【计共二百零五种】)

按:"三十一卷"当作"二十一卷"。考《江苏采辑遗书目录》亦作三十一卷[③],吴氏据以补充。然是书《总目》集部别集类存目八著录为二十一卷,江苏巡抚采进本,即此本。复据《中国古籍总目》等所载传世版本,皆为二十一卷本,无三十一卷本。则《总目》著录无误,《江苏采辑遗书目录》当误。

2.《李二曲集》〔二十二卷,清李颙著〕,八本(31b)(江苏省第二次书目【计共二百零五种】)

按:《底簿》、涵秋阁抄本排印本皆未著录卷数、作者,吴氏此据《总目》集部别集类存目八《二曲集》二十二卷予以补充。然《总目》所收乃浙江巡抚采进本,非江苏采进本。《浙江省第十一次呈送书目》乃二十五卷本,《浙江采集遗书总录》同。考《总目》此书提要称"其第十六至二十二卷,则容所著杂文也。二十三卷以下,曰《襄城记异》",则本书不止二十二卷。当亦为二十五卷本。《总目》之"二十二卷"当为"二十五卷"之误。吴氏所据《总目》已讹之文著录为"二十二卷",亦不确。此书既为江苏进呈本,考《江苏采辑遗书目录》著录此书

---

① 〔清〕沈初等撰,杜泽逊、何灿点校《浙江采集遗书总录》,第478页。

② 〔清〕范邦甸等撰,江曦、李婧点校,杜泽逊审定《天一阁书目 天一阁碑目》,《中国历代书目题跋丛书》第3辑,上海:上海古籍出版社,2010年,第51页。

③ 〔清〕黄烈编《江苏采辑遗书目录》,张升编《四库全书提要稿辑存》第4册,第476页。

云:"此集颙其门人记其讲道及散文后附后,共二十六卷。"①存世有清康熙三十三年(1694)郑重高尔公刻二十六卷本,《存目丛书》有收录。则吴氏"二十二卷"当作"二十六卷"。

3.《事实类苑》六十五卷,宋江少虞,十二本(67b)(两淮商人马裕家呈送书目【计共二百二十九种】)

按:《底簿》作"六十三卷",涵秋阁抄本排印本作"六十五卷"。《总目》子部杂家类七著录《事实类苑》六十三卷,两淮马裕家藏本,即此书。卷数与《底簿》同。则当作"六十三卷"。

4.《宋名臣献寿集》二卷,一本(72a)(两淮商人马裕家呈送书目【计共三百九十四种】)

按:"二卷"当作"十二卷"。《底簿》作"十二卷",涵秋阁抄本排印本作"二卷"。考《总目》集部总集类存目一著录《宋名臣献寿集》十二卷,两淮马裕家藏本,即此书。此书提要稿为翁方纲所撰,瓮氏提要稿《宋名臣献寿集》云:"谨按:《宋名臣献寿集》十二卷。"②则所载亦十二卷。

5.《春秋以俟录》三卷,明瞿九思,一本(72a)(两淮商人马裕家呈送书目【计共三百九十四种】)

按:"三卷"当作"一卷"。《底簿》作"一卷",涵秋阁抄本排印本亦作"一卷"。《总目》经部春秋类存目一著录《春秋以俟录》一卷,两淮马裕家藏本,即此书。知作"三卷"误。

6.《字考启蒙》〔十二卷,明周宇著〕,六本(78a)(浙江续购书【计共六十三种】)

按:"十二卷"当作"十六卷"。《底簿》失收该次进书,涵秋阁抄本排印本虽收,然未著录卷数。《总目》小学类存目一著录周宇《字考启蒙》十六卷,浙江巡抚采进本。即此书。考《浙江采集遗书总录》亦作"十六卷"③。《存目丛书》所收明万历十一年(1583)周传诵刻本亦为十六卷。

7.《禹贡锥指》十二卷,国朝胡渭著,十本(78a)(浙江省第二次书目【计共五十一种又旧抄本九本】)

按:"十二卷"为"二十卷"之乙。《总目》经部书类二著录《禹贡锥指》二十卷《图》一卷,浙江巡抚采进本,即此书。《浙江采集遗书总录》著录:"《禹贡锥指》二十卷,前有《略例》一卷、《图》一卷。"④是亦作二十卷。

8.《翰苑丛抄》十四卷〔原作二十卷〕,不著撰人姓名,十本(111b)(浙江省

---

① 〔清〕黄烈编《江苏采辑遗书目录》,张升编《四库全书提要稿辑存》第4册,第309页

② 吴格、乐怡标校《四库提要分纂稿》,上海:上海书店出版社,2006年,第362页。

③ 〔清〕沈初等撰,杜泽逊、何灿点校《浙江采集遗书总录》,第767页。

④ 同上书,第50页。

第五次范懋柱家呈送书目【计共六百零二种】)

按:《浙江采集遗书总录》著录"《翰苑丛抄》二十卷"[①],《底簿》、涵秋阁抄本排印本同。《天一阁书目》所附范氏呈送进呈书单中收有该次进书,著录书名、卷数,亦作"二十卷"[②]。《总目》子部杂家类存目十一著录《翰苑丛抄》十四卷,浙江范懋柱家天一阁藏本,恐误。吴氏据改,亦恐误。当然,从更严谨的角度看,亦不排除此书《天一阁书目》、《浙江采集遗书总录》均著录有误,而《总目》有所更正,抑或《总目》有所删节合并,或者底本有所变更。但从保存书单原始性角度看,还是当以"二十卷"为正。

9.《古今识鉴》四卷,明袁忠彻著〔原作八卷〕,一本(111b)(浙江省第五次范懋柱家呈送书目【计共六百零二种】)

按:《底簿》、涵秋阁抄本排印本皆著录为八卷。《浙江采集遗书总录》同[③],《天一阁书目》亦作"八卷",唯整理本之书名误作"《古文识鉴》"[④]。《存目丛书》子部第67册收有明嘉靖六年(1527)袁大纯刻《古今识鉴》八卷《人象赋》一卷,则作"八卷"不误。《总目》子部术数类存目二著录《古今识鉴》四卷,浙江范懋柱家天一阁藏本,即吴氏所依据。《总目》若非文字错讹,则当有合并卷数等事。吴氏据《总目》改作四卷,恐非。

10.《效颦集》三卷,明赵弼著,二本(112b)(浙江省第五次范懋柱家呈送书目【计共六百零二种】)

按:"三卷"当作"二卷"。《底簿》、涵秋阁抄本排印本均作"二卷",《浙江采集遗书总录》亦著录"《效颦集》二卷"[⑤],《天一阁书目》[⑥]同。《总目》子部小说家类存目二著录此书作三卷者,以其所用为两淮盐政采进本,检两淮盐政采进书目,确作三卷[⑦]。《存目丛书》子部第246册收有明嘉靖二十七年(1548)赵子伯重刻《效颦集》二卷本,亦可为证。此当吴氏据《总目》改之。

11.《颐山诗话》二卷,明安磐著,一本(113a)(浙江省第五次范懋柱家呈送书目【计共六百零二种】)

按:《底簿》、涵秋阁抄本排印本均作"一卷",《浙江采集遗书总录》作"《颐山诗话》一卷"[⑧],《天一阁书目》亦同[⑨]。国家图书馆藏有明抄本《颐山诗话》一

---

① 〔清〕沈初等撰,杜泽逊、何灿点校《浙江采集遗书总录》,第453页。

② 〔清〕范邦甸等撰,江曦、李婧点校,杜泽逊审定《天一阁书目 天一阁碑目》,第38页。

③ 〔清〕沈初等撰,杜泽逊、何灿点校《浙江采集遗书总录》,第476页。

④ 〔清〕范邦甸等撰,江曦、李婧点校,杜泽逊审定《天一阁书目 天一阁碑目》,第39页。

⑤ 〔清〕沈初等撰,杜泽逊、何灿点校《浙江采集遗书总录》,第432页。

⑥ 〔清〕范邦甸等撰,江曦、李婧点校,杜泽逊审定《天一阁书目 天一阁碑目》,第40页。

⑦ 吴慰祖《四库采进书目》,第62页a。

⑧ 〔清〕沈初等撰,杜泽逊、何灿点校《浙江采集遗书总录》,第407页。

⑨ 〔清〕范邦甸等撰,江曦、李婧点校,杜泽逊审定《天一阁书目 天一阁碑目》,第42页。

卷，可知作“一卷”不误。

此书收入文渊阁《四库全书》，检之亦一卷，书前提要亦称“《颐山诗话》一卷”[①]，而《总目》集部诗文评类二著录为《颐山诗话》二卷，浙江范懋柱家天一阁藏本。疑《总目》误，吴氏据《总目》改，又误。

12.《草窗集》一卷，明刘溥著，二本(114a)(浙江省第五次范懋柱家呈送书目【计共六百零二种】)

按：“一卷”当作“二卷”，涵秋阁抄本排印本作“二卷”，《底簿》作“《草窗集》二集”，后“集”字有圈除痕迹，是本亦当作“二卷”。《浙江采集遗书总录》[②]、《天一阁书目》均著录“二卷”[③]，《存目丛书》收有明成化十六年(1480)刘氏刻《草窗集》二卷。

13.《通占大象历星经》六卷，缺名著，一本(114b)(浙江省第五次范懋柱家呈送书目【计共六百零二种】)

按：此书《底簿》、涵秋阁抄本排印本皆作“二卷”。然《浙江采集遗书总录》著录“《通占大象历星经》三卷”[④]，《天一阁书目》亦著录所进呈为“《通占大象历星经》三卷”[⑤]。疑“三卷”为是。《总目》子部术数类存目一著录此书为浙江范懋柱家天一阁藏本，即此本，为六卷。疑此处卷数乃吴氏据《总目》改。

14.《历代将鉴博议》一卷，宋戴少望著，二本(114b)(浙江省第五次范懋柱家呈送书目【计共六百零二种】)

按：“一卷”当作“十卷”。《底簿》、涵秋阁抄本排印本只著录“一册”“二本”，未著录卷数。《天一阁书目》著录所进呈为“十卷”[⑥]，《浙江采集遗书总录》亦著录为“十卷”[⑦]。《总目》子部兵家类存目著录此书，为两淮盐政采进本，改题“《将鉴论断》十卷”，而称：“前有正德十年达宾序，题曰《将鉴博议》。”是两淮盐政采进本所进亦《将鉴博议》十卷。

(三) 时代之误

1.《春秋明志》十二卷，宋熊过，四本(67b)(两淮商人马裕家呈送书目【计共二百二十九种】)

按：“宋”当作“明”。《总目》经部春秋类三收有此书，作《春秋明志录》十二

---

① 〔明〕安磐《颐山诗话》，《景印文渊阁四库全书》第1482册，第459页。

② 〔清〕沈初等撰，杜泽逊、何灿点校《浙江采集遗书总录》，第646页。

③ 〔清〕范邦甸等撰，江曦、李婧点校，杜泽逊审定《天一阁书目 天一阁碑目》，第44页。

④ 〔清〕沈初等撰，杜泽逊、何灿点校《浙江采集遗书总录》，第463页。

⑤ 〔清〕范邦甸等撰，江曦、李婧点校，杜泽逊审定《天一阁书目 天一阁碑目》，第45页。

⑥ 同上书，第46页。

⑦ 〔清〕沈初等撰，杜泽逊、何灿点校《浙江采集遗书总录》，第234页。

卷,乃浙江吴玉墀家藏本。作者熊过,字叔仁,号南沙,富顺人。明嘉靖己丑(1529)进士。官至礼部祠祭司郎中。《明史·文苑传》有传。

2.《读书漫笔》十八卷,宋方澜著,四本(111a)(浙江省第五次范懋柱家呈送书目【计共六百零二种】)

按:方澜乃明人,非宋人。《总目》史部史抄类存目著录方澜《读书漫笔》十八卷,莆田人,正德丁丑进士,官礼部郎中。

(四)作者之误

1.《理学备考》〔三十四卷,清范鄗著〕,四本(32a)(江苏省第二次书目【计共二百零五种】)

按:此书作者乃范鄗鼎,吴补脱"鼎"字。《江苏采辑遗书目录》亦著录"国朝洪洞范鄗鼎著"①。《总目》史部传记类存目五著录范鄗鼎《理学备考》三十四卷,江西巡抚采进本。然此书不见于江西巡抚采进书目,而见于山西、浙江、江苏三省采进书目。疑此处"江西巡抚采进本"之"江西",或为"山西"、"江苏"之讹。

2.《给谏遗稿》一卷,明黄绒,一本(72b)(两淮商人马裕家呈送书目【计共三百九十四种】)

按:"黄绒",涵秋阁抄本排印本同,《底簿》作"黄絨",均误。此书作者为黄钺,国家图书馆藏有明黄钺《黄给谏遗稿》一卷《附录》一卷。黄钺,字叔扬。《诗经·公刘》"干戈戚扬",毛注:"扬,钺也。"②其名、字取义于此。明常熟县人。洪武中进士,授刑科给事中,升户科左给事中,故称"给谏"。后以父丧归,明成祖靖难时投水死。《(嘉靖)常熟县志》卷八等均有传。

3.《古乐经传》〔三卷,明湛若水著〕,二本(77b)(浙江续购书【计共六十三种】)

按:《底簿》失收该次进书,涵秋阁抄本排印本虽收,然亦未著录作者、卷数。此书《总目》收有两部。一部为《总目》经部乐类存目所著录之明湛若水"《古乐经传》三卷",然湛若水之书,《总目》著录为两淮盐政采进本。检《两淮盐政李呈送书目》本作"《古乐经传》,二卷,明湛若水"③。是《总目》"三卷"乃"二卷"之讹。《存目丛书》经部第182册收有国家图书馆藏明嘉靖三十四年(1555)祝廷滂刻湛若水《古乐经传全书》二卷,当即此书。此即吴慰祖所据补作"三卷"者。《总目》经部乐类另著录一部《古乐经传》,为五卷本,乃清李光地

① 〔清〕黄烈编《江苏采辑遗书目录》,张升编《四库全书提要稿辑存》第4册,第310页。

② 〔清〕阮元校刻《十三经注疏(清嘉庆刊本)》,北京:中华书局,2009年,第1167页。

③ 吴慰祖《四库采进书目》,第66页b。

所撰，左副都御史黄登贤家藏本。而据《浙江采集遗书总录》："《古乐经传》五卷，刊本，右国朝大学士安溪李光地辑。"[①]则此书实乃李光地所辑，为五卷本。则吴氏误以为湛若水之书。

4.《松风余韵》五十(一)卷，国朝姚宏诸辑，八本(102a)(浙江省第四次汪启淑家【计共五百二十四种】)

按：《底簿》、涵秋阁抄本排印本皆作"五十卷"，作者为"姚宏诸"。《浙江采集遗书总录》亦作"五十卷"，"国朝姚宏绪辑录"[②]。《总目》集部总集类存目四著录姚宏绪《松风余韵》五十一卷，浙江汪启淑家藏本，即此书。此书《四库全书存目丛书补编》第 37 册收有清乾隆九年(1744)宝善堂刻本，题"《松风余韵》五十卷末一卷，清姚宏绪编"，均可证作者为"姚宏绪"，《底簿》、涵秋阁抄本排印本皆误为"姚宏诸"。又，此书实为五十卷，吴慰祖补作"五十一卷"者，从《总目》著录。据《浙江采集遗书总录》提要称"别有闺秀、方外一卷附于末"，《总目》以附录为一卷，故为五十一卷。浙江进呈时不计此附录，故为五十卷。然此书既为浙江所上，附录著录与否，自然为进书者之编目体例，故仍当以作"五十卷"为正。

5.《观林诗话》一卷，宋吴聿著〔原作吴菁子〕，一本(111a)(浙江省第五次范懋柱家呈送书目【计共六百零二种】)

按：吴氏补"原作吴菁子"。检涵秋阁抄本排印本，确作"吴菁子"。《底簿》作"吴聿子"。"吴菁子"当作"吴聿子"，"聿""菁"形似而讹。此人乃吴聿，字子书。《浙江采集遗书总录》载此书："不知姓名，卷首但署'楚东吴聿子书'。"[③]《总目》集部诗文评类一著录吴聿《观林诗话》一卷，浙江范懋柱家天一阁藏本，即此书。《底簿》不知其姓字，以"书"但为"书写"之"书"，故截取"吴聿子"为名，亦误。

6.《优古堂诗话》一卷，宋吴开著，一本(111a)(浙江省第五次范懋柱家呈送书目【计共六百零二种】)

按："吴开"当作"吴幵"，"开""幵"形近而讹。《总目》集部诗文评类著录吴幵《优古堂诗话》一卷。《底簿》、涵秋阁抄本排印本皆作"吴幵"，不误。《浙江采集遗书总录》亦作"吴幵"[④]。据《中国古籍总目》，此书存世版本较多，皆题"吴幵"。

7.《楚范》六卷，明张子象著，二本(113a)(浙江省第五次范懋柱家呈送书目【计共六百零二种】)

---

① 〔清〕沈初等撰，杜泽逊、何灿点校《浙江采集遗书总录》，第 767 页。

② 同上书，第 534 页。

③ 同上书，第 404 页。

④ 同上书，第 404 页。

按:《底簿》、涵秋阁抄本排印本皆作"张子象",误。"张子象"当作"张之象"。《浙江采集遗书总录》著录此为"明松江张之象撰"[①]。张之象,字元超,明松江府华亭县人。嘉靖中官浙江按察司知事。《总目》集部诗文评类存目著录张之象《楚范》六卷,浙江范懋柱家天一阁藏本,即此书。

8.《元英先生集》八卷,唐方千著,二本(113b)(浙江省第五次范懋柱家呈送书目【计共六百零二种】)

按:"方千"当作"方干","干""千"形近而讹。方干,字雄飞,号玄英先生。《总目》集部别集类四著录唐方干《玄英集》八卷,浙江范懋柱家天一阁藏本,即此书。清人避讳,故又题作"元英"。《浙江采集遗书总录》著录此书作"唐新安方干撰"[②],不误。《底簿》、涵秋阁抄本排印本皆误作"方千"。

9.《傅山人集》三卷,明傅汝州著,一本(114a)(浙江省第五次范懋柱家呈送书目【计共六百零二种】)

按:"傅汝州"当作"傅汝舟"。此承涵秋阁抄本排印本之误,涵秋阁抄本排印本即作"傅汝州"。《底簿》亦同误。《浙江采集遗书总录》作"明侯官傅汝舟撰"[③]。《总目》集部别集类存目五著录傅汝舟《傅山人集》三卷,浙江范懋柱家天一阁藏本,即此书,均不误。

10.《测圆海镜》十卷,元李治著,二本(114b)(浙江省第五次范懋柱家呈送书目【计共六百零二种】)

按:"李治"当作"李冶"。《浙江采集遗书总录》著录:"《测圆海镜》十卷。……元翰林学士栾城李冶撰。……附明顾应祥《分类释术》。"[④]《总目》子部天文算法类二著录《测圆海镜分类释术》十卷,浙江范懋柱家天一阁藏本,即此本。又著录李冶《测圆海镜》十二卷,乃编修李潢家藏本,均收入《四库全书》。

11.《筮篋理数日抄》二十卷,明柯佩辑,十二本(114b)(浙江省第五次范懋柱家呈送书目【计共六百零二种】)

按:"佩"当作"珮"。《浙江采集遗书总录》著录此书作者作"柯珮"[⑤]。考柯氏乃明隆万间堪舆家,今有多部著作传世。如国家图书馆所藏《新刊地理统会大成》二十七卷等,皆题"柯珮"。

12.《东垣珍珠囊》二卷,明李景注,一本(115a)(浙江省第五次范懋柱家呈送书目【计共六百零二种】)

---

① 〔清〕沈初等撰,杜泽逊、何灿点校《浙江采集遗书总录》,第541页。

② 同上书,第550页。

③ 同上书,第672页。

④ 同上书,第457页。

⑤ 同上书,第465页。

按:“李景”当作“李杲”。《底簿》、涵秋阁抄本排印本同误。明焦竑《国史经籍志》卷四:“《东垣珍珠囊》二卷,李杲。”李杲,号东原。《总目》子部医家类存目著录《珍珠囊指掌补遗药性赋》四卷:“旧本题金李杲撰。考《珍珠囊》为洁古老人张元素著,其书久已散佚。世传《东垣珍珠囊》乃后人所伪托,李时珍《本草纲目》辨之甚详。”则此书亦非李杲所著。

13.《范围数》不分卷,明张迎著,二本(115a)(浙江省第五次范懋柱家呈送书目【计共六百零二种】)

按:“张迎”当作“赵迎”。《底簿》作“张迎”,误。涵秋阁抄本排印本作“赵迎”,是。《浙江采集遗书总录》著录此书为“明工部主事嵩洛赵迎撰”[①]。《总目》子部术数类存目二著录赵迎《范围数》,无卷数,浙江范懋柱家天一阁藏本,即此书。《四库存目补编》收有台湾汉学研究中心藏明刻本,亦题“赵迎”。考此条上条为张果之《通元五行论》,“赵”字盖涉“张”字而误。

(五) 书籍册数或本数之误

1.《西湖八社诗》不分卷,明祝时泰、高应冕等著,二本(113b)(浙江省第五次范懋柱家呈送书目【计共六百零二种】)

按:“二本”当作“一本”。此“二本”从涵秋阁抄本排印本而来。考涵秋阁抄本排印本即作“二本”。然检《底簿》作“《西湖八社诗》一册”,《浙江采集遗书总录》亦载:“《西湖八社诗》一册。”[②]《天一阁书目》载进呈书目作“《西湖八杜诗》一册”[③]。可知皆一本。

2.《商文毅公疏稿略》一卷,明商辂著,二本(113b)(浙江省第五次范懋柱家呈送书目【计共六百零二种】)

按:“二本”当作“一本”。涵秋阁抄本排印本作“二本”,同误。考《底簿》作“一册”,《浙江采集遗书总录》亦载“商文毅公疏稿(按:此下脱‘略’字)一册”[④],《天一阁书目》亦著录“《商文毅公疏稿略》一册”[⑤]。

3.《王介塘文略》一卷,明王相著,二本(114a)(浙江省第五次范懋柱家呈送书目【计共六百零二种】)

按:“二本”当作“一本”。此沿涵秋阁抄本排印本之误,涵秋阁抄本排印本即作“二本”。考《底簿》作“一册”,《天一阁书目》亦著录“《王介塘文略》一

① 〔清〕沈初等撰,杜泽逊、何灿点校《浙江采集遗书总录》,第464页。
② 同上书,第528页。
③ 〔清〕范邦甸等撰,江曦、李婧点校,杜泽逊审定《天一阁书目 天一阁碑目》,第43页。
④ 〔清〕沈初等撰,杜泽逊、何灿点校《浙江采集遗书总录》,第642页。
⑤ 〔清〕范邦甸等撰,江曦、李婧点校,杜泽逊审定《天一阁书目 天一阁碑目》,第44页。

册”[①]。《总目》集部别集类存目三著录此天一阁藏本，称“是册仅杂文十八篇”，言“是册”亦可知乃一册。

4.《扬州琼华集》三卷，明杨端辑，一本(114a)(浙江省第五次范懋柱家呈送书目【计共六百零二种】)

按：“一本”当作“二本”。《天一阁书目》均著录“《扬州琼华集》二册”[②]，“《浙江采集遗书总录》”亦著录“二册”[③]。均可证。

5.《天汉全占》二卷，缺名著，二本(114b)(浙江省第五次范懋柱家呈送书目【计共六百零二种】)

按：“二本”当作“一本”。《浙江采集遗书总录》著录：“《天汉全占》一册，天一阁写本。”[④]《天一阁书目》亦著录“《天汉全占》一册”[⑤]。可证。

6.《天文诸占》一卷，缺名诸，四本(114b)(浙江省第五次范懋柱家呈送书目【计共六百零二种】)

按：“四本”当作“一本”。《浙江采集遗书总录》著录：“《天文诸占》一册，天一阁写本。”[⑥]《天一阁书目》著录所进呈者亦“《天文诸占》一册”[⑦]。

(六) 疏漏未注

1.《诗略》，一本(30a)(江苏省第二次书目【计共二百零五种】)

按：此条吴氏未注明作者。此书为明袁炜作撰。《江苏采辑遗书目录》著录：“《诗略》，少傅袁文荣著。”[⑧]《总目》集部别集类存目四著录《袁文荣诗略》二卷，江苏巡抚采进本，即此本。袁炜字懋中，慈溪人。嘉靖戊戌进士，官至建极殿大学士，谥文荣。事迹附见《明史·严讷传》。

2.《战守全书》〔十八卷，明范景文著〕，六本(30a)(江苏省第二次书目【计共二百零五种】)

按：对于清廷各部分机构的抽毁、全毁书目，吴氏皆会注出。《军机处奏准全毁书目》著录：“《战守全书》，明范景文撰。”[⑨]则此书列入军机处全毁书目，依例亦当著明。

3.《陈氏短书》，十本(31a)(江苏省第二次书目【计共二百零五种】)

---

① 〔清〕范邦甸等撰，江曦、李婧点校，杜泽逊审定《天一阁书目 天一阁碑目》，第 44 页。
② 同上书，第 45 页。
③ 〔清〕沈初等撰，杜泽逊、何灿点校《浙江采集遗书总录》，第 838 页。
④ 同上书，第 463 页。
⑤ 〔清〕范邦甸等撰，江曦、李婧点校，杜泽逊审定《天一阁书目 天一阁碑目》，第 45 页。
⑥ 〔清〕沈初等撰，杜泽逊、何灿点校《浙江采集遗书总录》，第 463 页。
⑦ 〔清〕范邦甸等撰，江曦、李婧点校，杜泽逊审定《天一阁书目 天一阁碑目》，第 45 页。
⑧ 〔清〕黄烈编《江苏采辑遗书目录》，张升编《四库全书提要稿辑存》第 4 册，第 457 页。
⑨ 姚覲光辑《清代禁毁书目四种》，《万有文库》第二集七百种，上海：商务印书馆，1937 年，第 61 页。

按:此条吴氏未注明作者。此书乃明陈汝锜撰。汝锜字伯容,高安人。嘉靖中由贡生官建阳县训导。《总目》子部杂家类存目著录陈氏《短书》十一卷。

4.《备忘录》,二本(32a)(江苏省第二次书目【计共二百零五种】)

按:此书乃江苏巡抚采进本。吴氏未著录作者、卷数,《底簿》、涵秋阁抄本排印本亦仅载书名、本数。然据《江苏采辑遗书目录》著录:"《备忠录》,国朝桐乡张履祥著。"[①]《江苏采辑遗书目录》中别无以"备"字起头著作,考张履祥亦确有《备忘录》,则此书作者当为张履祥,而《江苏采辑遗书目录》讹作"《备忠录》"。

5.《荆溪林下偶谈》八卷,一本(113a)(浙江省第五次范懋柱家呈送书目【计共六百零二种】)

按:《总目》集部诗文评类一著录此书为内府藏本,称"旧本八卷,此本四卷,殆士彝所合并也",又考其作者为宋吴子良。可补吴氏之缺。

6.《〔司牧马经〕痊骥通元论》六卷,旧题卞管勾集注〔案其名无考〕,一本(115 a)(浙江省第五次范懋柱家呈送书目【计共六百零二种】)

按:《浙江采集遗书总录》著录:"《痊骥通元论》六卷,天一阁藏本。……明卞宝辑。"[②]据此则此书乃卞宝所辑。

7.《大定新编》四卷,四本(115a)(浙江省第五次范懋柱家呈送书目【计共六百零二种】)

按:《浙江采集遗书总录》载同[③],亦未著录作者。此书乃明杨向春著,《续修四库全书》1059册影印国家图书馆藏明刻本一部,卷数同。

三、结语

综上可见,《四库采进书目》遗留问题甚多,错误原因亦较复杂。对其进行全面校勘整理,补入今人研究成果,亦将提上日程。整理之初步即为汇集版本,以上所列《底簿》、涵秋阁抄本排印本、涵秋阁抄本排印本之整理本《四库采进书目》已为学界熟知,江庆柏先生《〈四库全书荟要〉研究》于四库进呈书目下即但列此三种,足以代表当今学术界的关注点。但经笔者实地调查、目验,尚见其他五种版本。兹略作介绍,以飨同好。

(1)国家图书馆所藏民国京师图书馆抄本。索书号:809。十册,不分卷,采用民国图书馆之专用抄书纸抄写,即《四库采进书目》之参校本,文中称"旧

① 〔清〕黄烈编《江苏采辑遗书目录》,张升编《四库全书提要稿辑存》第4册,第315页。

② 〔清〕沈初等撰,杜泽逊、何灿点校《浙江采集遗书总录》,第492页。

③ 同上书,第470页。

抄本”。经过部分抽校、比对，此本内容与《底簿》相似度很高，大的方面来看，此本与《底簿》同样有涵秋阁抄本排印本所缺乏之两淮马裕家第四次进呈书目及武英殿两次进书，通过核对条目，所抽校条目大部相同，《底簿》中大量缺字的条目，国图本亦皆空缺。但也存在一些区别，如国图本有涂抹修改的痕迹，且不避乾隆讳，如《底簿》之“歴”字，国图本径作“曆”；《底簿》无页码，国图本各省、机构、个人等进书皆单独编页，与以下所述陕西省所藏善本同例；《底簿》中因排列条目而留白的地方，国图本有的保留，有的删去。国图本亦偶有抄错页，如《安徽省呈送书目》“诸儒语要”至“同文算指通编”误抄于“栗斋文集”下。文字方面，《底簿》《山西省呈送书目》“午亭文编十一卷”，国图本无“十一卷”三字，《江苏省第一次书目》“古□解钩沉”，国图本“□”作“经”。等等。

总之，笔者对于《底簿》是否为最早进呈本尚持怀疑，故暂时认定国图本与《底簿》有同源关系。除二书所校内容大都相同外，武英殿两次进书亦皆在国图本与《底簿》中发现，除张宗祥抄本外，不见于他本。若是，此本或可纠正《底簿》失次、书页窜乱等一些问题，如《底簿》第七册《奉天送到书目后》有一散页，据书口所标知为安徽书，自“六书准”至“文章杂录”，在国图本“九州山水考”与“古今源流至论”中间。自然，亦可补充《四库采进书目》据之校勘时失收的诸多条目。

(2) 陕西图书馆所藏清抄本。索书号：善 0000861。善本，八册。版心上题“呈送书目”，鱼尾下著录卷数、来源之省份、个人等，下题页数。分十八卷，目录前有乾隆三十九年五月十四日上谕一道，较为罕见。核之《纂修四库全书档案》亦载，题《谕内阁赏鲍士恭等〈古今图书集成〉周厚堉等〈佩文韵府〉各一部》[①]，然文字有几处异同。此本目录、编次等较正式，各省进书排序以奉天、直隶进书为首，在诸本中排序最佳，尤其较之涵秋阁抄本排印本以“直隶”为首而置“奉天”最末为善。在涵秋阁抄本排印本中衍圣公书目以下官吏进书，在此抄本中总题为“总修官”，该题名值得关注。总体来看，内容上较《底簿》讹误为少。此外，亦有其他方面的差异。如《两江第二次呈送书目三百种》依次著录书名、朝代、作者、本数、是否抄本。涵秋阁抄本排印本著录是否抄本在本数上，次序与之不同。等等。

(3) 陕西图书馆所藏旧抄本。索书号：普 201644。一册，不分卷。题“乾隆各省进呈书目”，分上中下三栏抄录条目，内容不全，著录较简略，往往只著录书名、卷数，而失载作者、本数，抄写亦不甚工。

(4) 复旦大学图书馆藏清红格抄本。索书号：2065。善本，一函七册，其第四、第五册内容颠倒。目录分为十八卷，目次皆与陕图善本同。目录前亦有

① 中国第一历史档案馆编《纂修四库全书档案》，上海：上海古籍出版社，1997 年，第 210—211 页。

乾隆三十九年五月十四日谕旨一道，文字与陕图善本同，而间有讹误。如“以光策府”误作“以先策府”，“简篇”误作“谏篇”，“以禅留贻”误作“以禅晋贻”，“纪昀”误作“纪的”等。正文则不分卷，缺目录所载卷九汪启淑、汪汝瑮进书。通过部分校对，知其内容大体与陕西图书馆十八卷本接近。其第三册《两淮盐政李呈送书目计共一百八十种》，正文中间有分隔、不连抄，即陕图善本之分卷处，则此抄本或从陕图本而来。抄写工整，时代不详，其第二册两江中“竟寍王集”“王宁朔集”，“寍”字缺下“丁”，或避道光讳。

(5) 浙江图书馆藏民国张宗祥铁如意馆抄本。索书号：善 2193。善本，十册，不分卷，书口下题“铁如意馆”。武英殿书目前有张宗祥题记一篇。抽校部分，内容与国图抄本基本一致，考虑到张宗祥任职京师图书馆之经历，疑二种同为张宗祥所抄。

除吴本外，七种抄本之间关系较为复杂，限于调查时间短暂，条目繁多，全校非数月不能毕其役，故一时无法全面核对。以上观点仅为略作窥测，其诸抄本年代先后及抄本中各书单孰先孰后等细节问题尚需进一步考察。如姜雨婷通过比较《底簿》与涵秋阁抄本排印本《各省进呈书目》，认为《底簿》为目前所知存世最早的四库呈送书目①，参诸近来相关论述，似已成学界定论。然此说恐怕亦难以令人信服。笔者曾仔细比较其中部分书单，发现涵秋阁抄本排印本中某些书单形成时间其实并不比《底簿》晚。以《总裁于交出总目》为例，此书单仅列书名、本数。《底簿》著录十八种，实载十七种。涵秋阁抄本排印本著录十七种。二者有两处区别：《底簿》尹洙之“河南集”，在涵秋阁抄本排印本中作“尹洙文集”；《底簿》“宋穆参军集”，在涵秋阁抄本排印本中作“又进呈发下宋穆修文集”。可知，涵秋阁抄本排印本中“尹洙文集”的记载较为随意，严谨不足，而《底簿》表述更为准确，似为后来所调整、规范。涵秋阁抄本排印本之“又进呈发下宋穆修文集”，为一处关键信息，这当谓于敏中的“宋穆修文集”原是曾进呈给皇帝之物，后乾隆帝又将此书下发给四库馆，故题是语。《四库全书总目》集部别集类五著录《穆参军集》三卷附录《遗事》一卷，大学士于敏中家藏本，即此书。从此角度看，于敏中本来呈送的只有十六种，涵秋阁抄本排印本保存此条的信息无疑更完整，而《底簿》则删去了此条关键信息，故当以涵秋阁抄本排印本较早。再如《内阁侍读严交出书目四种》，《底簿》“宋江少虞事实类苑六十三卷”条，在涵秋阁抄本排印本中作“宋江少虞皇宋事实类苑六十三卷”，涵秋阁抄本排印本多“皇宋”二字。四库馆臣因避讳、尊崇本朝，后期在整理时往往去掉“皇宋”“皇明”等字眼，此例甚多。此亦可见涵秋阁抄本排印本

---

① 参姜雨婷《傅斯年图书馆藏〈四库馆进呈书籍底簿〉研究》《傅斯年图书馆藏〈四库馆进呈书籍底簿〉考略》。

所载当比《底簿》为早。又如《两江第一次书目》，涵秋阁抄本排印本该书单前面一些书籍多有著录为“抄本”者，根据《纂修四库全书档案》所记载两江进书内容，可知两江总督高晋当时所采录即有抄本，则标示为“抄本”者为书目汇总时即有之，而《底簿》无，当是后来删去，亦表明《底簿》较晚。再如“东汉会要宋徐天麟著”条，《底簿》、涵秋阁抄本排印本皆不著录“抄本”，而陕西图书馆所藏善本即著录为“抄本”，可知《底簿》、涵秋阁抄本排印本皆有脱漏。从此数例可见，对于《底簿》等进呈文献在当时的汇总、形成应以各书单为单位作单独讨论，不宜作整体定性划分，今日诸抄本中各份书单的形成当非同时，亦有可能经多人之手，在梳理诸本关系时当综合考量。

除《各省进呈书目》外，四库进呈文献尚有一些其他相关文献。如《江苏采辑遗书目录》《浙江采集遗书总录》及《乾隆浙江呈进书目》《浙江解进备采书目》等书目、《天一阁书目》所附进呈书单等进书过程中所形成之书目，可作为《各省进呈书目》的有益补充。此外，四库提要文献中的分纂提要、汇总提要、刊本提要、库本提要、总目提要，如《四库提要分纂稿》《四库全书初次进呈存目》《四库全书荟要总目》《四库全书总目》《四库全书简明目录》等，以及《武英殿四库全书馆誊录档册》《于文襄手札》《水曹清暇录》等文献，都一定程度涉及了早期四库文献进呈的情况，都可视作进呈文献的相关文献。这些都可以作为下一步整理四库进呈书目的有益参照。

祠堂本《西山读书记》的底本、校本与臆改[*]

王传龙[**]

【内容提要】 宋刊《西山读书记》在清初已罕见流传，乾隆初年真氏祠堂重镌此书，不仅成为《四库全书》的收录底本，也是有清一代最为通行之本。本文考证祠堂本所据的两种底本，其一为选编本，内容不全；其二为递修本，刷印时间介于元统二年至嘉靖元年之间，且存在大量缺页，而两种底本均缺少乙记下二十二卷。祠堂本变乱底本体例，自行臆补缺页及漫漶文字，尽管声称"集厥采用书目，互相磨校"，但参校之书却只有《四书章句集注》《伊川易传》等寥寥几种，其余数十种引书并未核对。《四库全书》在抄录祠堂本时，并未参校内府所藏的宋刊善本，反而全面沿袭了祠堂本的改窜内容，仅个别字词略有修正。

【关键词】 真德秀　西山读书记　真西山　真鼎元

《西山读书记》是南宋理学大儒真德秀的一部重要著作，"既博且精，凡诸经、诸子、诸史、诸儒之书之所当读、当讲者皆在焉，乃有载籍以来奇伟未尝有之书也"①，真氏对此书亦十分自信，尝语门人："此人君为治之门，如有用我者，执此以往。"②《宋史·真德秀传》称"党禁既开，而正学遂明于天下后世，多其力也"③，而此书宣扬之功实不可没。此书旧有宋刊递修本传世，至清初，已极为珍稀，罕见流传。李光地曾购得两部，补缀残缺，一部献于康熙帝，一部藏家中。乾隆初雷鋐读书中秘馆阁，诸公托其寻觅是书，然此书时为宫廷秘藏，雷鋐无从得见，故无以应求。乾隆四年(1739)，真德秀裔孙真鼎元、真元杰声称觅得两种古本，以为底本，重加校勘，遂有真氏祠堂刊本(以下简称

---

* 本文为福建省社会科学规划项目"明代福建阳明学者治学与交游研究"(FJ2019B071)的阶段性成果。

** 本文作者为厦门大学人文学院副教授。

① 〔元〕陈栎《定宇集》卷七，影印清文渊阁《四库全书》本。

② 《宋史》，北京：中华书局，1977年，第12963页。

③ 同上书，第12964页。

"祠堂本")[①]。祠堂本问世之后，成为最通行之本，不仅《四库全书》据以抄录，又因需求量大，多次重印，故有咸丰七年(1857)、同治三年(1864)等补板重刷本。但据笔者近年来校勘此书时发现，祠堂本的底本扑朔迷离，所采纳的校本亦与所称不符，此外还存在严重的变乱体例与改窜、臆补现象，若据此研究真德秀的理学思想，很可能会导致讹谬。今不揣梼昧，书出拙见，尚祈各位方家予以指正。

一、《西山读书记》的全本刊行及补板

《西山读书记》本分甲、乙、丙、丁四记，据开庆元年(1259)门人汤汉《序》称："《西山先生读书记》惟甲、乙、丁为成书。甲、丁二记，近年三山学官已刊行。乙记上则《大学衍义》是也，其下卷未及缮写而先生没，稿藏于家，学者罕见之。汉来建安，请于先生嗣子仁夫右司，传钞以来，手自校定，厘为二十二卷。"[②]按此，《西山读书记》甲、丁二记在开庆元年之前即由三山学官刻成，乙记下则由汤汉最后校定刊行，而丙记则未有成书。三山为福州别称，今宋本乙记下、丁记卷末皆有"监雕：迪功郎福州福清县县学主学张植；提督：奉议郎通判福州军州事兼西外宗正丞黄岩孙；提督：奉议郎特添差福建安抚司参议官仍厘务涂演"三行题记，可知除甲记、丁记之外，乙记下亦由三山学官负责刊刻事宜，汤汉只是稿本的校订者。乙记上即《大学衍义》一书，此书真德秀于端平元年(1234)献诸朝廷，早已别本单行，习惯上并不包括在《西山读书记》之内。《四库全书总目提要》中所载江西巡抚采进本"《读书记》六十一卷"，亦只含甲记三十七卷、乙记下二十二卷、丁记二卷，而不计《大学衍义》，本文准此处理。

宋淳祐七年(1247)王稼称："郡庠刊《西山读书记》成，学者争诵之。"[③]郡庠即府学，此所谓刊成云云，时间在汤汉传钞之前，故尚不包括乙记下。但乙记下、丁记既然皆由张植等人负责雕刊，则其存板当在一处。按此，《西山读书记》于开庆元年在福州全部刊成之后，板片一直存放于福州府学，一方面因此

① 部分图书馆登录有清康熙真氏祠堂刊本《西山读书记》，属于误载。清康熙时所刊为《真西山全集》，并非《西山读书记》。乾隆四年，真鼎元、真元杰刊成《西山读书记》之后，后人将之附入《真西山全集》中，作为丛书之一种，因而造成了存在康熙刊本的假象。祠堂本《西山读书记》卷首有真鼎元、真元杰所撰《重镌西山真文忠公读书记本末后》，叙述此书刊刻经过甚详，可相佐证。另外，祠堂本封面页题"乾隆四年重镌"，但卷首雷鋐《重刻真西山先生读书记序》落款时间为乾隆八年，故亦有部分图书馆登录为乾隆八年刊本。此序当为后刷时增入，乾隆四年、乾隆八年实为同一刊本。

② 《西山先生真文忠公读书记》卷首，《中华再造善本》影印国家图书馆藏宋开庆元年(1259)福州官刻元修本，北京：北京图书馆出版社，2006年。按，下文所引《西山读书记》文字，除特别注明出处者，皆据此本录入，不再一一注明。

③ 〔宋〕王稼《序》，载陈淳《北溪字义》卷首，上海图书馆藏明正德三年(1508)寿藩刻本。

书体例详明，于先儒授受源流无不胪晰，甚便治学问道，另一方面也因其卷帙浩繁，双行小字注文过多，翻刻实属不易，故自南宋至明代，虽然偶有选刊本出现（如选刊甲记若干卷或单独刊印乙记下），但全本则一直使用此套板片重新修补刷印。笔者所见中国国家图书馆、北京大学图书馆、吉林省图书馆、台北"中央"图书馆等处所藏福州刊递修本，主体板片无论字体及板裂状况皆可吻合，可知皆同出一源，惟刷印时间则互有差异。据北京大学图书馆、台北"中央"图书馆所藏宋、元、明三朝递修本考察，可以确认《西山读书记》至少有十次补板：

第一次、第二次补刻发生在南宋晚期，具体时间不详，但应距离初刊时未久。其一，样例如甲记卷二第 8 页，卷三第 29 页，卷七第 31 页，卷八第 15、16 页等；其二，样例如甲记卷一五第 11 页等，版心狭窄，无下鱼尾。以上两种补刻板片均于版心最下方记该页字数，与前后板片特异，当为补刊工匠计酬之用。原本刊于福州，字体近柳，是典型的闽刻风格，而此两次补板则为工整欧体字，属典型的杭州刻本风格。联系汤汉的仕途履历，开庆元年乙记下刊成之后，其由提举福建常平任上被召为礼部郎官兼太子侍读，此后大部分时间都在福建与京城（杭州）两地为宦，很容易让人推出《西山读书记》的板片随汤汉运至杭州国子监，故采用了杭州刻工补刊个别板片的结论。然而这一结论并不可靠，因为杭州国子监的板片入元后储存在西湖书院，但据元代胡师安等人所编《元西湖书院重整书目》，并未记载收藏《西山读书记》一书及其板片。笔者推测板片自刻成之后始终收藏在福州府学，直至元军攻破杭州之后，南宋小朝廷重新定都福州，大量杭州刻工扈从而至，因而承担了一定量的补板工作。丘濬《大学衍义补》称"尚幸十三经注疏板本尚存于福州府学"[①]，王鏊《震泽长语》亦称"今犹见于十三经注疏，幸闽中尚有其板"[②]，可佐证福州府学直至明代成化年间仍储有大量宋元板片，并未因朝代更迭而迁移毁弃。

元代是补刊重刷的高峰期，有四次补刊在版心下方明确标注了年份，分别为大德五年补刊（样例如乙记下卷一第 44 页、卷六第 50 页），大德十年补刊（样例如乙记下卷十七第 53 页），延祐五年补刊（样例如甲记卷二十七第 1、15—24 页），元统二年补刊（样例如甲记卷二十六第 1、15、18 页）。其中延祐五年补刊板片数量最多，可知原板片至此时已出现大量损坏。考虑到延祐年间正是元代科举重新开启的时期，不排除这次大规模的补刻活动背后有科举利益的推动。

此外，另有三次补刻未标注年代，但根据板式、字体判断，应当发生在元末

① 〔明〕邱濬《大学衍义补》，北京：京华出版社，1999 年，第 806 页。

② 〔明〕王鏊《震泽长语》卷上，国家图书馆藏明刊本，第 1 页。

明初。其一，样例如甲记卷七第20页，卷三五第23、26页，字体与前后板片迥然有别，兼之原本为白口，此页则为上黑口，版心最下方又题写刻工姓名“何敬”、“戴添”等。又，样例如甲记卷三五第24、25页，乙记卷一第69页，上下大黑口，版心最下方题刻工姓名“范”等，与前者略有差异，或为同期不同刻工所补刻板片。其二，样例如甲记卷一七第31、32页，乙记下卷六第63、64、65页，卷一八第19、20页，板式、字体亦皆与原本迥然有别，书名题写在上鱼尾上方，且行文潦草倾斜，一望即知为不善书之工匠所补刻者。其三，样例如乙记下卷七第53页，各种错漏讹字达46处，全书罕见。此页上鱼尾之上记板片字数，下鱼尾之下记刻工名“禾”字，字体也与前后板片特异，应为识字不多的工匠所补。

入明之后，《西山读书记》的板片最终入藏南京国子监。至明代嘉靖元年(1522)，板片迎来了最后一次大规模的补刻，样例如甲记卷三七第3页、乙记下卷八第65、66页等，皆于上鱼尾上题“嘉靖元年补刊”，下鱼尾之下则记页码和板片字数。《(嘉靖)南雍志》记载了板片在国子监的储存状况：“《真西山读书记》六十卷，存者二千八百面。……今但有甲三十七卷、丁二卷、乙上《大学衍义》四十三卷、下《读书记》二十二卷，丙缺。”[①]按，“六十卷”当为六十一卷，即甲记、乙记下、丁记之和，因乙记上《大学衍义》别出，未计入卷数。据笔者统计，《西山读书记》正文页面合计二千七百零一面，然则经过嘉靖元年的补刻，此书的板片已基本完整，两千八百面应包括残损的板片与补刻的新版片在内，故存在重复之数。

上述十次补刻活动，仍只是笔者所考辨出的较明显者，此外又有若干板片亦有补刻嫌疑，但因为采用了与底本一致的行款、板式，字体风格亦略相似，故无法下断语。而补板之中，又有一补再补者，譬如甲记卷一〇第28页，台北“中央”图书馆所补即上述杭州刻本风格者，而国家图书馆藏宋刻元修本此页则为臆补，内容不连贯，属上述“行文潦草倾斜者”。又如甲记卷三二第24页，台北“中央”图书馆藏两种版本，但字形及内容却有明显差异(详见下文)，可见初次补板之后又有再次补板修正。

二、祠堂本的底本溯源

真德秀裔孙真鼎元、真元杰遍加搜访，自称“于吴越间迭购古本二，其一则

---

① 〔明〕黄佐《南雍志》卷一八，民国二十年(1931)影印明嘉靖二十三年(1544)刻增修本，第33页。

开庆汤汉刊，其一则咸淳乙丑(1265)陈氏所梓”[①]，此二种亦即祠堂本的底本。真氏裔孙并未详细描述古本状况，这也导致后世对祠堂本所采用的底本缺乏了解，进而引发了对祠堂本变乱宋本体例的激烈批评。譬如《天禄琳琅书目后编》云：“见在盛行祠版，乃以丁记二卷羼入甲记为第三十三、三十四卷，又匀甲记为三十八卷以足四十之数，而乙记下不刊，颠倒遗漏。”[②]类似的批评虽然无误，但若站在真氏裔孙的立场上判断，这却是一种很无奈的选择。真氏裔孙所得宋代咸淳乙丑(1265)陈氏所梓之本，今已散佚，无从详考，此前的历代藏书目录中亦从未提及，但据其刊行时间判断，仅在汤汉刊行全本之后六年，此时全本板片并未毁弃(如前所述，全本板片直至明代仍留存于世，总数量超过两千七百片，而且多双行小注，工程庞大)，则陈氏所梓当非全本而是选编本，这也正是清代仍可觅得此书，历代却从未记录有另外一套全本的原因。

真氏裔孙所得第二种汤汉所刊古本，虽无具体描述，但仍可大致推断，其所得应当为一残本，且刷印时间应在明代嘉靖之前。《西山读书记》六十一卷全本，在明代中期时已极为罕见。刊行于万历年间的《内阁藏书目录》，记录内阁共收藏《西山读书记》十种，但皆为缺卷残本，竟无一完璧。李光地在康熙晚年万寿节时进呈一部《西山读书记》，其札子内称：“真德秀《读书记》乃其平生攻苦积累所成，颇为前儒推重。然访之德秀浦城旧乡，久无此板，故此本皆系前人写补，间亦残缺一二，无从钞足。若禁苑未备此书，似亦可供乙夜之览也。”[③]以李光地重臣之身份，又属进呈皇帝万寿节贺礼，竟犹无从觅得全本，其珍稀之程度可以想见。《天禄琳琅书目后编》载此内府所藏本，缺丁记，甲记又缺五卷，亦可相佐证。以真氏裔孙之力，要觅得完整之古本，其概率极低。而祠堂本刊行流通之后，《四库全书》又据以抄录，并未觅抄真氏裔孙的两种古本，也可从侧面印证真氏裔孙所得不全。由此可递推，祠堂本未收乙记下二十二卷，盖因底本此部分残缺之故，并非有意为之。从常理而言，真氏等人既为真德秀裔孙，又于康熙时即已开始整理刊行《真西山全集》，自无删削祖先著作而不刻之理。

世传全本《西山读书记》均存在缺页或补板现象，无一例外。国家图书馆所藏宋刻元修本《西山读书记》六十一卷，今所见最晚所补板片标注为元统二年(1334)，北京图书馆出版社 2006 年出版《中华再造善本》即据此本加以景印(以下简称“再造本”)。再造本卷首有“安乐堂藏书记”“海源阁”“杨绍和曾敬观天禄琳琅秘笈”“东郡宋存书屋珍藏”藏书印，知其曾为怡王府藏书，后归杨

---

① 〔清〕真鼎元、真元杰《重镌西山真文忠公读书记本末后》，载《读书记》卷首，北京大学藏乾隆四年(1739)真氏祠堂刊本。

② 〔清〕彭元瑞《天禄琳琅书目后编》卷五，清光绪刊本，第 11 页。

③ 〔清〕李光地《榕村集》卷三一《万寿节进书札子》，影印清文渊阁《四库全书》本。

氏海源阁，并最终入藏国家图书馆，洵为珍稀之善本。但再造本仍存在十分严重的缺页现象，据笔者统计，所缺页凡合计二十七板五十四面，个别残缺者（如破洞、缺角等）尚不计在内。今列表如下：

集数	卷数	缺页状况
甲记	卷一	第 27、28 页各残半板
	卷三	第 15、16 页各残半板
	卷四	第 5 页残半板 第 11 页残半板 第 22 页缺整板
	卷一〇	第 4 页缺整板
	卷二〇	第 19 页、20 页缺整板。底本有第 20 页，但实为第 21 页重出。
	卷二六	第 15 页缺整板。底本有第 15 页，但实为第 17 页重出。
	卷二八	第 5、6 页各残半板 第 23、24 页缺整板 第 28 页缺整板
	卷三六	第 12 页缺整板
	卷三七	第 3 页缺整板
乙记下	卷一	第 47、48 页缺整板
	卷三	第 13、14 页缺整板
	卷八	第 65、66 页缺整板
	卷九	第 43、44 页各残半板
	卷一一	第 69、70 页缺整板 底本有第 69 页，实为卷十二第 69 页重出。
	卷一四	第 23、24 页各残一角 第 36 页缺整版
	卷一六	第 11 页缺整板
	卷一七	第 49 页缺整板
	卷二〇	第 46 页缺整板

上述大量缺页并非无从弥补，除甲记卷一〇第 4 页、卷二六第 15 页及卷二八第 23、24 页之外，宋、元、明三朝递修本均已补刻板片，与原版行款、内容皆衔接一致。亦即，再造本缺页之中的绝大部分，在明代嘉靖元年已重新补刻

板片，补足了原本的内容。再造本另有若干虽然不缺页，但是板裂、漫漶过于严重的页面，三朝递修本也进行了替换。然而据笔者考察，祠堂本并未照录嘉靖时所补刻的板片内容，反而自行臆补缺页，导致大量文字与底本内容不相衔接，甚至连行款、字数都无法对应。譬如再造本甲记卷三六第 12 页缺页，台北"中央"图书馆、北京大学图书馆所藏三朝递修本已补刻板片，其于《尚书》正文下引苏轼、朱熹、蔡沈三家之语为双行小注，而祠堂本对应页面为卷四〇第 2—3 页，于《尚书》正文下仅摘取《朱子语类》之语为双行小注，内容、字数皆不合。由此可见，祠堂本所觅得的汤汉序刊之底本，其刷印时间必在明朝嘉靖元年补板之前，但具体又早至何时呢？笔者比勘现存版本文字差异，找到一关键例证，或可对此底本的刷印时间精确定位。

甲记卷三二第 24 页，由于先后两次补板，造成了细微的文字差异。所补板片版心下皆题"延祐五年刊"及刻工名姓"林"，惟再造本铲削"延祐五年刊"字样，只留有"林"字。今按，同卷第 21—24 页版心皆题"林"字，而第 24 页版心、字体不同，然则"林"当为底本原刻工名姓，而非补刊刻工。笔者比勘台北"中央"图书馆所藏叶恭绰旧藏六十一卷本(以下简称"台全本")与再造本的此页板片，由于再造本重描过板框，故乍看之下似有差异，但细查则文字形态、栏线板裂吻合一致，可知同出一板。台北"中央"图书馆另藏抱经楼旧藏甲记三十七卷本(以下简称"台甲本")，此页版心亦注明"延祐五年刊"，但台全本、再造本"而美厚复不不常厌足"之"不不"，此本作"尔不"，显然是在重新补板时修正了错讹之处。祠堂本亦作"尔不"，可推知其底本刷印时间应在台全本、再造本之后。再造本最晚的补板时间为元统二年，则祠堂本之底本的刷印时间不会早于此年。又，台甲本即前述三朝递修本，已有嘉靖元年补刊页面，故其刷印时间应晚于祠堂本的底本。概言之，真氏裔孙所得汤汉之刊本，其刷印时间应介于元统二年至嘉靖元年之间，此期内并无较大规模的补雕活动，故其底本仍保留有大量的缺页及漫漶页面。而咸淳乙丑陈氏所梓本仅为选编，其校勘的作用与价值势必有限。由于所得底本的先天不足，祠堂本无法刊行乙记下，只能合刊甲记三十七卷与丁记二卷。而甲记最末一卷原本只有 9 页，与其他诸卷厚度并不相埒，故祠堂本将甲记三十七卷、丁记二卷重编为四十卷本，至少在卷数上属于十分自然的选择，无足深怪。

三、祠堂本的校勘状况

祠堂本《重镌西山真文忠公读书记本末后》称："第汤锓虫晦，陈刷脱简，商之同研李君萼等，集厥采用书目，互相磨校，有证者补，无文仍阙，厘为四十卷，寿之梨枣。"所谓"陈刷脱简"云云，从侧面佐证了笔者之前的结论，其底本应存在大量残缺，而"汤镘虫晦"之语，似乎底本的保存状况亦不甚佳，困难之上更添障碍。《西山读书记》的主体部分为真德秀杂引诸书原文及注疏，虽有汇集剪裁之功，却乏独撰创新之力，若祠堂本真能"集厥采用书目，互相磨校"，则绝大部分残缺、漫漶文字皆有望恢复，兼之"有证者补，无文仍阙"的严谨态度，势必无征不信，文字精确。遗憾的是，笔者在校勘祠堂本文字之后发现，类似的语句是自我吹嘘的套话，祠堂本中存在着非常严重的改窜与臆补现象，《仪顾堂题跋》谓之"脱落讹谬，几不可读"[①]才更接近实情。

祠堂本在《读书记纲目》之前罗列书稿、对稿、缮正、分阅、覆阅、督梓人士共 29 人，注明"阖族裔孙重刊"，看似井然有序，实则多为挂名，这也是家刻本中的常见现象。《西山读书记》援引书籍近百种，祠堂本虽然声称"集厥采用书目，互相磨校"，而据笔者详细核对文字异同，发现其所采用的参校之书只有《四书章句集注》《伊川易传》等寥寥几种，其余大量的引书并未核对，甚至常见之书亦多未查阅。举例言之：

甲记卷三六第 24 页，底本注文："正义曰：……凄怆者，谓此等之气，人闻之，情有凄有怆也。百物之精也者，人气扬于上，为昭明；百物之精气，为焄蒿、凄怆。"此处引《礼记正义》之语，但诸本皆残缺"此等之气，人"五字、"为昭明；百物"五字，祠堂本分别臆补为"精神悚然，使人"六字、"神灵光明，人"五字，虽然看似文从字顺，但字数不尽合，文义亦有差异，可见并未核校所引原书。再如，下页所引《礼记正义》"二端既立，谓气也、魄也"，底本残缺"既立"二字、"也、魄"二字，祠堂本分别臆补为"气魄"二字、"其盛也"三字，亦未磨校原书。

甲记卷一七第 15 页，注文"便是个持气象"，祠堂本臆改"持"字为"持定"二字，而《二程遗书》原文作"持敬"。虽然只是一字之差，但在理学修行方式上却是迥然分别。卷三六第 11 页，注文"周公之金滕，不知命乎？……至诚可以回造化"，底本残缺"知命"、"回造"四字，祠堂本分别臆补为"有命"、"感造"四字，文义亦有差异。此句亦出《二程遗书》，可见祠堂本亦并未核对。

不仅《礼记正义》《二程遗书》这类儒家典籍并未参校，祠堂本甚至连《荀子》等寻常子书也未认真核对，例如甲记卷二八第 20 页，注文"偏险而不王"，祠堂本改"王"为"至"，而《荀子》原文则作"正"。

类似的臆补情形在祠堂本中可谓随处可见，故知此本的校勘工作未用实力。底本缺卷、缺页的先天不足，加上后期参校的不够用功，令祠堂本声价减半，难称善本。但从另外的角度考察，凡祠堂本改窜之处，或为底本文字存在残损漫漶，或为底本存在误字，文义不畅，本身确有校勘之必要。祠堂本几乎对所有的类似情形都进行了处理，可见其的确有"全面校对"之事，而且处理之

---

① 〔清〕陆心源著，冯惠民整理《仪顾堂书目题跋汇编》，北京：中华书局，2009 年，第 96 页。

后语意连续，不影响阅读。但这种所谓的“全面校对”，其手法就是对存在阅读障碍的地方随意臆改，若一字有误，则替换为相近字形，以求字义连贯；若几字有残，则随意增补，以使句意流畅。《西山读书记》本欲充作学者辅佐人君平治天下之书，故针对经书之要旨，不惜字斟句酌，罗列理学诸家异说以反复推敲，力求妥帖公允，而祠堂本看似轻微的字句改窜，往往失之毫厘，谬以千里。譬如上述“持敬”与“持定”之别，前者敬慎小心，“畏天命，畏大人，畏圣人之言”，是君子谦逊求知之法，后者则一心求定，隔绝众缘，不免有近禅之讥。祠堂本的校对不顾忌原文逻辑，又不出校勘记标明所改之处，故而泯灭了臆改之痕迹，若读者不能取前代刊本以比勘文字，则必入其彀。阮元称“刻书者最患以臆见改古书”[①]，恰中祠堂本之病。

四、祠堂本对《四库全书》本之影响

祠堂本出现之后，前后多次刷印，比珍稀的宋版递修本更为易得，让大部分清代学者藉此获知了真德秀的正己、谋国之法，但同时也因为臆补、臆改，造成了相当恶劣的影响。而四库馆臣又采纳祠堂本作为底本，将其抄入《四库全书》，客观上进一步扩大了祠堂本的影响力。

如前所述，李光地在康熙晚年已呈进宋刊递修本《西山读书记》，可知此书久藏内府，而嘉庆初年成书的《天禄琳琅书目后编》(以下简称《后编》)仍录存此书“五函三十六册”，同时又批评祠堂本“乙记下不刊，颠倒遗漏”，然则四库馆臣何以竟选择祠堂本作为底本，而依样进行抄录呢？

今核宋刊递修本《西山读书记》并未载于乾隆四十年(1775)所编的《天禄琳琅书目》，而直至《后编》始收录，可推知至少在《四库全书》编纂之时，此本并未成为皇帝的私人藏品，而仍庋藏于内府之中。《四库全书》收书数千种，所采用底本大量来自内府藏书，递修本《西山读书记》并非四库馆臣无法触及之物，故而选择祠堂本为底本，势必有其他的重要原因。据笔者考证，可能有以下三方面的因素：

其一，内府所藏递修本不完整。李光地献书之时，曾特别说明“间亦残缺一二，无从钞足”，可知此本最初已不甚完整。又据《后编》所载，此本仅存甲记、乙记下，而无丁记。《后编》称“然提督、监雕名列通部之末，似本无丁记，非脱佚也”，则是一明显误断。乙记下卷末的确有提督、监雕之名，但并不能说明乙记下即为全书最末，因为丁记卷末同样有提督、监雕之名，且文字内容一致。盖因《后编》编撰者未见丁记，误以为雕刊题记必在全书之末，而不知乙记下、

① 〔清〕阮元《揅经室三集》卷二《江西校刻宋本十三经注疏书后》，《四部丛刊》影清道光本，第17页。

丁记之末皆有此题记，故悬揣而误。除缺少丁记之外，内府藏本的甲记、乙记下也有不同程度的残缺。《后编》记载阙补全卷者有甲记第四、二十、二十一、二十八、二十九卷，此外甲记卷二三缺第五页，乙记下卷二一缺第二十、二十一页，可见此本距离完整相去甚远。《四库全书》为敕修大型丛书，受其体例所限，不可能抄录残本入编，故而选择相对完整的祠堂本，亦是自然之理。

其二，存世宋刊递修本皆缺页、漫漶严重，校勘任务繁重。《西山读书记》体量宏巨，转引繁多，且并未逐一注明原书出处，往往只有"致堂胡氏曰""南轩张氏曰"等作者提示，甚至只用"又曰""或曰"等语。由于板片长期刷印，不仅全书缺页严重（如前表所列），还造成了大范围的漫漶字句，识别起来十分困难。若选择内府藏本作为底本，四库馆臣不仅需要补全缺卷，还需要逐一考索底本所引原书，比对漫漶字句，才有可能顺利抄录，费时且费工。今核《四库全书》本《西山读书记》卷首题名，总教官、校对官分别为庶吉士或检讨，誊录者则为监生，前者为新科进士，后者则尚未释褐，皆只负责校对、书写文字，而详校官中书孙球、覆勘者刑部郎中许兆椿亦非细致之人，乾隆四十七年(1782)九月议罚所进《四库全书》有讹误者，孙球被记过二十四次[①]；乾隆四十八年(1783)十一月议罚，许兆椿被记过二十八次[②]，两人各被罚俸三个月。四库馆臣的议罚原则，是检查所抄录文字与底本文字是否一致，每一处讹误则记过一次。在这种运作模式之下，选择文字清晰的祠堂本为底本，不仅工作量相对更低，而且受罚记过的可能性也会大幅下降，显然是符合馆臣切身利益的选择。

其三，祠堂本序文的蒙蔽。雷鋐为祠堂本作序，称"近年先生后裔得善本参校，重付剞劂"，真鼎元、真元杰又称"游学吴越间，叠购古本二"，"集厥采用书目，互相磨校"，造成了一种祠堂本为最善、最精之本的印象。雷鋐出身于翰林院编修，为当世理学名臣，真鼎元等人又为真德秀后裔，这种特殊的身份也令他们的言论显得更有说服力。由于宋刊珍稀难觅，在无法汇集诸本进行比勘的情况下，并不容易发现祠堂本的错漏之处，故而其本流通甚广。四库馆臣采纳外地进呈的祠堂本作为抄录底本，相比使用内府所藏、康熙帝所留之珍本，要更为简便易行。

受上述因素的综合影响，祠堂本最终被选中作为抄录《四库全书》的底本，这虽然并非最佳选择，但亦无可厚非。然而更为不幸的是，据笔者比勘发现，《四库全书》非但没有以内府藏本作为底本，甚至也完全没有参校过内府藏本。内府藏本亦即《后编》所著录之本，今仍有残卷存世，国家图书馆藏甲记卷五至

---

① 中国第一历史档案馆编《清代档案史料 纂修四库全书档案》，上海：上海古籍出版社，1997年，第1634页。

② 同上书，第1755页。

卷八、乙记下卷五，台北“中央”图书馆藏乙记下卷三，卷前皆钤“天禄琳琅”、“五福五代堂古稀天子宝”、“八征耄念之宝”等印章，知其曾为乾隆皇帝珍玩之物，亦即雷鋐所不得见者，而卷首“朱子儋印”等私人印章亦与《后编》记载相符。内府藏本虽仅剩残卷，但据笔者比勘，此数卷在所见版本中刷印最早、质量最好，其他递修本的部分漫漶字句，内府本仍清晰可辨。譬如甲记卷五第2页，再造本右侧数行漫漶严重，其第六栏“问：程子曰‘义□□□□利’，只是当然便安否”，祠堂本臆补为“问：程子曰‘物各得所为利’，只是当然便安否”，四库本仍之，而内府本则文字清晰，作“问：程子曰‘义安处便为利’，只是当然便安否”。祠堂本臆改之后，虽然字句流畅，但文义全变，而四库本原样抄录，显然并未参校内府藏本。又如再造本同卷第19页，右侧第二栏“□□□从仁义礼智中出”，祠堂本臆补为“形上从仁义礼智中出”，四库本仍之，而内府本则作“百行皆从仁义礼智中出”。祠堂本臆补非但句义全变，而且字数不合，四库本依旧照抄，亦可证其未核对内府藏本。

需要同时强调的是，四库馆臣并非只知照抄祠堂本而全然不作校勘。据笔者比勘祠堂本与四库本，发现四库本改动了部分字词，在质量上略有改进，但这种情形并不算常见。以丁记卷一为例，列表如下：

丁记卷一位置	再造本	祠堂本	四库本
第12页右3栏	宁武子事，是《春秋左氏传》	“是”作“见”	同祠堂本
第13页右3栏	晁氏曰：“有学有守而去就”	“去就”下补入“之义洁，出处之分明，然后为君子之全德也”共十七字	同祠堂本
第17页左2栏	则彼之不见，我何与焉	“见”作“善”	同祠堂本
第18页左1栏	可其正大而不迫与	“可”作“何”	同祠堂本
第19页左6栏	故问此以正夫子之行	“正”作“止”	同祠堂本
第25页右7栏	而乱大伦者殊利	“利”作“科”	同祠堂本
第34页左3栏	使我掌与汝乘	“使我”二字互乙	同祠堂本
第38页右1栏	福已迫则不能去矣	“福”作“祸”	同祠堂本
第44页左4栏	凭讥孟子虽不云	“云”作“去”	同祠堂本
第50页右1栏	豆羹之与人下	“人”作“天”	同祠堂本
第54页左1栏	亦有在可否之闻者	“闻”作“间”	同祠堂本
第56页右4栏	三说未知孰是	同再造本	“三”作“二”

续表

丁记卷一位置	再造本	祠堂本	四库本
第61页右8栏	恭敬虽固威仪币帛而后祭见	“固”作“因”，“祭”作“发”	同祠堂本
第61页左1栏	此事言交际之道	“事”作“章”	同祠堂本
第61页左3栏	此君子之道反以为内外之宜	“反”作“又”	同祠堂本
第62页右1栏	任君朝会□□□	补入“于邻国”三字	同祠堂本
第62页右2栏	是季子	“是”作“见”	同祠堂本
第62页左3栏	能轻千乘之国	“轻”作“让”	同祠堂本
第64页左7栏	吾归而	同再造本	“而”下补“君”字
第65页左9栏	我知之矣。□□□□□□□□□□□得其中者也	同再造本	同祠堂本

祠堂本对于底本的改动之处，《四库全书》本几乎皆依样抄录，整卷所改仅有两处，但皆更为准确，与所引原文相符。概言之，四库馆臣在校勘底本时，采用了与祠堂本几乎完全一致的“臆改”方式。凡祠堂本改动之处，若文句通顺，则《四库全书》本依样保留；若文句不畅，则《四库全书》本酌情改字，绝大多数亦是修改为字形、字音相近之字。祠堂本间或有仍缺之处，《四库全书》本亦未核查所引原书补足，依样留缺。譬如祠堂本卷三五第33页（对应再造本甲记卷三二第25—26页），共有五处文字残缺，合计残缺38字，《四库全书》本皆注明“中阙”而未补。前三处转引自张耒《书宋齐丘化书》，此篇《苏门六君子文粹》《宋文选》《文章辨体汇选》三书皆收，而此三书皆有《四库全书》本；后二处转引自《朱子语类》，而此书亦有《四库全书》本。四库馆臣竟连本馆所同编之书亦懒于参校，仅一味踵袭而抄录之，可谓不能尽心其事者。祠堂本的影响力本局限于福建一隅，《四库全书》本则将其影响力扩展至全国，是以推波助澜之责实不可逭。

明刻《诸病源候总论》发覆

陈　腾*

【内容提要】 巢元方《诸病源候总论》一书在明代中后期出现了不同版本,学界对此缺乏深入调研。比对存世明刻诸本的物理特征,进而校勘关键异文,可知现存最早的明本是嘉靖二十六年(1547)歙县汪通值主一斋刻本,其底本为元刻本而非宋本。汪通值曾经剜改牌记与卷端信息,重新刷印《病源》。此后汪刻书板播迁流动,经方鑛补版重印。徽郡刻书家吴勉学、吴琯也与方鑛有过合作,或租借书板刷印,或分摊销售。《病源》一书另有明嘉靖时期的翻刻本。由修版、补版、翻刻不同技术层面造成的文本差异,考证得明刻《病源》的源流,可为清刻本的版本梳理工作奠定基础,并为明代出版史研究提供实例。

【关键词】 巢氏病源　汪通值　江瓘　方鑛　吴勉学　吴琯

隋代巢元方奉敕撰修的《诸病源候总论》是我国古代第一部病因证候学专著,书名有时省称作《诸病源候论》,亦可简称《巢氏病源》或《病源》。此书的医学价值自不待言,其文献价值也备受史家重视。吕思勉把它看作古代医论的渊薮,“以儒家之书譬之,犹孔颖达之义疏”[①]。另外,这部大书集中保存了唐以前的方言、俗语和口语,又被语言学家誉为“亟待开掘的语言矿藏”[②]。

无论从医学、史学,还是语言学的角度利用《病源》,都无法绕开它的版本问题。此书存世最早版本是南宋刻本,今藏于日本宫内厅书陵部[③]。其次是元刻本,国家图书馆、北京大学图书馆、台北史语所各藏一部。宋元刻本《病源》已为学界熟习,明刻本则不然。明代中后期涌现出《病源》的多种版本,日本学者对此多有关注。继森立之、山本惟允之后,小曾户洋更细致地调查过东洋所

---

* 本文作者为北京大学中国古文献研究中心2020级博士研究生。

① 吕思勉《医籍知津》,氏著《中国文化思想史九种》,上海:上海古籍出版社,2009年,第18页。

② 王云路《〈诸病源候论〉释词》,《杭州大学学报(哲学社会科学版)》1994年第4期,第181—184页。

③ 相关讨论,参见[日]小曾户洋《『諸病源候論』の書誌について》,《東洋医学善本叢书8·解題·研究·索引》,东京:东洋医学研究会,1982年,第272—283页。刘瑛《〈诸病源候论〉影印说明》,全国高等院校古籍整理研究工作委员会主编《日本宫内厅书陵部藏宋元版汉籍选刊》第68集,上海:上海古籍出版社,2013年,第1—4页。

藏明刻本，并据诸本卷端题署之异梳理出三大系统：汪济川江瓘校本、汪济川方鑛校本与吴勉学本[①]。相形之下，国内学者更注重明刻诸本的牌记。例如，《中国古籍善本书目》虽然未收吴勉学本，但将著录的十二部明刻本分成两类：明歙严镇汪氏主一斋刻本、明方东云聚奎堂刻本[②]。这些版本信息显然是根据牌记里的堂号而审定的。

牌记与卷端都是版本鉴定的重要依据，但是明代中后期的许多刻本存在原刻翻刻、初印后印的复杂情况，不可忽略。毕竟翻刻本可以保留原牌记与卷端信息，后印本一般对原书板进行剜改修补[③]。若未区分不同刻本，以及同版的不同印次，那么牌记与卷端的信息不仅无法提供版本鉴定的直接依据，反而会制造混淆，徒增困扰。现在看来，前人对明刻《病源》的鉴定意见颇有讹误，就是受到牌记与卷端的误导，故特为拈出，稍作发覆。

此外，明代中后期的商业出版非常发达，卷端、牌记所刻的“××校刊”、“××校正”字样，以及内封、朱戳宣示的“××藏板”云云，难道真如字面所云？常有人依据“校”字来推断编纂成书的过程，又由不同堂号的“藏板”来论证“书板易主”，低估了明代商业出版的复杂性。本文拟通过逐一揭示明刻《病源》极其繁乱的版本实情，提醒学者合理利用卷端与牌记的剜改，更有效地判断书板的流动与否，进而讨论徽州出版文化。

一、初刻《病源》又分江瓘印本与汪通值印本

（一）初刻本的刊刻经过

台北“国家图书馆”藏有一部嘉靖年间刊刻的《病源》（索书号：05909）。此本的可贵之处在于，卷首不仅包含他本常见的北宋年间宋绶序，还有嘉靖年间江瓘、王献芝序。后两篇序比较罕见，序中介绍了刊刻经过，对我们解决版本问题提供了很大帮助。先看江瓘《刻巢氏病源序》：

> 嘉靖甲辰（1544）秋，篁南子习静山中，其友吴士美氏驰使遗书，发幽展卷，乃《病源》也。字画遒朗，真类宋刻。瓘读之既，作而叹曰：“予弱冠负疴，喜攻方术，每探古坟籍而穷其原。曾于《隋书·经籍志》见有是书目，又阅宋郭雍《伤寒补亡》，采摭其说，而《吕沧州传》后复论及之。揭来金陵吴楚间，广询博咨，莫获全本，尘思二纪，始得觏目，甚哉古书之罕

① ［日］小曾户洋《『諸病源候論』の書誌について》，第293—295、311—312页。

② 中国古籍善本书目编辑委员会《中国古籍善本书目》，上海：上海古籍出版社，1994年，第200页。

③ 郭立暄《中国古籍原刻翻刻与初印后印研究》，上海：中西书局，2015年。

传也。”双泉子闻而索之，以视汪处敬氏，遂命刻而布焉。不谓嗜古而公人哉。……嘉靖丙午(1546)人日。①

江瓘(1502—1565)是歙县的儒医，字民莹，号霞石、篁南山人。这一位山人不甘寂寞，一度经商，交游颇广，著有《江山人集》《名医类案》，详见汪道昆《霞石山人传》以及《(嘉靖)徽州府志》。由江序可知，《病源》一书的刊刻牵涉到歙县不同身份的人士，同邑王献芝的序也印证了这一点：

予友双泉汪子，精于医学，屡起奇证，其有得于巢氏之精者多矣。汪子不自私吝，博求善本，校阅数岁乃成。予里汪翁主一斋，素以活人为心，乃命锓梓以传。巢氏之学得双泉而后彰，双泉之医得主一而益广，均之以仁，救天下者也。予恐学者不审其源，而妄执其见，非仁人之心，乃以是说序诸其端。嘉靖丁未秋(1547)九月朔旦。②

王献芝(1500—1559)，字德仁，号湛塘，嘉靖十一年(1532)进士，也是歙县人。统观王序、江序，《病源》的刊刻经过清晰地呈现出来。江瓘从吴士美那里得到一部“字画遒朗，真类宋刻”的善本，这一底本经歙县医家汪双泉“校阅数岁”，再由汪处敬即主一翁付之剞劂。

遗憾的是，刻书者汪处敬的生平事迹暂付阙如，只能通过牌记与卷端题署略窥一二。此本目录末镌刻一枚篆书牌记：“歙汪通值处敬校刻于主一斋。”主一斋应该是他的堂号。卷首的卷端题“隋太医博士巢元方撰，明新安汪通值处敬校”，处敬应该是他的字。嘉靖年间，歙严县有一位富商名叫汪通保，字处全，歙严镇人，汪道昆称他们是同宗③。从名字来看，汪通值与汪通保应该是同辈。合此数端，将此本定为明嘉靖二十六年丁未(1547)汪通值主一斋刻本，殆无疑义。以下简称汪本。

汪本每半叶九行，行十九字。左右双边，版心白口，单白鱼尾，下记刻工名字。这些刻工都来自歙县仇姓一族，具体有亦、銮、仇钊(或作钊)、仇钦(或作钦)、用、仇鉴、瑗、明、仇宜(或作宜)、留、爱、田、介、录、之、锡等④。

---

① 〔明〕江瓘《刻巢氏病源序》，(隋)巢元方《重刊巢氏诸病源候总论》，明嘉靖二十六年(1547)汪通值刻本，第1—2页。

② 〔明〕王献芝《重刊巢氏诸病源候总论序》，同上书，第2—3页。

③ 〔明〕汪道昆著，余国庆校点《太函集》卷二八《汪处士传》，合肥：黄山书社，2004年，第598—600页。另外汪道昆在另一篇《汪处士赞(有序)》开头便说：“吾宗著休宁西门，率用盐盬起。”(《太函集》，第1640页)我们推测，汪通值很可能也是徽州盐商。

④ 关于明徽州歙县仇姓刻工，刘尚恒做了初步的资料汇编，参见氏著《徽州刻书与藏书》，扬州：广陵书社，2003年，第167—170页。汪本之刻工名字多为刘著失载，可补其不足。另外，此书又钤“程树德”白文扁方印、“希古右文”朱文方印、“倚天书屋”朱文方印、“不薄今人爱古人”白文长方印等。

(二) 汪刻底本为元刻本

介绍了汪刻的基本面貌与刊刻经过，接下来需要进一步辨析底本问题。因为江序用了“字画遒朗，真类宋刻”八字来形容底本，语气有些暧昧。我们知道，收藏与赏鉴宋刻本从明代中叶起渐成风气①。江瓘与友人品题古书，称其“字画遒朗”云云，正是这一时代背景的缩影。不过，玩味“真类宋刻”一语，江瓘似乎无法肯定底本为真宋本。或者他是有所顾忌，闪烁其词——毕竟公开的序言不便明言底本非宋。现在我们可以拨开迷障，直率地说汪本翻刻自元本，而非宋本。理由如下：

第一，宋本卷端书名作“诸病源候论”，元本作“重刊巢氏诸病源候总论”，汪本同。

第二，宋本与元本的目录存在差异处，汪本皆与元刻本同。宋刻卷首并无纲目，元刻本、汪本有纲目。宋本各卷正文之前有本卷分目，元刻本、汪本则无分目。宋刻本卷二六正文所载诸症候的次序与目录一致，元刻本卷二六诸症候目录与正文的排序无法对应，而汪本的错乱全同元刻本。

第三，汪本承袭了元刻本的独特异文。宋刻《病源》卷二“恶风鬟眉堕落候”，其中说道：“北方坎为中男，名曰水风，一曰黝风，二曰风，三曰敖风，其状似疾。”第二类风，元刻本作：“二曰(字元作)风”。汪本作：“二曰(字元作)风”。括号里的文字是原书的小注，汪本小注误为，适可证明其翻刻自元刻本，而非宋本。

这一底本经汪双泉“校阅数岁”方才付刻，其校勘质量如何？我们将汪刻校勘一过，发现元刻本的某些文本讹误已经改正。例如元刻本卷二六“食马因中毒候”，汪本改正为“食马肉中毒候”。另外汪刻将原书的“《养生论方》云”改作阴刻，更加醒目。不过元刻本有一些明显错误，汪刻没有改正。如目录卷之七“伤寒病诸候上，凡二十三论”，经查卷七正文，实收三十三论。宋元刻本的目录皆误作“凡二十三论”，汪刻沿其误。对于这种沿袭旧本而失校的错误，或勉强可以“保留底本原貌”为由替汪刻开脱。然而汪刻存在不少严重脱讹，无论如何都是难辞其咎的。清人陆心源便已指出：“卷十瘴气候条四百七十一字，明刊只存五十四字，青草瘴以下夺四百十七字，此外字句之讹夺亦复不少。”②这些例子可以说明汪刻本在校勘上的得与失。

---

① 李开升《明中期苏州新型版刻风格起因考》，《古籍保护研究》2019年第1期，第65—71页。陈先行《关于版本学的问答》，《古籍善本(修订版)》，上海：上海人民出版社，2020年，第6—7页。

② 〔清〕陆心源《仪顾堂题跋》卷七《巢氏诸病源候论跋》，清光绪十六年(1890)刻本，第1页。

（三）剜改牌记与卷端

台北“国家图书馆”还藏有一部汪刻本（索书号：05910），即《嘉业堂藏书志》著录者[①]。奇怪的是，此书明明与前揭汪刻属于同版，但是卷端题署与牌记又存在微妙差异。此本目录末镌刻一枚楷体长方形牌记“歙岩镇汪氏主一斋校刊”，卷端则题“隋太医博士巢元方撰，明新安汪济川江瓘校”。若卷端所言可信，则汪刻《病源》在江瓘与汪双泉之外，又多出了一名参与者，即“校”书者汪济川。汪济川，字希说，也是歙县本地的一名儒医[②]。江瓘《名医类案》卷二曾收入汪济川治暑热的一则验案[③]。新安医家各有所长，汪道昆曾评论：“里人汪济川以著论。”[④]

考虑到两部书断口断版的物理痕迹一致，它们都可以归为初刻本。但是刷印时间毕竟有先后之分，为了区别，前本既然简称作汪本，此本不妨简称为江本。两书牌记与卷端的微妙差异实在令人困惑，而刷印时间孰前孰后，仍是未解之谜。

<table>
<tr><th colspan="2">江瓘校本</th><th colspan="2">汪通值校本</th></tr>
<tr>
<td>
</td>
<td>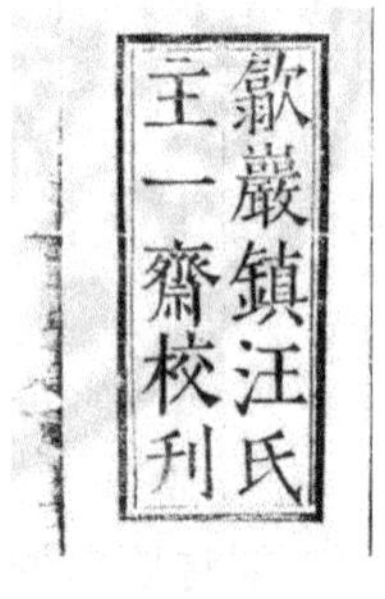
</td>
<td>
</td>
<td></td>
</tr>
</table>

另一部明刻医书也出现了似曾相识的画面。明嘉靖二十四年（1545）刻本《注解伤寒论》卷前冠有郑佐、江瓘序。郑佐序云：“余里人汪君处敬，为是愍恻，务购善本，反复校雠，惧其传之不远也，则遂锓刻以为公。”可知《注解伤寒论》的刊刻者也是汪通值。江瓘序说得更细致一些，还提到医家汪济川的功劳：

---

① 〔清〕缪荃孙、吴昌绶、董康撰，吴格点校《嘉业堂藏书志》，上海：复旦大学出版社，1997 年，第 410 页。

② 〔明〕吴子玉《大鄣山人集》卷四一《汪大医行状》，转引自方春阳《中国历代名医碑传集》，北京：人民卫生出版社，2009 年，第 991 页。

③ 〔明〕江瓘撰，焦振廉校点《名医类案正续编》，北京：中国中医药出版社，2011 年，第 40 页。

④ 〔明〕汪道昆著，余国庆校点《太函集》，第 661 页。

汪子希说氏，以博雅名家，慨俗学之惛迷，愍烝民之夭札，出其家藏善本，视汪处敬氏，三复雠校，乃命入梓，而问序于余。余故以多病好医而未能也，然耽味仲景之论有年矣。辄援古火炤今，溯其流委于卷后，且以嘉二子之有功于长沙也。学者诚能潜精斯籍，讨其指归，斯可以凌驾前贤，仁寿当代矣。嘉靖乙巳(1545)午日。①

这两篇序表明，汪济川(希说)提供《伤寒论》的底本，而汪通值"反复校雠"，并出资刊刻。《四部丛刊》本的目录末镌楷书牌记"歙岩镇汪氏主一斋校刊"，而卷端题"晋王叔和撰次，明汪济川校正"，也反映了汪济川与汪通值有过合作。但是，国家图书馆与吉林大学图书馆所藏的汪刻《注解伤寒论》，目录之末所镌牌记与卷端题署都变换了模样：篆书牌记作"歙汪通值处敬校刻于主一斋"，而卷端题"晋王叔和撰次，明汪通值校正"。

<table>
<tr><th colspan="2">《四部丛刊》本《注解伤寒论》</th><th colspan="2">国图藏本《注解伤寒论》</th></tr>
<tr>
<td>
歙巖鎮汪氏
主一齋校刊</td>
<td>
晉王叔和撰次
明汪濟川校正</td>
<td>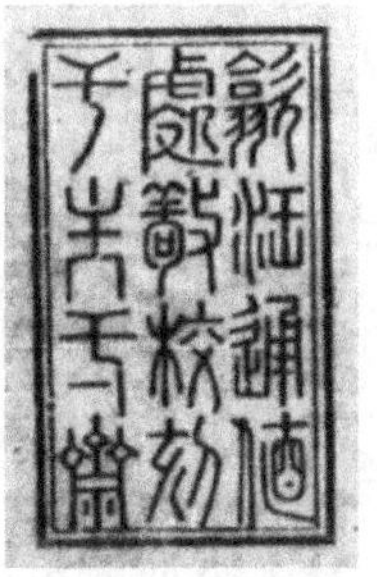
歙汪通值
處敬校刻
于主一齋</td>
<td>
晉王叔和撰次
明汪通值校正</td>
</tr>
</table>

比较《病源》与《注解伤寒论》的卷端题署与牌记信息的变化，可以肯定的是"主一斋"这个要素原封不动。"主一斋"指明了刻书者是歙县汪通值，书板的所有权归他。既然如此，汪刻两部医书的不同印本卷端题署为何又出现剜改现象？这个难题在我们比较过方鑛本《病源》的牌记之后，才得以彻底解决。

二、方鑛印本

(一) 方鑛甲本

上海图书馆藏有一部汪刻中印本(索书号：T03733－48)，经过方鑛修版。

① 〔明〕江瓘《刻伤寒论序》，〔汉〕张仲景著，〔宋〕成无己注《注解伤寒论》，明嘉靖二十四年(1545)汪通值刻本，第2页。

方本卷端题:“隋太医博士巢元方撰,明新安汪济川方鑛校。”方本的目录末叶有一枚篆书牌记:“歙方东云处敬校刻于聚奎堂。”仔细核对牌记的高度、广度,及其周边版面的刷印痕迹,方鑛的雕版只能从汪本而来,而后针对汪本牌记“歙汪通值处敬校刻于主一斋”稍作剜改。

江瓘本	汪通值本	方鑛本
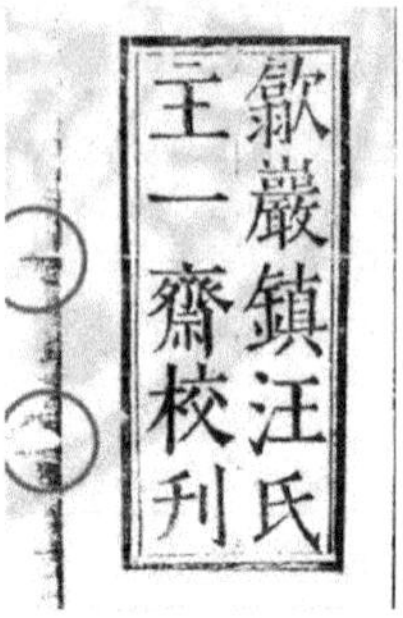		

具体如何操作?方鑛得到汪氏书板之后,先将原版牌记的“汪通值”三字剜改成“方东云”。方鑛此人生平事迹不详,东云大概是他的字,聚奎堂则为其堂号。但是汪本原牌记的孑遗,即“处敬校刊”极难处理,方鑛也无可奈何,只好保留板片旧主人的字号。大概方鑛得版之时,板片多有缺损,所以他补版重刻了不少书叶(详见后)。既然确定汪本的刷印时间在方本之前,那么江本应当刷印得更早。试想,若是先汪本,后江本,其牌记已经剜改成“主一斋校刊”,方本牌记的“处敬校刊”就无从而来了。

诸般剜改,实则涉及明代书籍出版中的实际编纂校勘工作与署名问题。明代嘉靖以后刻本出现的鉴定、参定与校阅等“著作参与方式”,大多数并未对书籍内容产生实质性影响。但是,标榜名人“校正”的牌记或卷端题署,无疑提供了一种书籍质量的证明或担保,有利于书籍的宣传推广[①]。前揭江瓘《刻巢氏病源序》与王献芝《重刊巢氏诸病源候总论序》都能证明,刻书的初倡者是汪双泉,这位医家“校阅数岁”,命汪通值“锓梓以传”。但是,存世明刻《病源》,除了“台图”藏本之外,诸本皆无江序、王序。序跋在书籍流传过程中确实容易丢失缺损,但这不足以解释汪刻本的情况。应该承认,这种局面是书板主人汪通值经营谋划的结果。原本看似亲密无间的合作——“巢氏之学得双泉而后彰,双泉之医得主一而益广”,并没有维持多久。

书板主人汪通值不仅舍弃了突出汪双泉校勘之劳的两篇序言,而且剜改

① 何朝晖《鉴定、参订与校阅:明后期刊本中的著作参与方式述论》,《首都师范大学学报(社会科学版)》2018年第2期,第49—58页。

了卷端与牌记信息。他在刻书之初需要名医“汪济川”的背书，而后自我意识高涨，抹去名医的痕迹，以突显自身字号。牌记与卷端的变化只是呈现在纸面的结果，纸面背后的歙县曾经发生过怎样的利益纠纷、人事纠葛，就不得而知了。

汪刻书版转归方鑛之后，新主人的操作也不简单。前面说到，三部《病源》的刷印次序是江本→汪本→方本。江、汪本之间只有卷端与牌记的差异，其他内容一致，所以不妨视为同一批次的初印本。但是，方本与初印本之间已经出现了许多文本差异，应当归为中印本。若再细分，方鑛的补版工作又分两次进行。

第一次补版的字体与汪本近似，还是横细竖粗的宋体字。最明显的是方本卷端绝非利用汪刻旧板刷印，而是另起炉灶。字画的微妙差异姑且不论，断版痕迹的差异昭然可见。江本、汪本卷端右下角的断版痕迹一致，方本无。方本书名处“病源”二字之间出现断版，且横向断裂至版心，而江本、汪本无。

江瓘本	汪通值本	方鑛本
	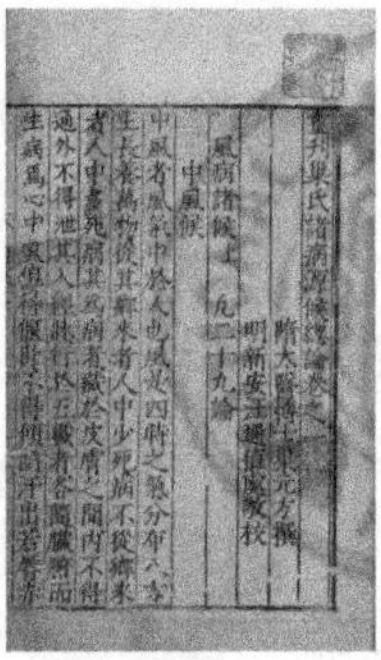	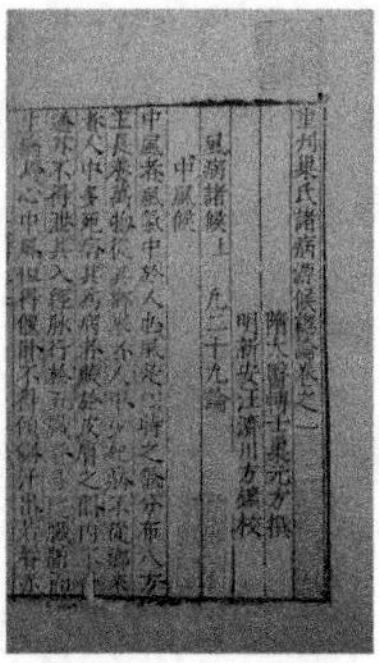

更扑朔迷离的是，方鑛重刻卷端未署“汪通值”，而取“汪济川”。个中原因，应有两种可能。第一种，方鑛补版时，选择重新写样付刻，抑或径取某一部汪刻本的书叶上板覆刻，增刻卷端叶的底本都出自汪本。但是，对于书板的新主人而言，“汪济川”的医家声名俨然金字招牌，而书板旧主人“汪通值”三字已成累赘。于是，方鑛改“通值”为“济川”，并刻上自己的名字。此其一。

第二种，因为江本行世较广——存世江本多过汪本，明翻刻本亦出自江本（详见本文第四节），而方鑛重刻此叶的底本即出自江本。江本卷端题“明新安汪济川江瓘校”，方鑛为了宣示“物归我有”，抹除“江瓘”二字，这样才有位置补刻上他的大名。此其二。

除了卷端叶已经重刻，方本卷二八第二叶也是补版。此叶第四行原文是：“目为肝之外候，若被风邪伤肝，肝气不足，故令目泪出。”江本、汪本句子完整，而方本“候”字作墨钉。

并且，方鑛补版还有刻错内容的情况，导致书叶错乱。卷三二第十一叶应为："清浓赤黑，死。……蚤疽发乎足五指头，起节色不变，十日之内，可刺也，过时不刺，后为食痈，在掖，三岁死。"江本、汪本皆如此，然方本误将这一整叶刻成卷三三第十一叶的内容，文字作"治其呕……瘗疖者，由风湿冷气搏于血，结聚所生也。人运役劳动，则阳气发泄，因而汗出，遇风冷湿气博于经(络)"。

方鑛本第二次补版的字体改为写体，与胡文焕《格致丛书》近似。如卷九第六叶补版，卷十五第一、二叶补版，皆用写字体，与嘉靖时期的宋体字迥异。从字体推测，第二次补版可能在万历时期。

附带提及，上图所藏方本经俞时驾、徐鲁得、叶景葵递藏。叶氏《卷盦藏书记》著录此本，并谓："《郘目》《郘亭目》均以为汪济川刊，殆未见此（'歙方东云处敬校刻于聚奎堂'）墨记耳。"[①]其实如前考证，刻书者并非歙县的汪济川，而是汪通值；方鑛也并未真的"校刻"过全书，只是补刻重印罢了。

（二）方鑛乙本

就存世数量而言，方本多于汪本、江本。未经细审，则容易将三者混为一谈。例如上海中医药大学藏有一部方鑛本（索书号：R228\0054 * 2），由陈鳣、冯云濠、潘喜陶递藏[②]，后归中医世家孟河巢氏，而孟河巢氏正视己为"隋太医巢元方之后"，堪称书林佳话[③]。

《中国古籍善本书目》将上图藏本定为"明方东云聚奎堂刻本"，却将上中医藏本定作"明歙县汪氏主一斋刻本"。严格来讲，两书皆为明嘉靖二十六年(1547)汪通值主一斋刻、方鑛聚奎堂后印本。对比二书断版、补版痕迹，可知上中医之方本与上图所藏方本同版，只是剜去了牌记，可视为"方乙本"。

---

① 叶景葵《卷盦书跋(附三种)》，上海：上海古籍出版社，2019 年，第 320—321 页。叶氏已经誊录钤印与题跋信息，惟"徐鲁复"应作"徐鲁得"。鲁得字应速，诸生，撰有《四书辨疑》《温热心书》，传见清嘉庆十六年《上虞县志》。俞时驾生平事迹不详，惟万历本《西湖志类钞》载其姓名。《西湖志类钞》卷端题："邑人俞思冲似宗甫纂，男俞时驾顾逄甫、婿朱祖修无念甫订"，可知时驾字顾逄，其人活跃于明末清初。关于此部明刻《病源》的鉴定，笔者曾经得到复旦大学古籍所陈正宏教授的指点；对藏书印、徐鲁得跋语的释读，分别得到上海图书馆邹晓燕老师、复旦大学中文系郭永秉教授的帮助。特此说明，并致谢忱。

② 上中医所藏方本的目录叶之末，有朱批云："巢元方，隋时名工，其书有法无方，后附养生方皆外治法。顷阅《内经》《素问》《灵枢》《难经》并金匮诸症方药，合参细校，方能有得，学者勿以泛论置之。海昌潘喜陶识。"潘喜陶(1823—1900)，又名熹陶，字芝畦，号燕池，又号朴庐，亦署子瑜，晚年人称燕叟。咸丰四年(1854)以第一名入庠，后援例就教职，吴昌硕、施裕升皆出其门下。潘喜陶素以书画闻名，上中医藏明刻《病源》全书经其批校，令我们看到了潘喜陶的另一面。此书已有影印本，参见段逸山主编《上海中医药大学图书馆藏珍本古籍丛刊》第一辑，上海：复旦大学出版社，2018 年。

③ 陈腾《上海中医药大学图书馆古籍影印工作述略》，《古籍保护研究》第 5 辑，大象出版社，2020 年，第 141 页。

此外，国家图书馆藏有一部明刻本《病源》（书号：T01883），存卷三至卷五〇。查补版处的字体，便知道它也是方鑛修版重印本，但不知属于方甲本还是方乙本。比方鑛补版、剜改牌记更复杂是，徽州刻书最出名的两位——吴勉学和吴琯，都嗅出了《病源》的价值，谋求商业合作。

三、吴勉学印本

根据牌记的情况，吴勉学后印本又分为甲乙两类。

第一类吴甲本保留了方甲本原牌记。国家图书馆藏有一部明刻本（索书号：19791），为汪元范、朱颜旧藏[①]。目录末镌有一枚篆书牌记："歙方东云处敬校刻于聚奎堂。"这一枚牌记的高度、广度与内容，乃至断裂磨损痕迹、周边版面的刷印效果，皆同方甲本。不过，卷端已经改题："隋太医博士巢元方撰，明新安吴勉学师古校"。

吴勉学，字肖愚，号师古，歙县人，明医理，博究群书，辑刻《河间六书》《古今医统正脉全书》等书[②]。清初赵吉士《寄园寄所寄》记载了一则吴勉学大量刻行医书的传闻。据说吴氏"梦为冥司所录"，许诺广刻医书，"作好事"，方获得冥司开释[③]。故事荒诞不经，但他"广刻医书，因而获利"当属实情。吴勉学弃官从商，还刊刻过《十三经》《二十子》等大型丛书。其子侄辈吴中珩克绍箕裘，吴氏家族也被学者誉为"明代徽州府最大的坊刻家"。

吴勉学利用方鑛的书板刷印《病源》，印数恐怕不小。浙江大学图书馆所藏《病源》（索书号：611.3/2210），上图所藏另一部《病源》（索书号：751171—82），牌记与卷端的情况皆与国图藏本同。它们都是第一类吴甲本，保留方鑛甲本之牌记。

第二类吴乙本的卷端仍作"明新安吴勉学师古校"，但是牌记已经剜去。上海中医药大学图书馆藏有一部吴勉学本（索书号：R228\0054 * 1），此书曾经王文韶、方功惠旧藏，一度流入东洋，再由盛宣怀购回中土[④]。馆方据卷端信

---

① 首册副叶有墨笔题："己未春，汪六庐刺史贻直。"书钤"颍川汪氏家藏图书"朱文长方印、"汪元范印"白文方印、"濯卫斋徙"白文方印、"明生氏"白文方印、"金华朱颜珍藏"朱文方印。此书函套之内有墨笔跋语："此本曾于今春经张绍重首持售留，阅月余，未协索回。今从国子监中国书店得之，真古籍有缘也。辛丑中秋前九日，朱颜记。"朱颜（1913—1972）是浙江金华的医药学家，名云高，字亦丹。参见谢海洲《朱颜》，《中国医药学报》1990年第2期，第71页。

② 贾晋珠《吴勉学与明朝的刻书世界》，见米盖拉、朱万曙主编《徽州：书业与地域文化》，北京：中华书局，2010年，第20—49页。

③ 〔清〕赵吉士撰，周晓光、刘道胜点校《寄园寄所寄》卷一一，合肥：黄山书社，2008年，第909页。

④ 上中医藏吴勉学本钤"仁和王氏退圃藏书记"朱文方印、"巴陵方氏珍藏"白文方印、"巴陵方氏藏书记"朱文方印、"宫长家藏图书"朱文长方印、"枫树室秘籍记"朱文长方印、"愚斋图书馆藏"朱文长方印。

息,将书著录为吴勉学刻本。严格地说,它应该是汪通值刻、方鑛补版、吴勉学印本。

吴勉学,生卒年不详,大体活跃于明万历至清初。无论是带有牌记的方甲本、吴甲本,还是剜去牌记的方乙本、吴乙本,补版情况一致,而且都用竹纸,与前揭江本、汪本的白棉纸迥异。据此推测,方本、吴勉学本的刷印大约在万历年间到清初。我们认为,方鑛与吴勉学之间未必存在书板交易。因为,若从"书板易主"的思路来回溯,方甲本售于吴勉学,刷印吴甲本;而后书板又得由方鑛购回,方能再刷印出方乙本。同郡之间,只有笨伯才会如此大费周章。更何况,下一节即将介绍的吴琯印本同样保留方甲本牌记,也可以证明"书板易主"之说难以成立。

四、吴琯印本

中国中医科学院图书馆藏有明刻《病源》一部(索书号:辰 4/0610/2/21),卷端题:"隋太医博士巢元方撰,明新安汪济川方鑛校。"①目录末叶镌牌记:"歙方东云处敬校刻于聚奎堂。"正同方甲本。根据牌记、卷端,核对相关补版的书叶之后,可以证实这一部书也是利用方鑛的书板刷印的。吴琯印本的独特性在于,前揭诸本皆无内封,而此本内封镌:"巢氏病源/西爽堂藏板。"且钤盖朱戳:"三衢世德堂记。"

西爽堂的主人是吴琯。这位坊刻家字仲虚,又字孟白,号中云,祖籍歙县,刻有《古今逸史》等丛书。吴勉学之子吴中珩与吴琯的刻书活动多有合作,徐学林据此推论,两家当为同宗,"其先人经商或出任福建,后客籍漳浦,吴琯谢职后认宗定居新安,从事编校刻印书籍事业,并创办西爽堂刻坊"。②

《徽州府志》记载,吴琯曾经"知婺源县"③。中医科学院藏明刻《病源》内封朱戳里的"三衢"即婺源,至于"世德堂",应是当地书坊。这部书汇集了三家堂号,聚奎堂、西爽堂、世德堂。显然,《病源》书板并未从方鑛手中流入西爽堂或世德堂,否则无法解释挖去牌记的方乙本与吴乙本从何而来。

方鑛拥有书板,但他与吴勉学与吴琯之间的商业合作相当灵活,《病源》完全可以批发或零售。清初吕留良写给友人的信中提及:"若金陵书坊则例有二种:其一为门市书坊,零星散卖近处者,在书铺廊下;其一为兑客书坊,与各省书客交易者,则在承恩寺。大约外地书到金陵,必以承恩为主,取各省书客之

① 副叶有道光甲辰康道人题跋。书钤"吴兴绿葭湾陆氏益斋藏书"、"湖上读书楼"、"中央卫生研究院图书馆藏"朱文方印。

② 徐学林《徽州刻书史长编》,合肥:安徽教育出版社,2014 年,第 947 页。

③ 〔清〕馬步蟾修,夏銮纂《徽州府志》第 2 册,台北:成文出版社,1975 年,第 577 页。

便也。”[①]井上进据此材料，证明了明末清初已存在图书零售与批发市场[②]。关于明代图书如何实现零售与批发，学界对此问题陆续有新的认识。早先有些学者只看到明代同姓书坊之间的联系，但是上原究一在王重民、方彦寿、大塚秀高等人的基础上，更详备地考证明代商业性出版书籍的实例，得出结论：“明末清初的中国也和江户时代的日本一般，普遍存在异姓书坊之间的跨地域合作与跨地域争议。”[③]这一看法显然比前人更进一步。但是，运输大型书板的成本太高，明代中后期的商业出版不乏就地刷印而分销的运营模式。赵益借用西方书籍史的术语“装订”来命名这种运营模式，即不同书坊通过雕版、刷印、零售等分工而实现产业合作[④]。为论证“装订”环节，赵益列举了九种小说作为例证，它们的共同点在于内封、目录、正文、牌记的版刻题署错乱不一，既有江浙的书坊堂号，也有建阳的。一部书籍若出现多种堂号的题署，很可能意味着书板的生产方、实际拥有者以及销售者的分工与合作。

借着赵益“装订”理论的启示，我们推测吴勉学甲本、吴琯西爽堂印本《病源》都是徽州出版商业化的产物。书板所有权仍归方鑛，吴勉学或许曾向方鑛租借书板，只需将卷端剜改成“吴勉学师古校”，再刷印一定数量的书籍，便可带至江浙销售。至于吴琯一方，获得刷印好的《病源》若干部，各附一叶“西爽堂藏板”的内封，便可带至婺源销售。两位“经销商”需要向方鑛支付“板头钱”，或者分摊利润。吴琯还把部分书籍委托给“零售商”，即婺源书坊世德堂。他们的经济利益如何分配，就不得而知了。

由于主题所限，先行研究皆未触及徽州刻本的流通问题。实际上，新安刻书行世颇广，口碑也不差，谢肇淛曾赞其“剞劂之精者不下宋板”[⑤]。为汪通值刻书的黄姓刻工也是一时良匠，当地“锓梓刻石，必归之歙仇村黄氏”[⑥]。我们无法确定汪刻《病源》到底刷印了多少部，但它肯定颇有市场，一刷再刷，才出现了江瓘印本、汪通值印本、方鑛印本、吴勉学印本、吴琯印本。是书卷端题署陆续变易，目录叶那一枚牌记屡经改造，最终被剜除殆尽，足以反映徽州地区刻书业的繁荣与复杂。这部医书的出版与流通，理应得到更深入的讨论。

---

① 〔清〕吕留良撰，俞国林编《吕晚村先生文集》卷二《答潘美岩书》，北京：中华书局，2015年，第67页。

② ［日］井上进撰，李俄宪译《中国出版文化史》，武汉：华中师范大学出版社，2015年，第163页。

③ ［日］上原究一《论明末商业出版界中异姓书坊间的跨地域合作关系之存在》，《国际汉学研究通讯》第十九、二十期，北京：北京大学出版社，2019年，第35—56页。

④ 赵益《“装订”作为书籍“交流循环”的环节及其意义——一个基于比较视野的书籍史考察》，《中国出版史研究》2021第3期，第114—127页。

⑤ 〔明〕谢肇淛撰，韩梅、韩锡铎点校《五杂组》卷一三，北京：中华书局，2021年，第439页。

⑥ 〔明〕程敏政《篁墩文集》卷三六《书赵松雪千文帖后》，《四库明人文集丛刊》本，上海：上海古籍出版社，1991年，第632页。

五、明翻刻江本

前面辨析的江瓘本直至吴琯本,基本上是同一套雕版刷印而来。需要特别留心的是,汪通值刻初印本行世不久即有翻刻本。翻刻本原封不动地保留了底本的卷端与牌记信息,目录叶末有牌记"歙岩县汪氏主一斋校刊",卷端题"明新安汪济川江瓘校"。这就为明刻《病源》的版本鉴定工作增加了难度。

例如,上海图书馆藏有一部明刻《病源》(索书号:782320—35),钤"莫绳孙字仲武"朱文长方印、"独山莫祥芝图书记"朱文方印、"莫友芝印"白文方印。莫氏《影山草堂书目》著录有"《病源》十六册",即为此书[①]。然而上图将这一部白棉纸印本著录为嘉靖间汪氏主一斋刻本则欠妥,其实它是明翻刻本。

何以见得?翻刻本最明显的特征有三。首先是翻刻本的宋绶序存在墨钉。宋绶序说:"顾惟空疏,莫探秘赜,徒以述善诱之深意,用劝方来,扬勤恤之至仁,式昭大庇云尔。"江本、汪本、方本、吴勉学本皆如此,惟翻刻本的"赜"字作墨钉。

其次是卷五〇第十一叶"王灼恶疮候",小注云:"王音旺。"江本、汪本、方本等皆如此,惟翻刻本的"王"字作墨钉,且"旺"误作"吐"。

最后是卷三二第一叶的版心所镌页码,也有不同。江本、汪本、方本、吴勉学本该叶版心下方皆刻"乙"与"锡"。"乙"表示第一叶,"锡"则是刻工名,这一位刻工很可能是徽州虬村的刻工黄锡(1521—1600),字君宠,号南溪[②]。然而翻刻本的版心只有"乙",下无"锡"字。

总之,翻刻本与汪刻之间惟妙惟肖,掌握了上述特征便能区分开来。有心的读者愿意花时间仔细比对,还会发现翻刻本的断版痕迹与汪刻系统迥异。确定了明翻刻本《病源》全书的字体与版刻特征之后,其他图书馆若藏有残本,也能有所凭据地赋予"来历不明"的残本比较清晰的版本定位。例如,国图藏有一册明刻残本《病源》(索书号:T01884),存卷三一至卷三六,被著录为"明方东云聚奎堂刻本"。经与上图收藏的明翻刻本比较,两书同版。所以这一部郑振铎先生旧藏的明刻《病源》,实为翻刻本。又如天一阁博物馆所藏《病源》(索书号:善2387),此册残本仅存卷一四至卷二一,也是明翻刻本。这些翻刻本的纸张都是白棉纸,应该刷印于嘉靖时期。

---

① 〔清〕莫友芝撰,张剑整理《影山草堂书目·金石影书目·江南收书记》,北京:中华书局,2020年,第220页。

② 李国庆《明代刊工姓名全录》附录《虬川黄氏宗谱》,上海:上海古籍出版社,2014年,第1050页。

六、结语

隋代巢元方奉敕撰修的《诸病源候总论》一书能流传至今，洵非易事。在《病源》的版本系统里，明刻本扮演着承上启下的角色。本文将存世诸部明刻本之间修版、补版、翻刻造成的文本差异与物理特征逐一揭示，大体上理清了版刻源流（见文末附图）。结论如下：嘉靖二十六年（1547）歙县汪通值（处敬）主一斋刊刻《病源》，底本是同邑汪双泉所得元刻本。汪刻初次刷印时需要名医背书，所以卷端题署有“汪济川、江瓘校”字样。但是没过多久，汪通值剜改牌记与卷端信息以突出自家堂号，重新刷印《病源》。此本在图书市场上颇受欢迎，大约嘉靖时期即有翻刻本。而后汪刻书板播迁流动，经方鑛补刻、修版重印。刻书家吴勉学、吴琯刷印《病源》的板片出自方鑛，三者之间存在商业合作，或租借书板，或分摊销售。

长久以来，我国学者对《病源》的医学研究层出不穷，而一旦涉及版本问题，总是沿袭日本学者森立之、山本惟允、小曾户洋的旧说。本文力图辨析明刻《病源》初印、中印、后印以及翻刻诸本，希望对此书相对薄弱的版本研究有所推进。从实用的角度来讲，读者日后若遇到其他馆藏明刻《病源》，愿意参考拙文的话，即可迅速而精确地判定版本属性。这就为清代《病源》的版本梳理工作奠定了基础。或许，明刻《病源》诸本卷端题署的变换，还有那一枚牌记不断被改造直至消隐的历史，也能为明代出版史研究带来一点新知。

致谢：北京大学中文系许红霞老师、张鸿鸣博士以及匿审专家对本文提出诸多修改意见；国图、中医科学院、上图、上中医、浙大古籍部诸位老师为我的阅览调研提供了帮助，谨此并致谢忱。

2018 年 12 月 19 日初稿

2022 年 3 月 18 日改定

附：明刻《病源》版本源流图

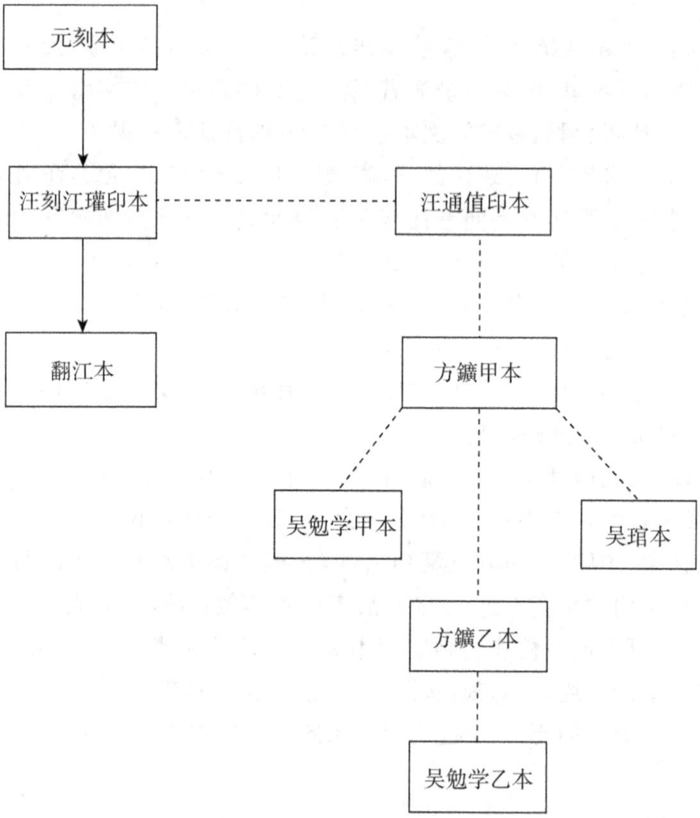

《演禽三世相》成书考

赵江红*

【内容提要】 日本学者长泽规矩也曾判定皎亭文库本《演禽三世相》为宋刊本,故其中出现的风箱插图被李约瑟援引,成为宋代发明活塞风箱的证据。通过对《演禽三世相》版式、内容及其成书情况的分析,可以发现,《演禽三世相》其实是汇集《演禽图诀》、《贵贱定格三世相书》、《贵贱定格五行相书》三书而成,其成书时间当不早于明代初年。此书现存20余种明清刻本,是明清星命术流行于民间的缩影。

【关键词】 《演禽三世相》 宋刊本 长泽规矩也 嘉靖本 星命文献

《演禽三世相》,又名《三世相》、《演禽三世相法》、《演禽斗数三世相》等。虽名为“相”,全书内容却极少涉及相术,实际上是一部明清时期流传颇广的星命书籍。此书曾一度被认为成于南宋末年,故书中出现的两幅风箱插画被英国学者李约瑟援引作为宋代发明活塞风箱的证据①,使其获得了远高于其他星命书籍的关注。但近来,史晓雷提出异议,认为无论从版本学,还是服饰学、语言学、器物史的角度,都无法得出《演禽三世相》成于宋代的结论,相应地,书中的活塞式风箱也不可能出现在宋代②。必须指出的是,李约瑟之所以将《演禽三世相》作为宋代史料使用,是因为日本文献学家长泽规矩也将其判定为宋刊本并付梓行世。然而,细绎长泽规矩也留下的为数不多的判断理据,尚存在诸多值得商榷之处。因此,本文欲在史文的基础上,进一步从文献学角度考补《演禽三世相》的成书及版本问题,以期能够以系铃之手解铃。

---

* 本文作者为浙江大学古籍研究所助理研究员。

① 详见[英]李约瑟《中国科学技术史》第4卷《物理学及相关技术》第2分册《机械工程》,鲍国宝等译,北京:科学出版社;上海:上海古籍出版社,1999年,第159页。

② 详见史晓雷《中国古代活塞式风箱出现的年代新考》,《中国科技史杂志》2015年第1期,第72—81页;后收入《多学科交叉视野中的技术史研究:第三届中国技术史论坛论文集》,中国科学技术大学出版社,2015年,第159—166页。

一、"宋刊本"质疑

李约瑟在名著《中国科学技术史》中提道:"人们能够实际画出活塞式风箱的图,因为约 1280 年印的一本书,载有金属工匠在铁砧前面工作的两个小图,在工匠旁边有不会错认的活塞风箱。"[①]对此,史晓雷根据李约瑟留下的脚注线索,发现"李约瑟引用资料的出处就是日本书志协会印行的《宋椠三世相》"[②]。日本书志协会昭和八年(1933)印行的《宋椠三世相》,书前有长泽规矩也撰写的《宋刊本演禽斗数三世相书解说》(以下简称《解说》)一页。"长泽氏于同年编辑的《宋本书影》也收录有此书"[③],并且在《宋本书影》亦有小段解题文字。因此,欲了解长泽氏判定《演禽三世相》为宋本的依据,不得不从其撰写的《解说》及《宋本书影》中的相关文字着手。为便于进一步讨论,现将这两段文字誊录于下:

(1)《解说》

《三世相》是佛家因缘卜筮之书。通过五行、干支、人相、人的出生年月日等占断过去、现在、未来三世的吉凶祸福、因果报应。在江户时代,此书被通俗化,并在民间大肆流行。在这之前,有两种翻刻嘉靖三卷本的本子。一种无刊记,大概是元和年间刊行的。另一种有"宽永乙亥孟夏吉旦中野市右卫刊行"的刊记,卷首有嘉靖十九年(1540)硕峰散人序。两板内容大致一致,宽永板上下卷各多一叶,此外还有微小的差别。或许是初板的原本脱落了,再板补上的。

然而,本书原为俗书,在唐代中国,未见到诸家目录有收录此书。《三世相》的作者据说是袁天纲,《新唐书》卷二百四《方技列传》有他的传,但传里根本没有提到此书。历代的志目中(出现的袁天纲作品),

《唐书·艺文志》,袁天纲《相书》七卷、《要诀》三卷。

《宋史·艺文志》,袁天纲(一作孙思邈)《九天玄女坠金法》一卷、《怪书》一卷、《回应经纪》一卷、《玄女三廉射覆经》一卷、《通明玉帐》一卷、《遁甲步小游太一诸将立成图》二卷、《相书》七卷、《相气色诗》一卷、《要诀》三卷、《玄明经》一卷、袁天纲《玄成子》一卷。

《国史经籍志》,《易镜玄要》一卷、《袁天纲要诀》一卷、《气神经》五卷、《骨法》一卷、《相笏经》一卷等。

---

① 详见李约瑟《中国科学技术史》第 4 卷第 2 分册,第 159 页。

② 见史晓雷《中国古代活塞式风箱出现的年代新考》。

③ 同上。

《四库存目》中也有《九天玄女六壬课》一卷、《贵贱定格五行相书》一卷。这些大部分应该出于后人的假托,《三世相》亦然。

至于《三世相》的宋刊本,则不见于著录。本书的原本为内野五郎三氏所藏,原系田中光显伯的旧藏。其中既无脱字,文字也大量使用简体,应该属于坊间俗书,再考其板式,断定为宋末的坊刻本。本书卷首一叶及卷末阙。序在第五十一叶,其开首曰:"夫《演禽斗数三世相书》者,非公卿大夫之为也。昔唐朝国师袁天纲先生之作也。"等云云。今之与嘉靖本相比,卷首硕峰散人书所记的序文与之大同小异,仅"寿夭穷通","通"作"达";"虽曰无积则免冻馁而已矣","则"作"财";"家法",无"法"字的差别,即知嘉靖本的序非当时的作品。又宋本阙的第一叶应该是"角木蛟"、"亢金龙"。本文的顺序有所不同。虽然明代多次增补,但明嘉靖本还是基本遵循了宋本,图片略微简单,并且重新修缮了衣冠。现在不详细说明。

如果根据这个来观察的话,就会发现《三世相》的刊本早就存在于宋代,是众所周知的嘉靖本的原本。另外,从书志学的角度看,该书作为罕有类例的宋代插图本之一,具有宝贵的数据价值。而从风俗史的角度,作为宋朝风俗画的一部分,具有重要的价值。以上是本会影印公刊本书的理由。①

(2)《宋本书影》

《演禽斗数三世相书》一卷,一册,旧题唐袁天纲撰,序(无名氏)。

宋本坊刻带图本,每叶行数前后不一,四周单边,本会有影印本。

卷首一叶及卷末缺,无名氏的序在第五十一叶,与通行本嘉靖十九年硕峰散人的序大同小异。多简字和俗字,是坊刻的常态。即便这样,绘图本可谓是书志学、风俗史上的贵重文献,图版缩印之后,原本的趣味就丧失了。②

世传《三世相》为袁天纲所作,系出于假托,此论当无异议。从以上两则解题文字可以推断,长泽氏昔日曾寓目了《演禽三世相》的四种本子——一为田中光显及内野五郎三氏相继收藏的皎亭文库本(即后被付梓的"宋刊本"),二为通行的嘉靖本,三为无刊记、大致成于元和间的元和本,四是题有"宽永乙亥(1635)孟夏吉旦中野市右卫刊行"的宽永本。虽然宋代的目录书中没有著录《演禽三世相》,但长泽氏依据版式,认定皎亭文库本即为宋末坊间刻本。并认为皎亭文库本第五十一页中出现的序(详见图1),虽与嘉靖本卷首署名为硕峰散人的序(详见图2)一致,但因皎亭文库本之序文字上略优于嘉靖本序,故尽

① [日]长泽规矩也编《宋刊本演禽斗数三世相书》,日本书志协会,昭和八年影印本。本文中引用的"《宋槧三世相》"图文内容,均来源于韩国国立中央图书馆(https://www.nl.go.kr,2022年7月25日)网站上刊布的电子本,下不一一揭之。

② [日]长泽规矩也编《宋本书影》,日本书志协会,1933年,第71—74页。

管嘉靖本中出现“嘉靖十九年仲秋吉日硕峰散人书”等包含时代信息的字样，此序仍不可能为嘉靖时作品，而应是宋人所作。

长泽氏据版式判定皎亭文库本为宋末坊刻本，但其判断依据，并没有在《解说》中详述。《三世相》全书版式情况复杂（详下），若仅依据其中部分篇章上图下文分栏式的版式、工整的字体、精美的版画，恐怕难以轻下其为宋末坊刻本的结论。关于序文，亦应有更全面、客观的看法。尽管皎亭文库本之序，较嘉靖本文字不同者有三，长泽氏都一一列出了，文字似乎略优于嘉靖本。但皎亭文库本中的序文莫名出现在该书第五十一页，而非卷首，本身便难以圆说。若序文果真作于宋代，序中“故曰参透玄机”一句，亦应避圣祖赵玄朗之讳。因此，我们认为，该序文不排除成于宋末的可能——如长泽氏所言，但也同样有可能作于嘉靖十九年。最后，长泽氏还指出皎亭文库本有缺页，内容不及嘉靖本丰富，他认为这是明代不断增补的结果。显然，在没有充分证据说明皎亭文库本先于嘉靖本的情况下，文献版本的流变亦应存在两种可能，一是一册一卷的皎亭文库本不断增补而成三卷本的嘉靖本，另一可能则是由卷数较多的嘉靖本删减为皎亭文库本。

以上种种或两可或矛盾的推断，都不应指向惟一的结论，我们无法据以判定皎亭文库本就是宋刊本。而要判断皎亭文库本《演禽三世相》的刊刻时代，尚需更多的材料加以佐证。

图 1　皎亭文库本书序

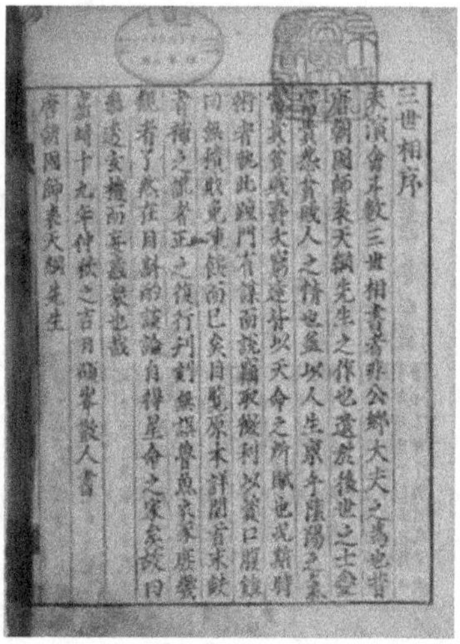

图 2　庆长年间和刊本书序

二、内容与成书

从上文的分析来看，长泽规矩也判定皎亭文库本为宋刊的最大依据便是版式。然而，综观皎亭文库藏《演禽三世相》全书，其版式前后差异非常大，且较为明显地分为三部分，现可依其版式之差异将全书内容大致划分如下：

表1 皎亭文库本目录[①]

第一部分	二十八星禽图诀(阙二) 十二宫神分野所属图 五星入垣流年定例之图
第二部分	孤辰寡宿 论天财主人有倘来之物 随月起 论克妻例 论子息多少 论安命宫法 论例命数 论逐年败 女命铁扫帚 男命铁扫帚 步天经论 小儿关煞 四季煞
第三部分	飞星演出科举三者承差之例 飞星演出富贵之例 龙虎图 新编三世演禽法起二十八宿诀 春夏秋冬十二时各变移部位 和合商量五逆保守入舍离妻重夫重妻克子相嫌隔山求子 推流年太岁凶星之例 权贵人所属 推人所属骨格之相 推人命夫妻相刑之例 推人命兄弟相刑例 推人有无男女相例 推人有无屋宇相例 推人有无田园相之例 推人有无牛马猪相之格 推人有无蚕桑之例 推人有无学堂相

① 《宋槧三世相》书前无目录，该目录为笔者整理，部分标题亦为笔者所加。

续表

	推人有无艺术相 行年所属九星相例 阎王先注寿数长短格局之图 推人命所值 推人命驿马神煞之例 牲(推)十二命人形状之例 推人四两酒肉食禄寿等物银 命时用 论生命宫 男女合婚进财退财各有所忌 三元男女生命 序 祝神咒 论二十八宿定局

其中,第一部分主要包括“二十八星禽图诀”、“十二宫神分野所属图”、“五星入垣流年定例之图”等 39 个半页。该部分版式全为星命推算中星格常用的图式。整个图表呈“回”字形(详见图 3),共十三格,是将一个正方形平均分为十六格,中间的四格合并为一个大格。在“室火猪”、“奎木狼”、“胃土雉”、“翼火蛇”等页,隐约可见白口,双鱼尾。第二部分包括“孤辰寡宿”到“小儿关煞 四季煞”的 10 页内容。该部分全为四周单边,内有界格,无版心,半页 12 行,每行 20 至 28 字不等。第三部分则为从“飞星演出科举三者承差之例”到“论二十八宿定局”的 119 个半页。该部分的版式较为混乱,存在上图下文、上下不分栏、有界格、无界格、半页 13 到 20 行不等并存的现象。

除了版式前后差距巨大外,此书在内容上亦存有可疑之处。上文已经胪列了《演禽三世相》一书的目录,自目录可观其大略。明清时期流行的“演禽”类书籍,如《演禽通纂》、《诸葛武侯秘演禽书》、《演禽定钤》等,都与二十八星禽占有关。《演禽三世相》虽名为“演禽”,但真正为星禽术的仅有第一部分内容,第二、三部分则更多的是除星命术外的其他禄命内容。且在第三部分“龙虎图”之后,还出现了“新编三世演禽法起二十八宿诀”的标题(详见图 4)。相比于其他章节的标题,无论是字号还是行文方式,该标题都与书名相似,且与后面的内容无直接关联,不免突兀。

以上诸多疑问,似乎都在暗示我们,《演禽三世相》一书很可能是杂取诸书拼合而成的。因编撰的过程较为粗略,编者并没有对版式和内容作前后的统一,书内亦残留有原书的痕迹。那么,《演禽三世相》拼合了哪些书籍,其成书过程有无踪迹可寻?

图 3 “室火猪”图诀

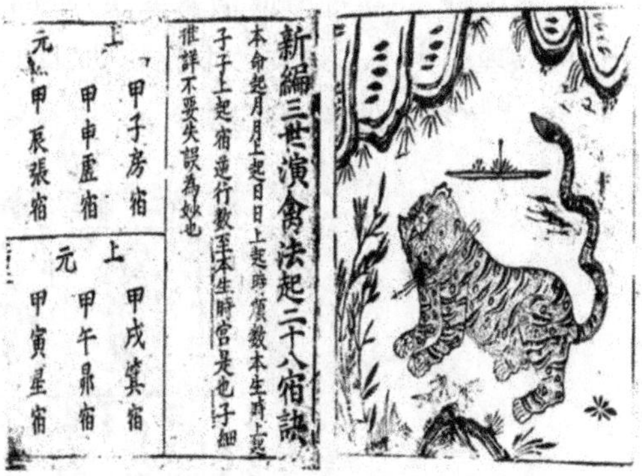

图 4 “新编三世演禽法起二十八宿诀”

在存世的星命文献中，并没有发现与《演禽三世相》内容相似的文献，推测其成书时择采的书籍，今日或都已散佚。但在清代中叶，这些书籍仍见存世，四库馆臣在纂修《四库全书》时就曾注意到相关文献，并留下了宝贵的记录。我们在《四库全书总目》中可以找到三段非常关键的文字：

(1)《演禽图诀》无卷数，浙江范懋柱家天一阁藏本

旧本题明刘基撰，《明史·艺文志》不载，亦近代所依托也。其书取二十八禽各为之图，先以四时忧喜进退。次隶六甲，定其取化吉凶，断人禄命。凡一切旬头、胎命、身宫、入门起例之说，概不之及。

(2)《贵贱定格三世相书》一卷，永乐大典本

旧本题鬼谷子撰。其法以十二辰分属贪狼、巨门、廉贞、武曲、破军、文曲、禄存，而各为之像。又冠带、临官、帝旺诸星亦有像，盖术数家之俚浅者也。

(3)《贵贱定格五行相书》一卷，永乐大典本

旧本题唐袁天纲撰，盖依托也。其说谓春夏秋冬十二时各变移部位，而曰某时生居黄帝之头，某时生居黄帝之手，某时生居黄帝之足，怪妄殊甚。又一条记所相一云，正月生人，四月受胎。前生京西路来，曾舍牛一头入僧寺，今生衣食丰足云云。益诞谬不足诘矣。[①]

馆臣记录了《演禽图诀》、《贵贱定格三世相书》、《贵贱定格五行相书》的卷数、来源、作者及主要内容，都与《演禽三世相》存在一定的关联。通过比较可以发现，《演禽三世相》第一部分《二十八星禽图诀》的内容与《演禽图诀》基本吻合。以《二十八星禽图诀》中的“室火猪”为例(详见图 3、图 4)，“室火猪春生灾、夏

---

① 〔清〕永瑢等《四库全书总目》卷一一一《子部·术数类存目二》，北京：中华书局，1965 年，第 946—947 页。

生仓、秋生禄、冬生冻"即《演禽图诀》所言"四时忧喜进退"。"次隶六甲"之"六甲"可以理解为十二地支,"取化吉凶"即星禽锁泊[①],也便是"子宫得地闲游禄"等十二宫星禽落处吉凶的内容。

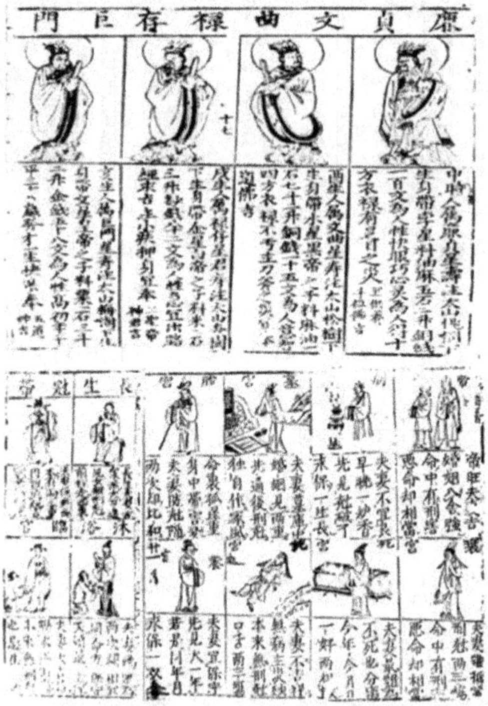

图 5　"推流年太岁例(局部)"

四库馆臣所见《贵贱定格三世相书》与《贵贱定格五行相书》的相关内容同样可以在《三世相》中找到。如馆臣提到《贵贱定格三世相书》,"其法以十二辰分属贪狼、巨门、廉贞、武曲、破军、文曲、禄存,而各为之像"。我们在《演禽三世相》中找到了廉贞、文曲、禄存、巨门等星神的图像(详见图 5 上),图像下方"申时人属廉贞"、"酉生人属文曲"、"戌生人属禄存"、"亥生人属巨门"即"十二辰分属"的内容。馆臣还提到,"又冠带、临官、帝旺诸星亦有像",冠带、临官、帝旺为十二长生之三,除冠带、临官、帝旺外,十二长生诸像都能在《演禽三世相》中找到(详见图 5 下)。又,《贵贱定格五行相书》"春夏秋冬十二时各变移部位,而曰某时生居黄帝之头,某时生居黄帝之手,某时生居黄帝之足"的内容,正是《演禽三世相》"头生在皇帝头……手生在皇帝手……足生在皇帝足"的部分(详见图 6)。《贵贱定格五行相书》"正月生人,四月受胎。前生京西路

① 详见赵江红《西夏文〈谨算〉星禽研究》,《西夏研究》2019 年第 1 期,第 32—37 页。

来,曾舍牛一头入僧寺,今生衣食丰足”的内容,《演禽三世相》中亦有类似的表述,只不过“前生京西路来”改为“前生从西瞿国来”,“曾舍牛一头入僧寺”也变为“曾舍香炉花瓶供养佛,又救得一人自缢”(详见图7)。

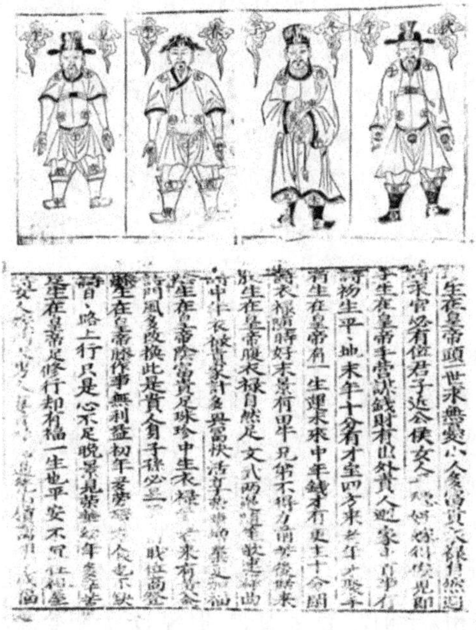

图6 “春夏秋冬十二时各变移部位(局部)”

图7 凶星之“推流年太岁凶星之例(局部)”

因原书散佚,我们无法确定四库馆臣记录的文字是否涵盖了《演禽图诀》、《贵贱定格三世相书》、《贵贱定格五行相书》的全部内容。但至少可以肯定,《演禽三世相》一书汇集了《演禽图诀》、《贵贱定格三世相书》、《贵贱定格五行相书》等书的内容。且编纂者似乎有意摭取了《演禽图诀》、《贵贱定格三世相书》二书之名,及《贵贱定格五行相书》之作者袁天纲,拼凑出《演禽三世相》的书名与作者信息。据此,我们也可以大致推断出《演禽三世相》的成书时间。尽管《演禽图诀》、《贵贱定格三世相书》、《贵贱定格五行相书》三书的成书时间不详,但《演禽图诀》署名刘基,成书时间当不早于明初。因此,《演禽三世相》的成书亦不应早于明代初年。而据现存文献,《演禽三世相》最早著录在明代晁瑮所编《晁氏宝文堂书目》中,其成书下限当不晚于嘉靖四十五年(1566)[①]。显而易见,《演禽三世相》不可能存在所谓的“宋刊本”。

长泽氏曾提到嘉靖刊本为三卷本,数量恰为《演禽图诀》、《贵贱定格三世相书》、《贵贱定格五行相书》三卷相加之和。又,嘉靖本的刊行时间亦与《演禽

① 一般认为《晁氏宝文堂书目》为嘉靖间(1522—1566)晁瑮及其子东吴的藏书目。

三世相》的成书时段重合。我们甚至可以合理推测，嘉靖本很可能就是《演禽三世相》最早的刊本，硕峰散人也可能便是参与或主持编纂者。

尽管我们判断《演禽三世相》大约成于明代中期，但这并不代表书中的内容全部为明代的创作。实际上，其中部分内容的来源至少可上溯到唐宋时期。比如上文提到的《贵贱定格五行相书》"前生京西路来"之语，在《演禽三世相》中改为"前生从西瞿国来"。按，京西路为宋时地名①，西瞿即西瞿陀尼②。《贵贱定格五行相书》系从《永乐大典》中抄出，相关的内容很可能在宋代就存在了。而在《演禽三世相》成书时，京西路已不复存在，因此用佛经中出现的地名将其替换了。又如，敦煌文书保存的"推十二禽兽法"，其基本情况可参见陈于柱、王晶波、关长龙等学者的介绍③。特别是陈于柱，曾对其术理做了详细的讨论④。他认为，《推十二禽兽法》"藉助用以纪月的十二禽兽来卜算人的命禄"，属于古代禄命书的范围。陈氏讨论十二禽兽来源时，注意到秦简《日书》、《五行大义》、《演禽通纂》中禽兽配属十二地支的现象。但他显然忽视了《演禽三世相》"牲(推)十二命人形状之例"(详见图 8)的内容。虽然十二禽兽的名称、顺序有所变化⑤，但只要对其占法及文字略作比较，就可以发现两者之间的内容相似性⑥。特别需要注意的是，敦煌文书中的十二禽兽即配有图像⑦，只不过与《演禽三世相》中的图像尚存在一定的差别。从这条文献证据而言，我们虽然不能否定《演禽三世相》于旧籍有所因袭，但经过综合考虑，书内的插图为《演禽三世相》成书时所补绘的可能性更大。因此，书内出现的风箱插画还是不能作为宋代发明活塞风箱的证据。

---

① 京西路，为至道十五路之一。据《元丰九域志》记载："京西路，太平兴国三年(978)分为南、北路，后并为一路，熙宁五年(1072)复分二路。"详见〔宋〕王存等撰《元丰九域志》卷一，北京：中华书局，1984 年，第 22 页。

② 《大唐西域记》云："海中可居者，大略有四洲焉。东毗提诃洲，南赡部洲，西瞿陀尼洲，北拘卢洲。"西瞿陀尼，为佛经所说四大部洲之一。详见〔唐〕玄奘、辩机著，季羡林等校注《大唐西域记校注》卷第一《序论》，北京：中华书局，1985 年，第 35 页。

③ 敦煌文书中以十二禽兽推占禄命的写卷有三件，分别为 P4881、S612V、P5024B，其中 S612V 保存的内容最为完整。详见陈于柱《区域社会史视野下的敦煌禄命书研究》，民族出版社，2012 年，第 35—36 页；王晶波《敦煌占卜文献与社会生活》，兰州：甘肃教育出版社，2013 年，第 335 页；关长龙《敦煌本数术文献辑校》，北京：中华书局，2019 年，第 1347—1348 页。

④ 详见陈于柱《区域社会史视野下的敦煌禄命书研究》，第 144—151 页。

⑤ 敦煌文书 S612V 中，十二禽兽指凤凰、白鹤、麒麟、鸿鸟、鹳鸡、燕子、獐禄(鹿)、鸽鸟、孔雀、鸠鸽、朱雀、鹰鸟，而"牲(推)十二命人形状之例"之十二禽兽则为凤凰、狮子、金鸡、鸂鶒、燕子、鸿鹄、白鹿、孔雀、鹁鸠、朱雀、角鹰、白鹇。

⑥ 以"燕子"条为例。敦煌文书 S612V 作"燕子下生，自用意，利口多端，多语爽，好出入，夫妻好，甚敬重"。《演禽三世相》"牲(推)十二命人形状之例"作"燕子，为人心性巧，身轻口又多。一生无烦恼，疾病不来过"。

⑦ 敦煌文书 P4881 虽为残片，但仍存"白鹤"像。图像或许是此占法流传千年而不衰的秘诀之一。

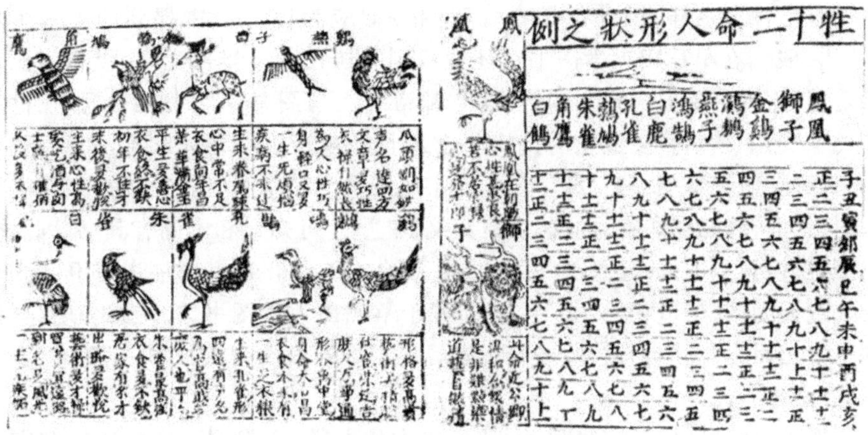

图 8 “牲(推)十二命人形状之例”

三、版本系统

上文已经述及，长泽氏对皎亭文库本进行鉴定时，曾经目验了四种不同版本的《演禽三世相》。史晓雷则“通过‘日本藏中国古籍数据库’搜集到 11 条 4 种与《三世相》有关的书目：书志协会印行本(6 条)、江户初年的刊印本(2 条)、宽永 12 年本(2 条)和民国 14 年上海文明书局排印本(1 条)”①。然而，《演禽三世相》作为一部盛行于民间的星命书籍，存世的刊本数量远不止于此。笔者通过检索国内外各大图书馆网站，以清末为下限，还发现了 5 种长泽氏和史氏都未曾提到的版本。考虑到民间藏本数量远远超过了官方所藏，因此又从孔夫子旧书网中搜集到保存较好、有刊刻信息的坊间刻本约 10 种。粗略统计，存世的《演禽三世相》明清刻本至少在 20 种以上。受条件所限，许多刻本仅能据网络上公布的数张书影来判断其版本信息，难免有失。今暂将这 20 多种刻本分属于三个系统，略述于下，以待有识者正之。

(一) 和刊本

嘉靖本在明代中后期便传入日本，后被多次印行。长泽氏曾亲验嘉靖三卷本，并判断元和年间(1615—1624)刊行的元和本及刊记有“宽永乙亥孟夏吉旦中野市右卫刊行”的宽永本是嘉靖本的翻刻本。史晓雷认为“京都大学藏有一庆长本《三世相》(仅存上半部，含序 55 页)，序中也有嘉靖本十九年的题记，庆长(1596—1615)较元和更符合江户(1603—1867 年)初年之说，而且《解说》

① 详见史晓雷《中国古代活塞式风箱出现的年代新考》。

中也有'大概'字样，因此庆长本《三世相》似应为《解说》中提到的第一个本子"①。我们在早稻田大学图书馆还能找到一册仅存下半部的《三世相》，比较后发现，此本正是史氏提到的钤有"京都帝国大学图书馆"、书封上题"三世相庆长本"的下半部。史氏认为此庆长本即长泽规矩也所谓元和本，似乎不确。据《日藏汉籍善本书录》记载，"日本后水尾天皇元和年间(1615—1624年)有和刊本《三世相》四卷印行，题属'唐袁天纲撰'"②。可知元和本确有其书。此外，《日藏汉籍善本书录》还录有"后西天皇万治二年(1659)京都福市右卫门刊印唐人袁天纲撰《三世相》二卷"③，今亦藏于早稻田大学图书馆。因此，现存《演禽三世相》和刊本应为四种，按刊行先后顺序排列依次为庆长本、元和本、宽永本、万治本。

通过网络可以获取到庆长本和万治本的电子本，发现两者的图版和字体完全一致，只有部分内容及有无界格之区别④。而长泽氏又曾指出元和本和宽永本内容大致一致，仅有微小差别。那么四个和刊本之间几乎只有极小的差别，很可能来源于同一书板。尽管嘉靖本今已不存，但和刊本系翻刻嘉靖本而来，较好地保留了嘉靖本的原貌。

(二) 皎亭文库本

关于此本的版本信息，上文已做了详细交代。从其中存有嘉靖十九年硕峰散人序看，此本应与嘉靖本存在一定的联系。但和刊本的内容较皎亭文库本多三分之一有余，章节顺序差距较大(仅有部分章节顺序一致)，因此将此本单列。两者谁先谁后，谁更能体现嘉靖本的原貌，已经无法考证了。

长泽规矩也曾采用珂罗版印刷技术将其影印出版，即日本书志协会印行的《宋刊本演禽斗数三世相书》，今国家图书馆、浙江图书馆、湖南图书馆、北京大学图书馆、清华大学图书馆、郑州大学图书馆、台北"中研院"傅斯年图书馆、日本东京大学东洋文化研究所、日本关西大学图书馆、韩国国立中央图书馆等地都有庋藏，是相当常见的本子。

(三) 明清通行本

在20多种明清刻本中，数量最多、流传最广的本子可称为通行本。其最

---

① 详见史晓雷文。

② 严绍璗《日藏汉籍善本书录・子部・命书相书之属》，北京：中华书局，2007年，第1185页。

③ 同上。

④ 庆长本和万治本内容之不同主要表现有三处：(1)卷上正文第1叶，两个本子排版略有不同，且万治本多"起大运例"的内容；(2)卷上第25叶后，万治本多一叶"推人命有男女之神煞"，版心处页码作"后廿五"；(3)万治本充斥着大量训点符号，而在庆长本中几乎找不到类似的符号。总的来说，因万治本的时代晚于庆长本，故对庆长本的内容有些许增补、调整。

早出现于何时、由何人编定，皆无从考证。与其他两个系统的本子相比，通行本删去了嘉靖十九年硕峰散人序，章节顺序变化巨大，对书中涉及风俗画像的内容亦多有删减。

此本既多且杂，刊记有明确版刻时间的有五种：一为乾隆五十三年（1788）刊本，一卷，英国伦敦大学亚非学院图书馆藏，封面题有“三世演禽骨书 玉树堂藏板”。末页镌“乾隆五十三年玉树堂书林订字画无讹”[①]。此外，还有民间藏、扉页题“以文堂藏板”者。二为道光丙午（道光二十六年，1846）重刻本，四册。此本扉页题“道光丙午冬月重镌”、“诸葛演禽三世相法”。因明代曾出现署名为何勋所辑的《诸葛武侯秘演禽书》十二册，影响亦广，使得《演禽三世相》在流传中有意无意被冠上“诸葛”之名。就搜索孔夫子旧书网所见，此本亦存两个刊本。三为咸丰七年（1857）刊《新镌演禽三世相法》，二册，国家图书馆藏。四为同治戊辰年（同治七年，1868）刻本，一册，韩国东亚大学翰林图书馆藏。五为光绪七年（1881）聚英堂刻本，国家图书馆藏。另外，还有无版刻时间的九种，兹罗列刻书堂号如下，以证传播之盛：（1）经国堂本，有《故宫珍本丛刊》影印本，是目前最常见、最易得的本子；（2）宝翰楼刻本；[②]（3）宏顺堂本；（4）金阊书业堂本；（5）裕德堂本；（6）两仪堂本；（7）书业德本[③]；（8）广文堂本；（9）有益堂本[④]。

余 论

尽管《演禽三世相》并非如长泽规矩也所言是宋代的文献，但其中保存的“相”仍然在科技史、文化史、风俗史等研究领域具有重要的价值。尤其值得注意的是，在这些图像中，十二长生、诸吉凶神煞都为人形，是神煞星神化过程中的重要材料。因为此书长期在民间流行——不仅在明清，我们还找到大量民国时期刊行的本子，以及在《申报》上刊登的数十条售书广告，相信《演禽三世相》所载之“相”曾在星神信仰的塑造、星命观念的传播上起到非常大的作用。同时，我们也应该看到，以《演禽三世相》为代表的一批星命文献，在科技史、民俗史、宗教思想史等领域都存在非常大的研究空间，也亟待改变无人问津的境遇。

---

① https://library.soas.ac.uk/Record/618855/Description#details，2022年7月25日。

② 宝翰楼，明末清初吴郡人尤云鹗的书坊名，始创于明万历间，至清道光间犹存。详见瞿冕良《中国古籍版刻辞典》，济南：齐鲁书社，1999年，第399页。

③ 书业德，明清聊城六大书坊之首。创设于清初康熙间，资东是陕西郭姓，到1931年前后资东郭子安返回陕西老家，书坊衰落。详见瞿冕良《中国古籍版刻辞典》，第122页。

④ 有益堂，聊城“四大书庄”之一，原开设于直隶衡水西关，康熙末年于聊城设立分号，经营至1946年倒闭。详见唐桂艳《清代山东刻书史》，济南：齐鲁书社，2016年。

《千字文》在书写及文化养成中的典范意义

顾歆艺 *

【内容提要】 不同于其他蒙学读物，《千字文》不仅出现年代早，而且具有集中而鲜明的中国传统文化特色。它既有识字开蒙的作用，又与古代书写史特别是书法发展史有着密不可分的联系，且内容丰富，朗朗上口，是通俗而经典的古代文献，其影响遍及东亚汉字文化圈。

《千字文》从内容到形式均有利于书写开蒙，而它与王羲之书学典范密切相关的形成过程及在长期流传中对书法传统的继承，在东晋南北朝到明末的帖学书法传统的延续中起到独特的无可替代的作用。可以说书写并诵读《千字文》是中国人文化养成的一个绝佳途径，因而分析《千字文》的内容和构成、考察现存数十种《千字文》的主要墨迹法帖、探究智永《真草千字文》在从王羲之到赵孟頫书学传承中的作用等，不仅可以使人充分认识到《千字文》在古人书写和文化养成方面起到的重要历史作用，也能启发今人对文化传承方面的思考，加深对《千字文》典范意义的认识。

【关键词】 千字文　书写　开蒙　王羲之　智永　赵孟頫

元仁宗延祐二年（1315），理学家程端礼（1271－1345）编撰了一部家塾用的读书计划和教程——《程氏家塾读书分年日程》，在当时和明清都产生了非常大的影响。程端礼编写此《读书日程》的目的是让广大学子"读书明理"，通过循序渐进地熟读精读儒家经典，涵泳体察，进而继承和弘扬朱熹的理学思想，纠正当时读书人"失序无本，欲速不达"的缺点。《程氏家塾读书分年日程》除倡导依序读书作文外，还强调对学子的习字书写教育。该书卷一有这样一段文字：

> 小学习写字，必于四日内以一日令影写智永《千文》楷字。如童稚初写者，先以子昂所展《千文》大字为格，影写一遍过，却用智永如钱真字影写。每字本一纸，影写十纸。止令影写，不得惜纸，于空处令自写，以致走样，宁令翻纸，以空处再影写。如此影写《千文》足后，歇。读书一二月，以

---

* 本文作者为北京大学中国古文献研究中心、北京大学中文系副教授。

全日之力通影写一千五百字，添至二千、三千、四千字。以全日之力如此写一二月乃止。必如此写，方能他日写多，运笔如飞，永不走样。又使自看写一遍。其所以用《千文》，用智永楷字，皆有深意，此不暇论。待他年有余力，自为充广可也。盖儒者别项工夫多，故习字止如此。①

这里的《千文》是《千字文》，"子昂"即元代书法家赵孟頫(字子昂)。程端礼强调习字要从陈隋之际的僧人智永的《千字文》楷书开始，以元赵子昂大字《千字文》作铺垫，二者同练。要求学子练习书写的过程中不惜用纸，由少及多，依样影写，反复练习，写字与读书交替进行。认为如长久坚持练习书写《千字文》，便可"运笔如飞，永不走样"。

然而，我们不禁要问：为什么如此这般书写便可达到书写熟练自如？为什么要强调"不走样"？为什么将年代相隔久远的赵孟頫与智永同提并论？书写《千字文》与读书明理有什么关系？诸如此类的问题，对程端礼那个时代的人来说，也许不言自明，却并非没有深刻含义，只是因为时间、精力的原因无暇细谈。正如程端礼本人所言，"其所以用《千文》，用智永楷字，皆有深意，此不暇论。待他年有余力，自为充广可也"。

本文所要关注和探究的问题，正是以上程端礼认为大有深意却未暇细论的问题。

一、《千字文》的形成及与王羲之书法的密切关系

"三百千"是中国古代对最为普及的启蒙读物《三字经》《百家姓》《千字文》的概括称呼，其中《三字经》《百家姓》形成较晚，约在宋代。与此不同的是，《千字文》则早在魏晋南北朝时就已出现了。《千字文》不仅出现年代早，而且其自身具有非常鲜明的文化特色。它既具有大众识字开蒙的作用，同时又与古代书写史特别是书法发展史有着密不可分的关系，为文人士大夫乃至高层统治者所看重和喜爱，影响遍及东亚汉字文化圈。可以说，作为中国古代经典文献，《千字文》在流传过程中基本做到了雅俗共赏。

《千字文》一般认为出自梁朝周兴嗣(469—537)之手。南朝梁武帝大同年间(535—546)，员外散骑侍郎周兴嗣奉皇命从王羲之书法中选取一千个单字，编纂成文。这一千个字不重复使用，内容上还要有教化和增智的作用。编者不仅做到了，而且最终组成的是整齐严密而优美的四字韵文，朗朗上口，便于学习和使用。从此事的难易程度上看，编撰者无疑是极具才华的。当然，后世

① 《程氏家塾读书分年日程》，《丛书集成初编》本，上海：商务印书馆，1935年，第4页。

对于周兴嗣编撰《千字文》过程的描述也颇有演绎夸张的成分。

关于周兴嗣及《千字文》年代较早、流传较广的史料记载，主要有以下几种：

1.《梁书》卷四九、列传第四十三“文学”上有《周兴嗣传》，谓“周兴嗣，字思纂，陈郡项人”，“博通记传，善属文”，被赞“才学迈世”，得到多人赏识。梁武帝时，擢员外散骑嗣郎，奉武帝命，“自是《铜表铭》、《栅塘碣》、《北伐檄》、《次韵王羲之书千字》，并使兴嗣为文。每奏，高祖辄称善，加赐金帛。……所撰《皇帝实录》、《皇德记》、《起居注》、《职仪》等百余卷，文集十卷”。①

2. 历代主要官方目录中，《隋书·经籍志》著录了有关《千字文》的六种著作：“《千字文》一卷，梁给事郎周兴嗣撰。/《千字文》一卷，梁国子祭酒萧子云注。/《千字文》一卷，胡肃注。/《篆书千字文》一卷。/《演千字文》五卷。/《草书千字文》一卷。”《旧唐书·经籍志》著录中增加了萧子范撰《千字文》一卷。《新唐书·艺文志》中只著录萧子范和周兴嗣《千字文》各一卷及《演千字文》五卷。《宋史·艺文志》著录了吕氏《叙古千文》一卷，胡寅注《叙古千文》一卷。其他如《明史》《清史稿》《四库全书总目》中均未收录《千字文》及相关著述。

3. 唐李绰所撰《尚书故实》中保存了唐人张怀瓘《书断》中的一段文字：“《千字文》，梁周兴嗣编次，而有王右军书者，人皆不晓。其始乃梁武教诸王书，令殷铁石于大王书中，拓一千字不重者，每字片纸，杂碎无序。武帝召兴嗣，谓曰：‘卿有才思，为我韵之。’兴嗣一夕编缀进上，鬓发皆白，而赏赐甚厚。”②另外，《刘宾客嘉话录》《太平广记》等书均有相似记载。

4. 唐张彦远《法书要录》卷三《唐武平一徐氏法书记》云：“梁大同中，武帝敕周兴嗣撰《千字文》，使殷铁石模次羲之之迹，以赐八王。”③

以上种种文献资料表明，周兴嗣奉梁武帝之命取王羲之书法一千字编撰成文的说法，是一种普遍被认可的说法，虽然周兴嗣因编撰《千字文》用脑过度而一夜白头之说无从考证而略显夸张，但基本事实应该是可信的。

从这些记载中我们可以看到，首先，《千字文》的形成，其初衷并非要编写一个普惠大众、单纯用来识字的启蒙读物，它是和梁武帝对王羲之书法的爱好息息相关的，《千字文》从一开始的形成就与书法艺术密切相关。就是说，由于皇帝喜欢王羲之的字才让人编撰了《千字文》，保存和欣赏典范优美的书法样式是《千字文》成文的前提和契机。从这个意义上说，《千字文》和唐释怀仁《集王羲之圣教序》的出发点和所起作用是一致的。

---

① 〔唐〕姚思廉《梁书》卷四九《周兴嗣传》，北京：中华书局，1973 年，第 698 页。

② 〔唐〕李绰《尚书故实》，影印文渊阁《四库全书》本第 862 册，台北：台湾商务印书馆，1986 年，第 479 页。

③ 〔唐〕张彦远纂集，刘石校理《法书要录校理》，北京：中华书局，2021 年，第 161 页。

其次,《千字文》是用来“教诸王”和“赐八王”的,如果说它是为了进行启蒙教育的话,其初衷也是要教育皇家子弟,而非平民百姓。《千字文》起初是针对皇家子弟的包括从识字到书写,再到道德教化的多方面的教育,某种程度上说,是上层社会的启蒙教育。一直到两宋王室还在用《千字文》进行书法启蒙教育,也说明了这一点。至于后世《千字文》普遍流传开来惠及民众,那是另外一回事。

另外,周兴嗣把王羲之的字汇集编撰成文之后,就形成了一个类似于字帖的颇具典范性的东西,为人们所临摹学习。殷铁石就是一位被帝王指定的较早的摹写者。这种临摹《千字文》的传统成为后世书法学习的一种普遍方式,延绵不绝。尤其是所谓“模次羲之之迹”的说法,使我们有理由相信,早期临摹《千字文》的书体,应该主要是楷书、行草书这类王羲之擅长并常用的书体。尽管从书目著录上看有人写篆书《千字文》,也不排除另有人写隶书《千字文》,但用楷书、草书、行书书体写《千字文》当是主流。

最后,可以想见,一旦《千字文》被广泛传播并被普遍临摹,长久以来,一定会产生不计其数的写本和刻本,也会有无数的注本,还会陆续出现续编。早期文献著录里就有《千字文》的几种注本,后世又相继出现《续千字文》《叙古千字文》《演千字文》《新千字文》等名目繁多的《千字文》续作。其实《千字文》的续作只是在形式上和原来的相同,四字押韵,无重复字,但在内容上二者却全然无关了,正是因为不满足于《千字文》只有一千个字而要增加字数,就用另外的一千字组成一篇文章,内容文字上必然不再重复,所以《千字文》的续编不在本文讨论之列。我们关注的是《千字文》的书写历史,其写本、临本、摹本是本文的关注对象,刻本则暂且不论。况且,从后来的书目均不列《千字文》的情况看,并非与《千字文》相关的书写和著述越来越少,而是越来越多,以至于多到无法再著录的地步。同时我们也可以想见,散佚的《千字文》文献也一定特别多。

这里还有一个重要问题,就是关于《千字文》的编撰者问题,并非没有讨论的余地。一般认为《千字文》是梁武帝命周兴嗣所撰,在现存文本中,署名最多的也是“敕员外散骑侍郎周兴嗣次韵”,但似乎当时编撰《千字文》的不止周兴嗣一人。两唐志在著录周兴嗣《千字文》一卷的同时也著录了萧子范所撰《千字文》一卷。另外,《梁书》的《萧子范传》谓萧子范曾担任大司马南平王萧伟的户曹属、从事中郎,“王爱文学士,子范偏被恩遇,尝曰:‘此宗室奇才也。’使制《千字文》,其辞甚美,王命记室蔡薳注释之。自是府中文笔,皆使草之”①,可以印证。只是萧子范所撰《千字文》早已亡佚,具体情况不得而知。

---

① 《梁书》卷三五、列传第二十九《萧子范传》,第510页。

关于《千字文》的编撰者并非周兴嗣或不只是周兴嗣的说法，还来自于《千字文》的注释。一是敦煌文献，一是流传于日本的《千字文》注释。

敦煌文献中有大量的《千字文》写卷，达 140 件之多，有篆书、真书、草书、汉藏对音、注本等多种样式。绝大多数的《千字文》卷子卷端有题衔者，皆署“敕员外散骑侍郎周兴嗣次韵”，只有伦敦大英博物馆 P2721 号《杂抄》一卷“经史何人修撰”下云：“《千字文》，钟繇撰，李暹注，周兴嗣次韵。”[①]日本关于《千字文》记述最早的是《日本书纪》《古事记》里所载王仁通过朝鲜半岛将《论语》《千字文》传到日本，因时间早于周兴嗣而被猜测此《千字文》或为钟繇所撰。日本流传的《千字文》注本主要有上野本（年代最早）和纂图附音本（流传广、刻本多），均为李暹注本，日本学者有众多研究。将日本的《千字文》注本与敦煌卷子 P. 2721 号《杂抄》本结合起来看，有人就认为《千字文》的编撰者除了周兴嗣之外，此前还有钟繇、王羲之等。

我们不太赞成将钟繇、王羲之当作《千字文》编撰者的说法。首先，没有足够的史料支撑钟、王编撰过《千字文》。其次，所谓“次韵”当是编次的意思，编成一部押韵的文字而已，唐人李绰《尚书故实》即云：“《千字文》，梁周兴嗣编次。”另外，《梁书》周兴嗣本传说他“次韵王羲之书千字”，当指周兴嗣以王羲之所书写的一千字编次成一篇韵文。至于敦煌卷子 P. 2721 号《杂抄》的“《千字文》，钟繇撰，李暹注，周兴嗣次韵”，钟繇所谓“撰”，结合后面的李暹“注”、周兴嗣“次韵”来看，或可理解为钟繇书写（撰写）的文字模样而由后人编排成文、加以注释。之所以如此理解，有一条年代较后的史料或可作为佐证。《宋史·李至传》曰：“上（宋太宗）尝临幸秘阁，出草书《千字文》为赐，至勒石，上曰：‘《千文》乃梁武得破碑钟繇书，命周兴嗣次韵而成，理无足取。若有资于教化，莫《孝经》若也。’”[②]这里宋太宗明言是梁武帝让周兴嗣将残碑上的钟繇书写之文字按韵编排成《千字文》的，当然在他看来，《千字文》的教化作用远不如《孝经》，其长处在书法方面。

所以，统观各种文献记载，无论是“钟繇书（撰）”还是“王羲之书”，都是从书法方面着眼、最终归于“周兴嗣编次”的。周兴嗣除了为王羲之书次韵，也许还为钟繇书次韵过，但文献阙如，已不可考。但从另外一方面看，在中国书法发展史上，钟、王一脉的书法实践和突破具有革命性的里程碑的意义，从篆隶到真草典范的形成，他们的书法经历了从草创、光大至定型的过程，前赴后继，终成大观。深谙书法之道的梁武帝大概正是为钟王范式特别是王羲之书法所

① 参见张涌泉、张新朋《敦煌本〈千字文〉叙录》一文，《中国俗文化研究》第五辑，四川：巴蜀书社，2008 年，第 112 页。

② 〔元〕脱脱等撰《宋史》卷二六六、列传二十五《李至传》，北京：中华书局，1977 年，第 9176 页。

折服，才敕令周兴嗣以王羲之的典范书写编次成《千字文》的。所以，《千字文》自产生之日起就与王羲之的书法范式有着密不可分的联系，离开书写是很难谈《千字文》的。

二、《千字文》适合开蒙的基本特征——从内容到形式

《千字文》既然与书写、书法密切相关，那么它在后代的作用和影响实际上是趋向两个方面：一是文人士大夫（包括具备文人气质的帝王）从《千字文》各种书写样式的传本中探寻书法的精髓和王羲之书风传承的要谛，另一方面则是普罗大众识字、写字、增长文化知识的初级学习样板。就后者而言，《千字文》从内容到形式都有其特点和优势。

用一千个不重复的单字[①]，经过排列组合，编成一篇内容有意义、文采焕然、朗朗上口的文章，是一件极难的事情，《千字文》的作者做到了这一点。且不论其外在形式，单就内容而言，即相当充实和凝练。《千字文》所叙纵横古今，大事小情包罗万象，同时又层次分明，清晰可观，颇有教化和人生指导的作用。

不同于其他启蒙读物，《千字文》早在南北朝时即已出现，因而它的内容虽然有封建时代特有的观念和痕迹，但与出现年代较晚的其他流行启蒙读物如《三字经》《百家姓》之类相比，有着很大的不同。在《千字文》里，思想的禁锢、观念的陈腐还不那么显著。其内容大致涉及天文地理、上古历史、伦理教化、宫殿壮观、达官显贵、历史演变、军功伟绩、士人情趣、百姓生活、人生感慨等等，类似一部有教化功能的封建时代的百科全书。令人惊叹的是，丰富的内容却凝练地积聚在一千个不重复的单字组成的125组押韵的四字句子（250个单句）中，层次分明，衔接自如，逻辑严密，文采斐然。绝非随意堆砌，更非散沙一盘。

清人汪啸尹纂辑、孙谦益参注的《千字文释义》，将《千字文》从内容上分为四个部分，称之为四章[②]。其层次划分大致可取。

第一部分，自第一组句的“天地玄黄，宇宙洪荒”开始，至第十八组句的“化被草木，赖及万方”。从开天辟地讲起。有了天地，便有日月、星辰、云雨、霜雾和四时寒暑的变化；就有了孕生于大地的金玉、铁器、珍宝、果品、菜蔬，以及江河湖海、飞鸟游鱼；天地之间也就出现了人类，产生了时代的变迁，比如文字的

① 《千字文》全文重复了一个“洁”字，洁、絜为同义异体字，严格说是用了999个字。

② 〔清〕汪啸尹纂辑、孙谦益参注《千字文释义》，见来新夏主编、张格编校《中华幼学文库 千字文》，天津：南开大学出版社，1995年。

产生、服饰制度、传说中的禅让制等。接着,《千字文》讲述了人类的早期历史,特别展现了商汤、周武王时的盛世图景,即文中所谓“坐朝问道,垂拱平章。爱育黎首,臣伏戎羌。遐迩一体,率宾归王。鸣凤在树,白驹食场。化被草木,赖及万方”。

第二部分,自第十九组句的“盖此身发,四大五常”开始,至第五十一组句的“坚持雅操,好爵自縻”。这一部分是传统蒙学之作特别重视的内容,着重讲述人的道德修养标准和行为准则,也就是所谓“君子修身之道”。突出儒家所倡导的五常伦理道德思想,由不毁体肤的孝道推及男女应当培养和坚持的操守及诸般优良品德,提倡乐学精神、守真取信的态度以及培养儒雅的气质。此处大量引用或化用儒家经典的重要思想和重点语句,依序涉及《孝经》《论语》《诗经》《周易》《尚书》《礼记》等儒家经典,是传统儒家教化功能最集中的体现。这种做法为后来的蒙学之作《三字经》《百家姓》等所沿用。

第三部分,自第五十二组句的“都邑华夏,东西二京”开始,至第八十一组句的“旷远绵邈,岩岫杳冥”。这一部分讲述的是与治理国家相关的各方面内容。首先描绘帝京王宫的形胜壮美和富丽堂皇,接着是赞扬典藏之盛、制度之完备,夸赞英才辈出及文治武功,涉及诸多名垂青史的历史人物和重大历史事件。通过历史叙述传递了基本知识和基本概念,这也是传统蒙学之作着力用笔和乐于呈现的地方。最后连带描述了神州大地广阔的疆域和壮美的风景。

第四部分,自第八十二组句的“治本于农,务兹稼穑”开始,至第一百二十四组句的“孤陋寡闻,愚蒙等诮”。这部分内容描写了普通人的日常生活,所谓“治家之道”。写得生动有趣、细致入微,其平和喜乐、热爱生活的情绪,特别能给人以感染。先是描述恬淡的田园耕种生活,赞美秉持退守之道、不为名利羁绊的人;接着以优美的笔触描绘春华秋实、落叶飘零、庭院深深、鲲鹏展翅的美景;最后是饮食起居、欢聚畅饮、读书作文、往来酬答的人间平凡而美好的琐事,并提醒人们光阴流转,珍惜时间。从第四部分占相当篇幅的对百姓生活、田园风光及文人雅趣的细致描述来看,《千字文》与后代蒙学之作相比,不全是刻板的儒家教化,更富有文学色彩和生活气息,不失为一篇美文。

最后两句“谓语助者,焉哉乎也”,是说虚词而凑字数的,无特别含义,与上面内容均不关联,所以《千字文释义》将它单列出来。

由此可见,《千字文》从内容上来看,都是古人所熟悉的宇宙观、价值观、知识体系和生活常识。尤其是后一部分,贴近生活,生动有趣,想必人们读来一定感同身受并乐于接受。《千字文》这种熔各种知识于一炉,通篇贯穿统一思想、脉络清晰、生动活泼的特点,使它非常具有感染力。其中很多表述在后代演化为成语或俗语,颇具生命力。

从形式上看,《千字文》四字一句,押韵且对仗工整,这种韵文形式当是受到《诗经》的影响，在《千字文》产生的那个时代四言诗依然流行且具生命力。它古朴而条理清晰，读来朗朗上口，易诵易记。正如南宋项安世所言："古人教童子多用韵语，如今《蒙求》《千字文》《太公家教》《三字训》之类，欲其易记也。"[①]可见这些因素也是它深受欢迎、广为流传的一个原因。

就书写而言，《千字文》除了内容上质量上乘，形式上便于接受之外，还在于它是由一千个不重复的单字组成的，这就意味着，如果练习书写《千字文》全文，就是实实在在地掌握了一千个常用字的书写方法，其中并无重复，这样的识字方法效率极高，非常见效。加之《千字文》全文篇幅长短适宜，这些都是识字写字的有利因素，极便于启蒙。所以，虽然《千字文》起源于精妙的书法，却又同时具有良好的启蒙作用，可以服务于全体民众。

三、智永《真草千字文》的津梁作用

与王羲之书法密切相关的《千字文》编成之后，最初是如何流传的？其实后人并不十分清楚。不可否认的是，在后世的传写过程中，尽可能地保持王羲之书法风貌，应该是人们所努力追求的一件事，特别是在王羲之书迹尚存的南北朝至隋唐时期。从这个意义上说，隋代智永临写王羲之书法的《真草千字文》、唐代赵模的《集王羲之千字文》[②]、怀仁的《集王羲之圣教序》，他们所追求的目标和所起的历史作用有着相同之处，而智永《真草千字文》又值得我们特别关注。

智永本名王法极，是陈隋间浙江吴兴永欣寺（后称云门寺）的僧人，人称"永禅师"。他是会稽山阴（今浙江绍兴）人，王羲之的七世孙，王羲之第五子王徽之的后代。智永虽然归入佛门，但他的兴趣和历史使命似乎都放在传承王羲之的书法上面。他继承家学，本人也特别擅长书法，且长年刻苦书写，立志传承家法，其"退笔冢"、"铁门坎"等传说，成为书坛佳话。传说他把传家宝王羲之的《兰亭序》带在身边保存，后来才到唐太宗手里。又唐代张彦远《法书要录》引何延之《兰亭记》云："禅师克嗣良裘，精勤此艺，常居永欣寺阁上临书，……凡三十年，于阁上临得真草《千文》，好者八百余本，浙东诸寺各施一本。"[③]智永穷其一生之力，从上千遍书写的真草两种书体的《千字文》中选出八百本分赠江南诸寺，目的就是要最大限度地传播和保存王羲之的书学传统。我们现在看到的智永《真草千字文》墨本书迹便是这八百分之一，是二十世纪

① 〔宋〕项安世《项氏家说》卷七"用韵语"，见《丛书集成初编》，北京：中华书局，1985 年。

② 参见王家葵、贺宏亮《唐赵模集王羲之千字文考鉴》，北京：中华书局，2016 年。

③ 《法书要录校理》卷三《唐何延之兰亭记》，第 178 页。

初在日本发现并影印公之于众的。

按照《宣和书谱》的记载，智永《真草千字文》在北宋徽宗宣和内府尚存七卷，但经过两宋之际的社会动荡便不知所终了。即使是在北宋，智永《真草千字文》恐怕也主要是皇室贵戚可见，并未广泛流传。有鉴于此，徽宗大观己丑（三年，1109）薛嗣昌据长安崔氏所藏真迹将它摹刻上石，置于长安，现存西安碑林博物馆，即所谓"关中本"或"陕西本"。凡八石，每行十二字。虽说"颇极精工，无复遗恨"，可称善本，但与墨迹相比，则生动性相差不少。《真草千字文》石刻避唐讳，如"民"、"基"等字皆有缺笔；《真草千字文》墨迹本则因年代之故自然不避唐讳。上海图书馆藏本为南宋晚期拓本，清王文治跋曰："此宋拓之至精者，良可宝也。"

然而，世上却有早于此刻石的墨迹本保存在日本，长期不为中土所知。此《真草千字文》墨迹只模糊了开头两行字，其他保存完好，所缺部分可用关中本补全。关于日本所藏墨迹本《真草千字文》为智永真迹还是唐人摹写，中外学者有不同看法，而以肯定智永真迹的观点为主。之所以产生这样的争论，究其原因，一方面是人们诧异于年代如此久远如此重要的书法名迹居然尚存人间，另一方面也与发现它的过程中诸位名家的认识和争论有关。

年代久远的中国写本完好地保存于日本不足为奇。其实，《千字文》早在唐代就随遣唐使、归化僧流传到日本了，日本《东大寺献物账》中有《千字文》的记录，《日本国见在书目录》也记载了两种《千字文》，《千字文》长久以来对日本的书道也产生过不小的影响。当然，尚未发现关于智永手书《真草千字文》传入日本的确切记载，但因为有类似的情况，并不能排除这种可能。

今日所见《真草千字文》纸本墨迹卷为日本小川氏所藏，是日本国宝。清末杨守敬任赴日大使随员时随身带有一宝墨轩本智永《真草千字文》刻本，其日本友人日下部东作（号鸣鹤，1838—1922）于1881年新春探访杨守敬时看到此刻本，觉得与其友谷铁臣（1822—1905）藏本相似。日下部东作致函谷铁臣云："昨访清客杨惺吾，观其所藏智永二体《千文》旧拓刻本，云此自王阳明先生旧藏真迹入刻者。熟视之，与公所藏之《千文》神彩、形质毫发相肖，恰如出一手。以弟所鉴，公藏帖，不是空海，不是唐人，定为永师真迹无疑。"[①]又于明治壬寅（1902）仲夏题识大字："永师八百本之一 天下第一本。"杨守敬通过此写本与刻本的对比，认为二者同出一源，均源于智永，但认为写本《千字文》并非智永真迹，他在1881年（光绪辛巳）夏六月所写跋文中说："观其纸质墨光，定为李唐旧笈无疑。"虽然认为是唐人摹本，但也充分肯定了它的价值："永师为右军嫡嗣，渊源有自，今右军墨签已不可见，过庭虽称善变，然过趋劲快，识者

① 《隋智永真草千字文》，北京：文物出版社，2015年，第61页。

病之。唯永师寓变化于谨严，山阴门庭，于斯不远。”[①]

1879年，谷铁臣将墨迹本《真草千字文》送交日本京都“古代法帖展览”。谷铁臣去世后，小川为次郎(号简斋，1851—1926))于大正元年(1912)购得此卷墨迹，并于当年十二月以珂罗版影印出版。书后附有内藤湖南(1866—1934)的长篇跋文，曰：“此本之矜贵，亦在其为唐人拓摹，但其摹法已兼临写。前辈云，唐人往往以临为摹，盖不止专于形似之末，并务神理之仿佛，不得不由此法也。”[②]内藤湖南认为此墨迹不是智永的真迹，而是唐人的拓摹本，即将真迹垫在下面，将空白纸张盖在上面，依样进行复制，是这种样子的“临写”。

民国初年，罗振玉影印《真草千字文》墨迹出版，此卷墨迹遂在中国国内广为人知。罗振玉1922年跋语曰：“《真草千文》一卷为智永禅师真迹，学者于此可上窥山阴堂奥，为人间剧迹。顾或以为与关中石本肥瘦迥殊而疑之，是犹执人之写照而疑及真面也。”[③]这里，罗振玉确凿无疑地断定此乃失传已久的智永《真草千字文》真迹，并认为其生动性远胜于关中石刻本。

启功先生曾于1989年4月在京都小川家获观原本，在其《说〈千字文〉》一文中补记道：“(纸色)盖敦煌一种薄质硬黄纸经装裱见水时即呈此色。其字每逢下笔墨痕浓重处时有墨聚如黍粒，斜映窗光，犹有内亮之色，更可知绝非钩描之迹矣。”[④]确认此本不是唐人临本，正是智永所写《真草千字文》的八百本之一。他又赋诗云：“永师真迹八百本，海东一卷逃劫灰。儿童相见不相识，少小离家老大回！”[⑤]

以上各位名家对日本藏墨迹本《真草千字文》的种种鉴定意见，虽有分歧——有的确定为智永真迹，有的认为是唐人摹本或具有临写意味的摹本，但无论怎样，都无一例外地肯定此墨迹本《真草千字文》传承了自王羲之以来经智永延续的书学传统。我们将最接近王羲之书法的《兰亭序》冯承素摹本与智永《真草千字文》相对照，就会发现其中多有一脉相承之处。如二者的“和”、“兴”、“清”、“兰”、“取”、“暎”、“若”、“观”、“集”、“群”等字的笔法和字形结构极其相似。再如，《兰亭序》“趣舍万殊”的“殊”字与《千字文》真书的“李”字、草书的“菜”、“芬”、“平”、“章”、“木”、“方”、“身”等字均为“蟹爪钩”的写法，如出一辙，即先横向钩出，再连续向上翻折。所以，智永《真草千字文》对于后人学习王羲之的书法，不亚于唐摹《兰亭序》《集王圣教序》碑刻以及其他王羲之书法的早期摹本和刻帖，况且这是王羲之后人专为传习王学之法而有意为之的书

---

① 《隋智永真草千字文》，第58页。

② 同上书，第70页。

③ 同上书，第63页。

④ 启功《说〈千字文〉》，见《启功丛稿·论文卷》，北京：中华书局，1999年。

⑤ 启功《论书绝句》第三十六首，赵仁珪注释，北京：生活·读书·新知三联书店，2002年，第72页。

写作品，更当倍加珍视。

事实上，在书法史上，智永禅师以及他的《真草千字文》广被赞誉，具有崇高的地位。如唐人张怀瓘《书断》曰："陈永兴寺僧智永，会稽人，师远祖逸少，历纪专精，摄齐升堂，真草唯命，夷途良辔，大海安波。微尚有道（张芝）之风，半得右军之肉，兼能诸体，于草最优。气调下于欧、虞，精熟过于羊、薄。智永章草、草书入妙，隶书入能。"[①]后代尤以苏轼对智永的评价最高，也最为知名，并影响深远。《东坡题跋》曰："永禅师书，骨气深稳，体兼众妙，精能之至，反造疏淡。如观陶彭泽诗，初若散缓不收，反复不已，乃识其奇趣。"[②]在宋代文人的心目中，陶渊明是一个至高无上的存在，代表了一种理想的人生境界和风范，而这里苏轼将智永书与陶渊明诗相提并论，提醒人们注意其散淡和高古之风，不得不说是一种至高的评价。

特别值得注意的是，后代一些修养颇深的书法家均提醒人们要关注智永传承王羲之书写"家法"的功绩，而这正是智永《真草千字文》在历史长河中的重要作用。它类似一个渡口或桥梁，后世人们可以借此便利地领略王羲之书法的迷人风采。如，宋高宗赵构《翰墨志》曰："智永禅师，逸少七代孙，克嗣家法。居永欣寺阁三十年，临逸少真草《千文》，择八百本，散在浙东。后并《禊帖》传弟子辩才。唐太宗三召，恩赐甚厚，求《禊帖》终不与。善保家传，亦可重也。余得其《千文》藏之。"[③]再如，明解缙《春雨杂述》曰："学书之法，非口传心授，不得其门。自羲、献而下，世无善书者。惟智永能寤寐家法，书学中兴，至唐而盛。"[④]又如，清冯班《钝吟书要》曰："凡学书，《千字文》少不得。此诗右军旧法，得此便有根本。""今日刻本《黄庭》（王羲之小楷《黄庭经》）多不是，但惜不见原本，字画俯仰处甚遒，翻之多失，与永师《千文》看方得。"[⑤]凡此种种，都是在赞扬智永传承王羲之书法传统的历史功绩。

当然，关于智永《真草千字文》书法水平的定位，历来意见也有分歧。明人都穆的《寓意编》对它评价极高，谓"智永《真草千字文》，真气韵飞动，优入神品，为天下法书第一"，将它列入"神品"。而唐人张怀瓘《书断》则将智永的章草和草书（今草）列入"神品"之下的"妙品"，而将其隶书（此指真书，楷书）列入更低一层的"能品"。唐人李嗣真《书后品》则认为："智永精熟过人，惜无奇态

① 〔唐〕张怀瓘《书断》，见《历代书法论文选》，上海：上海书画出版社，2014 年，第 191 页。

② 〔宋〕苏轼著，屠友祥校注《东坡题跋》卷四"书唐氏六家书后"，上海：上海远东出版社，1996 年，第 254 页。

③ 〔宋〕赵构《翰墨志》，同上，第 371 页。

④ 〔明〕解缙《春雨杂述》，同上，第 496 页。

⑤ 〔清〕冯班《钝吟书要》，同上，第 555、556 页。

矣。”[1]评价不那么高，是说智永书法缺乏创新精神。然而，我们应该看到，智永能将两种字体的《千字文》书写成百上千遍，其目的一定不是要创作出新，不是追求所谓“奇态”，传承王羲之书学家法才是他首先要做的事情。对于这一点，还是苏轼看得精准，《东坡题跋》曰：“永禅师欲存王氏典型，以为百家法祖，故举用旧法，非不能出新意求变态也。然其意已逸于绳墨之外矣。云下欧、虞，殆非至论。若复疑其临仿者，又在此论下矣。”[2]智永之志，的确不在独树一帜，有所创新，而是要用《千字文》的书写和传播，为后世树立起王羲之书学的典范。

智永的努力没有白费，我们从文献记载中多少都能感觉到隋唐以来的书法家几乎都受到了他的影响，通过临摹智永《真草千字文》从而学习王羲之书法的想必大有人在，可能因为这样的书写过于日常，人们并不会特意保留下那些数以千万计的临摹之作。然而，敦煌文献的一件材料却向今天的人们展示了唐人临写智永《真草千字文》的生动情形。现存最早的智永《真草千字文》临本是初唐蒋善进所临写的，出自敦煌石室，现藏于法国国家图书馆，是伯希和带到法国的敦煌卷子，编号为“P. 3561”。此件分为三段，残卷存三十四行，是目前发现最早的智永《真草千字文》临本，临写水平颇高，形神兼备，深得智永三昧。文末有题记曰：“贞观十五年七月临出此本，蒋善进记。”被认为是唐代经生所临，临本出自西域，可见智永《真草千字文》在唐代流传之广、影响之深，它是作为名家模板被经生学习书法使用的。

如今人们越来越认识到智永《真草千字文》传承王羲之书法精神的津梁作用，也有了更为便捷的技术手段大量影印复制，作为临摹的范本而被充分重视。正如书法家黄惇所言：“智永《千文》墨迹本全从右军出，天然简淡，得晋人之韵，无六朝以后蹊径，如东坡所言‘骨气深稳，体兼众妙’，故以此为门可入山阴之道也。”[3]

四、传世《千字文》书法名作及帖学传统

如前所述，《千字文》的影响不仅在识字开蒙方面，更在书写方面，特别是在传承书法技艺、提高书法水平方面，临摹或书写《千字文》都是一种文化传承、学养生成的极佳方式和途径。书写《千字文》的人，有懵懂学童，更有睿智硕儒、文人雅士。在千百年来无法计量的《千字文》书写成果中，我们尤其关注

---

① 〔唐〕李嗣真《书后品》，同上，第 139 页。

② 《东坡题跋》卷四“跋叶致远所藏永禅师千文”，第 205 页。

③ 黄惇批注《智永真草千字文》，上海：上海书画出版社，2017 年，第 51 页。

那些具有较高书法艺术价值的《千字文》作品。

智永《真草千字文》在书法史长河中起到重要的津渡作用，它由两种字体组成——真书（楷书）和草书。此楷书是带有行书意味的楷书，不同于魏楷和唐楷，是晋楷风格，特别是与后人所熟悉的平整规范、法度森严的唐楷有所不同，“以智永《真千文》为门径，入晋人楷书、行书之门者，今人多不知”[①]。草书则是早期颇有法度的字与字不相联属的今草形式，不是章草，亦非狂草。从《隋书·经籍志》“篆书千字文一卷”、“草书千字文一卷”的记载看，隋唐之前的《千字文》书写，字体是比较丰富的，可以说是楷、行、草、篆均有，隶书暂未发现，这也是和王羲之的书法传统相契合的。[②] 至少在帖学兴盛的明末之前，人们对这样的书学传统是了然于胸的。

《千字文》书法作品数量巨大，有的在文献史料中有所记载，留下痕迹；还有一些更为幸运的《千字文》书法作品被长久保存了下来。宋徽宗时官方所编《宣和书谱》收录《千字文》书法墨迹达四十九种之多，字体以正、行、草或真草二体居多。正书如宋人宋绶、蔡京《千文》各一种；行书如唐人欧阳询、陆柬之《千文》各一种，宋人蔡卞、米芾《千文》各二种；草书如南朝梁萧子云《千文》一种，唐人裴行简、张旭、孙过庭、怀素《千文》一种，释贯休《千文》六种；真草二体如隋智永《千文》七种，唐释元雅《二体千字文》一种。[③] 这众多《千字文》书法作品的记录其实还不能完全反映出当时的实际情况，比如宋徽宗本人的《千文》书写即不在其列。另外此时由于政治的原因，苏轼、黄庭坚等书法大家的书作亦不在收录之列。从《宣和书谱》所录《千字文》墨迹看，智永《真草千字文》达七种之多，数量列于首位。然而，接下来的两宋之际的社会大动荡，却使智永《千字文》急剧减少，乃至趋于绝迹。

除智永《真草千字文》之外，现今存世的古代《千字文》书法墨迹还有不少，它们大多成为各收藏单位的珍品宝藏。仔细考察，发现许多著名的《千字文》书法作品多多少少都与王羲之书法传统有关。兹举例如下：

1. 欧阳询《行书千字文》

初唐欧阳询的《行书千字文》墨迹本是流传有绪的名帖，曾归宋代王诜所有，后经贾似道等收藏，明代入项元汴天籁阁，清乾隆初归安岐所有，并摹勒上石，后入清内府，经溥仪带出清宫，现藏于辽宁省博物馆。

此帖字体清劲秀健，一如欧阳询的行书名帖《梦奠帖》。自始至终一丝不苟，说是行书，更像晋楷风格，字与字之间并不牵连，只在一字之中可见牵丝，

---

① 黄惇批注《智永真草千字文》，第 1 页。

② 如果不考虑书法传统，仅将《千字文》作为书写内容看待的话，完全可以包括隶书或其他书体的书写，所以在《千字文》书写的王羲之书法传统不太彰显的明清时代，反而出现了更多的隶书《千字文》。

③ 顾逸点校《宣和书谱》，上海：上海书画出版社，1984 年。

而又气势贯通，疏密适度。薛元明《欧阳询〈行书千字文〉技法解析》认为："欧阳询《行书千字文》有一个特别之处：受王羲之影响，有些字与《兰亭序》和《圣教序》中的字形特别相似。如'左、长、令、流、清、缘'六字，这不能不令人称奇。这从欧楷中很难看出。"①可见综合南北书风的唐初书法家欧阳询在其《行书千字文》墨迹中，充分体现了王羲之的书学传统。

欧阳询书《千字文》见于著录的有三本：一为蔡襄题识过的《草书千字文》；一为南宋初期杨无咎所藏《楷书千字文》；一为现存此本《行书千字文》。墨迹仅存此本。《楷书千字文》虽无墨迹存世，但被刊刻收入董其昌《戏鸿堂帖》中。

2. 怀素《小草千字文》

以狂草名世的唐代僧人怀素与张旭齐名，有"颠张醉素"之称，其狂草作品《自叙帖》闻名遐迩。除了这种狂放的大草书法之外，怀素现存墨迹还有《小草千字文》，二者风格迥异，弥足珍贵。

《小草千字文》绢本墨迹现存台北故宫博物院。落款为"贞元十五年(799)六月十七日于零陵书，时六十有三"，故又被称为"小字贞元本"。又因它在传世墨迹中极为珍贵，有一字一金之誉，又名《千金帖》。此卷为怀素暮年所书，与其早期风格迥然不同。小草书体单字有连带，上下字呼应但不连接。风格古雅平淡，浑朴苍劲。如卷末王文治跋所言"是帖晚年之作，纯以淡胜"。于右任跋亦曰："此为怀素晚年最佳之作。"怀素没有楷书存世，只有草书。草有草法，写草如真，笔画的简省约定俗成，符号化而不草率乱写，这些都是王羲之草书所具有的特色，从中可以隐约看到从王羲之《十七帖》到智永《草书千字文》的影子。

怀素《小草千字文》是墨迹，而他另有一《大草千字文》传世，为刻帖。相较于《小草千字文》，《大草千字文》的字体一如《自叙帖》，更加狂放和变化多端，大小不一，字字相连。此《大草千字文》刻帖收录于《群玉堂帖》卷四中，又有西安碑林本。

3. 赵佶《真书千字文》《草书千字文》

《真书千字文》为宋徽宗赵佶于崇宁三年(1104)二十三岁时书写并赐予童贯的，是宋徽宗特有的瘦金体楷书。此卷原为清宫旧藏，著录于《石渠宝笈初编》，现藏于上海博物馆。此《真书千字文》是赵佶年轻时所写，故与中晚年所书相比不甚成熟，但也具备了瘦金体楷书的基本特征。通常认为赵佶的瘦金体受唐初书法四大家之一的薛稷楷书影响。作为魏征外孙的薛稷书法学虞世南、褚遂良，尤以学褚最像，有"买褚得薛，不失其节"之说，只是薛稷楷书比褚遂良用笔更为纤细瘦劲。褚遂良初学虞世南，后取法王羲之。如"逆笔抢锋"

---

① 薛元明主编《唐欧阳询行书千字文》，合肥：安徽美术出版社，2015年，第3页。

的写法，即与王羲之《兰亭序》一脉相承。而虞世南早年师从同郡的王羲之七世孙“善王羲之书”的智永，“妙得其体，由是声名籍甚”[①]。凡此种种，都能使人感受到王羲之书风的长远影响。

宋徽宗另有《草书千字文》，沿袭张旭、怀素一路风格，为狂草大字，疏放而优美，颇有帝王之气势。现藏于辽宁省博物馆。

4. 赵孟頫《行书千字文》《草书千字文》（上海博物馆、故宫博物院所藏两种）《真草千字文卷》《真草二体千字文册》。

赵孟頫所书《千字文》数量多，笔法精，最得王羲之、智永一脉精髓，稍后专论。

5. 文征明《楷书千字文》三种、《草书千字文》二种

文征明是赵孟頫之后帖学用功用力、成就显著的一位书法家，其书学传统也是秉承了二王一脉的。与赵孟頫相同，文征明也特别喜欢大量书写《千字文》。马宗霍《书林纪事》说郡学诸生皆喜其他娱乐方式，“征明独临写《千文》，日以十本为率，书遂大进。”[②]虽然文征明时代应看不到智永《千字文》墨迹而只能见到石刻拓本，但我们依然能从可见的文征明《千字文》写本中看到他努力的方向。

中华书局2016年出版的《文征明书千字文三种》均为小楷，两种藏于台北故宫博物院，一为纸本手卷，卷后识云“嘉靖乙未夏四月二十有九日征明书”，时年六十六岁；一为绢本手卷，卷后识云“嘉靖壬寅岁春二月九日征明书于东雅堂”，时年七十三岁。另一种为纸本手卷，上海朵云轩藏，卷后识云“嘉靖丁未春三月九日征明书”，时年六十八岁。

文征明《草书千字文》至少有两种，一种现藏于日本东京书道博物馆，项元汴旧藏，后归中村不折。一种安徽美术出版社《历代碑帖精粹》丛书2014年收录出版，未标明收藏地。文征明此两种《千字文》草书字形十分相似，但前者无行格，后者有竖行分隔栏。后者落款为“嘉靖乙巳（二十四年1545）八月十日玉磬山房 征明”，时年七十五岁。

文征明的小楷《千字文》一如他其他小楷作品一样，秀丽而规整，并无特别之处。而两种草书《千字文》则尽显王家规范，与智永的《千字文》草书字体相比，笔法、结体极为相似。这种古雅的草书样式在明代其实并不十分常见，我们从文征明书写《千字文》中可以看到他作为明代帖学大家对王羲之书学传统的继承和坚守。董其昌《画禅室随笔》评曰：“文待诏学智永《千文》，尽态极妍则有之，得神得髓，概乎其未有闻也。尝见吴兴临智永，故当胜。”同为帖学大

① 《旧唐书》卷七二列传第二十二《虞世南传》，北京：中华书局，1975年，第2565页。

② 马宗霍《书林藻鉴 书林纪事》，北京：文物出版社，1984年，第316页。

家的董其昌对文征明继承王羲之书法传统的评论可谓深入骨髓，十分恰当。

在后人书写《千字文》以继承王羲之书学传承的过程中，赵孟頫是一特别的存在，他起到承上启下、发扬光大的作用，故值得格外关注。

智永《真草千字文》墨本在两宋之际已不太常见，所以北宋后期才会有薛嗣昌刻石的出现，目的是利于广泛传播。《宣和书谱》著录智永《真草千字文》有七卷，均在皇室。米芾《海岳名言》曰："智永临集《千文》，秀润圆劲，八面具备，有真迹。自'颠沛'字起，在唐林夫处，他人所收不及也。"[①]大书法家如米芾，可以较为方便地出入朝廷，但他当时看到智永《千字文》真迹也算是一件稀有的事情了。况且这一真迹还是不全的，仅存自"颠沛匪亏"以下部分，计有620字，前面的一小半文字已不知去向。此后，经过两宋的社会大动荡，智永《真草千字文》则变得格外稀少罕见。宋高宗赵构在其《翰墨志》盛赞智永禅师传承王羲之书法而至唐代已罕见时说："余得其《千文》藏之。"[②]可见，南宋初即便是帝王也将收藏智永《千字文》当成一件特别自豪的事情记录下来。可以想见，传统书法修养很高又勤于书写的宋高宗大概曾多次临摹过智永《真草千字文》，其所存墨迹中有颇多类似风格的作品[③]。

作为宋朝皇室成员和大书法家的赵孟頫是否亲见智永《真草千字文》真迹，我们不得而知。但是，从有关赵孟頫的文献记载和他所留存下来的《千字文》书写情况看，智永《千字文》对赵孟頫有过相当大的影响。赵孟頫在书法理论上倡导复古，追寻晋唐书风特别是力求传承王羲之书法传统，在他的书法实践中，《千字文》这一古代经典书写文本是起过很大作用的。

元末明初陶宗仪所撰《南村辍耕录》卷七"赵魏公书画"条曰："魏国赵文敏公孟頫，以书法称雄一世。画入神品。其书，人但知自魏晋中来，晚年则稍入李北海耳。尝见《千字文》一卷，以为唐人字，绝无一点一画似公法度。阅至后，方知为公书。公自题云：'仆廿年来写《千文》以百数，此卷殆数年前所书。当时学褚河南《孟法师碑》，故结字规模八分。今日视之，不知孰为胜也。田君良卿于骆驼桥市中买得此卷，持来求跋，为书其后。因思自五岁入小学学书，不过如世人漫尔学之耳，不意时人持去，可以粥钱，而吾良卿又捐钱若干缗以购之，皆可笑也。元贞二年正月十八日，子昂题。'则知公之书所以妙者，无帖不习也。"[④]这里赵孟頫说他自己"廿年来写《千文》以百数"，当非虚言。赵孟頫享年六十九岁，据说他一生习字极为勤奋，"日书万字"，如此算来，赵孟頫写

① 〔宋〕米芾《海岳名言》，《历代书法论文选》，第 362 页。

② 〔宋〕赵构《翰墨志》，同上，第 371 页。

③ 参见牛耀艇、陈祎《智永〈真草千字文〉对南宋书风的影响——以宋高宗赵构为考察中心》，《大众书法》2021 年第 4 期。

④ 〔元〕陶宗仪《南村辍耕录》，北京：中华书局，1959 年，第 81 页。

《千字文》当远不止百遍。现存年代最早的赵孟頫所书《千字文》是上海博物馆所藏的写于至元二十三年(1286)的《草书千字文》卷,时年三十二岁。《平生壮观》著录赵孟頫《四体千文》,落款题:“延祐六年(1319)十一月廿三日,为录事焦彦实书于松雪斋。”①则此时赵孟頫已经六十六岁,处于暮年。可见,书写《千字文》这件事在赵孟頫来说是日常功课。当然他书写《千字文》的出发点应该不会是在其内容,尽管《千字文》的内容也不错,但对于一位硕学大儒来说,其内容未免过于浅显。如果不是从书法角度出发,赵孟頫恐怕不会一生写那么多遍《千字文》。

赵孟頫书写《千字文》之事,还曾被当作有元一代文化昌盛的标志,为当朝统治者所表彰。据赵孟頫为其亡妻管道升所作《魏国夫人管氏墓志铭》云:“天子(元仁宗)命夫人书《千文》,敕玉工磨玉轴,送秘书监装池收藏,因又命余书六体为六卷,雍亦书一卷,且曰:‘令后世知我朝有善书妇人,且一家皆能书,亦奇事也。’”②赵氏一家三口同写《千字文》,赵孟頫还用六种字体书写,一同装裱后为宫中收藏,这的确是一件不一般的事情。从中我们也可以得知,《千字文》这种后世所认为的纯粹的童蒙读物,在明代之前其实并非为不登大雅之堂之作,原因就是它与书法的紧密关系,尤其是它代表着王羲之高妙的书学传统。关于赵孟頫一家为朝廷写《千字文》一事,作为赵孟頫的学生,元代著名画家黄公望在赵孟頫《行书千字文》卷后题诗赞曰:“经进仁皇全五体,千文篆隶草真行。当年亲见公挥洒,松雪斋中小学生。”充满了敬佩之意。这也是标志赵孟頫与黄公望两位元代杰出书画家之间深厚情谊的一首著名诗作。

赵孟頫存世的《千字文》书法作品,主要有《行书千字文》《草书千字文》(上海博物馆、故宫博物院所藏两种)《真草千字文卷》《真草二体千字文册》。还有旧题赵孟頫款实为伪作的《六体千字文》。

赵孟頫的真草千字文两种,从风格上看,显然都是临摹智永的《真草千字文》。一为册页,“真草二体千字文册”,故宫博物院藏;一为卷轴,《真草千字文卷》,上海博物馆藏。

故宫博物院所藏赵孟頫《真草二体千字文》册,纸本,纵24.7厘米,横25厘米。此册共二十五开半,以楷书和草书写成,未注明书写时间,一般认为是赵孟頫早年书作,因为很像智永《真草千字文》,结构严谨,典雅流美,又可见行书笔意。实际上这种看似规矩的写法也并不一定就是赵氏早年所书,有时赵孟頫写《千字文》只是重温王羲之、智永一路的笔法,并未有创作之意。比

① 〔清〕顾复撰,林虞生校点《平生壮观》卷四,上海:上海古籍出版社,2011年,第109页。

② 任道斌辑集点校《赵孟頫文集》,上海:上海书画出版社,2010年,第212页。

如《平生壮观》卷四著录的赵孟頫《真草千字文》就说:“《真草千字文》,白宋纸。书规模智永,笔不豪放而法有余。”[①]可见赵孟頫写《千字文》时关注的是书法法度。上海博物馆所藏《真草千字文卷》,与智永《真草千字文》相比,也是形神兼备。

赵孟頫《草书千字文》卷有两种,故宫博物院所藏为纸本,纵 24.1 厘米,横 240.6 厘米。钤“赵氏子昂”、“松雪斋”、“赵”、“大雅”、“松雪斋图书印”朱文印。鉴藏印有“石渠宝笈”、“乾隆御览之宝”、“张伯驹珍藏印”等朱文印。此卷草书与智永草书《千字文》字体相像。草法严谨,功力纯熟,多章草体势。卷后有元人柳贯大字草书题跋。上海博物馆所藏赵孟頫《草书千字文》卷为纸本,纵 26.9 厘米,横 324.1 厘米。钤“赵孟頫氏”白文印、“赵氏子昂”朱文印。是赵孟頫为其外甥张景亮所写。当时赵孟頫 32 岁,正要启程北上首次出仕,匆忙间写下此草书,其题跋成为赵孟頫生平的重要史料。此《草书千字文》墨本今草字体写得十分流畅,也说明赵孟頫年轻时就对《千字文》的书写十分熟练了。有董其昌等人的题跋,清宫旧藏,《大观录》等著录。

故宫博物院所藏赵孟頫《行书千字文》卷为绢本,纵 26.5 厘米,横 373.5 厘米。钤“赵氏子昂”、“赵”、“大雅”朱文印,清宫藏品。这件赵孟頫的《千字文》作品可以说是他最具艺术表现力的佳作了。说是行书,其实全卷正、行、草体均有。开始是楷书,渐渐变为行书。行笔初时沉着稳健,慢慢趋于飞动舒展,转为行草书,流畅灵动,矫健多姿,全卷笔法极为精妙。明人詹景凤跋曰:“此卷笔法高古,圆润俊秀,为承旨得意之作。”卷后黄公望题诗称“当年亲见公挥洒,松雪斋中小学生”,可见黄公望对赵孟頫此件作品书写的深刻印象和对老师的崇拜之情。这件《行书千字文》卷有 22 家题跋和观款,蔚为大观。如前所述,智永《真草千字文》的真书部分是晋楷模式,有着相当强的行书笔意,后人提倡写智永《真草千字文》,实际上是可以练习真书、行书和草书三种字体的。赵孟頫此件《行书千字文》就像是对智永《千字文》书写融会贯通的写法,有着个人的随意挥洒,由古至今,脉络打通。既展现了赵孟頫在《千字文》这种寻常内容的书写中是如何完成一位杰出书法家升华的,也指示了文人士大夫传统文化养成的绝佳途径。

回到文首。程端礼是元代前期鄞县(今浙江宁波鄞州区)人,距离赵孟頫家乡吴兴(今浙江湖州)不远。当他制定《程氏家塾读书分年日程》时,正值赵孟頫的晚年,二人生年有所交集。程端礼的那个时代教授学子习字,主张从智永《千字文》入手,有时也提倡临写赵孟頫《千字文》,其目的就是为了让读书人

---

① 《平生壮观》卷四,第 109 页。

更好地通过遵循书法正道，承袭王羲之书法传统，进而掌握中国文字和中国文化的精髓。如此看来，一切都变得不那么难以理解了。所以我们认为，用《千字文》启蒙，从认字、写字到沉浸于文化传统，涵养文化气质，不失为一种行之有效、一举多得的文化养成的好办法。

《太平御览》引《古今刀剑录》考

刘　瑛*

【内容提要】 现存通行本陶弘景《古今刀剑录》见于《百川学海》、《汉魏丛书》等丛书辑刊本，无单行本存世。最早的丛书辑刊本见于南宋咸淳间左圭编《百川学海》。而北宋李昉等于北宋太平兴国年间所编类书《太平御览》兵部中的剑部和刀部，分别辑录了《古今刀剑录》的内容。《太平御览》编纂时期早于丛书辑刊本，其价值自不待言。以其与丛书辑刊本相较，可辑补丛书本之阙，并可以此正讹订误。

【关键词】 《古今刀剑录》 《太平御览》 《百川学海》 辑校

陶弘景《古今刀剑录》一卷，《宋史·艺文志·子类》之"小说类"题："陶弘景《古今刀剑录》一卷。"《崇文总目》卷六"小说类"下、《郡斋读书志》卷三下、《文献通考》卷五五《经籍考·子类书》也著录此书。可见此书曾于宋代单行。

《古今刀剑录》今无单行本存世，仅见存于丛书之中。通行版本主要有南宋左圭《百川学海》辑刊本，明《汉魏丛书》辑刊本①。以《百川学海》与《汉魏丛书》辑刊本相较，二者除少数行款格式上的差异之外，其记事条目、顺序、内容文字均相同，应为同一系统的版本。此外，《说郛》、《四库全书》、《广汉魏丛书》《增订汉魏丛书》、《龙威秘书》、《汉魏小说采珍》、《丛书集成初编》等丛书也收入此书；清代类书《古今图书集成·经济汇编·戎政典》之刀剑部整部收录此书。以诸丛书本与类书本所辑录者与《百川学海》、《汉魏丛书》辑刊本比勘，可知它们均属于同一系统的版本。

比上述丛书辑刊本更早的《古今刀剑录》文本，见于北宋初期李昉等编《太平御览》，题为"陶弘景《刀剑录》"，早于左圭《百川学海》的辑刊本。《太平御览》保存了很多宋及宋以前的古籍，引书多见整篇或整段文字，其中有一些原

---

* 本文作者为北京大学中国古文献研究中心、北京大学中文系副教授。

① 《百川学海》现存的主要版本有明弘治十四年(1501)无锡华理刻本，明嘉靖十五年(1536)蒲阳郑氏崇文堂刻本。《汉魏丛书》现存的主要版本有明万历二十年(1592)新安程荣刻本。本文所引《百川学海》辑刊本《古今刀剑录》出自明弘治十四年华理刻本《百川学海》第43册，第1—5页。此本今藏中国国家图书馆。《汉魏丛书》本《古今刀剑录》出自影印明万历二十年新安程荣刊本《汉魏丛书》，长春：吉林大学出版社，1992年，第747—749页。

书已佚，借由《太平御览》的引用，后人得以窥见其书早期面貌。

《太平御览》卷首载《太平御览经史图书纲目》，详记引用诸书的书名，共列1689种，其中不乏北宋以前的古本。这些古本除用于辑佚外，还可以用于勘定今本的脱漏错讹。《纲目》列有"陶弘景《刀剑录》"一书[①]，是《太平御览》辑录的来源。此《纲目》是成书后所作，然已载于南宋刻本《太平御览》，有很高的参考价值。

目前尚缺乏对《太平御览》辑录《刀剑录》的详细考察。本文通过比勘《太平御览》所引"陶弘景《刀剑录》"（下简称《御览》本）与《百川学海》辑刊本、明《汉魏丛书》辑刊本这两种通行本（下简称通行本），以此考察《古今刀剑录》的早期面貌。

一、《御览》本与通行本所载刀剑条目的比较

（一）刀剑记事条目数量的比较

《四库全书总目提要》子部谱录类《古今刀剑录》提要云："是书所记帝王刀剑，自夏启至梁武帝，凡四十事；诸国刀剑，自刘渊至赫连勃勃，凡十八事；吴将刀，周瑜以下凡十事；魏将刀，钟会以下凡六事。"

以《提要》所言，《古今刀剑录》剑部有40条记事，刀部包括诸国刀剑、吴将刀、魏将刀，共34条，合计74条记事。今查《四库全书》本《古今刀剑录》，剑部记事为41条，刀部记事为36条，共77条，与《提要》不符，多出3条，疑《提要》统计有误[②]。

《百川学海》辑刊本与《汉魏丛书》辑刊本《古今刀剑录》，剑部记事共41条，刀部记事共36条，合计77条，与《四库》辑刊本数量相同。

《太平御览》兵部所辑"陶弘景《刀剑录》"，按照其分类体系，把《刀剑录》分为两部分，剑部在兵部七十四"剑中"部分[③]；刀部在兵部七十七"刀下"部分[④]。每则记事以"又曰"相隔，如第一与第二则记事：

> 陶弘景《刀剑录》曰：夏禹字高密，在位十年。以庚戌八年铸一剑，长三尺九寸，后藏于会稽秦望山。腹上刻二十八宿文，有背面，面记星辰，背

① 《太平御览引书目》影印《太平御览》，北京：中华书局，1985年，第14页。

② 《提要》所云刀部34条记事，包括"诸国刀剑"在内，从记事的内容来看，确有部分应入于剑部的记事误入了刀部。

③ 《太平御览》第二册卷三四三兵部剑中，第1577页—1579页。

④ 《太平御览》第二册卷三四六兵部刀下，第1591—1592页。

记山水日月。

又曰：启子少康在位二十九年。岁次辛卯二年春，铸一铜剑，上有八方面，长三尺一寸，头方。

《御览》本《刀剑录》，剑部记事有38条，刀部记事有44条，合计82条。比通行本多出5条。

《御览》本多出的5则记事可分为两种类型：

1.未见于通行本者1条

《御览》本刀部第37条：

又曰：北燕冯跋太平八年造一刀，铭曰太平，隶书。

2.《御览》本与通行本条目划分不同，通行本的一条记事，在《御览》本中为两条记事。其余4条记事属于这一类情况。

(1)通行本剑部第25条：

蜀主刘备，以章武元年岁次辛丑，采金牛山铁，铸八剑，各长三尺六寸。一备自服，一与太子禅，一与梁王理，一与鲁王永，一与诸葛亮，一与关羽，一与张飞，一与赵云。并是亮书，皆作风角处所有。令称元造刀五万口，皆连环，及刃口列七十二炼，柄中通之，兼有二字。房子容曰：唐人尚书郎李章武，本名方古，贞元季年，为东平帅李师古判官，因理第，掘得一剑，上有"章武"字。方古博物，亚张茂先，亦曰："蜀相诸葛亮所佩剑也。"及改名，师古为奏，请为章武焉。盖蜀主八剑之一也。

御览本列为两条，一条在剑部，一条在刀部：

《御览》本剑部第31条：

又曰：蜀主刘备章武元年辛丑，采金牛山铁，铸八剑，各长三尺六寸。一剑自佩，一与太子，一与梁王理，一与鲁王永，一与诸葛亮。二与张飞、关羽，一与赵云。并是亮书，作风角处所。

《御览》本刀部第17条：

又曰：蜀主刘备令蒲元造刀五千口，皆连环，及刃口刻七十二炼，柄中通之，兼有二字。

(2)通行本剑部第27条：

吴王孙权，以黄武五年，采武昌铜铁，作千口剑，万口刀，各长三尺九寸。刀头方，皆是南铜越炭作之，文曰大吴，小篆书。又赤乌年中，有人得淮阴侯韩信剑，帝以赐周瑜。

《御览》本列为剑部第25、第26条。

第25条：

又曰：吴王孙权，以黄武五年，采武昌铜铁，作千口剑，万口刀，各长三尺九寸。刀头方，皆是南铜越炭作之，文曰大吴，小篆书。

第26条：

又曰：赤乌年中，有人得淮阴侯韩信剑，帝以赐周瑜。

(3)通行本刀部第2条：

后赵石勒，以建平二年，造一刀，用五百金，工用万人，头尖，长三尺六寸，铭曰建平，隶书。勒未贵时，耕地得一刀，铭曰石氏昌，篆书。

《御览》本列为刀部第23、第24两条。

第23条：

又曰：后赵石勒建平元年造一刀，用五金，工用万人，尖头，长三尺六寸，铭曰建平，隶书。

第24条：

又曰：石勒未贵时，耕得一刀。铭曰石氏昌，篆书。

(4)通行本刀部第8条：

明元帝嗣，以泰常元年，造一剑，长四尺，铭背曰太常。至真君元年，有道士继天师白，为帝造剑，长三尺六寸，隶书。因改元真君。

《御览》本列为剑部第36、第37两条。

剑部第36条：

又曰：明元帝以太常元年造一剑，长四尺，铭背曰太常。

剑部第37条：

又曰：太武帝至真君元年，有道士继天师自为帝造剑，因改元为真君。剑长三尺六寸，隶书。

由上可见《御览》本记事共多出5条。除了1条未见于通行本外，其余多出的4条是因为通行本把《御览》本的两条记事合并为1条。通过对比可知《御览》本的记事内容在通行本中比较完整地保留下来，而通行本则出现了条目合并的现象。

(二) 条目分类的比较

在《御览》本、通行本记事内容一致的条目中,有一些条目在两个刊本中的排列顺序不同,但没有造成刀剑分类错误。

《御览》本与通行本在条目分类上最大的不同是,有 3 条记事,就其内容而言属于剑部,《御览》本亦列于剑部,通行本却舛入了刀部;有 4 条记事就其内容而言属于刀部,《御览》本亦列于刀部,通行本却舛入了剑部。

1. 原《御览》本剑部记事,通行本舛入刀部,共 3 条。

(1)《御览》本剑部第 35 条:

> 又曰:后魏道武帝登国元年于阿理铸二剑,一铭曰镇山,一铭曰沉水,并隶书。

见通行本刀部第 7 条:

> 道武帝珪,以登国元年,于嵩阿铸一剑,铭曰镇山,隶书。

(2)《御览》本剑部第 36 条:

> 又曰:明元帝以太常元年造一剑,长四尺,铭背曰太常。

通行本刀部第 8 条:

> 明元帝嗣,以泰常元年,造一剑,长四尺,铭背曰太常。

(3)《御览》本剑部第 37 条:

> 又曰:太武帝至真君元年,有道士继天师自为帝造剑,因改元为真君。剑长三尺六寸,隶书。

通行本刀部第 8 条:

> 至真君元年,有道士继天师白,为帝造剑,长三尺六寸,隶书。因改元真君。

从上述记事的内容来看,均是关于剑的记事,应入于剑部。《御览》本的分类准确,通行本从《百川学海》本开始出现了颠舛。应以《御览》本为准。

2. 原《御览》本刀部记事,通行本舛入剑部,共 4 条。

(1)《御览》本刀部第 19 条:

> 又曰:东晋司马聃永和五年于房山造五口刀,铭曰五方单符。隶书。

通行本在剑部第 33 条:

> 穆帝聃,以永和五年,于房山造五口剑,铭曰五方单符。隶书。

(2)《御览》本刀部第38条

又曰：宋高祖刘裕永初元年造一刀，铭其背曰定国，小篆书，长八尺。后入梁。

通行本在剑部第35条：

宋武帝刘裕，以永初元年，铸一刀，铭其背曰定国，小篆书，长四尺，后入于梁。

(3)《御览》本刀部第39条：

又曰：宋刘义符景平元年造一刀，铭曰五色，小篆书。

通行本在剑部第36条：

少帝义符，以景平元年，造一刀，铭曰五色，小篆书。

(4)《御览》本刀部第40条：

又曰：刘准升明元年掘得一刀，铭曰上血，其刀光照一室。帝奇之，常服。至二年七月，帝使杨玉夫候织女，玉夫候不得，惧死，因用弑帝，果如其铭。故知吉凶，其兆见矣。

通行本在剑部第38条：

顺帝准，以升明元年，掘得一刀，铭曰上血，其刀照一室，帝奇之。至二年七月，帝使杨玉候织女，玉候女不得，惧死，用以弑帝，果如铭。故知吉凶，其征先见矣。

以上第1条，《御览》本为“五口刀”，通行本为“五口剑”。此事于史籍无考，或通行本讹误。其余3条，《御览》本、通行本均为刀的记事，《御览》本分类无误，通行本误入剑部。

可见从南宋《百川学海》辑刊本开始，条目序列已经发生了舛乱。

（三）序言及小标题的比较

1.通行本有序言，而《御览》本没有。

通行本序言云：

夫刀剑之由出已久矣。前王后帝，莫不铸之，但以小事，记注者不甚详录，遂使精奇挺异，空成湮没，慨然有想，遂为记云。

《御览》本无此序言。或因《太平御览》是类书，只按刀剑的分类辑其条目，忽略了序言。不能因此得出此书序言是由后人增益的结论。

如《陶弘景集校注》所云：其序言出自陶弘景手笔，当无疑问[①]。

2. 通行本有小标题，《御览》本没有。

通行本刀部开始的部分，有“诸小国刀剑总在此”的小标题，《御览》本没有。

通行本刀部第22条周瑜“荡寇将军”刀前，有“吴将刀”的小标题，至第27条朱君理“安国刀”，均属吴将刀。《御览》本无此标题。

其后第28条关羽“万人”刀，至第31条黄忠刀，应为蜀将刀，今查通行本及《四库全书》辑刊本《古今刀剑录》，刀部关羽刀至黄忠刀前，无“蜀将刀”小标题。不知是否因疏忽所致。《御览》本亦无此小标题。

通行本刀部第32条钟会“太一”刀前，有“魏将刀”小标题，至第37条王双刀，均属魏将刀。董卓刀、袁绍刀亦在列。《御览》本无此标题。

《四库全书总目提要》曾质疑，曰：“然关、张、诸葛亮、黄忠皆蜀将，不应附入吴将中，疑传写误佚蜀将刀标题三字。又董卓、袁绍不应附魏，亦不应在邓艾、郭淮之间，均为颠舛。”

《提要》所说的分类“颠舛”，的确属实。《御览》本原本没有以上小标题，或自《百川学海》辑刊本所据旧本而来，通行本标题或为《百川学海》辑刊本所增。

二、《御览》本与通行本记事详略比较

这方面主要有两种情况：

(一)《御览》本记事详于通行本

如梁武帝剑，《御览》本剑部第38条云：

> 又曰：梁武帝萧衍天监元年即位，至普通中岁在庚申，命弘景造神剑十三口。用金、银、铜、铁、锡五色合为此剑。长短各依剑洞术法，一曰凝霜，道家三洞九真，剑上刻真人玉女名字。二曰官仪，备斋六宫，有剑神名，无刃，刻官宿星，皇后服之。三曰擒光，备非常，御斩刺，长三尺六寸，上刻风伯雨师形名。四曰九天，出军行师，君执授将，长五尺，金镂作蚩尤神形。五曰伐形，刻符箓、道家登真图口诀，六甲神，长五尺。六曰四目，突宫闱茵被，卧止小室帐幄中，长三尺五寸。七曰五威灵光，长二尺许，半身有刃，上刻星辰、北斗、天市、天魁、二十八宿，服此除百邪魑魅去厌，帅伏用之。八曰风鸟，有恶鸟鸣，起镇之；上有黄帝咒法，禹步形势用之。九

① 〔南朝梁〕陶弘景著，王京州校注《陶弘景集校注》，141页，上海：上海古籍出版社，2021年，第141页。

曰司命，行刑煞罚者执之，赐万姓自裁者。十曰礼剑，生畜男子弧矢縠剑则用之。十二曰永昌，镇国安社用之，长七尺。十三曰闰剑，长六尺。所以作十三口，象闰月故也。取上元甲子时，加斗魁，加岁正、月旦合合之，取风雷雨震日止环偏，长八寸，文曰“服之者永治四方”，小篆文。

通行本剑部第41条为：

梁武帝萧衍，以天监二年即位，至普通中，岁在庚子，命弘景造神剑十三口，用金、银、铜、锡、铁五色合为之，长短各依剑术法，文曰“服之者永治四方”，并小篆书。

《四库提要》云：“宏景先武帝卒，而帝王刀剑一条乃预著武帝谥号，并直斥其名，尤乖事理。疑其书已为后人所窜乱，非尽宏景本文。”

梁武帝萧衍卒于549年，谥为武，书中记其谥号，并不讳其名。其原因或为陶弘景卒后，其未竟之《刀剑录》由弟子续作，因此出现梁武帝谥号，并不避讳其名。这一记事应是后人据梁武帝铸剑之事，依托陶弘景之名增益而成，可见《刀剑录》并非成于陶弘景一人之手。传至北宋初，《太平御览》编者尚可见其早期传本并辑录于书中。传至南宋及明代，则渐为脱漏残缺。今虽不复见其原本，借由《御览》仍可窥见其早期面貌之一斑。[①]

另外一条是，《御览》本剑部第35条：

又曰：后魏道武帝登国元年于阿理铸二剑，一铭曰镇山，一铭曰沉水，并隶书。

通行本刀部第7条：

道武帝珪，以登国元年，于嵩阿铸一剑，铭曰镇山，隶书。

通行本只有镇山剑，没有沉水剑之名。或为后世所佚。此条原属剑部的记事，在通行本误入刀部。

（二）通行本详于《御览》本

如刘备八剑及蜀刀，通行本剑部第25条为：

蜀主刘备，以章武元年岁次辛丑，采金牛山铁，铸八剑，各长三尺六寸。一备自服，一与太子禅，一与梁王理，一与鲁王永，一与诸葛亮，一与关羽，一与张飞，一与赵云。并是亮书，皆作风角处所有。令称元造刀五

① 参见拙作《陶弘景〈古今刀剑录〉撰著渊源探微》，《北京大学中国古文献研究中心集刊》第二十三辑，北京：北京大学出版社，2021年，第116—124页。

万口，皆连环，及刃口列七十二炼，柄中通之，兼有二字。房子容曰：唐人尚书郎李章武，本名方古，贞元季年，为东平帅李师古判官，因理第，掘得一剑，上有"章武"字。方古博物，亚张茂先，亦曰："蜀相诸葛亮所佩剑也。"及改名，师古为奏，请为章武焉。盖蜀主八剑之一也。

《御览》本在剑部第31条：

又曰：蜀主刘备章武元年辛丑，采金牛山铁，铸八剑，各长三尺六寸。一剑自佩，一与太子，一与梁王理，一与鲁王永，一与诸葛亮。二与张飞、关羽，一与赵云。并是亮书，作风角处所。

观《御览》本刀部第17条：

又曰：蜀主刘备令蒲元造刀五千口，皆连环，及刃口刻七十二炼，柄中通之，兼有二字。

通行本合上述章武元年（221）蜀铸剑及造刀之事为一，而后段李章武之事，未见于《御览》本。通行本所涉李章武事，见唐人记述，应是后人据唐人所记增益。

唐李景亮撰《唐五代志怪传奇叙录》卷二《李章武传》云：

陶弘景《古今刀剑录》云："房子容曰：唐人尚书郎李章武，本名方古。贞元季年，为东平帅李师古判官。因理第，掘得一剑，上有章武字。方古博物，亚张茂先，亦曰蜀相诸葛孔明所佩剑也。乃改名。师古为奏，请为章武焉。盖蜀主八剑之一也。"

按陶弘景梁人，不当言及唐，盖唐人增益也，然房子容亦不详何人。据此，章武原名方古，曾为东平节度使判官，因掘得诸葛亮章武剑而改名。章武博物，善考古。……东平郡（郓州）为平卢军淄青等州节度治所。考之《唐书》，贞元八年节度使李纳（带宰相同中书门下平章事衔，即所谓使相）死，子师古继之，十六年亦加同中书门下平章事，元和元年卒。①

唐人李章武，本名方古，曾任东平节度使判官，好博物考古。在整理宅地时掘得一剑，剑上有"章武"二字，方古说此剑为蜀相诸葛亮的佩剑，是刘备章武元年铸造的八剑之一。因此东平帅李师古上奏，请求方古改名为章武。

蜀主章武元年铸刀剑之事，于史籍无载，仅见《古今刀剑录》。李章武掘章武剑并改名之事不见于《御览》本，或是宋人据唐人故事增益。通行本虽然不是原本面貌，但提供了此书在南宋以后的演变线索。

---

① 〔唐〕李景亮撰，李剑国叙录《唐五代志怪传奇叙录》卷二《李章武传》，北京：中华书局，2017年，第38页。

结 语

《太平御览》卷前引《国朝会要》云:"先是帝阅前代类书,门目纷杂,失其伦次,遂诏修此书。以前代《修文御览》、《艺文类聚》、《文思博要》及诸书参详条次,分定门目。"[①]可见《太平御览》某些部分是杂钞前代类书而成。所载晋宋之事多据《修文殿御览》,齐梁之事多据《文思博要》[②]。

陈振孙《直斋书录解题》卷一四"类书"提要云:"(《太平御览》)以前代《修文御览》、《艺文类聚》、《文思博要》及诸书,参详条次修纂。……或言国初古书多未亡,以《御览》所引用书名故也。其实不然,特因前诸家类书之旧耳。以《三朝国史》考之,馆阁及禁中书总三万六千余卷,而《御览》所引书多不著录,盖可见矣。"如陈氏所言,虽北宋初古书多有存世而未亡者,但《御览》仍有很多内容是辑录前代类书而成。《太平御览》引书目录有"陶弘景《刀剑录》",其所引《刀剑录》究竟来自单本别行的旧本,还是抄录于前代类书所录《刀剑录》,详情已不得而知。

《太平御览》在引书方面多有错讹,但此书保存了众多宋以前古籍,其中一些甚至是整部、整篇的文献,因此至今仍然具有辑佚校勘价值。就《古今刀剑录》而言,虽已见不到原书,但仍然可以从《太平御览》的辑录中得到线索。

比《太平御览》更早的现存重要类书,如唐代的《艺文类聚》,并未辑录《古今刀剑录》。从这一情况来看,《太平御览》应是现存最早辑录《古今刀剑录》的类书。

《太平御览》所载"陶弘景《刀剑录》",剑部和刀部的记事合计 82 条,通行本合计 77 条。去除上述仅见于《御览》本、未见于通行本的北燕冯跋太平刀这一条,再加上通行本共 4 条记事把《御览》本 2 条记事合为 1 条,相加共 5 条记事,是造成《御览》本多出 5 条记事的原因。除此之外二者在记事条目上没有明显的差异,两个版本的条目数量基本一致。

这两个版本的主要区别在于通行本出现了刀剑归部方面的讹误,《御览》本的刀剑归部准确无误,而通行本有舛乱,有本属剑部误入刀部的,也有本属刀部误入剑部的。

另一个区别是两个版本在内容上互有详略。《御览》本详于通行本的部分,如梁武帝剑部分,应为后世通行本所佚;通行本详于《御览》本的部分,如李

---

① 《太平御览引》,《太平御览》第一册,第 3 页。

② 《修文殿御览》见《旧唐书·经籍志》类事类,三百六十卷,今佚。《艺文类聚》《文思博要》见《旧唐书·艺文志》类事类,一千二百一十二卷,今佚。

章武掘剑改名的部分,应为通行本所增。从增入李章武一事的情况看,或许在南宋《百川学海》成书时已经有了增益。

因通行本确有后世舛入的内容,导致《古今刀剑录》出现真伪之争。《四库全书总目提要》的结论是:"(《古今刀剑录》)则其来已久,不尽出后人赝造。或亦张华《博物志》之流,真伪参半也。"此评价比较中肯。

《太平御览》成书于北宋太平兴国八年(983),《百川学海》成书于南宋咸淳九年(1273),两部著作相隔 290 年。通行本是否源自《太平御览》本,没有确切证据,但从二者记事条目和内容大体相同这一方面来看,它们或许有某种间接关系。

《太平御览》本《刀剑录》应更接近于《古今刀剑录》的原貌,能够帮助我们了解原本面貌,有助于厘清真伪之辩。

《类说》天启刻本之生成与明代后期的书籍刊刻*

关　静**

【内容提要】 本文通过明天启刻本《类说》版面所存留之卷次拼合痕迹，探讨该书从李跋本七十卷到通行本六十卷的形态变化、刻书人的"特异性"操作，以及在这一过程中形成的内容错乱。通过细节的补论，打通考察《类说》通行本来历的最后一环，实现天启刻本面貌形成过程的"贯通"，使得此本与传世各抄本在内容、编次诸方面的参差出入从扑朔迷离变得有迹可循，或有助于更好地使用《类说》及避免与之相关的文献混乱。同时，相关现象也是认识古书流传演变及明代后期书籍刊刻的典型例证，在版本考或书籍史上亦较为珍贵。

【关键词】 曾慥　类说　天启刻本　岳钟秀　书籍刊刻

明人刻书，尤其是嘉靖以后的刻书，向为世人诟病，甚至有"明人刻书而书亡"之说。近来有学者对此进行发覆，认为这一论调源自清人的建构，"其逻辑链条不完善，更受朝代竞赛的偏私心理左右"①；同时也不得不承认明代后期的书籍刊刻确实存在诸多问题。本文即欲在此背景下，以《类说》天启刻本的面貌成因为中心，探讨古书的流传演变与明代后期的书籍刊刻问题。

曾慥《类说》编成于南宋绍兴六年（1136），收书二百六十余种，具有重要的文献资料价值。其书编成后多次刊印出版，其中影响最著者当属明代天启六年（1626）河南新野地区岳钟秀等人组织刊刻之本，称"天启刻本"。天启刻本有早印、后印之分，台北"国家图书馆"（以下简称"台图"）所藏本为早印本，乃《四库全书》所收《类说》底本；国家图书馆藏天启刻本为后印本，此本在二十世纪六十年代以来多次影印出版，遂成为通行本。

---

* 本文为中国博士后科学基金第69批面上资助（项目号：2021M691675）、南开大学文科发展基金青年项目（ZB22BZ0302）阶段性成果。

** 本文作者为南开大学文学院助理研究员。

① 尧育飞《"明人刻书而书亡"发覆》，《图书馆理论与实践》2019年第11期。

天启刻本主导了《类说》的流传与研究，但是该本与其他传世版本在卷次、引书、分卷、条目、文字等方面都存在极大的差异。要之，天启刻本存在引书数量减少，出处有误；任意分卷，卷次混乱；撰人著录删而未尽，信息错用；条目大量遗漏，顺序不同；文字脱衍讹误，随意妄改等问题与不足①。在厘清天启刻本的刊刻过程、相关处理之前，这些参差出入显得扑朔迷离，难以理解。李更《李盛铎旧藏〈类说〉"七十卷本"残卷探析——兼议明天启刻本面貌的形成》（以下简称"李文"）首次根据北大图书馆藏李盛铎跋明抄本（简称"李跋本"）与天启刻本在形式、内容上的关联，从底本的角度出发探讨《类说》天启刻本面貌之成因。该文得出几个重要结论：一、李跋本或许是马之骐、岳钟秀整理过程中之阶段性"工作本"，甚至可能就是天启刻本据以刊刻的底本；二、李跋本"分卷七十"②，主要着眼于五十卷本基础上的拆分，而天启刻本分卷六十是在李跋本基础上的合并③。天启刻本面貌的形成除底本原因外，还与上版后的卷次拼合密切相关。对此，尽管刊刻者想方设法予以掩盖，仍然留下不少蛛丝马迹。如卷前目录中部分标目留白，正文中间存在若干空行，某些条目所属引书存在明显讹误，卷端题署存在拼版，等等。因此，本文主要在李文基础上，从版本实物证据出发，力争破译天启刻本中的部分"密码"，进而探讨该本的刊印过程。

一、《类说》天启刻本版面存留之卷次拼合痕迹

天启刻本版面存留了大量卷次拼合痕迹，种种迹象表明其目的是将李跋本的七十卷变为六十卷。该本体例为（一）每卷卷首用三行题写卷端信息，包括该卷卷次、编纂者、参阅人、订正人等；（二）第四行低二格著录首部引书名；（三）第五行顶格题写首条标目；（四）第六行起为正文，文低一格。从结果看，天启刻本不仅存在将原本分属于两卷甚至三卷的内容合并为一卷的情况，为了弥合原卷端所占三行的分卷痕迹，刊刻者还拆分部分原本位于卷末的条目，补入原卷端位置。这就导致天启刻本出现分卷有异、条目错舛等问题。

天启刻本的卷次合并情况，可根据李跋本的有无，分为两类：一类是在现存李跋本中位于卷首，天启刻本位于卷中的引书；另一类是李跋本不存，但可推定李跋本原属于卷首，而天启刻本位于卷中的引书。以下谨作考述：

---

① 关静《〈类说〉天启刻本系统学术价值再探》，《文献》2020 年第 6 期。

② 李跋本序言中称"分卷七十"，但其残存卷次不多，且部分卷次没有标明卷次，故加引号。

③ 李更《李盛铎旧藏〈类说〉"七十卷本"残卷探析——兼议明天启刻本面貌的形成》，《版本目录学研究》（第八辑），北京：北京大学出版社，2018 年，第 229、195 页。

(一)李跋本卷首,天启刻本卷中引书

即在李跋本中次于卷首的引书,在天启刻本中原位于卷首,经过卷次合并后方出现于卷中位置。李文整理出《类说》李跋本与六十卷本(即天启刻本)、五十卷本的卷次分歧一表,由表可见天启刻本将李跋本卷六、卷七合并为卷六,卷二二、卷二三合并为卷一九[①]。对于合并情况,李文已有详细分析,此处为便于后文讨论,再略作梳理。

首先,《荆楚岁时记》《景文龙馆记》[②]二书在李跋本均次于卷首[③],在天启刻本卷六中间位置,但所在叶面分明保留了卷端信息:1.二书书名均在 a 面第 4 行,这符合天启刻本卷首引书前留三行题写卷端的体例。2.二书书前内容另有蹊跷。《荆楚岁时记》前一引书为《续齐谐记》,中科院藏残廿六卷抄本、上图藏清五十卷本等版本《续齐谐记》末条标目作"磐石"(李跋本名"盘山梅"),正文含刘晨阮肇入天台山故事;台图藏伯玉翁本则分为"磐石""天台仙女"两条,见图 1;天启刻本正文已无刘晨阮肇内容,条目末尾有一行空行,见图 2。

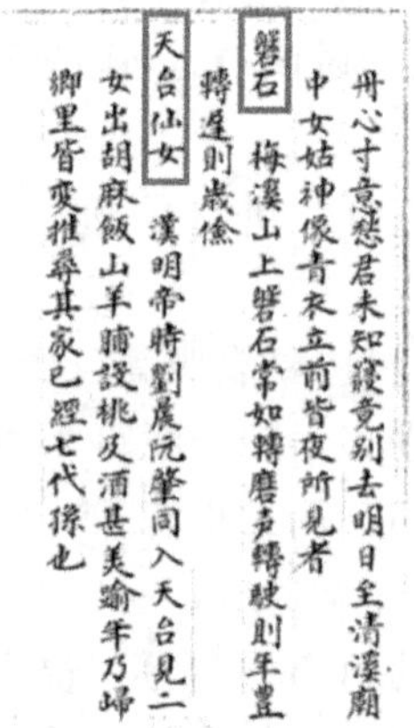
冊心寸意慈君未知寢覓别去明日至清溪廟
中女姑神像青衣立前皆夜所見者
磐石 梅溪山上磐石常如轉磨声轉駛則年豐
轉遲則歲儉
天台仙女 漢明帝時劉晨阮肇同入天台見二
女出胡麻飯山羊脯設桃及酒甚美踰年乃歸
鄉里皆变推尋其家已經七代孫也

图 1 台图藏伯玉翁本《续齐谐记》末尾

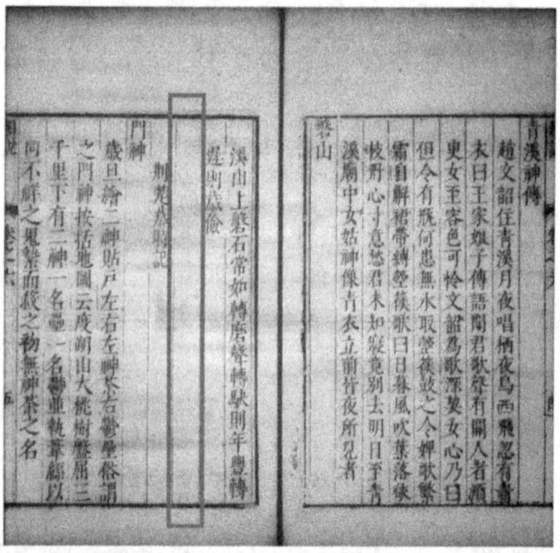

图 2 国图藏天启刻本[④]《续齐谐记》末尾

不过,缺失的"刘晨阮肇"内容并未被舍弃,而是不偏不倚"恰巧"出现在《景文龙馆记》书前位置,见图 3。如此则"刘晨阮肇"条在天启刻本中属于刘竦

① 李更《李盛铎旧藏〈类说〉"七十卷本"残卷探析——兼议明天启刻本面貌的形成》,第 191—193 页。

② 按,天启刻本卷七目录及正文均作《景文龙馆集》,然该本书前总目以及《类说》其他版本均作《景文龙馆记》,加之《类说》此卷引书名均以"记"结尾,今从他本。

③ 李跋本《景文龙馆记》及以后的内容散佚,但是第七卷卷前目录止于《传记》一书,那么《景文龙馆记》为下卷卷首内容无疑,故二书在此一并讨论。

④ 若早印本、后印本无明显差别,则用国图藏本书影,以下同。〔宋〕曾慥《类说》,国图藏天启刻本,善本书号 07555。

《传记》一书，中华本《隋唐嘉话》收入补遗，按云："疑非刘竦《传记》所有。"[①]有趣的是，"刘晨阮肇"在移动位置后，没有按照其"新身份"刻入卷前目录《传记》对应位置，只是简单附于卷末引书《海物异名记》末尾，见图 4。

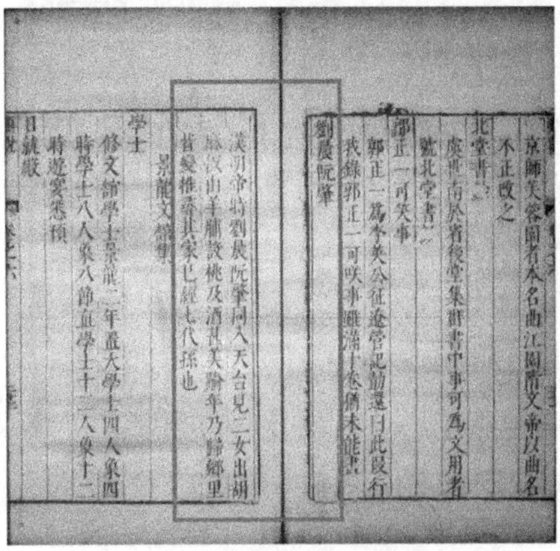

图 3　国图藏天启刻本《传记》末尾

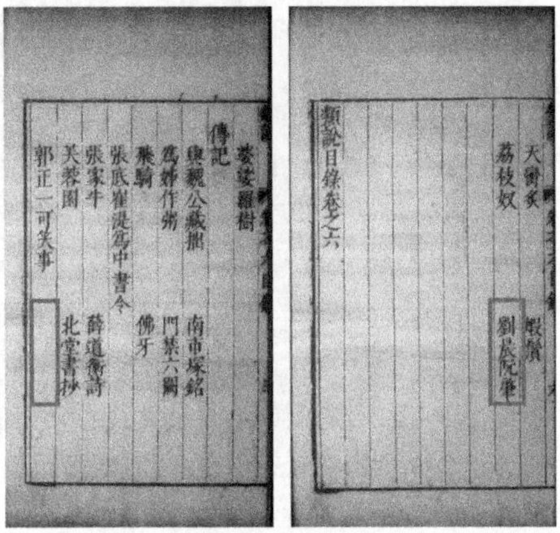

图 4　国图藏天启刻本卷前目录"刘晨阮肇"

综合以上种种反常迹象，不难揣测天启刻本刊刻时，《荆楚岁时记》《景文龙馆记》尚为卷首引书，所以刊刻位置在 a 面第 4 行，前有三行用以题写卷端信息。上版后因卷次合并需求，二者由卷首变为卷中，为消弭原卷端信息，需要将前卷末叶与后卷首叶版片拼合。最稳妥的办法是将后卷首叶重刻一版，然后将前卷末叶内容移置于新版片上原卷端位置。此时，刊刻者又会面临一个难题，即如果卷端三行无法容纳前卷末叶所有内容，多出文本该如何处置？从版本实物看，天启刻本刊刻者不惜采用"移花接木"手段，将《续齐谐记》"磐石"条一分为二，前半置于《荆楚岁时记》前，后半置于《景文龙馆记》前，实现"一举两得"。结果导致《荆楚岁时记》前残留一行空行，而《景龙文馆记》前出现了错舛的"刘晨阮肇"内容。

其次，《三朝圣政录》在李跋本卷首，在天启刻本卷一九中间位置。其书名同样出现在 a 面第 4 行，前三行不仅有断版，还有 2 行空行，考空行位置无条目缺失，见图 5(左)。按照上文逻辑，可推知《三朝圣政录》在天启刻本原为卷首，前有三行题写卷端信息，合并卷次后，其位置由卷首变为卷中。《三朝圣政录》书前断版位置对应的正是卷端题署处，进一步证实了此处原为卷端的猜测。加之卷前目录结尾作"类说目录卷之"，见图 5(右)，未予标示的具体卷次同样显示此卷存在改易。

遗憾的是李跋本只残存十四卷(实对应五十卷本十一卷)，尚有若干卷次

① 〔唐〕刘竦撰，程毅中点校《隋唐嘉话》"补遗"，北京：中华书局，1997 年，第 61 页。

无法借此呈现，需要在综合五十卷本、六十卷本分卷后进行全面观照。

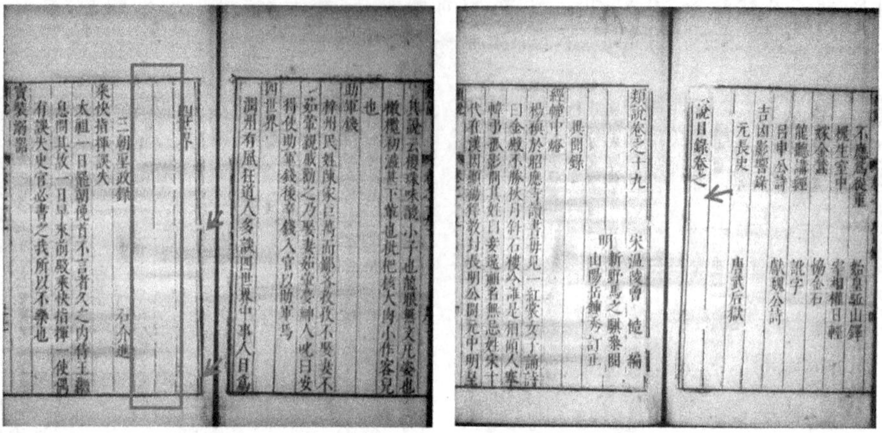

图 5 国图藏天启刻本《三朝圣政录》正文前空行(左)及卷前目录卷次(右)

(二)李跋本不存，天启刻本卷中引书

即李跋本对应卷次已佚失，需借助五十卷本分卷以及天启刻本残留信息辅助判断。

1. 五十卷本卷首，天启刻本卷中引书

李文考证李跋本在编卷方面将五十卷本原本的 65 个子卷分别独立为一卷后，再拆分少量卷次形成所谓的七十卷本。循着这一线索继续追踪，会发现五十卷本卷首之《献替记》《语林》《摭遗》《殷芸小说》等书，虽位于天启刻本卷中，不过诸书书名均刻于 a 面第 4 行，原卷端位置同样存在端倪。

《献替记》在五十卷本第八卷卷首，在天启刻本卷七第 18 叶 a 面第 4 行(为便于记载，记为 18a4，后文仿此)，其前所接条目为“沉名宦海”，所属引书为《海棠记》，见图 6(左)。《类说校注》云：“此条在空了七行之后，另起一行书写，所引为《仙传拾遗》，与《海棠记》没有联系。目录中亦无此条。”①以《类说》其他版本比勘，“沉名宦海”则为《鸡跖集》②末条内容，见图 6(右)，研究者考证此条源自《绀珠集 · 鸡跖集》③，属《鸡跖集》内容无疑。此条文字得以跨越数十卷内容进入《海棠记》，一则为了掩盖《献替记》前的卷端信息，再则它原本所处位置亦曾进行卷次合并操作，此待后文再叙。

---

① 〔宋〕曾慥编纂，王汝涛等校注《类说校注》上册，福州：福建人民出版社，1996 年，第 223 页。

② 五十卷本卷二六中，六十卷本卷二九。

③ 李更《〈鸡跖集〉三题》，《版本目录学研究》第七辑，北京：北京大学出版社，2016 年，第 270 页。

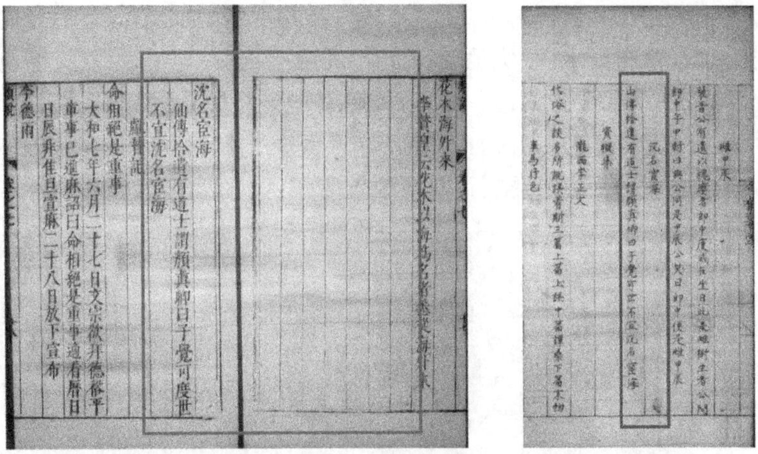

图 6 国图藏天启刻本(左)与国图藏有嘉堂抄本“沉名宦海”条(右)

《语林》在五十卷本第二十八卷卷首,天启刻本卷三二 22a4,其前无条目缺失和错舛,仍有一行空行。《摭遗》在五十卷本卷三〇下卷首,天启刻本卷三四 32a4,卷端位置为前书末条“仆乃杜审言儿”,此叶看似无异常,实第 31 叶存 8 行空行。《殷芸小说》在五十卷本卷四二上卷首,天启刻本卷四九 15a4,卷端有 3 行空行,空行位置原应题署有卷端信息,今可见栏线有明显缺损,或即刬去原有文字时操作不慎所致。如二三行之间,居中较大的断线,指向的正是卷端题名中“明”字的位置,见图 7。

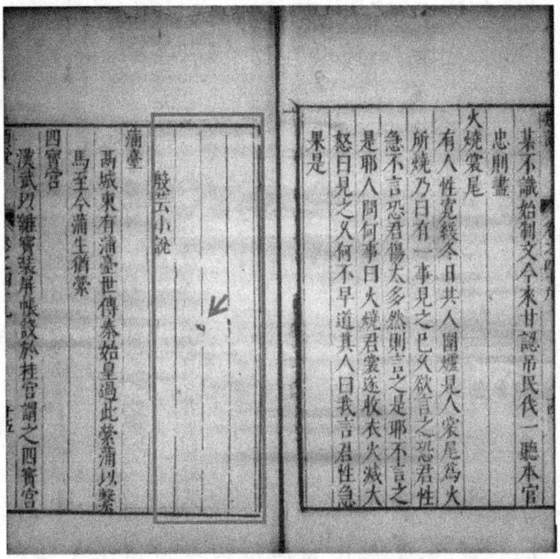

图 7 国图藏天启刻本《殷芸小说》前空行及栏线缺损

2. 五十卷本一书分上、下,天启刻本为卷中引书

五十卷本中,《仇池笔记》《世说》二书因所引条目过多,拆分为上、下两个子卷，分别是卷一〇上、下，卷二七上、下。天启刻本《仇池笔记》仍分两卷，为卷九、卷一〇，卷前目录以“仇池笔记上”“仇池笔记下”进行区分；《世说》则只存于卷三一，中间有合并痕迹。首先，天启刻本卷前目录（见图 8 左、中）、正文均两次著录《世说》书名；其次，正文第二个《世说》书名位于 5a5，前接“南都赋图”条，然第 4 叶共有 15 行空行，对应位置无条目缺失，见图 8（右）。

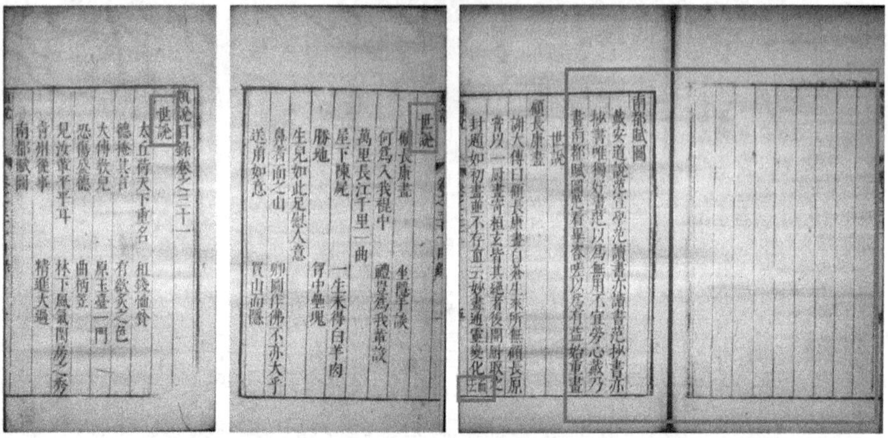

图 8 国图藏天启刻本卷前目录《世说》（左、中）与正文第二个《世说》前空行（右）

此处《世说》书名并非如他书一般出现在第四行，而是在第五行，这是因为“南都赋图”条内容需要占据四行位置，无法再行拆分。不仅如此，本叶“顾长康画”条文末“通灵变化而去”之“而去”二字为挤刻，显然在原版片中，《世说》书名原在四行，而“顾长康画”条占据五行位置，其中“去”字单独占一行。“南都赋图”条原应所在的第 4 叶 a 面空白叶面上栏线多有缺失，刊刻者剜去此条内容后移至后叶证据确凿。

3. 五十卷本、天启刻本卷中引书

另有部分引书在五十卷本即为卷中引书，推测李跋本曾将其作为一卷之首，天启刻本沿用李跋本分卷后重新合并为卷中。这类引书有一个共同点，即它们在该卷中的叶面相对靠后，毕竟在卷次合并以前，它之前的叶面要作为单独的一卷刊行，所以须有一定版面。这以《资暇集》《冷斋夜话》等为代表。

天启刻本《资暇集》见于卷二九 21a4，其前内容为《鸡跖集》“雌甲辰”条。然在《类说》其他版本中，其前内容正是上文所云孤悬在二十卷开外的《鸡跖集》“沉名宦海”条。其原理与“刘晨阮肇”条类似，天启刻本在合并两卷内容时，将前卷末叶与后卷首叶拼合，因对应位置空行过少无法容纳所有内容，于是落下“沉名宦海”条。刊刻者本着“惜字如金”的精神，不惜以文本错乱为代价，将多出的“沉名宦海”置于合并卷次后留下空行的《献替记》前，做到“物尽其用”。与“刘晨阮肇”条在卷前目录附于末尾的待遇不同，“沉名宦海”条并未见于天启刻本卷七卷前目录中。

天启刻本《冷斋夜话》位于卷五五 20a4。此前，笔者在校勘其前之《玉壶清话》"陶谷鸾胶曲"条时极为困惑，中科院藏明中吴山房本、台图藏明伯玉翁抄本、国图藏明有嘉堂抄本、上图藏清五十卷抄本等版本中均无《风光好》词的具体内容，天启刻本多出[①]。天启刻本条目、文字之缺失比比皆是，文字信息溢出的情况极为罕见。疑该处原亦为一卷之首，后合并为卷中，相关文字乃刊刻者为掩盖卷端信息所增。

若以上推断属实，那么李跋本曾将《献替记》《资暇集》《世说》《语林》《摭遗》《殷芸小说》《冷斋夜话》等作为一卷之始，与其标榜之"七十卷"相去不远。

二、天启刻本面貌变更背后的人事变动

刊刻者为何要在上版后改弦更张，中途对《类说》分卷做出如此大的调整呢？这与该本刊刻背后的人事变动有关。

天启刻本卷端题署为"宋温陵曾慥编，明新野马之骐参阅，明山阳岳钟秀订正"，也就是说天启刻本的刊刻至少涉及马之骐、岳钟秀二人，明清典籍中尚有关于二者的零星记载。马之骐，生于 1580 年，卒年不详，字时良，号康庄，河南新野人，回族。万历三十五年(1607)进士，万历三十八年榜眼，与韩敬、钱谦益同榜。《皇明三元考》谓其"治春秋，年三十一[②]，丙午举人，丁未进士。父化龙，丁丑进士，副使。弟之骏，庚戌进士，户部郎中"[③]，且"自设科以来，未有前科进士次科登鼎甲者，有之自宗达始，至庚戌科马之骐而二矣"[④]。曾任翰林院编修、湖广编修、国子祭酒、礼部侍郎等职。岳钟秀，字完懿[⑤]，山阳人，万历丁酉科(1597)举人。天启初任新野知县，相传"比归，士民泣送百里，署中古木多巢乌，亦随车飞噪，数日乃还。县人作《义乌传》记之"[⑥]。历任刑部主事、云南参议、贵州副使等职。

国图藏天启刻本书前仅存岳钟秀《订刊类说序》，序云："(马之骐)因谋汗竹鸠工于前令司公，一时群情踊跃……竟以司公转官，甫杀青而止"，"余受简，以订正自任，丙夜政暇，次第取而读之，悉加考覆"[⑦]。因缺少信息照应，览者对

---

① 词作"好姻缘，恶姻缘，只得郎亭一夜眠。别神仙，琵琶拨尽相思调，知音鲜。待得鸾胶，续凤弦，是何年？"

② 马之骐时年三十一，由此可推知其生年。

③ 〔明〕张弘道、张凝道撰《明三元考》卷一四，国家图书馆藏明何敬堂刻本，善本书号 11785，第 17 叶。

④ 〔明〕张弘道、张凝道撰《明三元考》卷一四，第 11 叶。

⑤ 一说字元懿。

⑥ 〔清〕《(嘉庆)大清一统志》卷九五、卷二一二，《中国基本古籍库》所收《四部丛刊续编》影旧抄本。

⑦ 〔宋〕曾慥《类说》，国图藏天启刻本，序第 3 叶。

司公以及《类说》的刊印过程所知甚少。这位险些“销声匿迹”的司公究竟为何许人？与天启刻本有何关系呢？

台图藏天启刻本另有马之骐所作长序，序中在对岳钟秀大加赞扬后，婉转提及“然是书之刻，寔经始于前政司侯，甫谋杀青，旋以迁去”[①]。李文发现天启刻本卷四题署有“明内黄司逌疆订正”与岳钟秀并列。考《河南通志》，在岳钟秀之前担任新野知县的正是这位司逌疆[②]。司逌疆，字达支，北直内黄人，万历癸卯科(1603)进士，万历末任新野知县，仕至工部员外郎。司公作为地方官员，与当地名士马之骐、马之骏等私交甚深，还曾为马氏兄弟与汪逸(字遗民，号华屋)的唱和之作《友声集》作序[③]。马之骏《妙远堂集》中也多次提及司公之名[④]。审序言中“甫谋杀青”“甫杀青而止”等语，则天启刻本之刊刻始于司逌疆，刻印工作已有时日。司逌疆转官后，岳钟秀接手新野知县一职，在马之骐等人的游说下重启刊刻事业。

需要追问的是司逌疆离任时刻印工作进行到什么程度？岳钟秀作为继任主事者，卷端题署为“订正”者，到底做过何种“订正”工作？工作态度如何？这些问题亦能从天启刻本版面存留的痕迹中找到答案。

首先是题署问题。现今研究者使用此本皆称岳钟秀刻本，司逌疆之名已鲜有人知。试想，司逌疆主事时，已刻版片卷端的题署应是他本人而非岳钟秀。李文提及天启刻本卷端有拼版情况，主要涉及编纂者、整理者信息，似完成于刊刻过程中。笔者详细比对天启刻本，发现以卷二五为界，卷二五(含)以前卷端均有拼版情况(仅卷一三、卷二〇不明显[⑤])，卷二五以后则仅卷二九、卷三〇、卷三一有明显拼版。见图9。由此可以推测：岳钟秀接手时，天启刻本约已完成二分之一的内容，其题署原作“内黄司逌疆订正”，所以这部分卷次需要大费周章拼版改卷端，成为今天的形式。司逌疆、岳钟秀二人均有组织刊刻之功，却因人事变动，一近湮没，一甚显赫，是亦可叹！卷四独存的司逌疆与岳钟秀并列的题署方式，或许是曾经商定最终被否决的一种尝试，又或许是刻工或好事者不忍司逌疆姓名被彻底毁弃而采取的些微补偿。

---

① 〔宋〕曾慥《类说》，台图藏天启刻本，前序第8叶。

② 〔清〕田文镜等《(雍正)河南通志》卷三四，国图藏清雍正刻本，善本书号A00158，第66叶。

③ 〔清〕永瑢等《四库全书总目提要》卷一八〇集部别集类存目七，北京：中华书局，2013年，第165页。

④ 如〔明〕马之骏《妙远堂全集》题辞一，沈乃文主编《明别集丛刊》第5辑第31册，合肥：黄山书社，2015年，第9叶。

⑤ 天启刻本卷一拼版亦不明显，似为重刻。

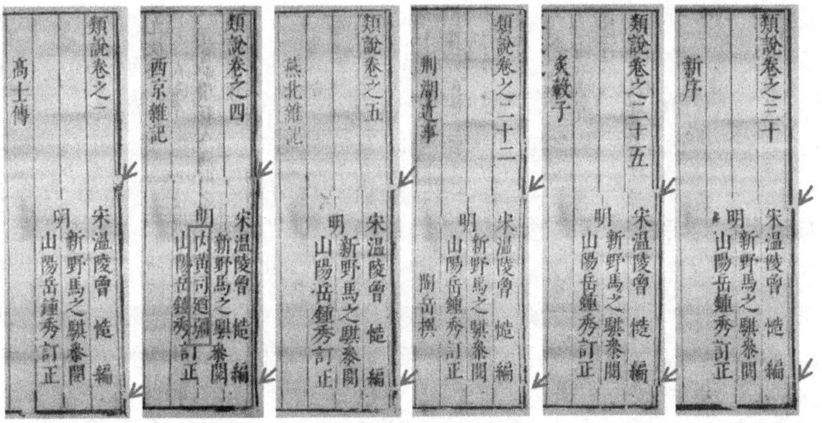

图 9 国图藏天启刻本卷二、卷四、卷五、卷二二、卷二五、卷三〇的卷端拼版痕迹

其次是卷次拼合问题。据前文,天启刻本在卷三一以后几乎不见卷端题署的拼版改易,但卷四九、卷五五等尚残存有卷次拼合痕迹。合理的解释是岳钟秀接手后并未立即开始卷次合并,而是继续按照李跋本分卷予以刊刻。天启刻本实施卷次拼合的契机当是卷二五前后存在版片丢失。汇校《类说》,不难发现天启刻本卷二五对应的是五十卷本卷二二、卷二三之内容,然与五十卷本相较,天启刻本存在大量引书缺失和内容舛错。具体而言,天启刻本缺少十种引书,分别是《南越志》《北里志》《翰林志》《续翰林志》《洞微志》《杂志》《金楼子》《抱朴子》《干膜子》《艾子》;另有四种引书存在内容舛错,分别是《炙毂子》《淮南子》《玉泉子》《金华子》[①]。李跋本将《类说》原来的五十卷拆分为七十卷本已勉强[②],丢失以上引书后,这一分卷方式更是雪上加霜,难以为继,恐是为此,岳钟秀等人才不得已合并部分卷次后成为六十卷。

再次是"订正"工作问题。因天启刻本卷端题署即曰"订正",岳钟秀在序言中又言之凿凿("以订正自任……悉加考覆"),在现有条件下有理由相信订正工作出自岳公之手。根据前文考证,岳公接手时天启刻本约已完成半数内容的刊刻,则其订正工作将涉及对已刊版片的改动,改动痕迹会反映到版面上。天启刻本确有部分文字改动,改动处文字通常与原文字迹不同,笔画粗重,或有一定程度的倾斜,文字两端的栏线存在断裂扭曲等情况。从其结果看,挖改、修补文字确实订正了少量内容,同时必须承认某些改动乃是不得已而为之,臆改致误之处同样比比皆是。挖改、修补文字订正了部分内容者,如卷六 12a《洛阳伽蓝记》"老妪吹篪"条正文"健马快儿不如老妪吹篪"之"如"字,与"画卵雕薪"标目之"薪"字,左右相邻,字迹与其他文字不同,栏线位置有缺

① 详参拙文《〈类说〉通行本与传世抄本引书差异考辨》,《文史》2021 年第 4 辑,此不赘述。

② 某些卷次叶面过少,各卷多寡不均。

损，显然是后改而成，修改后文字与他本相同。卷一四13a2《因话录》“后人诬作”条正文“《才命论》称张燕公革华传”十字挤刻占据六个字的位置，13b6《因话录》“李过庭”条正文“姚岘滑稽姚南仲廉察陕郊岘”十一字挤刻占据七个字的位置，两处修改后内容皆与他本相同。卷一三首叶《树萱录》“瓶隐”条正文末尾“时号瓶隐”之“瓶隐”二字为写刻，订正后内容不误。不得已而为之的改动，如已为研究者注意到的卷二二2a1《荆湖近事》“存孤恤寡”条标目，在其他版本中原作“谨守一片绿衫”，天启刻本因“谨守一片绿衫”对应的正文缺失，不得已将标目后改为“存孤恤寡”，墨色较深，且“孤恤寡”三字右侧栏线存在大块空缺。再如卷五17a2《河洛记》“檄暴”条，早期抄本标目原作“檄暴炀帝之恶”，正文开头为“李密自立为魏公……”，由于李跋本误作“檄暴”，正文起首云“炀帝之恶李密自立为魏公……”天启刻本按照李跋本上版，后发现“炀帝之恶”较为突兀，于是将此处剜去，留下一处空白。至于臆改致误之处，李文已有所涉及①，天启刻本中尚能找到不少例证。如卷一一25b8《芝田录》“元公馁死空谷”条正文有“谁为府君佐大必啖肉”，其中“佐大必”三字占据两字位置，笔画粗重，两侧栏线扭曲断裂。核他本原作“谁为府君犬必啗肉”，天启刻本将“犬”误作“大”后文意阻滞，“佐”当为臆补。再如卷一四3a3《启颜录》“黑面赤眼相嘲”条，天启刻本“答曰向我入门来”之“我入”有改动痕迹，核他本原作“向者”。卷一一4b3《幽怪录》“乌将军娶妇”条，“因割鹿腊”四字为挤刻，意思颇为费解，核有嘉堂本、上图清五十卷本、中科院残廿六卷本均无此内容。卷一四5a8《启颜录》“命群臣为大言”条，天启刻本“三四”两字并列挤刻，此处该本实缺失“三曰欲为大衣，恐不能起，以天为表，以地为里，装以浮云，缘以四海”共二十六字，岳公恐是发现此处径作“四曰”与前文数目不相称，所以将三、四并置。限于篇幅，此处不再一一例举。综合看，岳公并未获得除底本外的其他《类说》版本，所以这类订正多是根据前后文进行的简单改易。

三、《类说》天启刻本的生成与明代后期的书籍刊刻

至此，重新揭开了《类说》天启刻本刊印背后这段逐渐尘封的历史公案，天启刻本的生成过程已然清晰。马之骐作为天启刻本刊刻的发起者和底本提供者，诗文俱佳，以榜眼身份推崇《类说》，其“名人效应”颇具说服力。马序中对《类说》不吝赞美，“余性癖异书，蚤得宋曾公慥所辑《类说》若干卷。穿综百家，佃渔六学。自汉唐以来稗官小说，罔不广茹；而芳掇之翠羽明珰，烟横露挹。

① 参见李更《李盛铎旧藏〈类说〉“七十卷本”残卷探析——兼议明天启刻本面貌的形成》“五、文字与校勘”部分“类型3”，第220—222页。

搜括既富，采撷殊精，洵取材之邓林，而冶参之瑶圃矣”①。因其大力推崇，积极奔走，最终促成天启刻本的问世。新野地区“一时群情踊跃，有郡伯赵公，偕内乡董公、淅川饶公、叶县王公，俱欲捐俸赞成”②的盛举令人怀想。

时任新野知县的司迺疆，因与马氏兄弟过从甚密，接受二者推荐，倡导并推动天启刻本付梓。刻工依据李跋本“分卷七十”上版，刊印工作因司公离任而中止，此时雕版约已过半。

岳钟秀作为后任知县，“谈而慕之，爰奉披扐，遽谋剞劂”③，重新接手刊刻事宜，对天启刻本的最终完成功不可没。岳公接手后，“订正”工作集中在改易题署、合并卷次、订正文字方面。岳钟秀不惜大费周章，彻底改易卷端题署，使得司迺疆姓名几乎湮没不闻，中间是否别有隐情不得而知，确有“掠美”之嫌④。至于合并卷次操作，则是由于天启刻本卷二五前后存在引书丢失或错舛，无法再强行牵合为七十卷，才不得不重新合并卷次，合并情况见下表。为了掩盖合并位置原有的卷端信息，刊刻者将前卷末叶与后卷首叶拼合。有时前卷空行过多，刊刻者会优先选择将前卷末条内容移至后卷书名前进行填充，如《三朝圣政录》《世说》《摭遗》等，导致前书呈现或多或少的空行；若空行过少，拼接后无法容纳所有内容，刊刻者则将多余条目移置其他需要填充的位置，如“刘晨阮肇”“沉名宦海”等，相关条目在卷前目录对应位置不见踪影。

天启刻本卷次合并情况表

书名	五十卷本	李跋本	天启本	位置	备注
荆楚岁时记	卷五	卷七	卷六	5a4	《续齐谐记》缺“刘晨阮肇”，空1行
景文龙馆记	卷六	/		22a4	前接“刘晨阮肇”
献替记	卷八	/	卷七	18a4	前接“沉名宦海”，前空7行
三朝圣政录	卷一七	卷二三	卷一九	17a4	空2行，题署位置有断版
资暇集	卷二六中	/	卷二九	21a4	《鸡跖集》缺“沉名宦海”条

① 〔宋〕曾慥《类说》，台图藏天启刻本，前序第3叶。

② 同上书，序第3叶。

③ 同上书，前序第4叶。

④ 更微妙的是，堪称天启刻本刊刻第一功臣的马之骐，其序言也未能保留在后印本中。国图藏后印本虽有少数版片漫漶，但绝大多数叶面清晰，字口完好，印刷时间当与台图藏早印本相去不远。目前尚无法断定后印本中马序的缺失是否出自岳钟秀指示，也不排除此种可能。而曾与马之骐“扬榷今古，取(《类说》)以印证”的马之骏在天启刻本刊成前后英年早逝，享年38岁(〔清〕钱谦益《列朝诗集小传》丁集下，上海：上海古籍出版社，2008年，第655页)。如今只能通过岳序中这短短一句遥想其人在此本刻印过程中扮演的角色。

续表

书名	五十卷本	李跋本	天启本	位置	备注
世说	卷二七下	/	卷三一	5a5	前接《世说》"南都赋图",前空15行
语林	卷二八	/	卷三二	21a4	空1行
摭遗	卷三〇下	/	卷三四	32a4	前接《摭言》"仆乃杜审言儿",前空8行
殷芸小说	卷四二上	/	卷四九	15a4	空3行
冷斋夜话	卷四六下	/	卷五五	20a4	"陶谷鸾胶曲"条多出《风光好》,挤刻

天启刻本在四百年来主导了《类说》的流传,是《类说》流传过程中不可或缺的一环,也为河南新野县在明代后期书籍出版史上书写下珍贵的一笔。目前,明代出版史的研究视野主要集中在江浙、福建等区域,对河南等地关注甚少。《全明分省分县刻书考》著录新野县刻书五种,其中马之骏刊本三种,李伸刊本二种[①],天启刻本的刊刻不仅能为此书增加一条内容,也能填补新野官刻书籍著录的空白。

天启刻本卷面留存的诸多痕迹,为读者认识古书流传演变,以及明代后期书籍刊刻提供了典型例证。天启刻本则在编者题署、卷次合并、条目移用等环节,呈现了堪称详尽的变化因由,贯通刊刻出版的整个变化过程,在版本考或书籍史上亦属可遇而不可求。不管刻书人是否为了满足个人私欲(或署名权,或以残充整、夸多炫博等需求),还是中间别有隐情,存在今日无法获知的历史细节,不可否认的是天启刻本通过种种张冠李戴、移花接木的手段造成了匪夷所思的文本错乱。官刻书籍犹然如此,其他坊刻书籍可知矣。天启刻本不负责任的操作,恰是明代后期书籍出版风气的缩影,颇具典型意义,成为"明人刻书而书亡"的有力注脚。

天启刻本刊刻的经验、教训也为地方文化事业的开展提供了一个范例。天启刻本的成功刻印是地方政府、文化名人、投资者通力合作、良好互动的结果,该本残留的丝丝缕缕是诸公在《类说》出版史上的雁过留声,实现了他们的刊刻初心。但是天启刻本的大量舛误随着此本的大范围传播,误导了一代代读者。这也提示我们文化事业的发展需要不同社会力量通力合作,与此同时,参与各方必须心存敬畏,专业、严谨,其成果方能福泽后人。

① 杜信孚、杜同书《全明分省分县刻书考》第5册,北京:线装书局,2001年,河南省卷第10叶。

宋释惟白《佛国禅师文殊指南图赞》在日本刊刻流传考述*

许红霞**

【内容提要】 宋释惟白《佛国禅师文殊指南图赞》，国内存藏极少，较常见者为影印日本刊本，且常被误认为影宋本。本文着重考述该书在日本的刊刻流传情况，通过文字、图像等方面的比勘，对现存日本的宋本、和刊本、写本等多种版本的特点及版本源流加以分析考辨，以加深我们对此书存世情况的了解，廓清对此书版本的一些错误认识。

【关键词】 释惟白　《佛国禅师文殊指南图赞》　日本　刊刻　流传

释惟白，俗姓冉，靖江（今广西桂林）人。历住泗州之龟山、庐山汤泉、明州天童、东京法云寺。哲宗元符三年（1100）二月、四月及徽宗建中靖国元年（1101）二月，曾三次奉诏入内庭演法①。建中靖国元年七月十五日，撰成《续灯录》三十卷进上，八月十五日，徽宗赐序，敕入大藏。并赐佛国禅师号及金襕衣。为青原下十二世，云门宗法云法秀禅师法嗣②。其著作除《建中靖国续灯录》三十卷外，还有《大藏经纲目指要录》八卷、《文殊指南图赞》一卷，今皆存。事见南宋释正受《嘉泰普灯录》卷五③，南宋释志磐《佛祖统纪》卷四六、卷五一④，元释熙仲《历朝释氏资鉴》卷一〇⑤，元释念常《佛祖历代通载》卷一九⑥，

---

* 本文为国家社会科学基金项目《宋僧诗文集在日本的刊刻流传研究》（项目编号15BZW115）阶段性成果。

** 本文作者为北京大学中国古文献研究中心、北京大学中文系长聘副教授。

① 《建中靖国续灯录》卷首徽宗《序》，卷一七《东京法云禅寺惟白佛国禅师》，卷三〇惟白《上皇帝书》。[日]前田慧云、中野达慧编《续藏经》第136册，台北新文丰出版公司影印本，1993年10月版（以下所用《续藏经》凡未说明皆同此版），页128a下—131a下。

② 〔南宋〕释普济《五灯会元》卷一六。《续藏经》第138册，页316a上。

③ 〔南宋〕释正受《嘉泰普灯录》，《续藏经》第137册，No. 1535。

④ 〔南宋〕释志磐《佛祖统纪》，《大正新修大藏经》第49册，No. 2035。

⑤ 〔元〕释熙仲《历朝释氏资鉴》，《续藏经》第132册，No. 1494。

⑥ 〔元〕释念常《佛祖历代通载》，《大正新修大藏经》第49册，No. 2036。

元释觉岸《释氏稽古略》卷四[①],清释德介纂辑《天童寺志》卷三、卷四等[②]。

惟白所著《文殊指南图赞》(又称《佛国禅师文殊指南图赞》)一卷,主要是根据《华严经·入法界品》中所描述的善财童子从初参文殊师利菩萨,复游行南方,终参普贤菩萨,历参五十三位善知识,求证佛法要义的故事。每则故事有一段说明叙述文字,配有一幅图画,并在每幅图画下撰写一首诗赞,描写歌颂善财童子五十三次参谒诸善知识的过程和所求证的法门,最后是佛国禅师的评论文字,配有其自己的画像,也有一首诗赞,抒发自己的认识。共有说明叙述文五十四则,图画五十四幅,诗赞五十四首。"《图赞》规范了各类善知识的形象,准确地提取出各善知识的基本特征及参访场景,图文并茂地展示了五十三参的内容,奠定了其在华严文献中的独特地位"[③]。它"在我国古代善财童子五十三参图像的演变过程中发挥了重要作用",并对元至明初该类图像的绘制产生了直接的影响[④]。对了解研究宋代佛教文化艺术等也都有非常重要的价值。根据日本学者的研究,其所述《华严经·入法界品》的相关内容,与流传的实叉难陀(652—710)所译八十卷本《华严经》内容近似,而与六十卷本和四十卷本的《华严经》内容不太相同[⑤]。此书国内存藏极少,现有影印日本刊本可见。但此书在日本为公、私多家藏书机构收藏,且有多种版本。目前国内学者研究此书所利用的多是《大正藏》、《续藏经》及影印日本大谷大学所藏覆宋刊本(往往被认为是宋本),此书在日本的多种刊本还未见国内学者有研究和利用,故下文着重就其在日本的刊刻流传情况试加考述。

一、国内刊刻流传情况

现所见《佛国禅师文殊指南图赞》前有"中书舍人张商英"(1043—1121)序引云:

> 华严性海,纳香水之百川;法界义天,森宝光之万像。极佛陀之真智,尽含识之灵源。故世主妙严,文殊结集,龙宫诵出,鸡岭传来,继踵流通,普闻华夏。李长者《合论》四十轴,观国师《疏钞》一百卷,龙树尊者二十万偈,佛国禅师五十四赞,四家之说,学者所宗。若乃撮大经之要枢,举法界

① 〔元〕释觉岸《释氏稽古略》,《大正新修大藏经》第 49 册,No. 2037。

② 白化文、张智主编《中国佛寺志丛刊》第 84、85 册,扬州:广陵书社,2006 年 1 月,第 184—185、294—295、300、302—306、311 页。

③ 董华峰、张媛媛《〈佛国禅师文殊指南图赞〉考论》,《宗教学研究》2018 年第 2 期,第 153 页。

④ 同上书,第 159 页。

⑤ 日本大谷大学图书馆编《神田喜一郎博士寄赠图书善本书影》17"佛国禅师文殊指南图赞"解题,大谷大学,1988 年,第 39 页。

之纲目，标知识之仪相，述善财之悟门，人境交参，事理俱显，则意详文简，其《图赞》乎！信受奉行，为之序引。[①]

序中把佛国禅师的五十四赞与论述阐释《华严经》的唐李通玄（又称枣柏大士）《华严经合论》、唐释澄观《大方广佛华严经随疏演义钞》、龙树菩萨二十万偈[②]相提并论为四家之说，并给佛国禅师《图赞》以很高评价，认为其"撮大经之要枢，举法界之纲目，标知识之仪相，述善财之悟门，人境交参，事理俱显，则意详文简"。张商英任中书舍人之职是在哲宗元符二年（1099）十月至元符三年三月[③]，可见《图赞》在北宋末已经成书，但今未见宋代目录记载。明永乐十四年（1416）僧录司右阐教兼住钟山灵谷幻居比丘净戒作《刊三圣诸贤诗辞总集序》云：

宣情达事，世教有取于诗。吾宗圣贤，高蹈远视邈然矣，亦仿人情近习，琢为文句，盖悯物之心不可遏也。抑将激诱于道，奚啻宣情达事，流玩百世珠玉之拟哉！观夫丰干、寒、拾三圣所唱，楚石琦公之和韵，皆痛快激烈，斥妄警迷。山中天灵义首座，服膺有素，愿绣梓以传焉，且撰旧本诸名公序帖及《三隐集记》系之。又以佛国白禅师所作《文殊指南赞》词胜理诣，永明寿禅师、布衲雍、镜中圆前后山居唱和之什，暨古德《十牛颂》并诸歌偈，切于风砺，有裨益于世者，比次成帙。劝率善信陈智宝、贾福常，俾诸众缘，并与刊行，谒言为弁。……[④]

说明当时所刊《三圣诸贤诗辞总集》中，包括丰干、寒山、拾得诗及楚石梵琦的和诗，惟白的《文殊指南图赞》，还有宋永明延寿禅师的《山居诗》及元布衲祖雍、镜中圆的和韵，《十牛颂》等。而《晁氏宝文堂书目》卷下载有"三圣诸贤诗集"、"佛国禅师指南图赞"[⑤]，《晁氏宝文堂书目》是嘉靖年间（1522—1566）晁瑮及其子晁东吴的藏书目[⑥]，说明此时惟白《佛国禅师指南图赞》尚在流传，不仅有收入《三圣诸贤诗集》总集的，同时还有单行本流传。明代著名画家仇英（约1498—约1552）也曾画过《善财童子五十三参图》，根据清乾隆九年（1744）所撰《秘殿珠林》卷八《释氏图册》记载，当时内府还藏有：

---

① 〔宋〕释惟白《佛国禅师文殊指南图赞》，《大正新修大藏经》第45册，No.1891。

② 学者罗凌认为"当是南天竺龙树菩萨所诵出《华严经》下本的概称"，见《〈佛国禅师文殊指南图赞〉作者考略》，《图书与情报》2005年第3期，第86页。

③ 罗凌《〈佛国禅师文殊指南图赞〉作者考略》，《图书与情报》2005年第3期，第89页。

④ 项楚《寒山诗注》附录二序跋、叙录，出自浙江天台山国清寺印行《寒山诗》卷首。北京：中华书局2000年，第988—989页。

⑤ 《中国历代书目题跋丛书・晁氏宝文堂书目》，上海：上海古籍出版社，2005年，第219、220页。其中"三圣诸贤诗集"在第207、219两次出现。

⑥ 同上书，第1页"出版说明"。

明仇英画《善财童子五十三参图》一册　次等，地一。

磁青笺本泥金书，画款云：仿乌斯藏紫金瑞像，仇英拜写。每图各书“佛国禅师文殊指南赞”，画前书“大方广佛华严经入不思议解脱境界普贤行愿品”一分计五十六幅。[①]

也可视为此书的一个传本。《藏园订补郘亭知见传本书目》卷一一下子部释家类著录：

〔补〕佛国禅师文殊指南图赞一卷　○卷子本，每行二十九字，图赞五十四段，上半为图，下部为赞，赞每行七字。前有张商英序，大字，每行十三字，上空一格，实十二字。序后有“临安府众安桥南街东开经书铺贾官人宅印造”一行。此卷详味其雕工，疑是高丽翻本，非杭本也。[②]

可见傅增湘(1872—1949)尚见过《佛国禅师文殊指南图赞》的卷子本，有张商英序，序后有“临安府众安桥南街东开经书铺贾官人宅印造”刊记，但他认为这个本子有可能是高丽翻刻本，而非南宋杭州刻本，也说明当时国内此书仍有流传。《五十万卷楼藏书目录初编》卷一四“妙法莲华经七卷宋刊两面印折本”下解题云：

孙氏从添《藏书纪要》云：“宋刻数种中，有释道二藏经典，刻本行款非长条即阔本”。此本为长条式，自属释典通例，惟两面印刷者流传颇罕。……近人题宋椠本《文殊指南图赞跋》，谓其雕造画象甚精，我国乃无传本，可知此种图象，亦研究诸经版刻之要事也。[③]

其中所谓“近人题宋椠本《文殊指南图赞跋》，谓其雕造画象甚精，我国乃无传本”，当指罗振玉所题日本大谷大学藏覆宋刻本跋文而言，详见后述。现国家图书馆藏有《佛国禅师文殊指南图赞》一卷一册，定为明刻本，有残缺。国内较常见的是罗振玉借神田家所藏此书覆宋刊本影印的影印本，收入其《吉石盦丛书》初集中，国家图书馆、中科院、北大、上海、复旦、天津、辽宁、山东、南京、湖北、四川等图书馆皆有收藏。而台北新文丰出版公司 1989 年出版的《丛书集成续编》第 46 册、上海书店 1994 年出版的《丛书集成续编》第 97 册都收入此书，皆据《吉石盦丛书》本影印。日本刊《大正新修大藏经》及《续藏经》(有 1925 年商务印书馆影印本)亦收入此书，国内亦常见。

---

① 影印文渊阁《四库全书》本。

② 〔清〕莫友芝撰，傅增湘订补，傅熹年整理《藏园订补郘亭知见传本书目》，北京：中华书局，2009 年，第 884 页。

③ 莫伯骥著，曾贻芬整理《五十万卷楼藏书目录初编》，北京：中华书局，2016 年，下册，第 675 页。

二、在日本的刊刻流传

《佛国禅师文殊指南图赞》一书传入日本的时间未见明确记载。但根据《大正新修大藏经勘同目录》关于此书的版本说明，它是以日本《续藏经》为底本，用小野玄妙所藏日本建长三年(1251)写本加以校勘刊印的①，则此书 1251 年(南宋理宗淳祐十一年)前就已传入日本了。《江户时代书林出版书籍目录集成》第三册日本明和九年(1772，清乾隆三十七年)武村新兵卫刊《大增书籍目录》(简称《明和九年刊书籍目录》)载录"《佛国禅师文殊指南图赞》一册"②，当是日本明和间刊本。现日本有此书宋本、日本覆刻本多个本子，还有明和四年(1767)刊本及收录于《大正藏》、《续藏经》的本子等。

1. 宋刊本

根据记载，日本所藏宋本有多个，皆为临安开经书铺贾官人宅刊，带图本。椎名宏雄《宋元版禅籍の研究》中记载有六个：即①成篑堂文库藏(卷子)，②武田科学振兴团藏，③天理图书馆藏(有缺页)，④大谷大学藏，⑤今津洪岳藏，⑥积翠轩文库旧藏，并注明了根据③。而杏雨书屋编《新修恭仁山庄善本书影》于解题中除了作为宋本介绍此武田氏杏雨书屋所藏内藤湖南(1866—1934)恭仁山庄本外，还提到在日本他处收藏的五个与此相同的本子④，笔者将其与椎名宏雄所记载的六个相对比，去其重复，还有三浦观树将军、京都松本文三郎博士所收藏的两个本子是椎名宏雄未提到的，也就是说根据这两处记载，日本共藏有此书八个宋本。尾崎康先生撰"《仏國禪師文殊指南図讃》の版本について"("关于《佛国禅师文殊指南图赞》的版本")一文，⑤引牧野和夫说日本现存此书同版宋本竟达十一本。但尾崎康先生文中说他经由瑞典学者 Söören Edgren 告知此书在日本曾被覆刻，除了在《石井积翠轩文库善本书目及图录》(1942)中所著录的此书为南宋刊本外，其他的都是覆宋刊本。之后尾崎康先生用石井积翠轩文库的此书图录与杏雨书屋所藏本及大谷大学图书馆所藏本书影进行比较，验证了瑞典学者的说法，对他的观点完全赞同。尾崎康先生介绍此宋刊本经田中光显(1843—1939)、内野皎亭文库、石井积翠轩文库递藏，

---

① 《大正新修昭和法宝总目》第一册，第 488 页下。

② 庆应义塾大学附属研究所斯道文库编《江户时代书林出版书籍目录集成》第三册，井上书房昭和 38 年(1963)10 月发行，第 189 页第 3 栏左。

③ [日]椎名宏雄《宋元版禅籍の研究》，东京：日本大东出版社，1993 年，第 588 页。

④ 杏雨书屋编《新修恭仁山庄善本书影》，大阪：武田科学振兴财团，1985 年，第 14—15 页。

⑤ 杏雨书屋编《杏雨》第 3 号，大阪：武田科学振兴财团，2000 年，第 107—111 页。

现藏于东京大东急记念文库。《石井积翠轩文库善本书目·图录篇》[①]载有此书卷首、卷尾两张书影,卷首一张首行顶格写"佛国禅师文殊指南图赞",次行低两格用比首行稍小的字写"中书舍人张 商英 述",其中"商英"二字更小,与"张"、"述"二字之间上下各空两格。在"英"与其下空两格上钤有楷书"高山寺"竖长方印。自第三行起是张商英序文正文,每行首皆低一格,字的大小与首行同,共十三行,每行十二字。上、下、右为单边,序文末次行有"临安府众安桥南街东开经书铺贾官人宅印造"十九字版记,版记左右双边,最上面有类似于鱼尾的花型装饰。折装,可看出三道折痕。(详参文后所附书影 1)

其卷尾的书影包括《善财童子第五十三诣》,《参普贤菩萨图》及《佛国禅师赞》的一部分及最后十行,这十行的第一行前栏线处有折痕,前两行顶格写"佛国禅师昔居龟寺,今在凤城,观善财童子参诸知识,未有(笔者按:以下另行)休期。咄。直下承当,豁然休歇,大用现前"。第二行倒数第三字处有向下的黑鱼尾,鱼尾下写"赞曰"二字。其他八行上面是图画,下面是诗赞,图画所占长度至第二行的第十四字处,是佛国禅师趺坐图像,其所坐椅子后有屏风,屏风上写有草书,其座前有低矮的长方形鞋凳,上面放有两只鞋子。屏风左侧露出一部分桌子,桌子上有像是兰花的盆栽及瓶花等物,桌子前有一长方形坐凳,桌面、凳面皆有木纹。其坐像右侧椅子旁边斜立着一根锡杖,杖头倚着屏风。图画下是双横线框,框下八行每行是七字一句的诗偈,即"时光已是觉蹉跎,嗟尔平生跋涉多。五十余人皆问讯,百重城郭尽经过。而今到此休分别,直下承当得也么。忽若更云南北去,分明鹞子过新罗"。有界行。而在此卷末尾的空白处,写着"佛国禅师文殊指南图赞卷终",但可能因原版磨损,"佛国禅"三字未显示,"师"字只显示出下面少部分笔画。(详参文后所附书影 3)尾崎康先生判断积翠轩文库宋本当刊于南宋前期,即十二世纪后半的宋孝宗乾道、淳熙年间(1165—1189)。而根据此书《大正藏》本首页地脚校语,谓小野玄妙藏建长三年写本张商英序后有"安吉州归安县太元乡独圳庵募缘重雕印行"十八字[②],可知此书在南宋至少刊刻过两次。

2. 覆刻本

(1) 保留宋本刊记之覆刻本

上述一些被作为宋本收藏的如成篑堂文库藏本、武田科学振兴团杏雨书屋藏本(以下简称杏雨本)、大谷大学藏本(以下简称大谷本)等就属此类。虽然它们和宋刊本从版式、字体、图画、内容等方面乍看上去非常相似,但如果细究,还是可以分辨出它们的不同之处。如我们用大谷大学藏所谓宋本卷首张

① [日]川濑一马编《石井积翠轩文库善本书目》,京都:临川书店,1981 年。

② 《大正新修大藏经》第 45 卷,第 793 页下。

商英序与石井积翠轩文库所藏宋本(以下简称积翠本)卷首张商英序加以对比(见文后所附图 2、图 1),很明显可看出其字体不完全相同。大谷本字的横、竖、撇、捺等笔形的起笔、落笔笔锋都非常尖锐,整体给人感觉不自然,比较僵硬,模仿痕迹较重。而积翠本文字的笔画起笔、落笔没有那么尖锐,整体显得比较自然和谐。以具体的字举例,序文第四行的“出”字,大谷本上、下最右边的两笔的峰头几乎与中间一竖笔接触,而积翠本中间的竖笔与右边上、下两笔的峰头间还有一定距离。第五行“流”字左边的“氵”,大谷本与积翠本写法也不太相同,前者第三笔向上明显与右边“㐬”的一横连在一起,后者则未相连。第十二行的“文”、“行”等字,大谷本“文”字的一撇,“行”字的两撇末尾都明显上翘,积翠本则没那么上翘而比较自然。以上杏雨本则与大谷本相同。卷尾部分仅从末尾十行来看,第一行“童子”的“子”字,积翠本并未与第三行的“时”字平齐,而是稍靠下,而杏雨本、大谷本则与“时”字处于平齐的位置;第二行的“前”字,积翠本的第三笔横笔,与左图下框双横线的上横线齐平,而杏雨本、大谷本则是“前”字的中间部分与双横线齐平。从图的部分来看,在佛国禅师座椅后面屏风上显露出的字的多少、写法,杏雨本、大谷本与积翠本皆有不同;桌子、凳子上的木纹也不相同;桌子上盆栽、瓶中插花的花叶形状也略有不同。故瑞典学者 Söören Edgren、日本学者尾崎康的判断是正确的,即这些号称宋本的《佛国禅师文殊指南图赞》皆是覆宋刊本。(参见图 3、图 4、图 5)《新修恭仁山庄善本书影》所载覆宋刊本卷首书影虽然末尾未显示“临安府众安桥南街东开经书铺贾官人宅印造”刊记,但根据其解题,序末是有此刊记的,解题还称此书卷首钤有“北禅书院印记”,卷尾钤有“慈云庵”印记及“京都万年山相国承天禅寺中北禅慈云禅寺”墨书①。(参见图 4)大谷本卷首钤有“高山之寺/十无尽院”的朱印,根据《大谷大学图书馆所藏贵重书善本图录 佛书篇》此书后解题,此书原为高山寺所有,后归神田香岩,清末罗振玉(1866—1940)为躲避辛亥革命在日本京都居住时,曾与神田香岩结交,看过其收藏的此本,并借去影印,收于《吉石盦丛书》初集中。此本卷末有罗振玉于丙辰(1916 年)十月用隶书体写的四行小字识语。(参见图 5)依稀可识这四行小字云:

> 有宋刊刻书籍,杭州推第一。于今世所传,睦亲坊陈氏刊本而已。此贾官人宅刊《文殊图赞》,尤精好,则世所未知也。香岩先生嗜古,有鉴裁,文库所储,片楮只字,皆为至宝,此卷其一也。丙辰十月上虞永丰乡人罗振玉借视□记以志□□。②

① 《新修恭仁山庄善本书影》,第 14—15 页。

② “□”为因字迹模糊无法辨识之字。

此本后由神田香岩之孙神田喜一郎(1897—1984号鬯盦,曾任大谷大学教授)寄赠大谷大学。杏雨本为折装,大谷本为卷轴装。东京御茶之水图书馆成篑堂文库也藏有此种覆刻本,根据川濑一马《新修成篑堂文库善本书目》著录,其书为卷轴装,一卷一轴,为日本江户初期宽永时(1624—1643,明天启四年至崇祯十六年)在洛西槙尾平等心王院覆刻的,卷首有欠缺。川濑一马认为此书是削去了平等心王院的覆刻刊记,作成似原刻本样子的伪造本[①]。此《书目》只刊有卷首张商英序文第6行起至正文前14行(即前10行叙述善财童子初诣裟罗林中参文殊师利菩萨文字、图画、诗赞及第二诣妙峰山参德云比丘前两行的叙述文字和部分图画、七字诗赞的前两句)的书影。参见文后所附图6。据尾崎康先生文中所述,日本天理大学附属天理图书馆、北京图书馆(今中国国家图书馆)皆藏有此书后半零本,《中国古籍善本书目》子部著录为明刊本(笔者前文已提及)。日本庆应义塾大学附属研究所斯道文库藏有断简一折,其他藏本尾崎康先生说他没有实查。笔者也未得见其他所谓宋本的藏本,情况不明,为日本覆刻本的可能性较大。

(2) 未保留宋本刊记之覆刻本

成篑堂文库、杏雨书屋、大谷大学图书馆不但收藏有上述保留有宋本刊记之覆刻本,还收藏有此书的另一种覆刻本,它与上面所述的覆刻本版式、字体、图像等各方面几乎完全相同,只是在张商英序后未保留宋本刊记,但在卷末有"洛西槙尾平等心王院常住"刊记。参见文后所附图7、图8。《新修恭仁山庄善本书影》此本解题称其当于江户中期覆刻[②],尾崎康先生推断为江户前期左右印刷、装订,他根据书尾题"洛西槙尾平等心王院常住",认为是日本永禄年间(1558—1569,明嘉靖三十七年至隆庆三年)槙尾的西明寺烧毁以后,在庆长七年(1602,明万历三十年)明忍再兴后追刻的。与上述保留宋本刊记之覆刻本相比,前者图画的线条精细、鲜明,后者图画看上去时有漫漶,线条也较粗糙,并时有漫衍。参见文后附图9、图7、图8。成篑堂文库本为卷轴装,杏雨书屋本、大谷大学藏本为折装。

《新修恭仁山庄善本书影》此本解题、《神田鬯盦博士寄赠图书善本书影》17"佛国禅师文殊指南图赞"解题中皆称日本还存有附"正德六年(1716,清康熙五十五年)丙申三月吉旦百百万三郎开版"刊记的此书覆刻本,为折装本,今未见。可见在日本此书曾多次被覆刻。

---

① [日]川濑一马《新修成篑堂文库善本书目》,东京:石川文化事业财团御茶水图书馆,1992年,第948页。

② 《新修恭仁山庄善本书影》第15页。

3. 影印本

如前所述，罗振玉曾从神田香岩处借其所藏保留宋本刊记之覆刻本（即大谷本）加以影印，收入《吉石盦丛书》初集，使我们较易一览此书的全貌。此影印本为线装，卷首书名、张商英序、版记共十六行，从中间折为 a、b 两面，八行为一面。然后是正文善财童子五十三参的内容、图像、诗赞和佛国禅师最后的总结、图像诗赞。每面有两参的内容、图画、诗赞，共占二十行。每参共占十行，其中说明文字占二行，其左边上面是图像，下面是诗赞，诗赞为七言八句，每句占一行，共八行。其行款格式、字体、图像等全同大谷本。可参文后附图10、图 11。共有十六页（每页有 ab 两面），第十五页 b 面只有书名，最后一页 a 面有罗振玉墨笔题记云：

> 宋代刊板蜀刻最盛，杭刻最精。南渡以后，吾杭书籍铺雕板若陈道人铺、尹家书籍铺、张官人宅文籍铺，可知者寥寥此数家耳。此书为众安桥南街东开经书铺贾官人宅印造，为近人治板本学者所未知。其雕造画象甚精，我国乃无传本。丙辰秋，访神田香岩翁，出此见示，予请付影印，慨然许诺。东京三浦将军亦藏一本，不获借观，疑亦贾官人宅本也。予往欲撰《两宋杭州雕本考》，苦前籍所记甚略，今得此书，知又有贾官人宅刊本，且藉知宋世卷轴之式虽渐废，而刊本尚有存卷轴式者，亦以前考板本诸家所罕知者也。影印既成，爰书其后。十月九日永丰乡人罗振玉记于海东寓居之大云书库。

此题记是影印完成后以行书体写的，与前述以隶书体写在大谷本上的四行字内容有所不同。突出表述了此版本的珍贵及学术价值。从文中可看出当时罗振玉是把此本作为南宋刊本来看待的，且认为“其雕造画象甚精，我国乃无传本”，“为近人治板本学者所未知”。罗振玉 1911—1919 年春旅居京都，在净土寺修建楼四楹及书库一所即“大云书库”。此书影印于 1916 年，日本东京大学图书馆等处有藏。

4. 写本

日本国会图书馆藏有此书写本一册（书号：わ183—29），封皮背面有墨笔“古本文珠图赞”[①]、“萩洞春禅寺藏”两行字。卷首有张商英序，半页八行，行十七字，近欧体字，字旁有假名训读，无版心，无界。正文与序行款格式、字体等相同。正文每页刊载善财童子五十三参之一参的内容，每页的 a 面为叙述文字、诗赞，b 面为图像。诗赞每两句一行，首空两格，两句间空一格。图像当是

① “珠”当为“殊”字误写。

模仿所依据底本重新绘制，有些画面内容与上述诸本都不相同。如善财童子第三十二参，叙述文字云："善财童子第三十二诣迦毗罗城，参婆珊婆演底主夜神。诸天星辰炳然在体，云雾黑暗现日月明，巇崄恶道作桥梁路。得破痴暗光明法门，证欢喜地。"诗赞云："西落金乌夜放光，迦毗罗国现荧煌。密云重雾行平陆，暴雨飘风涉渺茫。便向暗中悬日月，却来崄处架桥梁。已知多劫成方便，今日相逢喜一场。"[①]影印大谷本图像正中是穿戴庄重华丽、坐在方台上的婆珊婆演底主夜神，其周围顺时针依次有为教化方便而从其自身化现出的六位诸天神环绕，其左右及上方四天神旁有星辰符号，其左上方及右上方分别画有日、月图像。其左前方是善财童子画像，正前方及右前方有密云等图像。其图像大致与叙述文字及诗赞相配合。但此写本所画图像与大谷本完全不同，婆珊婆演底主夜神坐在画面右上方一座楼阁顶上的莲花狮子座上，穿戴服饰也不相同，周围密云围绕，背后远处显现出几座山峰，前方善财童子正面对其参谒，画面右下角是几株树木。虽然其图像中出现的楼阁、莲花狮子座等与《华严经·入法界品》中"见彼夜神于虚空中，处宝楼阁香莲华藏师子之座"的描写相吻合（可见其参考了《华严经》原文），但总的画面比较简略，与叙述文字及诗赞内容的配合亦无大谷本图像详细（参文后附图 12、图 13）。画面与上述诸本很不相同的还有第三十三、四十三、四十六、五十三参等。此本末页在"佛国禅师文殊指南图赞卷终"隔行写有"洛西槙尾平等心王院常住"十一字，可见此本是据洛西槙尾平等心王院覆刻本系统的本子抄写的。

5. 日本明和四年(1767)刊本

日本东京艺术大学附属图书馆还藏有此书的明和四年刊本一册，卷首首行顶格写"佛国禅师文殊指南图赞序"，其下空白处压右框钤有"东京艺/术大学/图书印"篆文朱方阳印。第二行以下是张商英序文内容，皆顶格刊写。最后一行低四格写"中书舍人张商英述"。序文每半页五行，行十三字，四周双边，内框细外框粗，无界，无版心，行楷字体，字旁时有假名训读。序后正文部分每半页刊载善财童子五十三参之一参的叙述文字、图像、诗赞，其版式与上述诸本不同，为四周双边，内框细外框粗，每半页九行，前两行为善财童子所参每一善知识的叙述文字，有界，二十六至二十八字不等，第二行左边为双线界栏，界栏左边上面为诗赞，下面为图像，诗赞与图像之间亦以双横线隔开，此横线位置相当于前两行的第九至十字之间。上面诗赞部分七行，每行九字，字旁有假名训读，无界栏，第一行先顶格写"赞曰"二字，然后空一格，再写诗句。每行皆顶格。可参文后附图 14。其图像不如上述覆刻宋本图像简明生动、细致，

---

① 引文用《吉石盦丛书》影印大谷本。

线条有些粗糙。其正文最后半页没有佛国禅师图像，为半页七行，行二十至二十一字不等，字旁有标明日文读音、顺序的训点符号，四周双边，有界。前两行顶格写“佛国禅师昔居龟寺，今在凤城，观善财童子参诸知识，（笔者按：以下另行）未有休期。咄。直下承当，豁然休歇，大用现前。赞曰”，第三行以下皆低一格，写“时光已是觉蹉跎，嗟尔平生跋涉多。五十余人皆问讯，百重城郭尽经过。而今到此休分别，直下承当得也么。忽若更云南北去，分明鹞子过新罗”诗偈。“罗”字下有双行小注云：“宋本卷末有佛国之影赞，为五十四赞矣。老衲聊有微旨，省其影而载其赞，而昆后贤莫以怪焉。”末行顶格写“文殊指南图赞毕”，其下以双行较小字写“浪华 筱辅嗣画”、“浪华 筱应道书”。其后有跋文云：

> 佛国惟白禅师赞文殊指南之图，张氏无尽作序，刊行于赵宋，俱是廓华严境畛者之做也。其《图赞》未铺衍于桑域为慊矣。老衲偶得宋本，珍藏焉。将次作翻刻，流通江湖，令叔世参寻徒不执一所见，不起憎上慢而自有究竟参彻之转身之标准也。尚矣。粤授业徒梵贞不幸而逝，临末谓余曰：“儿有衣资余财，逝后捐之，刊行夫《图赞》，则非啻果老师之畜念，于儿之追福，复莫以加焉。”今兹值讳景因寿梓，以遂贞子之遗意。所冀受持者截柯于善财学菩萨行，看读时派量于华严入法界观。
>
> 时明和第四龙次丁亥八月廿八日
>
> 随流直指叟援笔于浪华明月林

跋文每半页五行，行十七字，行楷体字，字旁有标明日文读音、顺序的训点符号，四周双边，无界，无版心。跋文后倒数第二行偏下依次有“无依叟”篆文墨方阳印、“直指端”篆文墨方阴印。末行依边框内左下角有竖长形版记，上写行书体“浪华庄鹭庵藏板”七字。“浪华”为日本大阪市附近的古称，此本由筱辅嗣画，筱应道书。筱应道即筱崎三岛（1737—1813），名应道，大阪人，是日本江户时代中后期的儒者。根据此撰于日本明和四年八月的跋文可知，此本是用大阪明月林号为“随流直指叟”的老僧之徒弟梵贞的遗资，以其珍藏的《佛国禅师文殊指南图赞》宋本翻刻而成，其文字与上述宋本、覆宋本相同，为同一系统，但版式等作了改变，与宋本及覆宋本不同。

5.《续藏经》、《大正藏》本

《续藏经》本的版式都一样[①]，四周双边，框线外粗里细，每半页分为上下两栏，每栏十八行，行二十字。卷首顶格是书名“佛国禅师文殊指南图赞”，次行低七格有“中书舍人 张 商英 述”，然后顶格是张商英序文内容，占不足八行。然后是正文内容。其正文内容的版式与宋本、覆宋本、明和本皆不同。每一栏

① 《续藏经》第2编甲第8套第5册，以下叙述据上海商务印书馆影印本。

讲述善财童子五十三参的一则故事，包括参谒每一善知识的叙述文字、图像、诗赞。但图像在中间位置，叙述文字在其右，占三行，诗赞在其左，先以“赞曰”占一行，诗歌内容占三行，共四行。左右皆无界栏。每半页上下两栏共讲述两参故事。第五十四是佛国禅师图像、总结文字、诗赞。其图像虽然亦稍僵硬，略显模仿痕迹，但简洁清晰，更接近宋本图像。

《大正新修大藏经》第45卷1891号亦收录有《佛国禅师文殊指南图赞》一卷，以《续藏经》本为底本，用小野玄妙(1883—1939)所藏日本建长三年(1251)写本校勘后刊印。[①] 但《大正藏》的版式与《续藏经》又不同。四周双边，框线粗细里外相同。每页分上中下三栏，每栏二十九行，行十七字，有句读，无界。卷首先写此书序号No.1891，然后是书名“佛国禅师文殊指南图赞”，比正文字大，次行低正文字九格有与正文字大小相同的“中书舍人张商英述”，然后顶格是张商英序文内容，占不足九行。其后隔一行是正文内容。其正文总体是按善财童子五十三参每参叙述文字、图像、诗赞的顺序排列，但主要根据排版情况，图像的位置不固定。“赞曰”二字占一行，诗赞是两句占一行，图像有时在“赞曰”之前，有时在“赞曰”的次行，有时插在诗句之间，有时又插在叙述文字之间。图像纵向为每栏的高度，横向约占十至十一行。每一栏基本分为三部分，一幅图像，两部分文字，或两幅图像，一部分文字，除了首、末页，其余每页皆是第一、三栏图像在中间，第二栏两边各一幅图像，每页各有四幅图像。其中善财童子第十一参与第十四参的插图发生了颠倒错置[②]，与其他各本不同。《续藏经》在刊印此书时曾与《华严经》本经及《华严经疏》等相校勘，为《大正藏》所沿用。如善财童子第十二参叙述文字中有“顶文三道圆光一寻”句，其中“顶”下《续藏经》有校语云“本经作颈”，《大正藏》同；第十六参叙述文字中有“证离痴乱行”，“离”字下《续藏经》有校语云“华严疏作无”，《大正藏》同。经过比勘，《续藏经》本与上述诸本多有异文，《大正藏》因以《续藏经》本为底本，文字同《续藏经》本。如善财童子第四十三参诗赞首句“三十三大天主天”中之“大”字，上述影印大谷本、写本、明和本(以下此三种版本简称诸本)皆作“天”。但从大多数异文可判断《续藏经》、《大正藏》本为误，其误字或从底本而来。如：善财童子第二参叙述文字“罗寻觅七日方见在别峰上徐步经行”中之“罗(羅)”字，诸本皆作“四维”，或许是《续藏经》底本已把“四维”误写为“羅”故致误。又如：善财童子第五参诗赞第五句“郁密林蛮处虎豹”中之“蛮处(蠻處)”二字，诸本皆作“峦藏”，为是，当因“蛮峦”、“處藏”形近致误。又如第七参诗赞首句“光阴已过半身间”之

---

① 《大正新修昭和法宝总目》第一册《大正新修大藏经勘同目录》，第488页下。又《神田喜一郎博士寄赠图书善本书影》17“佛国禅师文殊指南图赞”解题，第40页。

② 《〈佛国禅师文殊指南图赞〉考论》一文已指出这点。该文同时指出此书在南宋初刊行时就出现了诸多插图错位的问题，并进行了考述，可参。

“身”字，诸本皆作“年”；第十四参叙述文字“见足优婆夷”之“见”字，诸本皆作“具”；第三十二参诗赞第四句“暴雨瓢风涉渺茫”之“瓢”字，诸本皆作“飘”；第四十九参诗赞第七句“作夜松床秋梦起”之“作”字，诸本皆作“昨”，等等，皆显为《续藏经》、《大正藏》本之误。

另从《大正藏》本每页底部框外的校语中，我们可以了解到建长三年写本（以下简称小野本）的文字情况。上述《续藏经》、《大正藏》本文字误例，除第五参《大正藏》校语小野本“蛮”作“藏”（疑此处《大正藏》校勘者因疏忽写错校语）外，其余小野本皆同诸本而不误。但小野本也有不同于其他各本的异文，如：第十七参叙述文字“运平等悲”之“悲”作“智”；第三十八参诗赞末句“远地相逢也深奇”之“深”作“大”；第五十一参诗赞第七句“若要一生成佛果”之“成”作“求”，等等。第三十六参叙述文字“证现前地”之“现前”作“难胜”，第三十七参叙述文字“证难胜地”之“难胜”作“现前”，正与其他诸本相反。因小野本为抄本，从《大正藏》本校语也可看出其有衍字、脱字、误字等现象。如第十参叙述文字“心生疑惑”，小野本“心”前有“身”字，当是承上句“五热炙身”之“身”而衍一“身”字；第三十三参叙述文字“善财童子三十三诣菩提场”[①]，小野本“三十三”作“第十三”，“十”前脱一“三”字；第二十六参诗赞第三联“人非人女皆随现，天与天形应不偏”下句“应”字，小野本作“皆”，但上句相应位置已出现“皆”字，此处显然为小野本误字。

《大正藏》本虽以《续藏经》本为底本，但图像线描多有漫衍，不如《续藏经》本净洁清晰。

综上所述，宋惟白《佛国禅师文殊指南图赞》一书在国内虽然稀见，但在日本有宋本、和刊本、写本等多种版本，一直流传至今。

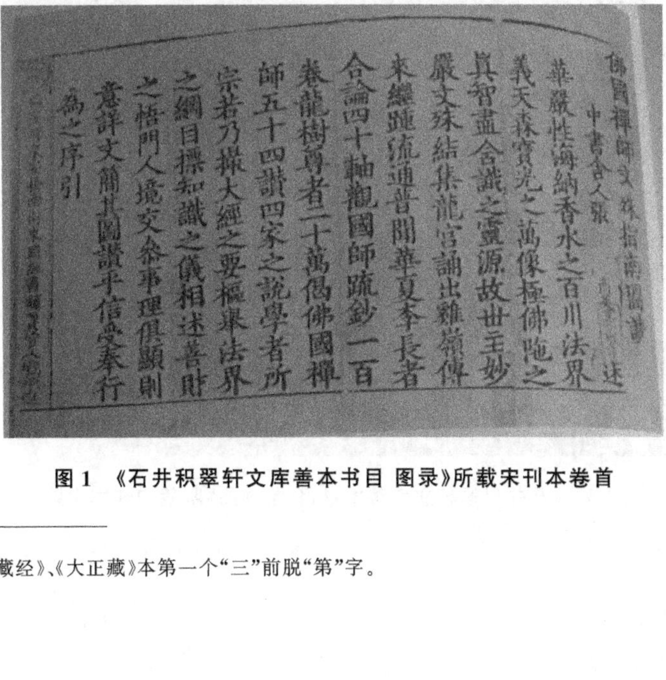
佛國禪師文殊指南圖讚
中書舍人張　述
華嚴性海納香水之百川法界
義天森寶光之萬像極佛陁之
真智盡含識之靈源故世主妙
嚴文殊結集龍宮誦出雞嶺傳
來繼踵流通普聞華夏李長者
合論四十軸觀國師疏鈔一百
卷龍樹尊者二十萬偈佛國禪
師五十四讚四家之說學者所
宗若乃操大經之要樞舉法界
之綱目標知識之儀相述善財
之悟門人境交參事理俱顯則
意詳文簡其圖讚乎信受奉行
爲之序引

图1 《石井积翠轩文库善本书目 图录》所载宋刊本卷首

① 《续藏经》、《大正藏》本第一个“三”前脱“第”字。

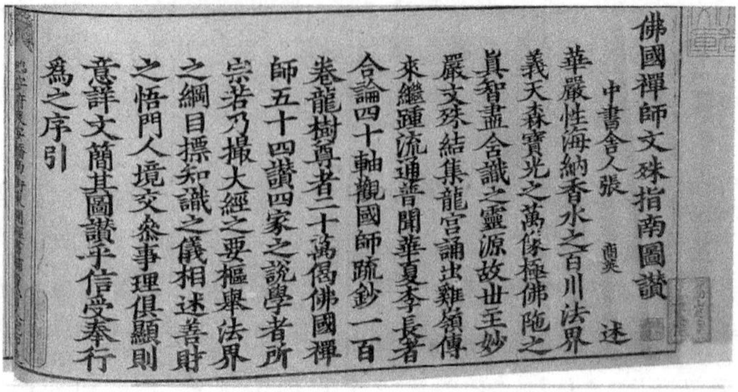

佛國禪師文殊指南圖讚
中書舍人張　商英　述
華嚴性海納香水之百川法界
義天森寶光之萬像極佛陁之
眞智盡含識之靈源故世主妙
嚴文殊結集龍宮誦出難領傳
來繼踵流通普開華夏李長者
合論四十軸觀國師疏鈔一百
卷龍樹尊者二十萬偈佛國禪
師五十四讚四家之說學者所
宗若乃撮大經之要樞舉法界
之綱目標知識之儀相述善財
之悟門人境交參事理俱顯則
意詳文簡其圖讚乎信受奉行
爲之序引

图 2　《大谷大学图书馆所藏贵重书善本图录 佛书篇》所载宋刊本卷首(实为覆宋刊本)

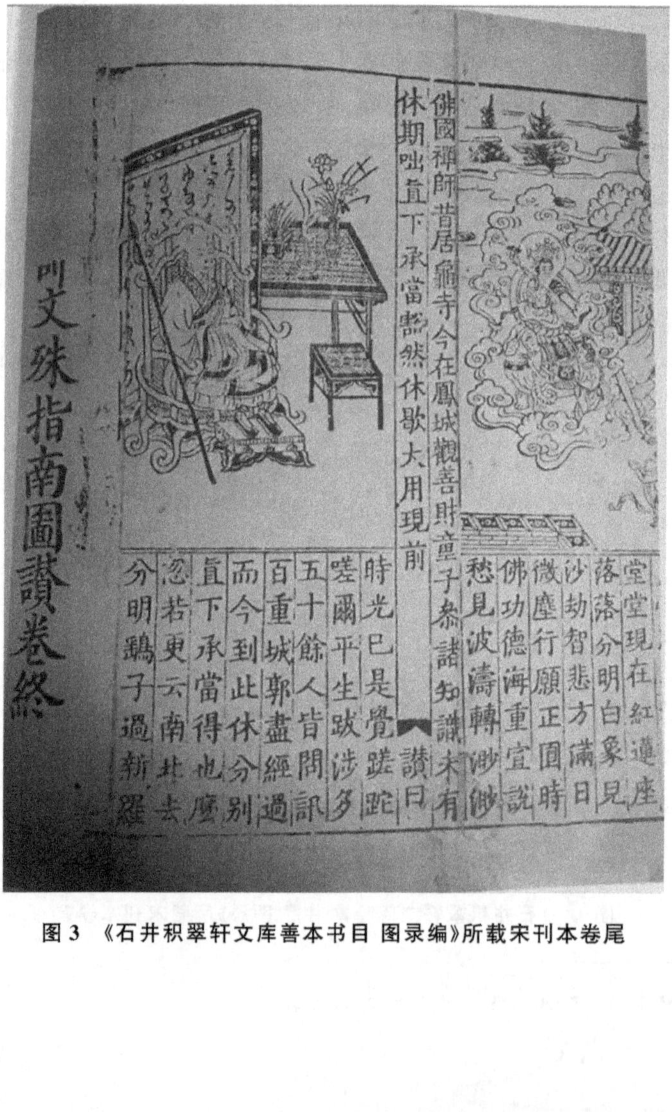

佛國禪師昔居龜寺今在鳳城觀善財童子叅諸知識未有
休期咄直下承當豁然休歇大用現前
讚曰
堂堂現在紅蓮座
落落分明白象見
沙劫智悲方滿日
微塵行願正圓時
佛功德海重宣說
愁見波濤轉渺瀰
時光已是覺蹉跎
嗟爾平生跋涉多
五十餘人皆問訊
百重城郭盡經過
而今到此休分別
直下承當得也麼
忽若更云南北去
分明鷂子過新羅
文殊指南圖讚卷終

图 3　《石井积翠轩文库善本书目 图录编》所载宋刊本卷尾

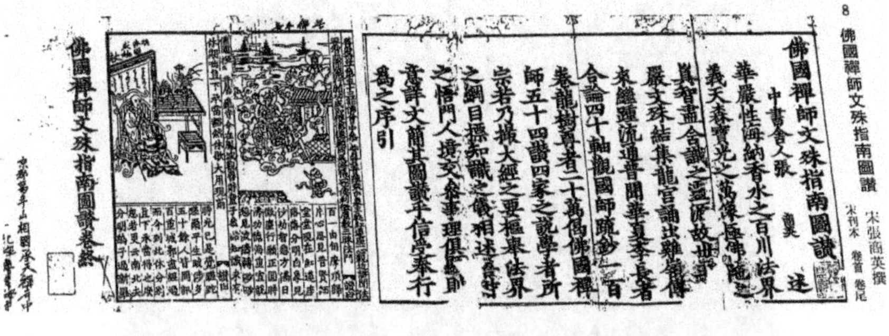

图 4 《新修恭仁山庄善本书影》所载宋刊本卷首、卷尾(实为覆宋刊本)

图 5 《神田鬯盦博士寄赠图书善本书影》所载宋刊本卷尾(实为覆宋刊本)

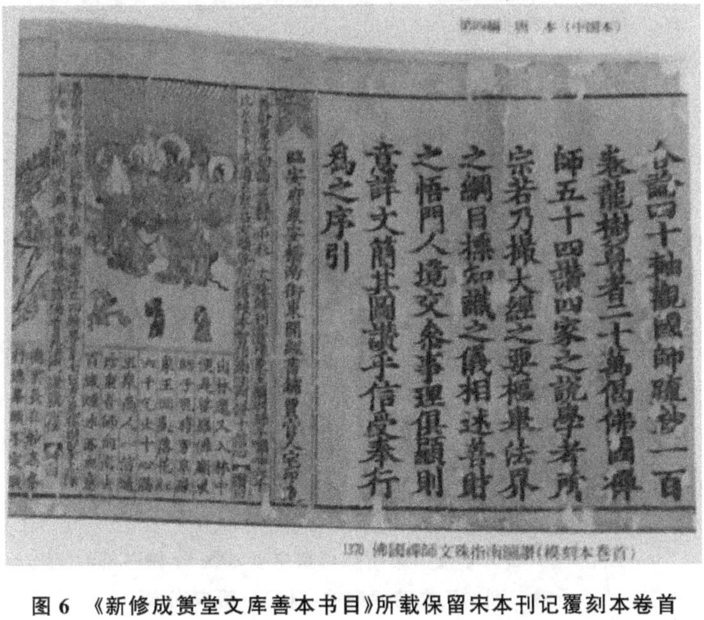

图 6 《新修成篑堂文库善本书目》所载保留宋本刊记覆刻本卷首

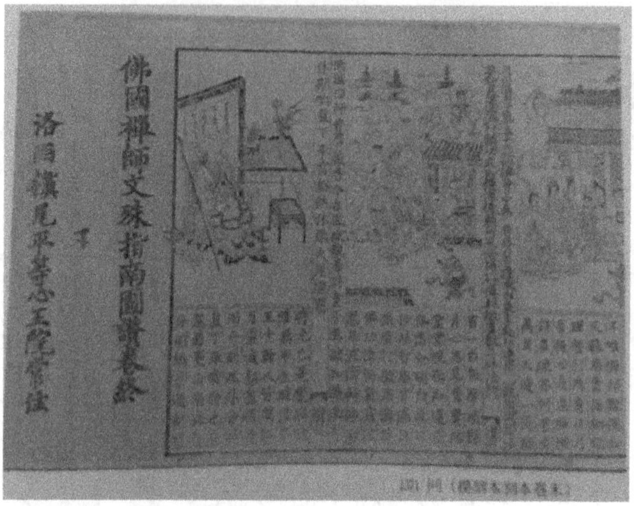

图 7　《新修成篑堂文库善本书目》所载有日本刊记覆刻本卷末

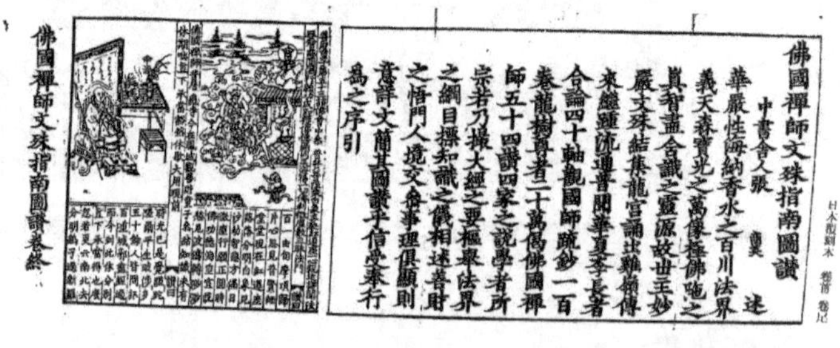

图 8　《新修恭仁山庄善本书影》所载日本覆刻本卷首、卷尾

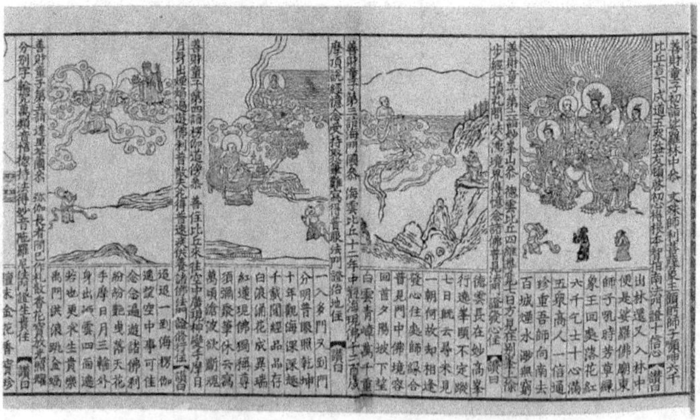

图 9　《大谷大学图书馆所藏贵重书善本图录 佛书篇》
所载宋刊本正文前四则故事(实为覆宋刊本)

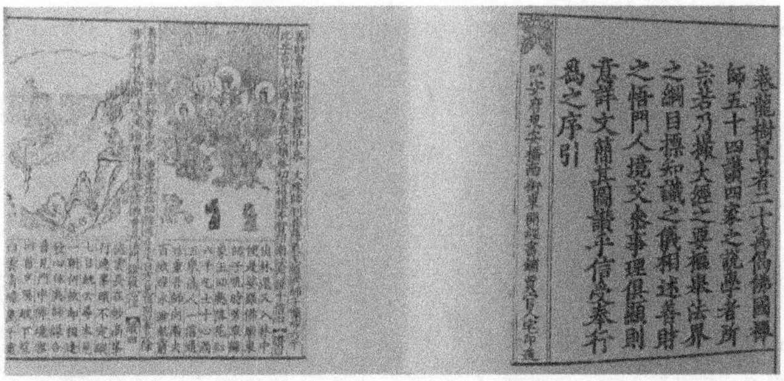

图10 《吉石盦丛书》初集影印大谷本卷首及正文部分

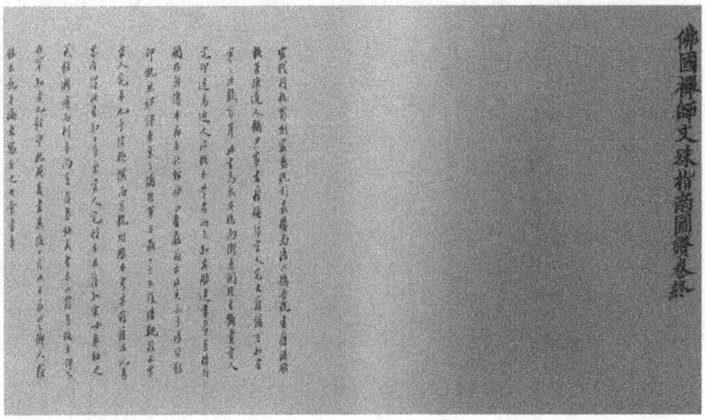

图11 《吉石盦丛书》初集影印大谷本卷末

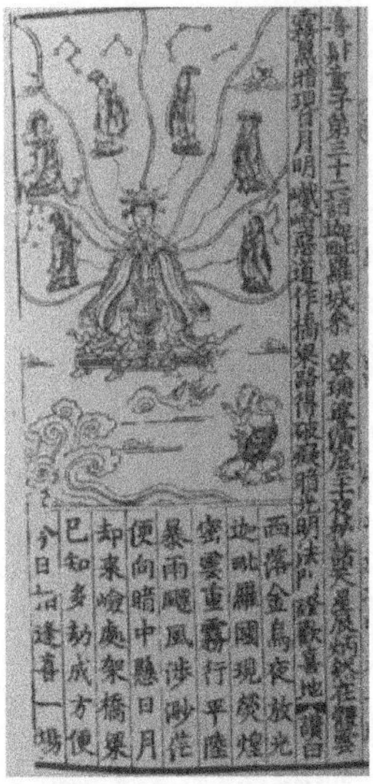

图12 《吉石盦丛书》初集影印大谷本

图13 国会图书馆藏写本

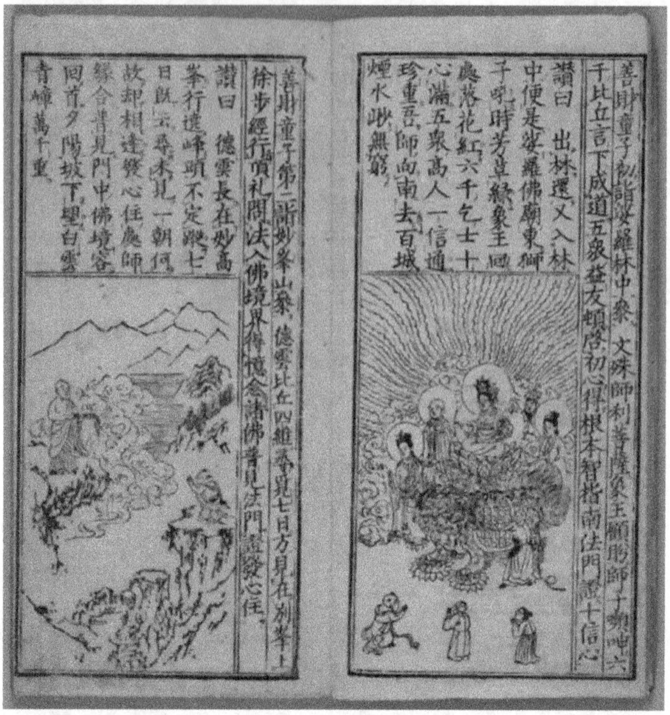

图 14 明和四年刊本正文首

《中华道藏》本《太上说玄天大圣真武本传神咒妙经注》标点举误*

牛尚鹏**

【内容提要】 《太上说玄天大圣真武本传神咒妙经注》是道家的一部重要经典。本文以该经为例，对《中华道藏》句读失误处进行了辨正，并探讨了句读失误的原因，归纳避免破句的方法或要点。《中华道藏》句读失误往往是由不晓古代文化背景、讹字失校、割裂词语或不明词义、不察文义等诸多原因所致。正确的句读对道经的科学有效利用有重要价值。

【关键词】 《中华道藏》 句读 讹误 勘正

《中华道藏》是2003年中国道教协会发起并组织编纂整理的一部道藏①，它以三家本《道藏》为底本，对原三家本《道藏》所收各种道书作校补、标点、重新分类，并从近代发现的古道经中选取了50种增补其中，总计收录道籍1526种，5500多卷，4000余万字。与此前出版的各种影印本道藏不同的是，《中华道藏》是重新排版印制，施以新式标点，并进行了必要的文字校勘。这是继明代《正统道藏》之后，对道教经书首次进行系统规范的整理重修，为道藏使用者提供了一个内容丰富、阅读方便的点校本。

《太上说玄天大圣真武本传神咒妙经》是道家的一部重要经典，以紫微大帝和妙行真人问答的形式，叙述了玄武神之源起及降世应化事迹。该经约成书于唐宋间，流行于北宋，一卷，收于《道藏》洞神部谱录类。该经对后世颇有影响，元代武当道士编撰《玄天上帝启圣录》即以此经为本。南宋道士陈伀为之作注，凡六卷，收于《道藏》洞神部玉诀类，今收入《中华道藏》第30册。陈氏注引据经典，并增入真武神之神话故事，以宣扬伦常为主旨②。

由于主客观方面的原因，《中华道藏》句读颇有疏失之处。今以《太上说玄

---

* 本文为国家哲学社会科学基金项目"《中华道藏》校正"（项目号：18CZJ018）阶段性成果。

** 本文作者为天津外国语大学中文系副教授。

① 张继禹主编《中华道藏》，北京：华夏出版社，2004年。

② 任继愈主编《道藏提要（修订版）》，北京：中国社会科学出版社，2005年。

天大圣真武本传神咒妙经注》为例，就此尝试探讨《中华道藏》句读失误的原因，归纳避免破句的方法或要点，为道经的正确解读提供参考，为古籍句读提供有益的借鉴。不妥之处，方家董之。

一、不晓文化背景而误断例

道经作为宗教文献，要求我们在点校时除具备语言文字知识外，还需掌握一定的历史文化、民俗风尚、天文历法等知识。忽略文化背景等相关知识会影响我们对文献的正确阅读理解，进而导致断句失误。

(1) 又遇三元。天地水府三官集圣之辰寅，申亥建之，且十五日也，乃三元节。(卷一，《中华道藏》30/537)[①]

按：大字是经文，小字是注文。“天地水府三官集圣之辰寅”费解，“寅”字当下属。此系不晓天文历法知识导致的误断。这里的“辰”非十二地支之辰，而是时辰义，“……之辰”即“……之日”。下句“寅、申、亥建之”涉及十二月建，农历（即夏历）以建寅之月（即正月）为岁首，依次类推，农历七月是建申之月，农历十月是建亥之月。三元节即农历上元正月十五、中元七月十五、下元十月十五，即上述“寅、申、亥建之”。

“……之辰”道经常见，《修真十书》卷二五：“正月：一日天中节会之辰。五日人之五神集聚之日。”又：“十月：一日，东皇大帝生日。五方五帝奏会之辰。”《洞玄灵宝自然九天生神章经解义》卷二：“此亦告以劫会之辰也。”《混俗颐生录》卷下：“又每年五月十六日是天地交会之辰。”《道法会元》卷一八〇：“谨因某节之日，天地攒会之辰。”例多不赘举。

(2) ䷂水雷屯守一存三，兔鸡月停火。䷃山水蒙圣功神化，运混沌育元精。盖人伦禀协，无出一炁之元。若夫善颐元鼎善运一炁，是不足度于五行可成真道。……坤寄体地户，坤母索一，二生屯，就二而索三，成蒙难易，同气相求，刚化先柔，使神有所度而气有所流。(卷二，《中华道藏》30/549)

按：䷂是屯卦，上坎（代表水）下震（代表雷），即水雷屯。䷃是蒙卦，上艮（代表山）下坎（代表水），即山水蒙。故上揭文句省略号之前的部分当断句作：“䷂水雷屯，守一存三，兔鸡月停火。䷃山水蒙，圣功神化运，混沌育元精。盖人伦禀协，无出一炁之元。若夫善颐元鼎，善运一炁，是不足度于五行，可成真道。”

① 30/537 指《中华道藏》第 30 册第 537 页，下同。

省略号后面的文句也颇费解，此皆不解《周易》常识而误断。当断作“坤寄体地户，坤母索一二生屯，就二而索三成蒙。难易同气相求，刚化先柔，使神有所度而气有所流”。

六十四卦顺序依次是“乾、坤、屯、蒙、需、讼、师……”“屯”“蒙”二卦紧挨“坤”卦之后。这里需要了解《周易》中“索”的含义。索，数也。一个卦中的第几爻即几索，如“一索”即第一爻，“再索”即第二爻。《周易·说卦》：“乾，天也，故称乎父。坤，地也，故称乎母。震一索而得男，故谓之长男。巽一索而得女，故谓之长女。坎再索而得男，故谓之中男。离再索而得女，故谓之中女。艮三索而得男，故谓之少男。兑三索而得女，故谓之少女。”

兹对《说卦》中该段话稍作解释，☳震卦第一爻是阳爻，阳比男，故“震一索而得男”。☴巽卦第一爻是阴爻，阴比女，故“巽一索而得女”。☵坎卦第二爻是阳爻，故“坎再索而得男”。☲离卦第二爻是阴爻，故“离再索而得女”。☶艮卦第三爻为阳爻，故“艮三索而得男”。☱兑卦第三爻是阴爻，故“兑三索而得女”。

弄清了“索”的含义，那么“坤母索一二生屯，就二而索三成蒙”就容易理解了。䷁即六十四卦中的坤卦，把坤卦下卦的第一爻和上卦的第二爻变成阳爻，就成了屯卦䷂，即“坤母索一二生屯”。把坤卦下卦的第二爻和上卦的第三爻变成阳爻，就成了蒙卦䷃，即“就二而索三成蒙”。

二、讹字失校而误断例

忽略讹字的校正会造成句读的失误。古籍在传抄或刊刻流传过程中出现文字讹误现象十分常见，道经文献也不例外，影印本道经在保留道经原貌的同时也继承了错误，从明版道藏、涵芬楼道藏中延续下来的大量形误字在三家本中依仍其旧。《中华道藏》对个别显而易见的讹字作了校勘，但对一些疑难讹字却未加详校，导致有些标点后的文句扞格难通。

> (3) 于桓帝永寿二年，真人将诸品经箓印信，并付长子衡，嘱曰：仰后世世一子，绍吾之位，非吾家宗亲子孙勿传。衡承袭毕三年，内至九月，真人复往云台山，九日停午上升矣。(卷六，《中华道藏》30/581)

按：“衡承袭毕三年，内至九月，真人复往云台山，九日停午上升矣”句颇费解。“内至九月”语义不畅。且这样断句容易让人误解为张衡承袭了经箓印信三年以后张道陵升天的，这与文献事实不符。据记载，张道陵升天是在汉桓帝永寿三年九月九日，查《中国历史纪年表》[①]，该年是丙申年，故“内至”当是“丙

① 方诗铭《中国历史纪年表》，上海：上海辞书出版社，1980年，第42页。

申”之误,《中华道藏》失校。故该句当断作“衡承袭毕,三年丙申九月,真人复往云台山,九日停午上升矣”。

该事件道经文献多有记载,《混元圣纪》卷七:“永寿三年丙申,陵一百二十三岁也。九月九日日中,老君遣五帝使者持玉策,降云台山,授陵正一真人号。继有五色云龙来迎,遂与弟子王长、赵升同升天。”《太上正一朝天三八谢罪法忏》:“昔祖天师居于阆州云台山上,岁在丙申永寿三年九月九日。太上遣使授以玉册,赐三天扶教辅元大法师、正一真人之号,诏升举期,亭午之际,……上登宝辇,升举云霄。”可资比证。

(4)(陈)畴才接兵,夜遭寇突,罄骑苍荒,坠一崖堑,无计支持,忽电破暗,睹一披发神人仗剑招畴,不觉同骑,俱存于路,渐而黎民得回,坐营再约日战,(何)清等伏擒。(卷四,《中华道藏》30/561)

按:“夜遭寇突,罄骑苍荒,坠一崖堑”句费解。“罄”,涵芬楼本作罄,《中华道藏》照录作“罄”。就字形而言,该字乃“罄”之俗字,《龙龛手鉴·殸部》(高丽本)已收,可参。然在上引语例中,“罄”是“擎”之讹误,《中华道藏》失校,导致属读有误。断句当作“夜遭寇突擎,骑苍荒坠一崖堑”。“罄”“擎”互讹,典籍习见,文渊阁四库本明祝允明《大游赋》:“罄孝顺而诨洁兮,悃皇彝之极至。”“罄”,《历代赋汇》作“擎”。可资比证。

“渐而黎民得回,坐营再约日战,(何)清等伏擒”句亦费解。“民”,涵芬楼本作民,《中华道藏》照录,未出校。该字当为“明”之音误字。前鼻音、后鼻音在西北方言中多不分,如“巾”“经”同音,“练”“亮”同音等。《汉语大词典》:“坐营:安营,扎营。谓军队驻扎。”故该句当断作“渐而黎明,得回坐营,再约日战,(何)清等伏擒”,如此则怡然理顺。

(5)玉帝遣镇北方,及至降纣世六魔之日,敕慰披发跣足,赐建皂纛玄旗,躬披铠甲,功成而摄,踏龟蛇回天,而天称元帅,世号福神。(卷一,《中华道藏》30/529)

按:“功成而摄,踏龟蛇回天”费解。“摄”,涵芬楼本作攝,此字当为“蹑”之形讹,《中华道藏》失校导致句读失误。本句当连属不施句读。“蹑”,踏也。“蹑踏”同义连用。以内证求之,《太上说玄天大圣真武本传神咒妙经注》卷六:“按《降笔实录》,上帝命玄武曰:卿可当披发跣足,蹑踏龟蛇。”又卷六:“按《太平经》载:真君受元始符命神光宝书,统领天丁收天关地轴二魔王,忽一见如鳌苍龟,其形五变,一现万丈巨蛇,其形三变。真君腾空,步干踏斗,化千丈大身,挥魁魁之剑,冲折二魔各敛形状,龟如拳五寸,蛇如鞭三尺,和合并体,被真君蹑踏之。”《玄天上帝启圣录》卷一:“上帝命玄帝曰:卿可当披发跣足,蹑踏龟蛇，建皂纛玄旗，躬披铠甲，位镇坎宫，天称元帅，世号福神。”例多不赘述。

(6) 真人曰：妙用之理，可得一闻。妙行又审，玄帝妙用至理不可思议，处而为诸大众，真请示功因也。(卷五，《中华道藏》30/565)

按：该句小字注文部分费解，这里有一个讹字，三处错误句读。

“大”，《中华道藏》之底本涵芬楼本作**大**，此字当为“天”之形误。《中华道藏》失校，导致属读有误。

“真”字当上属，作“诸天众真”，该词道经常见。《太上黄箓斋仪》：“伏冀三尊大圣，诸天众真，三光列宿，四司五帝。”《灵宝玉鉴》卷一三：“诸天众真，森罗庆会，仰观太上三尊，居天宝之优。”《太上中道妙法莲华经》卷七：“皆诸天众真，咸来护卫。”《元始洞真决疑经》：“诸所应作，皆已毕讫，所未应行，道君自了。汝诸大众真，宜共奉承，勿于我所生分别念。”此句“大”亦当为“天”之形误。

“处而”不辞，“处”当上属。“审”后不应断开。

故小字注文当断作“妙行又审玄帝妙用至理不可思议处，而为诸天众真，请示功因也”。“玄帝妙用至理不可思议处”是“审”(详究、细察也)的宾语，“不可思议处”即难以理解的地方，《洞玄灵宝八仙王教诫经》：“目前有生之类，皆见三真光气法身，种种说法，各得悟解，奉吾孝道。能入不思议处，能为不思议事，失吾孝道。”可资比证。

三、割裂词语或不明词义而误断例

汉语书面语具有不分词书写的特点，这使得我们在点校古书时常面临需要区分两个汉字究竟代表的是一个词还是两个词的问题。忽视这种情况则会导致出现错把一个词语点开的“破词”现象。这类割裂词语的句读误断会影响我们对原文的理解。近代道经中出现了为数不少的“字面生涩而义晦”或“字面普通而义别”的通俗语词，有的词义大型语文工具书已经收载，不收载者须作考证。忽略新词新义会导致断句失误。

(7) 本虚危之二宿，交水火之两精。天中北上，乃化玄炁之宫，有虚危二宿，位分占天次二十六度二十五分半，是日月两曜纬躔之舍，副日帝月皇之政，水火在。昔炎帝癸巳岁正月朔戊午日旦甲寅时，日月合璧，二炁混虚危宿，度神彩流，降奎娄之域净乐国境也。(卷二，《中华道藏》30/545)

按：大字是经文，小字是注文。“副日帝月皇之政，水火在。昔炎帝癸巳岁正月朔戊午日旦甲寅时，日月合璧，二炁混虚危宿，度神彩流，降奎娄之域净乐国境也”费解。此系不明天文知识与不晓词语意义而误断。当断作“副日帝月皇之政水火。在昔炎帝癸巳岁正月朔戊午日旦甲寅时，日月合璧，二炁混虚危宿度，神彩流降奎娄之域，净乐国境也”。兹辨析如下。

“在昔”不当断开，此义简单，无须赘述。天文学中有“七政”，即五大行星加上日、月。《鹖冠子·夜行》：“阴阳，气也；五行，业也；五政，道也。”陆佃注：“五辰也。在天成象，故曰道。”日又谓太阳，属火；月又谓太阴，属水，“副日帝月皇之政水火”谓虚危二宿在天上的位置和日月二政相符。《灵宝无量度人上品妙经》卷四六：“北斗中敕，北帝列司，领神龙水火之政，号玉光紫灵夫人，官吏数千，典掌其职。”可资比勘。

该句属读失误的另一个因素是不明“宿度”一词之意义。“宿度”谓天空中标志星宿位置的度数。二十八宿各占若干度，《素问·离合真邪论》：“夫圣人之起度数，必应于天地。故天有宿度，地有经水，人有经脉。”《宋书·律历志中》：“至元和二年，《太初》失天益远，宿度相觉浸多，候者皆知日宿差五度，冬至之日在斗二十一度，晦朔弦望，先天一日。”可资比证。

(8) 宋朝祥符初，福州兴化军一商人程嗣昌，素好恬惔，因游密州驻交桥镇，睹猎辈酷捕飞禽，物命枉杀不忍观。闻念将家藏戒杀图文印施，命工锓板毕，遇十一月初七真武降日，遂焚香叩拜灵空，（卷一，《中华道藏》30/539）

按：“物命枉杀不忍观。闻念将家藏戒杀图文印施”，“闻”字当上属。“不忍观闻”即不忍看、不忍听，盖捕杀飞禽，场面、叫声凄惨也。“不忍观闻”，道经有用例，《太上说玄天大圣真武本传神咒妙经注》卷四：“及见一所门内，无数罪人，男子缚抱出火铜柱，妇女压外大炙铁状，众多牛头马首之卒，持戟监押，才赴者苦声悲惨。儿不忍观闻，遂问立吏。”可资比参。

“念”有打算义，该义不常见，点校者失考，是导致此断句失误的另一因素。该义由“念”之思考、揣度义引申，“思考、揣度、意料”→“打算、想要”是一条重要的词义引申规律，在很多词上都有体现，即所谓“同步引申律”①。如：

“想”有思考义，引申有打算、想要义，《儿女英雄传》第十九回：“那时他老人家正在用功，想中那名进士。”

“拟”亦有此二义，《易·系辞上》：“拟之而后言，议之而后动。”孔颖达疏：“圣人欲言之时，心拟度之而后言也。”李清照《武陵春·春晚》：“闻说双溪春尚好，也拟泛轻舟。”

“度”亦有此二义，“度内”即考虑、意料之内，宋陆游《跋周侍郎奏稿》：“傥人人知所勉，则北平燕赵，西复关辅，实度内事也。”今仍有“置之度外”。

---

① 许嘉璐《论同步引申》，《中国语文》1987年第1期。

"意"亦有此二义,《诗·小雅·正月》:"终逾绝险,曾是不意?"《后汉书·彭宠传》:"小奴意欲解之,视户外,见子密听其语,遂不敢解。""意欲"同义连文。例多不赘举。

(9)《应运经》曰:大道鼎分,西方曰佛,名南无常观自在境,立普门愿,从人所请,欲设复世人礼拜供养,求男生男,求女生女。(卷四,《中华道藏》30/559)

按:"欲设复世人礼拜供养,求男生男,求女生女"句费解,"欲"字当上属。"请欲"同义连用,即所求所欲之物。"从人所请""从人所欲"道经皆有用例,合用即"从人所请欲"。《道德真经集义》卷七:"从人所欲,不为节限,则天下之道尽于快意。"《道法会元》卷八六:"真王言如,纶命雷神而从人所欲。"《太上说玄天大圣真武本传神咒妙经》卷三:"凡祷正念者,上圣无不从人所请。"可资比证。

该句属读的另一关键点在于"设复"一词。"复"为虚语素,无实义。"设复"谓假若也。该词道经习见,《无上大乘要诀妙经》:"设复有人,不信是经,闻有受持供养、斋戒读诵而毁谤之,轻贱憎嫉而怀结恨,是人之罪,甚为巨重。"又:"设复有人,以国城、妻子、无量珍宝之物而供养者,是人所得功德,不如受持此灵宝真经,其福最多。"《太上九真妙戒金箓度命拔罪妙经》:"设复有人初虽信受,后起慢心。"《太上大道玉清经》卷一〇:"设复远行,心中忧念,存忆父母,如对目前。"例多不备举。

四、不察上下文义而误断例

点校古籍的目的是使古籍文义通畅以便阅读。倘若文章难以卒读,则可能存在文本错讹衍夺、句读失误等问题。因此,在点校时我们不能仅仅考察字词意义,还需在点校后通观全局考察上下文义是否通畅。

(10)按《诸品经》载:灵宝始青之炁,结元阳重三百八十四铢,立命碧落空歌之炁,贯经络脉,分应三百六十体骸;大浮黎土之炁,结化回黄,转白青赤,构孕凝精。元一黄演之炁,结胞。洞冥紫户之炁,化胎,长灵明仙之炁,命魂。砀尸冥演由之炁命魄。五仙中灵之炁,化脏。高真冲融之炁,化腑。高仙洞笈之炁,化元。(卷五,《中华道藏》30/568)

按:当断句作:"按《诸品经》载:灵宝始青之炁,结元阳,重三百八十四铢,立命;碧落空歌之炁,贯经,络脉分应三百六十体骸;大浮黎土之炁,结化,回黄转白青赤,构孕凝精;元一黄演之炁,结胞;洞冥紫户之炁,化胎;长灵明仙之炁,命魂;砀尸冥演由之炁,命魄。"

“大浮黎土之炁，结化回黄，转白青赤”断句稍难，《历世真仙体道通鉴》卷九：“炼魄柔魂，回黄转赤，而面生玉泽。”《太上洞玄灵宝业报因缘经》卷八：“人始受身，皆从虚无自然中来，回黄转白，构气凝精，而元父生神，玄母成形。”可资比证。

(11) 此教总一十二部秩目，曰：第一灵和部，第二灵宝部，第三通神部，第四无量部，……第十二销魔部。……今降流于世者，乃出第二秩灵宝开图之妙经也。（卷五，《中华道藏》30/567）

按：“目”当下属。目，名也。“部秩”即部帙，《汉语大词典》：“部秩，部帙。”下文“乃出第二秩灵宝开图之妙经”，第二秩即第二灵宝部，可为明证。“部帙”谓书籍的部次卷帙。北齐颜之推《颜氏家训·治家》：“或有狼籍几案，分散部帙，多为童幼婢妾之所点污，风雨虫鼠之所毁伤，实为累德。”唐刘知几《史通·自叙》：“其所读书，多因假赁。虽部帙残缺，篇第有遗，至于叙事之纪纲，立言之梗概，亦粗知之矣。”清梁章钜《退庵随笔·读史》：“其初各自为部帙，至北宋始合为一编。”例多不赘。

以上我们以一部道经为例，纠正了个别句读失误，并探讨了《中华道藏》句读失误的原因。《中华道藏》的句读问题并非个例，而是大型点校本古籍存在的通病。今人点校古籍，或限于文言功底，或囿于学科背景，或误于治学态度，遂致文句标点，错讹频生。甚而原文无误，句读有误，致造成段篇文义不清，难以卒读者。点校道经，不仅需要一定的道学修养、审慎的治学态度，文献学、语言学的知识也是不可或缺的。点校者须着眼于多方，才能提高点校本的质量，避免硬伤的出现。

集句诗背后的古人知识世界
——以《梅花字字香》为例

李 更*

【内容提要】 本文以元郭豫亨《梅花字字香》所用诗句与《锦绣万花谷》《分门纂类唐宋时贤千家诗选》的大量重叠为切入点，考察其集句诗写作的“元件”来源，并就类书、类选在宋元之际普通文人知识获取、文学创作当中所扮演的角色作出思考。

【关键词】 集句诗 《梅花字字香》 郭豫亨 类书 类选

集句为诗，借前人诗句表达自己的所见所感，熔铸新的篇章，是古代诗歌写作方式之一，也是一种雅致的文字游戏。关于集句诗的发展演变、艺术特点，乃至写作中诗句使用的种种细节，学界已有不少探究，来踪去迹日渐明晰。

在集句诗创作中，前人成句无疑是不可或缺的“诗歌元件”，也是了解相关写作的重要一环。但不同于诗句使用方式等问题借助传世作品本身即可做出考察，关于其获取，以及在此基础上才可能进一步探究的选汰，今人无法穿越千年成为当时人生活、学习、阅读、写作的旁观者，难以切实了解。因此，“诗句”的获取方式几乎无人讨论，所可见者，仅是人所乐道的点滴佳话，诸如《王直方诗话》“荆公始为集句，多者至数十韵，往往对偶亲于本诗，盖以诵古今人诗多，或坐中率然而成，始可以为贵也”①。而今人“信手拈来巧集句”②等考语背后，亦是对诗句来自长期阅读积累的默认。无疑，若腹笥宏富，即兴偶一为之，确是如此，但是否所有人、所有写作都能如此轻巧和现成呢？《王直方诗话》其实也从侧面透露了不被“以为贵”的、“诵古人诗”不那么多、也未必能“坐中率然而成”的情况存在。《苕溪渔隐丛话》所引《遯斋闲览》即云：“荆公集句诗，虽累数十韵皆顷刻而就，词意相属，如出诸己。他人极力效之，终不及

* 本文作者为北京大学中国古文献研究中心、北京大学中文系副教授。

① 〔宋〕胡仔《苕溪渔隐丛话》前集卷三五，北京：人民文学出版社，1962 年，第 239 页。本文所引《苕溪渔隐丛话》皆据此本，下不一一注明。

② 吴耀民《信手拈来巧集句》，《语文教育》1994 年 11 期，第 15—17 页。

也。”[①]在同一记载之后，直言此事并非所有人都能达此至境。那么“普通人”的写作会是怎样的情形？特别是南宋以降，集句组诗甚至专题集句组诗蔚然成风，如释绍嵩《亚愚江浙纪行集句诗》、李龏《剪绡集》《梅花衲》等，动辄数十上百篇，无疑需要数量庞大的前人相关诗句作为基础，其“元件”的获取、选汰，不能不说是一个相当有趣的问题。而由此“细事”进一步延伸，则是中下层文人的阅读与知识获取。

近年古籍数据库的日益完备，也使集句诗作品与特定文献之间的规律性联系得以浮出水面，为相关探索提供了契机。元郭豫亨《梅花字字香》即是一例。

郭豫亨，自号梅岩野人，生平无考[②]。《梅花字字香》集句为咏梅七律，每诗后依次注明各句之作者。传世本前后集各一卷，前集有诗五十首，后集四十八首。《四库全书总目提要》评之曰：“《离骚》遍撷香草，独不及梅，六代及唐，渐有赋咏，而偶然寄意，视之亦与诸花等。自北宋林逋诸人递相矜重……始别立品题。南宋以来，遂以咏梅为诗家一大公案。江湖诗人无论爱梅与否，无不借梅以自重。……豫亨在至大中，距南宋之末未远，故亦染山人之积习。”[③]

《梅花字字香》卷首有元至大辛亥（至大四年，1311）自序，称：

> 余爱梅花，自号梅岩野人。凡见古今诗人梅花杰作，必随手抄录而歌咏之，积以岁月，遂成巨编。熟之既久，似有所得，暇日辄集其句，得百篇，目为《字字香》。其间句煅意炼，璧合珠联，亦有天然之巧者，吾不知其为古作也。一日有客过我，曰：“闻君梅诗甚佳，愿借一观。”因出是编，披阅未竟，称□□□。嗟叹久之，复掩卷笑之曰：“君此诗妙则妙矣，但未免有家鸡鸿鹄之诮。君既用功如此，若自出己意，为梅赋咏，又岂止百篇而已？且无此议。”余曰：“不然。古人不作，诗无知者。千载之下，吟魂茫茫。一旦表而出之，见吾此作如见古人，岂不愈于掩人之善、矜己之能者乎？”客又曰：“昔诚斋先生序陈晞颜梅诗，有‘梅亦有妖，晞颜此诗非晞颜语也，梅之妖凭晞颜而语也。’诚如此，则君此诗亦非君语也，梅之妖凭君而语也。所谓梅亦有妖，信乎？否乎？”余瞿然曰：“平生与梅同一冷澹，越历冰雪，笑傲山水，咏春风，醉明月，心清香妙，气合神交。不知梅妖我耶？我妖梅

---

① 《苕溪渔隐丛话》前集卷三五，238页。

② 按：亦有学者以为，其人即元末明初王逢《梧溪集》卷五《王氏俭德堂怀寄凡二十二首》之二十二小序“彭素云，中州人。郭梅岩，西江人。并学全真，有道行”之郭梅岩，并由此推测其为西江人，曾与中州人彭素云一起学道，名高当世。且常以诗书为乐，放浪形骸，超然世外。参陈红彦《元刻本〈梅花字字香〉》，《善本古籍掌故（二）》，上海：上海远东出版社，2017年，第237页；李致忠《〈梅花字字香〉前集一卷后集一卷》，《昌平集》，上海：上海古籍出版社，2012年，第667页。

③ 《四库全书总目》卷一六七，中华书局，1965年，第1438页。

耶?”客语塞,抚掌大笑,于是呼僮抱琴,携客引鹤,扫余雪,洗巨觥,开樽于梅边,尽醉而去。[①]

这篇自喜、自得、自负之情溢于言表的序文,用四分之三的篇幅记述了一个逞口舌之利的故事,以传达自己与梅花合体的状态及梅花代言人的身份。所谓“家鸡鸿鹄之诮”乃苏轼就集句一事对孔平仲的调侃,是与前引王安石事并载于《王直方诗话》的经典话题。其主客交锋是确曾发生,还是纯出假托,颇可玩味。但不论写实或虚拟,格局境界如何,这是一个真心爱梅且浸淫其中的作诗人。此序未涉诗集传刻,写作方面仅以“其间句锻意炼,璧合珠联,亦有天然之巧者”概之,而“凡见古今诗人梅花杰作,必随手抄录而歌咏之,积以岁月,遂成巨编。熟之既久,似有所得,暇日辄集其句”云云,则勾勒出一个与通常想象中始于资料积累的集句诗创作“常规”模式完全吻合的“基础建设”过程,并不见特异处。学者“大致作者凡见古今诗人咏梅杰作,即随手抄录,然后集句”[②]之说法,亦沿此而来。

但进入《梅花字字香》的文本,却可以发现一些有趣的规律性现象——其所用诗句与宋末元初一些通行的类书、类选呈现出相当显著的对应关系。这仅仅源于“人所脍炙之什”?还是透露了郭豫亨氏阅读、知识汲取乃至集句诗写作的细节?是否可能从一个侧面传递出那个时期资源并不十分丰厚的普通文人“文学生活”的实际场景呢?似亦不妨一探。

一、无所不在的《锦绣万花谷》

《锦绣万花谷》是南宋时期一部颇受欢迎的类书,其初创者虽未留下确切身份,却因书商的跟风编纂而达到了前、后、续、别四集一百五十卷的篇幅,甚至出现了不同系统的续书,并成为南宋后期类书、类选编纂中的热门承用对象,可谓影响深远[③]。这样一部书,在郭豫亨所处的元代中期,是否依然占据文人案头呢?

在考察《锦绣万花谷》早期版本所存宋代佚诗之际,笔者无意中发现其“梅

① 〔元〕郭豫亨《梅花字字香》自序,元至大刻本卷首。本文所引《梅花字字香》皆据此本,此本第18、19两页错页,涉第四十二至四十八诗,今据国家图书馆藏清钞本(善本书号09924)乙正,下文相关诗作序号亦为乙正后之次序,不一一说明。

② 傅璇琮、许逸民等主编《中国诗学大辞典》,杭州:浙江教育出版社,1999年,第910页。

③ 参李更《略论宋代类书中的“材料序列”——从〈朝野佥载〉宋代“节略本”说起》,《北京大学中国古文献研究中心集刊》第十九辑,北京:北京大学出版社,2019年,第135—176页;李更、陈新《分门纂类唐宋时贤千家诗选校证》附录《〈分门纂类唐宋时贤千家诗选〉考述》,北京:人民文学出版社,2012年,第874—918页。

花"一类诸诗，与《梅花字字香》有高频率重叠。也正是这一现象触发了本文的探讨。

以宋本观之，国家图书馆所藏前集卷七[①]"梅""黄梅""蜡梅""红梅"，过云楼旧藏本后集卷三八"梅"类所收七言作品，几乎每一首都有叠见于《梅花字字香》之诗句，少者一两句，多者则如前集卷七署名"张文潜"的"调鼎自期终有实，论花天上更无香。月娥服御无非素，玉女精神不尚妆"，四句有其三；署名"于湖"的"楼上箫声欲断魂，仙官分与一枝春。旋催妆额添宫样，细捻香须数玉尘。月下精神宜淡伫，雪边肌体更清匀。老来花事无消息，只有君诗当写真"，八句有其五；后集卷三八署名"陆仓"的"拚为梅花倒玉卮，故山幽梦忆疏篱。写真妙绝横斜影，彻骨清香蘸水枝。苦节雪中迷汉使，高标泽畔见湘累。诗成亦为花拈出，万斛尘襟我自知"，亦八有其五。

以《梅花字字香》观之，则传世本九十八首作品中，六成以上含有可见于《锦绣万花谷》前、后集之诗句。其多者达到或超过全诗一半。如第十六首，加下划线的四句皆是：

> 黯淡江天雪欲飞，屋檐斜入一枝低。禽翻竹叶霜初下，春在花梢日未西。晚岁风霜从冷淡，小园烟景正凄迷。平生惯是思梅苦，多谢诗翁为品题。
>
> 陆仓、和靖、赵天乐、黄师雄、子苍、和靖、张介卿、赵愚轩

这种情形，显与"世所脍炙之什"不无干系，然亦非仅此一项即可完全解释。如前涉"拚为梅花倒玉卮"一诗，实为陆游《涟漪亭赏梅》，确实见录于多书，广受称赏。核其文字，《剑南诗稿》作：

> 判为梅花倒玉卮，故山幽梦忆疏篱。写真妙绝横窗影，彻骨清寒蘸水枝。苦节雪中逢汉使，高标泽畔见湘累。诗成怯为花拈出，万斛尘襟我自知。[②]

南宋刘辰翁所编《陆放翁诗选后集·陆放翁诗别集》题目、文字均同。《瀛奎律髓》卷二〇"梅花类"亦录于陆游名下，除"诗成"作"诗情"，他处皆同《剑南诗稿》。而《锦绣万花谷后集》卷三八署名作"陆仓"，且异文多达五处："判"作"拚"，"窗"作"斜"，"寒"作"香"，"逢"作"迷"，"怯"作"亦"（即引文中加波浪线者），文本颇具特异性。与《锦绣万花谷》可能存在渊源关系的《全芳备祖》前集

---

① 按，过云楼旧藏宋刊本《锦绣万花谷》此卷缺，以明秦汴绣石书堂刻本配补，今不取。本文所用《锦绣万花谷》以凤凰出版社影印过云楼旧藏《锦绣万花谷》为主要依据，其缺卷及未设之类别，参以《中华再造善本》影印国家图书馆藏宋刊本。下不一一注明。

② 〔宋〕陆游撰，钱仲联校注，《剑南诗稿校注》卷九，上海：上海古籍出版社，1985 年，第 742 页。

卷一“花部·梅花·七言八句”所录，署“苍三”，除“窗/斜”外，其他有异文处均同《锦绣万花谷后集》[①]。这种差异，也为考辨集句诗之采撷来源提供了线索。

此诗八句中，《梅花字字香》可见五句。其第八首之“诗成怯为花拈出”句，文字同《剑南诗稿》，署“放翁”；而第十八首用“写真妙绝横斜影”，第二十六首用“彻骨清香蘸水枝”，第八十三首用“苦节雪中迷汉使”，皆署“陆仓”，文字、署名均同《锦绣万花谷后集》；而“故山幽梦忆疏篱”见第九十五首，虽无异文可助考辨，但署名“陆仓”，亦与《锦绣万花谷后集》同。

按“陆仓”并非另有其人，《锦绣万花谷》后集引录“陆仓”诗十余首，不载于《剑南诗稿》者仅三首。陆游曾于淳熙年间任江南西路提举常平，朱熹在给黄商伯的书信中曾言及为白鹿洞书院筹集藏书一事并提及“陆仓”[②]，其时间与陆游提举江西常平亦相对应，似时人以“陆仓”称之。《锦绣万花谷后集》是传世古籍中以“陆仓”为署名收录作品最早、最集中者，或其编者曾获冠以“陆仓”之名的陆游诗集（或非正式的诗歌抄汇），而对作品的实际作者并未推详。

前述五个诗句在《梅花字字香》中呈现的状态，其实也透露了其来源信息。即五句虽出自同诗，但郭氏使用时，却非取自一书。“诗成怯为花拈出”取自《剑南诗稿》或其他选本、总集、类书，具体来源不易断言；而署“陆仓”的四句，都不超出《锦绣万花谷后集》所录，当即其出处。

再如前涉张耒诗，《张右史文集》卷二五题作《梅花》，原诗为七律：“北风万木正苍苍，独占新春第一芳。调鼎自期终有实，论花天下更无香。月娥服御无非素，玉女精神不尚妆。洛岸苦寒相见晚，晓来魂梦到江乡。”[③]《瀛奎律髓》卷二〇“梅花类”所录与《张右史文集》全同。可知《锦绣万花谷》所摘仅为颈、颔两联。《梅花字字香》第三十八首用“月娥服驭无非素”、第六十八首用“论花天下更无香”、第七十三首用“玉女精神不尚妆”，皆署“文潜”，可见郭氏于此二联使用率极高。但换一个角度来看，则是同样紧扣“梅花”习性的首、尾联四句无一入眼。更值得注意的是，《梅花字字香》所用张耒诗亦仅此三处。而事实上，张耒与宋代很多文人一样，对梅花相当热衷，不仅吟咏腊雪春寒的诗作中每有梅花现身，《张右史文集》当中以梅花为主题的七言绝句即有《梅》《冬日怀竟陵管氏梅桥四首》《梅花十首》《同仲达雪后逾小山游蔡氏园得红梅数枝奇绝因赋二首》《梅柳二首》《梅花》《所居有梅一株在堂东荒秽中正月二十六日已谢矣二首》《二月五日折梅时经雨梅谢矣》《腊初小雪后圃梅开二首》等数十首，可谓妙

① 《全芳备祖》与《锦绣万花谷》续书之关联，参李更《渊源与流变——从〈锦绣万花谷续集〉看南宋坊贾之类书编刻》，《中国典籍与文化论丛》第十四辑，南京：凤凰出版社，2012年，第190页。又按：《全芳备祖》“苍三”“陆苍三”署名凡三见，皆《锦绣万花谷后集》之“陆仓”诗。

② 〔宋〕朱熹《晦庵集》卷六“书·黄商伯”，四部丛刊景明嘉靖本。

③ 〔宋〕张耒《张右史文集》，四部丛刊景旧钞本。

出意趣，曲尽情态，而无一句见用。疑郭氏写作时，张耒诗的直接材料来源也是《锦绣万花谷》。

此外，《梅花字字香》亦不乏与《锦绣万花谷》相同的讹谬。其中有文字讹误所致署名错误，如第七十九首"锦囊今喜助诗材"句署"张安彦"，实为张扩诗。张扩《东窗集》四十卷久佚，《四库全书》有《永乐大典》辑本，此诗在卷四，为《次韵秦秘监山中观梅二首》(其一)。宋王明清《挥麈余话》卷二载有其本事，亦可证作者身份：

> 张彦实(御讳)，番易人，子公参政大父行，有《东窗集》行于世。自知广德军秩满造朝，除著作郎。秦会之当轴，其兄楚材为秘书少监，约彦实观梅于西湖。楚材有诗，彦实次其韵云："天上新骖宝辂回，看花仍趁雪英开。折归忍负金蕉叶，笑插新临玉镜台。女堞未须翻角调，锦囊先喜助诗材。少蓬自是调羹手，叶底应寻好句来。"时楚材再婚，故及玉镜台事。会之见之大称赏……①

按张扩字彦实，所谓"安彦"显为"彦实"之误。而《锦绣万花谷》前集卷七录此诗中二联，正作：

> 折归忍负金蕉叶，笑插谁临玉镜台。女堞未须翻角调，锦囊先喜助诗才。(张安彦)

其署名正与《梅花字字香》同误，当非偶然。

亦有诗句归属错误相同或可见关联者。相同者如第七十一首第三句"楚人元未知真色"，署"晦翁"，实出陆游《雪中寻梅》，见《剑南诗稿》卷一一：

> 莫遣扁舟兴尽回，正须冲雪看江梅。楚人原未知真色，施粉何曾太白来。

《锦绣万花谷》后集卷三八亦录有此诗，即署"晦翁"。

关联者如第二十六首之第五句"动摇腊信随征使"，署"陈简斋"，该句《锦绣万花谷》前集卷七录为杨蟠诗，看似不相关涉，而核之《锦绣万花谷》原文，恰是：

> 动摇腊信随征使，勾引春情出苑墙。(杨蟠)同心不见昭仪种，五出时惊公主花。(陈去非)

两则散句连录，后者署陈去非，即陈与义，号简斋。《梅花字字香》之署名或即因阅读或摘录时漏掉中间"杨蟠"署名所致。

---

① 〔宋〕王明清《挥麈余话》卷二，四部丛刊景宋钞本。

上述种种迹象可以表明，包含续书在内的《锦绣万花谷》，当是郭豫亨写作《梅花字字香》的“元件”来源之一。

二、“贡献颇多”的《分门纂类唐宋时贤千家诗选》

旧题“后村先生编集”的《分门纂类唐宋时贤千家诗选》（以下简称《千家诗选》）是宋末元初一部出自坊间的诗歌类选，虽后世流传不多，但当时不无影响，明初的《诗渊》《文翰类选》等古籍中亦可见到它的影子。《梅花字字香》所用诗句，也有相当数量叠见于此书。可以第十一首为例：

徒作佳人淡伫妆，尚如逸士气昂藏。人间腊月未曾到，昨夜花神有底忙。疏影暗香谁领略，冰肌玉骨自清凉。一枝带雪墙头出，陌上须惭傅粉郎。

朱淑真　赵虚斋　陈元老　紫岩　胡象坡　古词　谢无逸　韦庄

八句当中，五句《千家诗选》有录，对应关系如下：

梅花字字香		分门纂类唐宋时贤千家诗选[①]			备注
诗句	署名	卷	门类	署名	
徒作佳人淡伫妆	朱淑真	9	百花门·芙蓉·黄芙蓉	朱淑真	断肠集
尚如逸士气昂藏	赵虚斋				全芳备祖前23兰花
人间腊月未曾到	陈元老				锦绣万花谷前7，梅
昨夜花神有底忙	紫岩	7	百花门·梅花	潘紫岩	
疏影暗香谁领略	胡象坡				
冰肌玉骨自清凉	古词	16	宫室门·宫殿·宫词·集句（闻人祥正）	苏东坡	
一枝带雪墙头出	谢无逸	8	百花门·梨花	谢无逸	全芳备祖前9，梨花
陌上须惭傅粉郎	韦庄	9	百花门·牡丹·白牡丹	韦庄	万首唐人绝句

当然，二书叠见并不意味着相关诗句必然取自《千家诗选》。其中如韦庄这样的著名诗人，作品流传广，各种文献收录颇多，而《梅花字字香》所用有限，且未呈现明显规律，很难对其来源做出确切判断。但于其他诗人，则非无脉络可循。

朱淑真诗作，经南宋魏仲恭、郑元佐先后辑录、注释，形成了前集十卷、后

① 本文所据为李更、陈新《分门纂类唐宋时贤千家诗选校证》，下不一一注明。

集七卷的《新注断肠诗集》(以下简称《断肠集》①),流传至今,清及近代学者尚见元代刻本。然核之《梅花字字香》,朱淑真之名九次出现(含"淑真"一次),情况高度相似:

梅花字字香		断肠集		分门纂类唐宋时贤千家诗选	
	诗句	卷/类	诗题	卷	门类
11	徒作佳人淡伫妆	后5花木类	黄芙蓉	9	百花门·芙蓉·黄芙蓉
15	一枝淡贮书窗下	6秋景	咏桂四首(其一)	10	百花门·桂花
44	弹压芳菲入醉乡	3春景花柳	瑞香	9	百花门·瑞香
51	东君有意能相顾		窗西桃花盛开	8	百花门·桃花
66	愿教青帝长为主	2春景	惜春	7	百花门·花·落花
70	自非水月观音样	3春景花柳	偶得牡丹数本移植窗外将有着花意二首	9	百花门·牡丹
82	幽姿羞损婵娟女	4夏景	青莲花	9	百花门·莲花·青莲花
86	人与花心各自香	6秋景	咏桂四首(其一)	10	百花门·桂花
92	风弄花香作瑞烟	1春景	中春书事	1	时令门·春

首先,九句均可见于《断肠集》,亦均可见于《千家诗选》,表面看去,郭豫亨使用哪一种均属可能。但《千家诗选》收录朱淑真诗虽多达六十六首,以传世本《断肠集》计亦不足四分之一,《梅花字字香》所用无一超出仍然值得注意。而与此相照应的是,《梅花字字香》所用朱淑真诗,如上表所呈现,均出自对其他花卉的吟咏或时令之感,甚至一首《咏桂》七绝被取用了两句,却无一出自梅花诗。朱淑真并非没有七言咏梅诗流传于世,《断肠集》卷七"冬景"有《冬日梅窗书事四首》《二色梅》《山脚有梅一株地差背阴冬深初结蕊作绝句寄之》《雪夜对月赋梅》诸诗,后集则有卷四"冬景"之《探梅》、卷五"花木类"《梅花二首》,其中亦不乏清新之句,然无一见用。这一现象从《断肠集》很难找到解释,却与《千家诗选》"梅花类"未录朱淑真作品若合符节。

更为突出的是潘牥诗。潘牥字庭坚,号紫岩。在南宋中后期颇有才名,"所为文脱去笔墨蹊径,秀拔精妙。结字有颜筋柳骨,小楷尤工。自其乡之交友,达于海内之士友,见之皆击节曰:'庭坚太白、子瞻后身也。'"以探花及第,"策传,京师纸贵,向之击节者更敛衽曰:'庭坚子韶、龟龄辈人也。'一时名流,争愿交下风。庭坚亦益进德,铲奇崛,趋平粹,油然可亲"。② 其才华为人颇为

① 本文所据为冀勤辑校《朱淑真集注》,北京:中华书局,2008年,下不一一注明。

② 〔宋〕刘克庄《后村先生大全集》卷一五二《潘庭坚墓志铭》,四部丛刊影旧抄本。

刘克庄所称赏。其《紫岩集》，今不传，作品散见于诸书，而以《千家诗选》所存最多。仅“梅花”一类即有《梅花（四首）》《九月梅》《用钱买绿萼梅》《落梅》七诗。《千家诗选》录潘牥诗皆署“潘紫岩”，今《梅花字字香》可见署名“紫岩”者十二处，亦皆可见于《千家诗选》：

梅花字字香		分门纂类唐宋时贤千家诗选		备注
排序	诗句	卷	门类	
11	昨夜花神有底忙	7	百花门·梅花	
13	老眼相看在岁寒	7	百花门·梅花	
24	休嫌茉莉非吾配	10	百花门·菊花·十月菊	全芳，二隐
28	肯把孤心受雪降	7	百花门·梅花	
42	开从霜后越精神	10	百花门·菊花·十月菊	全芳，二隐
70	一见风标姑射仙	7	百花门·梅花	
75	杖藜行尽几山巅	7	百花门·梅花·用钱买绿萼梅	
77	冷将双眼窥春破	7	百花门·梅花	
79	绝怜绿萼搀先去	7	百花门·梅花·九月梅	
86	一在梢头一在窗	7	百花门·梅花	
88	花带癯仙辟谷颜	10	百花门·兰花	
89	调羹莫作儿童语	7	百花门·梅花	

虽有出自菊花、兰花诗的，但出自梅诗的非常集中，下将“梅花”四首中见于《梅花字字香》且署“紫岩”者，以波浪线标出：

柴门尽日少蹄轮，坐对横窗数点春。心向雪中偏暴白，影来月下亦精神。十分洗尽铅华相，百劫修来贞洁身。笑杀唐人风味短，不应唤作弄珠人。

又（用潘字韵）

偷得湖斋半日闲，有梅此地即孤山。瘦边似我腰全沈，白处怜渠鬓亦潘。惟有竹君同所好，岂容蝶使戏其间。调羹莫作儿童语，老眼相看在岁寒。

又

老梅手植几何年，一见风标姑射仙。特地留为滕六伴[①]，笑他大欠曲生缘。孤高直是难谐俗，开落从渠莫问天。座上诸公醒亦醉，对花起舞籍花眠。

又

昨夜花神有底忙，先教踏白入南邦。冷将双眼窥春破，肯把孤心受雪降。

① 按：“特地留为滕六伴”一句，见于《梅花字字香》第五十一首，署“竹溪”，疑署名有误。

松弟得兄呼最长，竹君取友叹无双。月宵试看尤清绝，一在梢头一在窗。[①]

涉及三首，且其四多达四句，可谓相当集中。类似情形也呈现在“十月菊”诗，七绝四句中，两句被取用：

一段风流玉琢成，开从霜后越精神。休嫌茉莉非吾配，曾见张良似妇人。

对少量作品的高密度使用，亦将来源指向《千家诗选》。

与此同时，《梅花字字香》所用潘牥诗，在署“紫岩”者外，还有第二首之“孤高直是难谐俗”句，署“潘庭坚”；第三首“百劫修来贞洁身”、第四十二首“心向雪中偏暴白”署“潘昉”[②]，即上文“梅花”四首其一、其三下画直线处。虽然同样不超出《千家诗选》所录范围，但在第四十二首，署“潘昉”之“心向雪中偏暴白”与署“紫岩”之“开从霜后越精神”恰为相连的第五、第六句（见图版），显然郭氏对二者关系并不了解，当是各依原书署名而已，则两句各有来源。

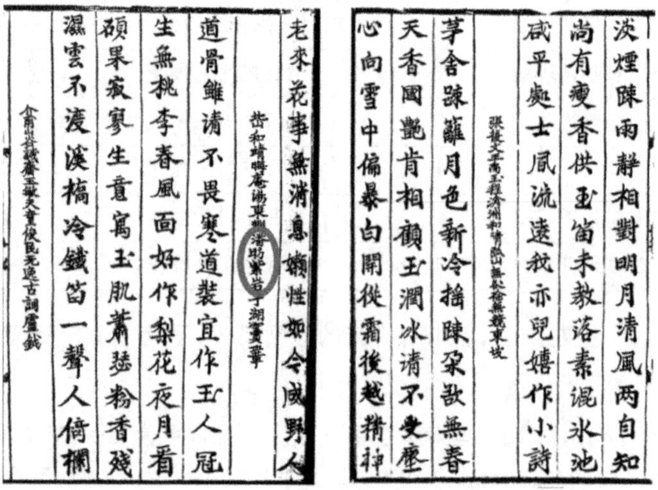
淡煙踈雨静相對明月清風兩自知
尚有瘦香供玉笛未教落素混冰池
硋平處士風流遠叙亦兒嬉作小詩
茅舍踈籬月色新冷摇踈朶欲無春
天香國艷肯相顧玉潤冰清不受塵
心向雪中偏暴白開從霜後越精神
老來花事無消息嬾性如今咸野人
道骨雖清不畏寒道裝宜作玉人冠
生無桃李春風面好作梨花夜月看
碩果寂寥生意寫玉肌蕭瑟粉香殘
濕雲不渡溪橋冷鐵笛一聲人倚欄

从署名角度看，结合潘牥“少以字行”，“潘庭坚”之称多见于宋人诗文；而“柴门尽日少蹄轮”一首又是《梦粱录》卷一八“花之品”在记录杭州梅花品种时仅次于“东坡和秦太虚”“林和靖二首”“戴石屏咏梅韵”“王介甫咏曰”之后的咏梅名篇，确属“人所脍炙之什”，在宋元之际可能广泛流传，另有来源也不奇怪。但即使去除这些部分，《梅花字字香》所用潘牥诗，当亦有四分之三出自《千家诗选》。

---

① 《分门纂类唐宋时贤千家诗选校证》，第155—156页。

② “昉”当为“牥”之讹，元刻本、国家图书馆藏清抄本（索书号09924）同。

再看《梅花字字香》仅署"古词"的"冰肌玉骨自清凉"一句,在《千家诗选》见于闻人祥正《集句宫词》,署名"苏东坡",二者大相径庭,又是否存在合理解释呢?此句自"冰肌玉骨,自清凉无汗"缩略而来,围绕这句词,可谓颇有故事,宋代文人亦津津乐道。《苕溪渔隐丛话前集》卷五九"洞仙歌"条,同时录有关于其由来的两种说法:

《漫叟诗话》云:杨元素作《本事曲》,记《洞仙歌》:"冰肌玉骨,自清凉无汗。水殿风来暗香满,绣帘开,一点明月窥人,人未寝,欹枕钗横云鬓乱。起来携素手,庭户无声,时见疏星渡河汉。试问夜如何,夜已三更,金波淡,玉绳低转。细屈指,西风几时来,又不道流年,暗中偷换。"钱塘有一老尼,能诵后主诗首章两句,后人为足其意,以填此词。余尝见一士人诵全篇云:"冰肌玉骨清无汗,水殿风来暗香暖。帘开明月独窥人,欹枕钗横云鬓乱。起来琼户启无声,时见疏星渡河汉。屈指西风几时来,只恐流年暗中换。"

东坡《洞仙歌序》云:仆七岁时,见眉州老尼,姓朱,忘其名,年九十余。自言尝随其师入蜀主孟昶宫中,一日大热,蜀主与花蕊夫人夜起避暑摩诃池上,作一词。朱具能记之。今四十年,朱已死矣,人无知此词者,独记其首两句云:"冰肌玉骨,自清凉无汗",暇日寻味,岂《洞仙歌令》乎?乃为足之云。[①]

后者言之凿凿,以苏轼之口称其在幼年亲耳所闻的残存记忆基础上,作了《洞仙歌》;而前者所录之词与苏轼《洞仙歌》别无二致,却仅云"后人",全未提及苏轼[②],讲述人亦非"眉州老尼而作"钱塘老尼",而"本事"的主人公也由高调出场的蜀后主孟昶与花蕊夫人,转换为含混(不无南唐嫌疑)的"后主",并记录了"他人"所吟咏的原作七言诗。这两种记载不论可信度如何,代表了宋人对这一作品的不同认知,此后各书所述大体不超出其范围。可以看到,此二说不论是否将《洞仙歌》的著作权系于苏轼,在其首句"冰肌玉骨,自清凉无汗"有更早来源这一点上是一致的,这也正是《梅花字字香》"古词"说之由来。而由此句生发的整篇《洞仙歌》为苏轼作,亦是普遍认知,闻人祥正也是在这一思路上,将"冰肌玉骨,自清凉无汗"缩略为七字句并径署"苏东坡","冰肌玉骨自清凉"之文本,在传世古籍中也仅见于此。在闻人祥正,其缩略方式或许更多地出于韵脚的考虑,但恰恰略去了与梅花毫无关联的"无汗",而存留了可与爱梅人士

---

① 《苕溪渔隐丛话》前集卷六〇,412—413页。

② 按:杨绘字元素,与苏轼同时且颇有交游,传世苏集中有苏轼与杨绘书信十余封,且谈及《本事曲》的撰著,苏轼颇有赞助之功。如《洞仙歌》为苏轼作,杨氏似不至于不知。又所谓《本事曲》作于元丰初之说,与苏轼四十七岁(元丰六年)作《洞仙歌》不合。似有疑点,待考。又《墨庄漫录》卷八引《季成诗话》亦以为原作乃诗,云"东坡少年遇美人,喜《洞仙歌》,又邂逅处景色暗相似,故隐括,稍协律以赠之也。予以谓此说近之。据此,乃诗耳。而东坡自叙乃云是《洞仙歌令》,盖公以此叙自晦耳。《洞仙歌》腔出近世,五代及国初未之有也。"

心目中梅花性格相碰撞的“清凉”。因此,《梅花字字香》写作时,郭氏很可能是将“冰肌玉骨,自清凉无汗”或“冰肌玉骨清无汗”为“古词”的认知,直接代入了闻人祥正具有特异性的缩略句。

以上,以《梅花字字香》第十一首为线索,考察了其所用诗句与《千家诗选》的对应,而所涉现象,可谓触处皆是。

对《千家诗选》所录少量作品的高密度使用,潘牥并非其尤者。在《千家诗选》中出场率颇高的“白玉蟾”,即南宋道士葛长庚,以“白玉蟾”“玉蟾”之名十次出现于《梅花字字香》,其中九句在《千家诗选》“梅花”类所录“白玉蟾”诗,一句在“天文门·风·冬风”。使用率最为可观者为“时贤·梅花”白玉蟾五首之二:

> 冰玉丰姿不可双,霜前雪后想凄凉。绝怜夜气浑如水,而况笛声堪断肠。以月照之偏自瘦,无人知处忽然香。从今桃李皆门士,谁道花中有孟尝。①

除“以月照之偏自瘦”外,其他七句依次见于《梅花字字香》第五、第六十八、第九十一、第七十三、第四十四、第四十七及第一首。此诗除《千家诗选》及《海琼玉蟾先生文集》(题作《梅花二首寄呈彭吏部》,此其二)外,仅见《梅花字字香》有引用,与“时所脍炙”无涉,如此使用程度,无非材料的邂逅及审美上的契合。

类似的还有,《梅花字字香》以“林季谦”之名用林扔诗九句,亦皆在《千家诗选》“时贤·梅花”,其中贡献最大的,恰为列于本文已讨论的潘牥“四首”与白玉蟾“五首”之间的林季谦“二首”:

> 我为梅花屡赋诗,最怜疏蕊欲开时。故人已去月千里,驿使不来春一枝。雪后园林应有恨,竹间桃李想无奇。天寒相对客心折,百结新愁若乱丝。
>
> 又
>
> 老眼惊看意自伤,一枝春近故山长。未愁瘴雾笼肌雪,所恨流年点鬓霜。索笑定知犹作想,和诗端恐不成章。司花莫掇封姨怒,满地飘零更断肠。②

占据了九分之七,另外两句则在稍后的《黄蜡梅》《和前作》两首七绝中。一些更加名不见经传、作品存世也更少的作者,情况亦相类似,如《千家诗选》“时贤·梅花”接续于白玉蟾“五首”之后的“王公炜二首”,两诗中亦各有一句见于《梅花字字香》;此类情况不胜枚举。

亦与潘牥的情形相似,一些作者虽《梅花字字香》所用诗句不尽见于《千家

---

① 《分门纂类唐宋时贤千家诗选校证》,第157页。

② 《分门纂类唐宋时贤千家诗选校证》,第156—157页。

诗选》，但《千家诗选》仍无法排除。如方惟深之名于《梅花字字香》四见，其中第二十二首“薛崖直上双飞屐”、第四十九首“妆面回看粉黛空”两句不见于《千家诗选》，而第四十三首“清香异质世称奇”、第六十六首“只恐朝云有去时”均在《千家诗选》卷七“梅花”所收方氏《红梅》七律之中。正如《中吴纪闻》所云“方子通红梅诗脍炙人口”，范成大《梅谱》且有“吴下红梅诗传于世者甚多，独方惟深一篇号绝唱”[①]之誉，该诗既为多书所载，郭氏所据本不易确定，而比较可知，《千家诗选》所录恰恰是一个最具特异性的版本。此诗今可见者，以《中吴纪闻》为最早，作：

清香皓质世称奇，谩作轻红也自宜。紫府与丹来换骨，春风吹酒上凝脂。直教腊雪无藏处，只恐朝云有散时。溪上野桃何足种，秦人应独未相知。[②]

稍后之《吴郡志》“谩”作“添”，“散”作“去”，《吴都文粹》与之同[③]；《瀛奎律髓》“去”字同《吴郡志》等，而“谩”作“试”，“也”作“更”；而《千家诗选》“去”与前述三书同，“试”“更”与《瀛奎律髓》同，此外又有“皓”作“异”，与诸书皆不同。而有着独家异文的这一句，恰为《梅花字字香》所取，即“清香异质世称奇”，这也是今所见宋以后人引录当中唯一与《千家诗选》相同者。

而二书同误者，亦是二书间渊源关系的有力证据。如第四首“裁云剪月作冰肌”、第八十首“小瓶雪水无多子”本出杨万里《昌英知县叔作岁坐上赋瓶里梅花时坐上九人七首》之五，《千家诗选》误署“严少鲁”，《梅花字字香》亦然。

综上种种，《千家诗选》在《梅花字字香》写作过程中亦为重要参与者。且其梅诗固是首要选择，而《梅花字字香》之取用范围远不止于“梅花”类，甚至不限于“百花门”，这也是一个不无微妙之处的现象。相关问题将在后文继续讨论。

三、类书、类选之外

除《锦绣万花谷》和《千家诗选》之外，重合度较高且可见相同或有关联之讹误者，还有《全芳备祖》《瀛奎律髓》，亦为南宋后期至元初的类书、类选。后二者所占比重相对较小，郭氏即用其书，或所用为与之存在渊源的其他书籍，尚难断言。但叠见于上述四书的诗句相加，覆盖了《梅花字字香》大约 50%。可以前八首为例：

---

① 〔宋〕范成大《吴郡志》卷三〇，择是居丛书景宋刻本。

② 〔宋〕龚明之撰，孙菊园点校《中吴纪闻》卷五，上海：上海古籍出版社，1986 年，第 109—110 页。

③ 《吴郡志》今本“直”讹作“真”，“野桃”讹作“野梅”，《吴都文粹》不误。按：《吴郡志》此卷宋本不存，此处当属传写之讹。

（说明：作者题署有差异者，以宋体小字注出；录于“梅花”之外门类者，以楷体小字注出。）

	诗句	署名		锦绣万花谷	全芳备祖	千家诗选	瀛奎律髓
1	诗为吟梅字字香	圆悟	○				
	骚人阁笔费平章	卢钺				√	
	近来行辈无和靖	高菊磵			√		
	谁道花中有孟尝	白玉蟾				√	
	冰玉精神霜雪操	翁元广	○				
	珍珠楼阁水晶乡	诚斋		√后 38			
	东君见借阳和力	康节		√后 23 室击壤集【国图宋本】、后 37 花击壤集		√无名氏	
	合有春风到草堂	戴石屏			√秋崖	√	
2	左手支颐引白云	严樵溪	○				
	梅边日日课新吟	李炎子	○				
	孤高直是难谐俗	潘庭坚				√潘紫岩	
	虚白本来生自心	竹溪	○				
	应厌寿阳多俗态	杨飞卿	○				
	何如宋璟独知音	曹晟	○				
	要知妙境寻诗处	徐荣	○				
	花有清香月有阴	东坡				√天文・昼夜	
3	万紫千红不当春	傅泽	○				
	花中谁解识清真	陈从古	○				
	一生知历几多雪	艾性夫	○				
	百劫修来贞洁身	潘昉				√潘紫岩	
	晓槛竞成香世界	晁无咎	○				
	夜窗添起月精神	石敏若		√前 2 雪		√天文・雪	√
	家僮不识春深浅	曹晟	○				
	细捻香须数玉尘	于湖		√前 7			

续表

	诗句	署名		锦绣万花谷	全芳备祖	千家诗选	瀛奎律髓
4	竹外疏花一两枝	郑硕				√	
	裁云剪月作冰肌	严少鲁				√	
	天怜绝艳世无匹	晦庵			√无作者		
	人乐新英赏未迟	宋贯之		√后37牡丹			
	大节可欺青女冻	竹溪	○				
	清交偏辱此君知	竹塘	○				
	何时更约孤山去	陈镜湖	○				
	小款梅花细说诗	刘颐庵	○				
5	冰玉丰姿不可双	白玉蟾				√	
	百花唯有此花强	石屏				√	
	不禁夜雨轻欺着	和靖	○				
	却怕春风漏泄香	介甫			√		√
	蕊讶粉绡裁太碎	和靖		√前7	√		
	蒂团红蜡巧能装	介甫	○				
	此诗更欲烦君改	东坡	○				
	语妙何妨石作肠	陈后山					√节序
6	风满虚廊月满庭	方北山	○				
	疏枝小萼自然春	杨适	○				
	故应此景难描画	觉范	○				
	只有君诗当写真	于湖		√前7			
	疑是隔墙窥宋玉	徐师川		√前7			
	不轻吹笛付伶伦	杨时可		√前7			
	雪中莫问调羹事【雪中未问和羹事】	王沂公		√后9宰相【国图宋本】	√王曾		√注
	且作花间共醉人	元祯			√李花元微之		
7	木落霜清画角哀	永叔	○				
	国香和雨入苍苔	东坡			√		√
	只今已是丈人行	唐子西			√		

续表

	诗句	署名		锦绣万花谷	全芳备祖	千家诗选	瀛奎律髓
	岁晚谁为静女媒	半山					√
	花事又催春色老	徐荣	○				
	人生难得笑颜开	刘斗溪	○				
	酒酣正觉春酲困	赵光道	○				
	翠羽嘈嘈唤梦回	弧山	○				
8	独对梅花赋此情	徐秋岩	○				
	冥搜欲与海争深	半山	○				
	十年世事三更梦	萧可轩	○				
	斜日阑干万古心	唐柏山	○				
	绝色殊无脂【朱】粉态	李义山		√前 7 赵义若			
	高标不畏雪霜侵	郑獬			√	√	
	诗成怯为花拈出	放翁		√后 38 陆仓	√苍三		√陆游
	堪与时人作笑林	柯柏山	○				

64 句当中，可见于前述四书者 31 句。去除这一部分之后，重新审视《梅花字字香》所涉诗人，除少量名家如苏轼（署东坡）、王安石（署半山）、欧阳修（署永叔）、晁补之（署晁无咎）、林和靖（署和靖）、释惠洪（署觉范）之外，所余生平尚有迹可循者有：

翁元广——宋高宗绍兴间为知建安府丘砺门客。见《全宋诗订补》页 828[①]。

李炎子——字云仲，号竹溪，邵武（今属福建）人，刘克庄有跋《李炎子诗卷》。见《全宋诗订补》页 874。

严樵溪——严仁，字次山，号樵溪，邵武（今属福建）人。与严羽、严参并称"邵武三严"。见《全宋诗》卷三一一六（册 59 页 37215）[②]。

曹晟——（1128—1173）字叔明，福州人，不仕。乾道九年卒，享年四十六，葬太湖中峰。林亦之《网山集》有《曹叔明窆铭》《代曹子徽祭父文》《代友人祭

---

① 陈新、张如安等《全宋诗订补》，郑州：大象出版社，2005 年。本文所用《全宋诗订补》皆据此版，下不一一注明。

② 《全宋诗》，北京：北京大学出版社，1998 年。本文所用《全宋诗》皆据此版，下不一一注明。

曹叔明》诸文。

陈从古——(1122—1182)字希颜，一作晞颜，号敦复先生，金坛人(今属江苏)。绍兴二十一年(1151)进士，授富阳尉，改邵州教授，历知蕲州，为湖南提点刑狱、转运判官。终知襄阳府。见《全宋诗》卷二一〇八(册38页23803)。郭氏自序"昔诚斋先生序陈晞颜梅诗""梅亦有妖"云云，所涉即其人。

艾性夫(弧山)——字天谓，抚州(今属江西)人。能诗，为"抚州三艾"之一。宋末曾应科举，曾否入仕不详。宋亡浪游各地，与遗民耆老多有结交，晚年仕元，至江浙道提举。有《剩语》《弧山晚稿》。见《全宋诗》卷三六九九(册70页44383)。

陈镜湖——生平不详，元于济、蔡正孙《唐宋千家联珠诗格》所录其《撤戍》诗作于理宗戊戌(嘉熙二年，1238)。[①]

刘颐庵——刘应时，字良佐，号颐庵，慈溪(今属浙江)人。隐居不仕，刻意为诗，为范成大所称赏，陆游、杨万里皆为其诗集作序。见《全宋诗》卷二一五一(册38页24225)。

方北山——方丰之，字德亨，号北山，莆田(今属福建)人。从吕本中学，曾监丰国镇。陆游《渭南文集》有《方德亨诗集序》。见《全宋诗》卷一六二九(册28页18273)。

杨适(杨时可)——杨适，字时可，棣州(今山东惠民)人，年十八登进士第。徽宗政和间为比部员外郎。见《全宋诗》卷一八〇三(册31页20083)。

赵光道——赵晦时，字光道，郑人。与元好问、宇文虚中等有交。元好问《中州集》云："为代州士曹。善篆隶，诗笔高雅，有集传河东，今不复见矣。"[②]

此外，"圆悟"作为法号虽不稀见，但南宋末年诗僧当中，恰有"悟上人，吾乡儒家子，习气未忘，酷好诗而喜为文"[③]，其人号枯崖，福清人，曾为双径演溪记室，理宗淳祐间住泉州光福寺。能诗，善画竹石，有《枯崖集》。见《全宋诗》卷三四二〇(册65页40666)。

其余则仅见于此书，别无可考。杨飞卿、徐荣、傅泽尚有姓名，刘斗溪、徐秋岩、萧可轩、唐柏山、柯柏山有姓氏和别号，"竹溪""竹塘"则仅有别号。虽然这些人在《梅花字字香》均不止一次出现，但诗句不见于他书，别号亦为宋元人所常用，基本不具备识别性，无法判断确切身份。如"竹溪"署名，《梅花字字香》凡十七见，除"特地留为滕六伴"一句为潘牥诗(见前《梅花》四首之三)误

① 〔元〕于济、蔡正孙编，卞东波校证《唐宋千家联珠诗格校证》，南京：凤凰出版社，2007年，第964页。

② 〔金〕元好问《中州集》甲集卷一，四部丛刊景元刊本。

③ 〔宋〕林希逸《竹溪鬳斋十一稿续集》卷一〇《泉州重修兴福寺记》、卷一二《悟书记小稿序》，影印文渊阁四库全书本。

署，“细读西湖处士诗”一句疑似陈与义《墨梅》“自读西湖处士诗”之变形外，其余十五句皆不见于《全宋诗》及“爱如生基本古籍库”。而宋代以“竹溪”为号者，仅《宋人传记资料索引》《元人传记资料索引》之“别名字号封谥索引”所录即有十一人，《全宋诗》所收十人又与之相出入，在此之外者则无法统计。即前文所涉者，“李炎子”即有此号，在《竹溪鬳斋十一稿续集》留下“圆悟”生平信息的林希逸亦有此号，无从证实究属何人。

然而一个突出规律是，以上诸人中“可考者”皆不早于两宋之交，除杨适为北方人于北宋末叶有活动、赵晦时为金人外，其他皆属南宋至元初，地域以福建为多，大体不出苏浙闽赣。身份为低级官僚或普通文人，也不乏曾为幕僚者，几乎皆可归入“江湖诗人”。而“不可考”者籍籍无名的事实，以及基本不具备识别度的别号，似亦从另一个角度透露出，他们很可能正是被物质或精神（或二者兼有）的贫穷限制了想象力的普通文人。从时段上看，这些诗人与《千家诗选》之“时贤”大体相合或稍后，亦即郭豫亨“古今诗人梅花杰作”之所谓“今”。这种情形不仅存在于前八首，《梅花字字香》全书高度一贯，亦与四库馆臣“南宋以来，遂以咏梅为诗家一大公案。江湖诗人无论爱梅与否，无不借梅以自重。……豫亨在至大中，距南宋之末未远，故亦染山人之积习”云云正相切合。相关诗句，郭氏是得自某种形式的别集、总集、类书，或当时的零散流传，详情尚不可知，但与《千家诗选》中被大量取用的“时贤”作品一起，共同支撑了郭氏审美趣味的表达。与此相应的，则是郭氏的阅读及其时代、地域、阶层所特有的知识构成，使其“常识”与历经数百年淘洗后的后世一般概念并不完全重合。

《四库提要》关于《梅花字字香》写作另一个颇有影响的推断，“书名盖取宋晏殊词‘唱得红梅字字香’句也”，便会因此受到挑战。其说面世后，广为后人所接受，如丁丙《善本书室藏书志》著录《梅花字字香》旧钞本时多沿馆臣之说，其末径云“其书名乃取晏殊词语‘唱得红梅字字香’也”[①]，由推测之语转为凿凿之言。今人著述，《中国诗学大辞典》邓绍基先生所作词条、陈红彦《元刻本〈梅花字字香〉》，乃至张明华《集句诗文献研究》《集句诗嬗变研究》《文化视域中的集句诗研究》诸书，亦皆仍之。而从前文讨论可知，郭氏之阅读结构未必十分理想，而标称“圆悟”的“诗为吟梅字字香”既然出现在《梅花字字香》首篇首句，当非“偶然”二字可以概之，圆悟诗是否借意于晏殊词今未可知，但就郭氏而言，其集名大概率由此而来，直接取意于晏殊词的可能性则微乎其微。因此，馆臣之说不无以今律古、想当然之嫌，或亦未曾细读其书所致。客观而言，能由《梅花字字香》这一书名，直接联想到晏殊《浣溪沙》词中妙句，馆臣的知识储

① 〔清〕丁丙《善本书室藏书志》卷三三，清光绪刻本。

备无疑值得击节，而将这一名家雅句直接代入郭氏的知识世界，则或多或少会误导后人对郭氏写作及其时代文化的把握。

四、余论——郭豫亨的书案

宋元之际出版业兴盛，或官或私、或雅或俗的书籍，能够流传至今并进入古籍数据库的，无疑仅是冰山一角。然而即如前文所涉，透过《梅花字字香》，我们有幸依稀看到了郭豫亨案头堆叠的书卷，而于其间邂逅似曾相识的旧友，更格外令人欣喜。这些类书、类选的醒目位置，也带来了继续探寻的无尽好奇。

郭豫亨的梅花诗"巨编"是何状态？在《梅花字字香》写作过程中，它与前述类书、类选是何关系？分体抑或合体？如属前者，作为"元件库"是否存在序位先后？同诗之句取自不同来源的现象，与前述问题是否相关？很多细节值得玩味。

首先，相当数量的诗句来自"非梅花诗"这一现象，直接对"梅花诗巨编"之"元件库"身份构成了质疑。按郭氏自云"凡见古今诗人梅花杰作，必随手抄录而歌咏之，积以岁月，遂成巨编。熟之既久，似有所得，暇日辄集其句……"，仅从这一行文看，"集其句"之"其"所指代的，乃"巨编"中所录梅花诗，"巨编"属唯一"元件库"。因此，在今人研究中，如张明华先生《集句诗嬗变研究》即提出了"郭豫亨：集古人咏梅诗句以咏梅的开创者"[①]的观点。诚然，偶尔兴会，与腹笥所储其他诗句相激发，一并采入也是自然的，强求百分百皆在编中则胶柱鼓瑟，但若仅如此，编中梅诗无疑仍会占到绝高比重。然而正如前文所举，第十一首，八句中五句可见于《千家诗选》的同时，一个同样醒目的现象是其中出自"梅花"类者仅一句，其余分别见于"百花门"之"黄芙蓉""梨花""牡丹"及"宫室门·宫殿"；同时，其第二句虽不见载于《千家诗选》，但《全芳备祖》亦录于"兰花"诗。这些显非"古今诗人梅花杰作"所能覆盖，且在此诗占比超过60%。对朱淑真诗的使用更是如此，如前所述，《梅花字字香》所采九句无一见于其梅诗，这些吟咏春季或黄芙蓉、青莲花、桂花、牡丹、瑞香、桃花……的作品，会进入因爱梅而积聚的"巨编"吗？

"非梅花诗"如此之高的占比，与郭豫亨本人所描述的操作显然存在龃龉。从常规意义上讲，将原非咏梅的诗句用于梅花集句，无疑更具"巧夺天工"的色彩，也需要更为广泛的知识储备，实属更"高端"的写作方式。但于郭豫亨氏是否如此呢？

---

① 张明华《集句诗嬗变研究》，北京：中国社会科学出版社，2011年，第134—145页。

切口同样存在于这些诗句来源所涉之书，类书、类选的身份。——如果不是刻意关注吟咏花木之作（事实上亦不限于此），则是刻意搜寻可用诗句，至少是遇到亦可用于梅花者时，会关注或存留，而类书、类选“梅”类之“周边”，显然就是这个过程中的近水楼台。前文已述及，所取非皆咏梅诗，于《锦绣万花谷》《千家诗选》两书皆然，但后者被取用范围和数量远超前者。类选因只收诗歌，内容轻便紧凑，更便于翻检并发现可用诗句，这或许是《千家诗选》梅花之外作品“使用率”大大超过类书《锦绣万花谷》的重要原因。这种情形既在情理之中，当亦从一个角度传递出了作者的局限——“巨编”之储远远不敷使用，写作时需于梅诗之外再行“开源”，而类选、类书或为首要之选。

《梅花字字香》中一些有趣的小现象，似亦指向同一推测。

即如前涉陆游、潘牥诗，同一人甚至同一作品中的诗句在《梅花字字香》明显取自不同来源，是郭氏集句诗“元件库”并不限于“巨编”，抑或“巨编”中存在作品重出呢？

而前举取自《锦绣万花谷》前集卷七、误署“陈简斋”之杨皤诗“动摇腊信随征使”，其后句“勾引春情出苑墙”同样亦为《梅花字字香》所用，见第四十七首，署名不误。显然，这两个诗句并非取自记忆，而是得于两次不同的阅读。这提示了两种可能：其一，郭氏写作时于《锦绣万花谷》随时翻找，“元件”取自原书而非其“巨编”；其二，郭氏照《锦绣万花谷》原样将陈诗、杨诗一并抄入“巨编”，因而造就了相同的致误环境。鉴于《锦绣万花谷》录于其后、确为陈与义所作的“同心不见昭仪种”一句亦为郭氏取用，见于相去不远的第三十三首，后一种可能无法完全排除，因此如郭氏所云“巨编”为集句诗写作“唯一元件库”的可能性在理论上依然存在。但相关情况至少亦可表明，“巨编”所辑“元件”，不是“随手抄录”，而是存在着“批量入藏”，甚至在其中占比相当大。若加上“非梅花诗”的情形，这个作为“元件库”的“巨编”，就是“可用于描写梅花之诗句”的集成，而非“古今诗人梅花杰作”的汇编了。

而从郭氏颇为自喜的“句锻意炼，璧合珠联”的角度来看其集句诗写作，也同样有可留意的细节现象。如第二十一首：

> 忽忽穷愁泥杀人，年年行乐不辜春。看来天下无多白，不受人间半点尘。姑射真人冰作体，秦家公主粉为身。一钩新月涵云影，露蕊烟梢画不真。
>
> 菊礀　醉翁　竹溪　张泽民　石曼卿　郑獬　赵仲连　贾岛

此诗颈联上下两句均见于《锦绣万花谷》，上句在前集卷七“梅花”类：

> 柔梢繁白玉钿封，忍尽娇心恨几重。姑射真人冰作体，广寒仙女月为容。江南春信香尤在，楼上晨妆粉不供。可惜东风晴未暖，洛川流雪更无

踪。石曼卿

下句在后集卷三八：

姑射仙人冰作体，秦家公主粉为身。素娥自己称佳丽，更作广寒宫里人。郑獬

可知“秦家公主粉为身”的“原配”与“现任”，不仅载于同书，且仅一字之别，甚至于意无别。换言之，在集句诗中被重新建构的文辞与意境，与原作近乎孪生。无疑，石、郑诗句的一字之异，可谓在形式上完美解决了“著作权”问题，但这样一联诗，真能够算作“天然之巧”么？是郭氏沉浸于集句，所见无全牛，全然忘却了此句原本的出处，并为组合出如此“天然公整”的对句欢欣不已，还是为在他人名下发现一句从文字到意蕴都如出一辙、可用来偷天换日的句子而暗暗窃喜呢？

类似地，还有原本即属同诗的句子，出现在《梅花字字香》一诗之中的现象。如前举第十六首(黯淡江天雪欲飞)，其第二句“屋檐斜入一枝低”、第六句“小园烟景正凄迷”不仅如诗后所署俱出“和靖”，且同见于《林和靖先生诗集》卷二所载《梅花·三首》其三，全诗作：

小园烟景正凄迷，阵阵寒香压麝脐。湖水倒窥疏影动，屋檐斜入一枝低。画工空向闲时看，诗客休征故事题。惭愧黄鹂与蝴蝶，只知春色在桃溪。①

两句在诗中的位置虽然发生了改变，但既原属同诗，诗句在押韵、意境、构思等方面就有着“先天”的契合度，集句时如此使用，似不无“取巧”之嫌。而此例有趣之处还在于，虽《全芳备祖》、《瀛奎律髓》等书均录有林和靖全诗，而郭氏使用比重更高的《锦绣万花谷》仅于卷七录前半首，且其前后并载林和靖诗句若干，其间分隔多有疏略。此卷过云楼旧藏本不存，国图所藏宋本作：

众芳摇落独暄妍，占尽风情向小园。疏影横斜水清浅，暗香浮动月黄昏。霜禽欲下先偷眼，粉蝶如知合断魂。幸有微吟可相狎，不须檀板共金樽。林和静剪梢零碎点酥团，向背稀稠画亦难。蕊讶粉绡裁太薄，蒂疑红蜡缀初干。忆着江南旧行路，酒旗斜拂堕吟鞍。同上小园烟景正凄迷，阵阵香寒压麝脐。池水倒窥疏影动，屋檐斜入一枝低。雪后园林才半树，水边篱落忽横枝。林和静

第一个署名之前，是有着“疏影”“暗香”名句的《山园小梅》其一；其后总署“同上”的三联，却是一组奇怪的混杂，一、三两联是《山园小梅》其二的首联、尾联，

① 《全宋诗》卷一〇六，册2第1218页。

第二联却是《梅花·二首》其一的颈联;最后则是《梅花·三首》其二前半首,与林和靖另一颇受称赏的名句《梅花三首》其一颔联"雪后园林才半树,水边篱落忽横枝"连录[①],亦无分隔符号。因二诗有不同的押韵,发现此处所录并非一诗毫不困难。那么,是否存在这样的可能——这种摘录在不经意之下被解读为三个散联,以致"小园烟景正凄迷""屋檐斜入一枝低"原出同诗的近亲关系被忽略,而集于一诗呢?当然,林和靖之名于《梅花字字香》26见,所用诗句非上述类书、类选所能覆盖,其人作为宋代咏梅的神级人物,郭氏曾用心搜汇甚至获其别集,亦在情理之中。但"同时参与"乃至"混淆视听",似亦为我们增添了一条思考的路径。

通过本文的讨论可以推断,不论其中梅花诗是否进入郭氏"巨编",《锦绣万花谷》《千家诗选》等类书、类选在《梅花字字香》的写作中,确曾以"独立"身份参与过,并扮演了相当重要的角色。郭氏自序隐去这部分信息,向理想中的"常规操作"靠拢,或属构建其人其诗"平生与梅同一冷澹,越历冰雪,笑傲山水,咏春风,醉明月,心清香妙,气合神交"之超凡脱俗完美形象的过程中,"兔园册子"不免煞风景而有意遮掩。但隐藏在作品背后的文化背景、知识结构与审美情趣,乃其自身所无法超越,亦是后人窥视相关时代的窗口。至于其写作之具体细节,前述考察实际并不能给出非常清晰的,可量化、可剥离成诗步骤的精确结论。但退一步说,因无法完全排除暗藏其间的偶然性与随意性,我们或许也不必忙于达成一个终极结论,《梅花字字香》传递给我们的七百余年前一位爱梅但所见有限的普通人阅读写作的斑驳场景,已足够生动鲜活。那些余味未尽的细节,亦不妨留作后续秘境寻幽的入口。

---

① 参《全宋诗》卷一〇六、卷一〇七,册2第1218、1243页。

湛若水《白沙先生诗教解》的版本源流与文献价值

陈晓丹*

【内容提要】 陈献章将个人著述思想寄托在诗歌当中，故湛若水阐释陈献章的诗歌蕴意来揭示其中的思想学说。湛若水的阐释在不同时期呈现出不同的面貌，初撰本为二卷，书名是《白沙子古诗教解》；修订后析为十五卷，书名是《白沙先生诗教解》。二卷本、十五卷本是湛若水对陈献章的诗歌阐释所形成的异名异卷文本，本质上是同一书的不同版本。目前，此书共有七个版本分藏在中国大陆、台湾地区与日本，形成二卷本、十五卷本两个系统。其中，十五卷本又可分为国图藏明嘉靖五年马崧刻本、津图藏明嘉靖写刻本两个子系统。湛若水对陈献章的诗歌阐释，是了解正德末嘉靖初湛若水对白沙学说接受情况最为直接的资料。理清诸本源流关系，对今人研究湛若水对白沙思想的传承、白沙学说在明代中后期的传播情况等，具有重要参考价值。

【关键词】 湛若水　陈献章　《白沙先生诗教解》　版本

湛若水(1466—1560)，字元明，号甘泉，广东增城人，明弘治七年(1494)拜师陈献章，五年后承袭其衣钵。弘治十八年(1505)进士，官至南京兵部尚书，为学以随处体认天理为宗。陈献章(1428—1500)，字公甫，号石斋，广东新会白沙里人，世称白沙先生。正统十二年(1447)举人，二十七岁受学于江西吴与弼，为学主静致虚、以自然为宗。万历十二年(1584)，白沙从祀孔庙，是岭南唯一从祀孔庙的学术人物。

陈献章的学术博大精微，主要通过诗、文来体现。在他生前，并未出版专门的讲学著述单行本。其学术心得常常寄寓于诗中，他曾说"莫笑狂夫无著

* 本文作者为中山大学中文系中国古典文献学博士研究生。

述，等闲拈弄尽吾诗”[①]，又说自己的“诗中有自得处”[②]。以是之故，陈献章逝世之后，其门人湛若水曾着力于阐发其诗歌中的“教化”之义，于正德十六年(1521)写成《白沙子古诗教解》(以下简称“《古诗教解》”)二卷。嘉靖四年(1525)他又在此基础上撰成修订增广本《白沙先生诗教解》(以下简称“《诗教解》”)十五卷，含《诗教解》十卷、《外传》五卷。不同于张诩《白沙先生遗言纂要》仅简单编纂白沙语录[③]，湛若水在《古诗教解》的笺释中将白沙的“主静”说理解为朱子的“主敬”说，并将自家的认识杂糅入师说中。在修订时，又将上述理解内容删掉，且未突出白沙主静致虚的学术特点。此书的撰述修订，反映了湛若水对白沙“主静”学说认识的变化，实质上是其思想在正德末嘉靖初发生变化的反映。

二卷本的《白沙子古诗教解》与十五卷本的《白沙先生诗教解》其实是湛若水阐释白沙诗教思想的同一成果，只不过在不同时期出版呈现出略有不同的面目罢了。此书之所以出现异名异卷的两个本子，主要是因为湛若水在撰写修订本时对初撰本的体例作了改动。从内容来看，《白沙先生诗教解》的前十卷是对初撰本《白沙子古诗教解》二卷的修订，后五卷是新增的附录。也就是说，二卷的《白沙子古诗教解》与十五卷的《白沙先生诗教解》实际上是同一本书——虽然它们异名异卷并且内容有一些差异，因此可以作为一个对象来观照。了解此书二卷本、十五卷本系统的变化，对研究湛若水的思想学说特点及变化、探讨湛若水是如何弥合己说与师说的分歧、认识湛若水对白沙学说的传承情况具有重要价值。至于理清各版本的刊刻情况，则有利于探究白沙学说在明中后期的接受情形。

鉴于学术界存在对此书版本源流不清楚[④]，从而导致文本采用不当、研究结论不周的情形[⑤]，笔者特撰此文，考述《古诗教解》及其修订本《诗教解》的版本源流情况。希望这一考述，可为湛若水与陈献章的研究提供参考[⑥]。

---

① 〔明〕陈献章撰，黎业明编校《陈献章全集》卷五《雨中偶述，效康节(其三)》，上海：上海古籍出版社，2019年，第630页。

② 〔明〕陈献章撰，黎业明编校《陈献章全集》卷二《与张廷实主事(其三)》，第215页。

③ 〔明〕张诩撰，黄娇凤等编校《张诩集·白沙遗言纂要序》，上海：上海古籍出版社，2015年，第109—110页。

④ 〔明〕湛若水《白沙子古诗教解》，桂林：广西师范大学出版社，2014年，评介第1—8页。

⑤ 有关文章忽略了嘉靖初甘泉接受的白沙学说已有所变化的事实。如：王韶生《读湛甘泉〈诗教解〉并申论白沙学说》，《白沙学刊》1963年第1期，第9—11页。罗邦柱《辨儒释之异同 继白沙之绝学——甘泉遵道管窥》，《湛甘泉研究文集》，广州：花城出版社，1993年，第55—62页。

⑥ 论文撰写过程中，林杰祥博士在访学日本期间曾代为查访明万历刻本，特此致谢！

一、《古诗教解》二卷本

正德十六年秋，湛若水完成《古诗教解》二卷，并刊刻成书。此本今已不传，但大体原貌可见于清乾隆三十六年(1771)碧玉楼刻本《白沙子全集》末附的《古诗教解》二卷。陈炎宗《重刻诗教解序》云："顾其书锓板久失，家藏刻本既多残缺，各处抄本复多差讹，侄孙世泽旁搜累年，乃得参互考订，以复其旧。"可知，乾隆本以家藏刻本为底本。家藏刻本录正德十六年湛若水序言，且在编排体例上与十五卷本有一定的差异，可以推断家藏刻本接近或就是正德十六年初刻本。二卷本先于十五卷本刊刻的理由：二卷本中正德十六年湛若水序言被置于十五卷本卷一内，应是十五卷本成书时将较早序言置于正文。二卷本以诗集体例收录诗作，十五卷本以序言代目录、用诗句首二字命名诗篇、删去诗题，应是湛若水先从诗文集摘录诗作形成二卷本，在此基础上才改动体例，形成十五卷本。

有关乾隆二卷本的考述如下：清乾隆三十六年碧玉楼刻本《古诗教解》二卷，附刻于《白沙子全集》后，藏于广东省立中山图书馆、中山大学图书馆等地。此本四周双边，每半叶十行，行二十一字，白口，单黑鱼尾，收录正德十六年湛若水《诗教解原序》和乾隆三十六年陈炎宗《重刻诗教解序》。正文字体呈写刻风格[①]，较下文所述天津图书馆藏明嘉靖写刻本的软体字稍硬。此本每篇诗作皆保留诗题，全书不见分卷标题和《外传》五卷[②]。乾隆本《白沙子全集》及《古诗教解》刊成后，新会学官给时任广东学政的翁方纲寄去二书。翁方纲作诗云："江门一水溯前贤，手校遗编遂四年重刻之役始辛卯春。子姓彬彬能蒇事，门人矻矻有长笺。附刻湛文简《白沙诗教解》二卷。春阳即境皆观物，风月何由到爱莲。碧玉楼高未亲上，每怀石记意茫然。"[③]翁方纲言"白沙诗教解"，省略了书名"古"字，赞赏湛若水笺释白沙诗作的贡献。

据现存的材料可知，明代各版本的《诗教解》皆以湛若水修订后的十五卷本为底本刊刻。乾隆年间陈氏碧玉楼不重刻修订本，反而重刻初刻本。这一异于普遍以修订本为定本、完本来刊刻的行为，与陈世泽对白沙学说的理解有密切关系。作为刊刻《白沙子全集》的负责人之一(另一位是陈炎宗)，陈世泽

---

① 本文有关刻本字体风格的讨论，主要参考：(1)黄永年《古籍版本学》，南京：江苏教育出版社，2009年；(2)李开升《明嘉靖刻本研究》，上海：中西书局，2019年。

② 目前所见《古诗教解》二卷本没有收录《外传》，但此本中《赠世卿》其二的笺释却云："然与世卿新知尚未能尽所欲言，如《外传》云。"似二卷本原有《外传》，今且提出，存疑。

③ 〔清〕翁方纲《复初斋诗集》卷一一《新会学官寄〈白沙集〉新刻本至，感赋，示鱼山孝廉》，《续修四库全书》第1454册，上海：上海古籍出版社，1995年，第456页。

在《白沙子全集》卷末对时人有关白沙自立门户、传承陆九渊心学的质疑作出反驳：

> 曰："从来言道学者皆言主敬、言知行、言存省，公独不言，无乃自立门户欤？"泽曰："……今考公生平，不特'紫阳说敬，示我入德'为言敬，'终日乾乾，收拾此理'，非言敬乎？……至于'随动静以施功'，则动静周流，存省兼到矣。"……曰："公既得力于主静，然则公之学其陆氏宗派欤？"泽曰："……不观公之言乎？'此一静字，发源于濂溪，程门递相传受，延平尤专提此教人，晦庵恐人差入禅去，故少说静只说敬，学者须自量度何如，若不至为禅所诱，仍多静，方有入处。'是公之主敬宗周程也。何尝言宗陆哉？"①

时人质疑白沙自立门户、学宗陆九渊，对此，陈世泽分别作出反驳。反驳的依据，见于白沙《和杨龟山此日不再得韵》一诗和《与罗一峰(其二)》一文。初刻本《古诗教解》置《和杨龟山此日不再得韵》一诗于卷首，并据《与罗一峰(其二)》的内容来解释此诗，修订本《诗教解》则删去此诗及其解释。陈世泽认为白沙之学言主敬、知行、存省，与陆九渊一门有别，并非在儒家正统外自立门户。《古诗教解》以《和杨龟山此日不再得韵》为首篇揭示白沙学说性质，有力地支持了陈世泽的反驳和立论。《白沙子全集》编刻于清代尊朱和朴学盛行的年代，陈世泽注重白沙在理学大传统内和程朱之学的一致性②。因此，陈世泽有意重刻修订前的《古诗教解》。

二、《诗教解》十五卷本

嘉靖四年(1525)十二月，湛若水为一百六十六篇古体诗撰写小序，形成《白沙先生诗教叙》。这意味着湛若水完成了对二卷本《古诗教解》的修订工作，形成了十五卷本的《诗教解》。此后湛若水对文本再未作修改，故十五卷本《诗教解》具有定本性质，成为后世重刻的底本，在流传范围上远广于二卷本。

南雍本是十五卷本系统中的首个版本，见于隆庆本《诗教解》顾存仁序言及《南雍志》《(康熙)上元县志》的记载，此本今已不传。顾存仁《重刻诗教解序》："《白沙先生诗教》成，甘泉先生且为之辑解，刻之南雍矣。"明黄佐《南雍

① 〔清〕陈世泽《〈白沙子全集〉识语》，《白沙子全集》，清乾隆三十六年碧玉楼刻本。

② 朱鸿林《文集的史料意义问题举说：并论明儒陈白沙文集的文本差异问题》，《"中央研究院"历史语言研究所集刊》第七十三本第三分，2002年，第569页。

志》卷一八："《白沙诗教》完计一百八十面，祭酒湛若水辑解。"[①]明黄儒炳《续南雍志》卷一七："《白沙诗教》一百八十面东库。"[②]从一百八十面的版片数量上看，南雍本为十五卷本。嘉靖四年十二月后，时任南京国子监祭酒的湛若水，在南监开雕《诗教解》十五卷，刊成后板片存于南监。明清鼎革，南京国子监废，《诗教解》板片被转送入上元县学尊经阁，康熙六十年(1721)，上元县修县志时此板仍存[③]。从今十五卷本卷首载"南京国子监祭酒门人湛若水辑解"及"南京国子监助教麦孟阳、李翺参对"来看，显然十五卷本来自南雍本。后世流传的十五卷本《诗教解》，可分为两个子系统。

(一) 子系统一

《诗教解》在南雍刊刻后，很快又重刻于武昌，由武昌府学马崧于嘉靖五年(1526)五月董刊完成。隆庆元年(1567)李荷刻本、万历三十八年(1610)许钦赋刻本皆以马崧本为底本来刊刻。其中，万历三十八年许钦赋刻本翻刻马崧本，许钦赋序言袭自马崧本黄衷序，且正文字体呈现出仿马崧本的嘉靖初风格。

1. 明嘉靖五年马崧刻本

现存最早的《诗教解》是中国国家图书馆藏明嘉靖五年武昌府学马崧刻本。从刊刻时间、卷首署名和卷数上看，马崧本以南雍本为底本。书中收录嘉靖五年四月郭维藩序、嘉靖五年三月黄衷序、嘉靖四年湛若水序、陈献章诗自序[④]。黄衷，字子和，广东南海人，时以都察院右副都御史职巡抚湖广，应曾助力此本在武昌府学的刊刻。黄衷曾将湛若水比作宋崔清献[⑤]，任职南京期间与"金陵三俊"顾璘、陈沂、王韦有交。郭维藩，字价夫，河南仪封人，正德十六年擢南京国子监司业，嘉靖四年升侍讲学士，掌南京翰林院事。在为南雍同僚前，正德年间湛、郭就是翰林院同僚。湛请郭作序是基于其对甘泉学说至少十三年的认同和学习。嘉靖四年二月，郭维藩撰《新论明论序》，认为湛若水的

---

① 〔明〕黄佐《南雍志》卷一八《经籍考下篇》，《金陵全书》第41册，南京：南京出版社，2016年，第326页。

② 〔明〕黄儒炳《续南雍志》卷一七《经籍考》，《金陵全书》第43册，第413页。

③ 〔清〕唐开陶《(康熙)上元县志》卷二四，《江苏历代方志全书》第13册，南京：凤凰出版社，2016年，第690—691页。

④ 十五卷本收录的《陈献章诗自序》实际是陈献章《认真子诗集序》一文的节选。乾隆本不收此序，可知是湛若水修订时节选陈献章此文而来。《认真子诗集序》见于〔明〕陈献章撰，黎业明编校《陈献章全集》卷一，第5—7页。

⑤ 〔明〕黄衷《矩洲诗集》卷八《赠甘泉翁》，《广州大典》第423册，广州：广州出版社，2015年，第584页。

《知新》《明论》有助于兴盛古学[①]。同年三月，郭任司业期届满赴京，湛若水作《赠少司成杏东郭先生三载考绩之京序》以送之[②]。此序叙及郭维藩对湛若水“体认天理”“知行并进”“内外合一”之说信服笃行，二人以义遇合、以教待成、以道期进。从《酬甘泉见赠》一诗[③]可见郭在学、仕上对湛若水的追随，《会甘泉司成宅得夏字》[④]则记录了湛对郭赏识有加。嘉靖五年郭维藩《诗教解》序言：“(白沙)先生著述之意，吾得诸甘泉湛子之叙诗云。”可见，郭维藩是通过消化湛若水对白沙诗歌旨趣的理解，进而领悟白沙诗歌蕴意的。

此本十五卷，左右双边，每半叶十行，行二十字，白口，单白鱼尾。字体较方正，属嘉靖初刚流行的方体字风格。钤印六方，朱文圆印“乐善”、白文方印“卢郎”、白文方印“瓛印”、白文方印“是亦楼藏书印”、白文方印“曹氏巢南”、朱文方印“北京图书馆藏”。从“是亦楼藏书印”“曹氏巢南”二印，知此书曾经清代藏书家曹炳曾收藏。卷一〇、卷一五末有“武昌府学教授马崧董刊”字样。此外，卷末有杨仪“丙戌端阳日，湛先生寄贺”题跋[⑤]、“杨氏梦羽”白文方印。书中最晚序言作于嘉靖五年夏四月，则此本于嘉靖五年五月初五前已在武昌府学刊刻完工[⑥]。再加上，嘉靖四年十二月湛若水完成二卷本《古诗教解》的修订，形成十五卷本《诗教解》。这说明马崧刻本当刻于嘉靖四年十二月至嘉靖五年五月之间。故笔者把此本定为嘉靖五年武昌府学马崧刻本。《中国古籍总目》将此本著录为“明嘉靖间马崧刻本”[⑦]，版本年份可具体至嘉靖五年。卷一载“门人东莞林时嘉编校，镇江府同知门人梁景行参定，南京国子监祭酒门人湛若水辑解，南京国子监助教麦孟阳、李翱参对”，卷一一亦有此内容，只是“辑解”改成“辑注”。前十卷是白沙诗作和湛若水笺释，分成《有学诸篇第一》《贤圣诸篇第二》《黄菊诸篇第三》《夜闻诸篇第四》《海布诸篇第五》《夜半诸篇第六》《仙鹤诸篇第七》《月行诸篇第八》《知暮诸篇第九》《张帆诸篇第十》。后五卷《外传》是从白沙诗文中挑选出个别语句，再将语句分门形成的白沙语录，卷一一为《乾乾第一》《屈伸第二》，卷一二为《疑禅第三》《语道第四》，卷一三为

---

① 〔明〕湛若水著，钟彩钧等点校《泉翁大全集》卷二，台北：中国文哲研究所，2017年，第25—26页。

② 〔明〕湛若水《湛甘泉先生文集》卷一六，《广州大典》第422册，第294—295页。

③ 〔明〕郭维藩《杏东先生文集》卷一，《四库全书存目丛书》集部第68册，济南：齐鲁书社，1997年，第194页。

④ 同上书，第194页。

⑤ 嘉靖五年杨仪进士及第，时任南祭酒的湛若水很可能因此寄书祝贺。

⑥ 黎业明认为《白沙先生诗教解》梓行于嘉靖五年底，从现存版本来看，具体时间当更早。见：黎业明《湛若水对陈白沙静坐学说的阐释——以〈白沙子古诗教解〉为中心》，《哲学动态》2009年第8期，第33页注释[1]。

⑦ 中国古籍总目编纂委员会编《中国古籍总目・集部2》，上海：上海古籍出版社，2012年，第598页。

《学觉第五》《穿凿第六》，卷一四为《自罚第七》《自然第八》，卷一五为《忘言第九》《静坐第十》。

从现存材料来看，《诗教解》刊刻之前，有关白沙诗文的刊刻活动主要集中在远离文化中心的区域。弘治十八年(1505)罗侨、正德三年(1508)林齐刊刻全集本，地点皆在新会。弘治九年顺德知县吴廷举刊刻《白沙先生诗近稿》[①]，此书很大可能也是刊刻于广州府内。张诩曾编《白沙先生遗言纂要》，自序未言刊刻信息，不知张诩此书是否刊刻。若是刊刻，地点也应是在广州府。广州府之外，弘治十八年前白沙诗选集还刻于山东、梧州[②]。以上的刊刻活动主要发生在当时较为边远的地区，显然不利于白沙诗文集及其学说的传播。嘉靖四年十二月至嘉靖五年五月，《诗教解》刻于南京国子监、武昌府学，比嘉靖十二年(1533)高简《白沙子》维扬刻本更早在长江流域流布。从湛若水南祭酒的身份及其交游活动来看，此书在南京的传播成效应该不小。隆庆元年，《诗教解》重刻于苏州，且此次刊刻非出自白沙后学。可见，南雍本、马崧本的刊刻为白沙之学在江南的传播起到了一定作用。

2. 明隆庆元年李荷刻本

隆庆元年，苏州府学学官李荷重刻《诗教解》于丽泽书院。此本湛若水叙末有"茂苑郭昌期锓梓"，叙言第二叶版心下有"昌言刻"，自叙第一叶版心下有"郭昌言刻"，卷一第一叶版心上有"章掖"等字。茂苑，苏州代称。郭昌期、郭昌言、章掖皆苏州本地刻工[③]。

此本十卷[④]，藏于福建省图书馆，中山大学图书馆藏有卷一至卷八。受福建省图书馆扩建工程的影响，此本不开放阅览，故笔者未能寓目。下文以中山大学图书馆藏本为描述对象。此本左右双边，每半叶九行，行二十六字，白口，单黑鱼尾。版心鱼尾上偶见刻字数目，鱼尾下记"丽泽书院"。依次收录隆庆元年王庭、顾存仁序言，嘉靖四年湛若水序言，陈献章诗自序。每卷首有"南京国子监祭酒门人湛若水辑解、海岱后学李荷重刊"字样，各卷标题同马崧本，全书不收《外传》五卷。字体笔画尖细，形状稍扁，是较为成熟的方体字。钤印四方，朱文白方"休阳汪季青家藏书籍"、白文朱方"元胎"和"元胎校字"、朱文白方"岭南大学图书馆藏书"。卷八《夷狄犯中国》有柯昌泗墨笔题记："阳江尹讳

---

① 〔明〕陈献章《白沙先生诗近稿》，《原国立北平图书馆甲库善本丛书》第711册，北京：国家图书馆出版社，2013年。

② 〔明〕张诩《白沙先生全集序》，《白沙先生全集》二十卷，中国国家图书馆藏明弘治十八年罗侨刻本(存一至八卷)。

③ 李国庆《明代刊工姓名全录》未载郭昌期、郭昌言、章掖刊刻明隆庆元年《白沙先生诗教解》，此可补全录。

④ 《中国古籍总目》著录为十五卷，有误。

昌,字廷言,于泗为远祖。白沙先生曾手书此诗以遗阳江,墨迹今藏新会陈援庵先生家。乙亥八月过元胎同学景山堂中记,昌泗。"卷末有民国二十四年容肇祖跋文:"明刻《白沙先生诗教解》购自北平,以乾隆刻本校阅一过,颇有异同。而卷八页六至七有《夷狄犯中国》一首,为乾隆刻本所无,友人柯燕舲先生并为题记。岭南大学图书馆索让此书,即以付之,以公同学阅读,不敢自私也。二十四年八月三十日容肇祖记。明隆庆重刻嘉靖本《陈白沙诗教解》,湛若水编著。"[①]知此书经汪文柏、容肇祖收藏。容肇祖用乾隆本校对一过,所写朱笔校语见于天头、正文。民国二十四年八月,柯昌泗探访容肇祖北平寓所景山堂,读此书,见白沙有遗柯氏远祖一诗,遂作题记。此书后被赠予岭南大学图书馆,今藏于中山大学图书馆。《天一阁书目》收录《诗教解》隆庆本,记载顾存仁、湛若水序之间有东吴王问臣序,以及书末有隆庆元年姑苏管志道跋[②]。此序、跋不见于中大藏本,是否载于闽图藏本,待考。隆庆本虽是十卷本,但仍然属于十五卷本系统。其原因是隆庆十卷本内容大体沿袭马崧本前十卷内容,只是没有收载马崧本所附录的《外传》五卷。

3. 明万历三十八年许钦赋刻本

万历三十八年,经过黄淳、何熊祥的重新校对后,许钦赋在广州府新会翻刻《诗教解》马崧刻本[③]。今藏于日本尊经阁文库。

此本左右双边,每半叶十行,行二十字,白口,单白鱼尾、单黑鱼尾皆有。书内首叶,前半叶记"道学心传,白沙先生诗教,甘泉湛公选解,鸣谷黄公、玄谷何公重校,钦赋许氏编梓",上钤朱文方印"前田氏尊经阁图书记",后半叶为白沙遗像。依次收录万历三十八年黄淳、何熊祥、许钦赋序言,嘉靖四年湛若水序言,陈献章诗自序。万历本中,许钦赋序言袭自嘉靖五年黄衷序,各卷编者信息及标题大体同马崧本,可知万历本以马崧本为底本重刻。从二本字体风格上看,此重刻是"翻刻"。万历本字体非当时流行的瘦长方体字,而是呈现马崧本的嘉靖初风格。粗看二本难分,细看之下,马崧本、万历本仍带有各自刊刻的时代痕迹:马崧本部分字体带牵丝,如"江""河""混""沦"等字的三点水以及"首""养"等字首二点部分,这些字体经过万历本翻刻后鲜见牵丝。

---

① 《广州大典》影印中山大学图书馆藏明隆庆元年李荷刻本,将原本卷末容肇祖跋文移至卷端,不符原本。见〔明〕陈献章撰,湛若水辑解《白沙先生诗教解》,《广州大典》第420册,2015年。

② 范邦甸等撰《天一阁书目》卷四,上海:上海古籍出版社,2010年,第376—377页。

③ 杜泽逊《四库存目标注》卷五二《集部三·别集类二》"白沙诗教解十卷附诗教外传五卷"一条,未录万历本,此可补充。

(二) 子系统二

继马崧刻本之后,《诗教解》在嘉靖年间至少还经过两次重刻,形成明嘉靖写刻本和明嘉靖梁景行序刻本。从南雍本、马崧本所反映的湛若水与南监、武昌府学较为密切的关系及两个重刻本的字体风格来看,这两次重刻应是在嘉靖五年之后。经与马崧本校过后,可知两个嘉靖重刻本并非以马崧刻本为底本,而是南雍本的另一支流。

1. 明嘉靖写刻本

此本十五卷,藏于天津图书馆,《中国古籍珍本丛刊·天津图书馆卷 40》影印出版。左右双边,每半叶十行,行十九字,白口,单黑鱼尾。字体较软,呈写刻风格。钤印三方,朱文方印"善堂鉴定"、朱文方印"天津特别市市立第二图书馆藏书"、朱文方印"天津图书馆藏"。此本只载嘉靖四年湛若水序、陈献章诗自序,作者信息、各卷标题大体同马崧刻本。正文每篇首用"○"标识。全书有后人句读笔迹,缺卷四第三叶、第十叶以及《先生诗自序》第一叶 b 和第二叶 a①。《中国古籍总目》著录津图、国图藏本皆为明嘉靖间马崧刻本②,实际上二本明显不同。津图藏本单黑鱼尾、正文每篇首用"○"标识、字体属写刻风格,而国图藏本白单鱼尾、正文每篇首不用"○"标识、字体属方体字风格。因此,津图藏本不同于国图所藏马崧刻本。

2. 明嘉靖梁景行序刻本

此本十五卷,藏于台湾大学图书馆。左右双边,每半叶十行,行十九字,白口,黑单鱼尾。字体方正,属嘉靖后期较为成熟的方体字风格。钤印一方,白文朱方"龚蔼人收藏书画印",知此书经清末福州乌石山房主人龚易图收藏。卷首录嘉靖四年湛若水序言、陈献章诗自序,末附嘉靖五年梁景行序。作者信息、各卷标题大体同马崧刻本。正文每篇首用"○"标识。全书断板、字迹不清多处。书内有 83 叶使用公文纸背刷印而成,公文内容是明代镇江府地方的黄册文书。文书记载每户人姓及所占有的官田地或民田地的数量,以及火灾后的人口、田地、物资损失记录等。卷八第五叶正文背面所印章可提供此本刷印的地点和时间,内容如下:

直隶镇江府推官崔　为查盘事蒙
巡按直隶监察御史周　案委查盘　库

---

① 《中国古籍珍本丛刊·天津图书馆卷 40》将《先生诗自序》第一叶 a 和第二叶 b 拼成一页,影印出版,处理不当。见李培主编《中国古籍珍本丛刊·天津图书馆卷 40》,北京:国家图书馆出版社,2013 年,第 439 页。

② 中国古籍总目编纂委员会编《中国古籍总目·集部 2》,第 598 页。

藏眼同该　知　　库吏　库子

秤验得　　　　　　　　　　明白讫

　　　衙门

嘉靖叁拾肆年　月　　　日

可知台大藏本大致是嘉靖三十四年(1555)之后在镇江府印成的。

津图藏本、台大藏本的排版和格式一致,经校后,知津图藏本刊刻于台大藏本之前,理由有二。一是台本卷末附嘉靖五年梁景行序,为津本所无。二是卷七《穷居》篇,"铁桥在罗浮两山相接之脊"中的"脊"字,津本作"眷",台本作"眷"。津本"脊"字的"月"字底刻成"目"字,上部左右四点近似平行两横,台本重刻时误津本"眷"为"眷",故另加两笔刻成"眷"字。故,津本作"眷"在前,台本作"眷"在后。

此本的刊刻时间,《中国古籍总目》著录为明嘉靖四年①,台湾大学图书馆编写的两本目录②则著录为明嘉靖五年。总目以卷首作序时间、台大目录以卷末作序时间来确定版刻时间皆不妥当。检视此本,字体方正尖细,是典型的嘉靖后期风格,著录为"明嘉靖后期刻本"较妥。

3. 明天启元年王安舜刻本

天启元年(1621),《诗教解》被附于王安舜所刊《白沙先生全集》之末。此本由时任巡按淮扬监察御史的王安舜编定,如皋知县李衷纯、教谕蒋绍煃参阅。版心下有"邹""林""黄""吉""卞""唐"等刊工姓、名,核天启全集本和《明代刊工姓名全录》,知刊工有邹奇、黄刘、刘吉、刘卞等。

此本十五卷,藏于北京大学图书馆,《四库全书存目丛书》《明别集丛刊》影印出版。左右双边,每半叶九行,行十九字,白口,单黑鱼尾。字体修长,属明末相当成熟的瘦长方体字风格。依次收录嘉靖五年陈寰序、陈献章诗自序、嘉靖四年湛若水序。各卷标题大体同马崧本。

笔者以马崧本为底本,其他六个版本为参校本校勘一过后,发现《诗教解》与《古诗教解》除了存在是否收录《外传》的差异外,修订后的《诗教解》还删去了《和杨龟山此日不再得韵》一诗及解释,以及《答张内翰廷祥书,括而成诗,呈胡希仁提学》笺释中的两段内容。并且,在个别诗作的笺释中,《古诗教解》和《诗教解》具体文字也有略微的差别。这说明,《古诗教解》自成一系统。至于

① 中国古籍总目编纂委员会编《中国古籍总目·集部2》,第598页。

② 张宝三主编《台湾大学图书馆藏珍本东亚文献目录——中国古籍篇》,台北:台湾大学出版中心,2013年,第192页。台湾大学图书馆编辑,周骏富审订《台湾大学图书馆增订善本书目》,台北:台湾大学图书馆,2017年,第27页。

《诗教解》的六个版本，隆庆本、万历本的文字内容大体与马崧本相同，嘉靖写刻本、嘉靖梁景行序刻本、天启本的文字则与马崧本存在部分差异。例如，马崧本卷二《孔子篇》的笺释云："造物一场观化。"隆庆本、万历本俱同。"观化"，嘉靖写刻本、嘉靖梁景行序刻本、天启本作"变化"。再如，马崧本卷四《我始篇》诗云"劝饮忘华颠"，隆庆本、万历本同，嘉靖写刻本、嘉靖梁景行序刻本、天启本作"欢饮忘华颠"。经统计，此类情况的异文分布约 28 处。此外，在以马崧本为底本的校对中，校记显示出津图藏本比台大藏本多出 16 处与天启本相同的文本，这说明天启本与津图藏本更加接近。

综上，结合诸本物理形态及校对异文，可得出以下版本源流情况。

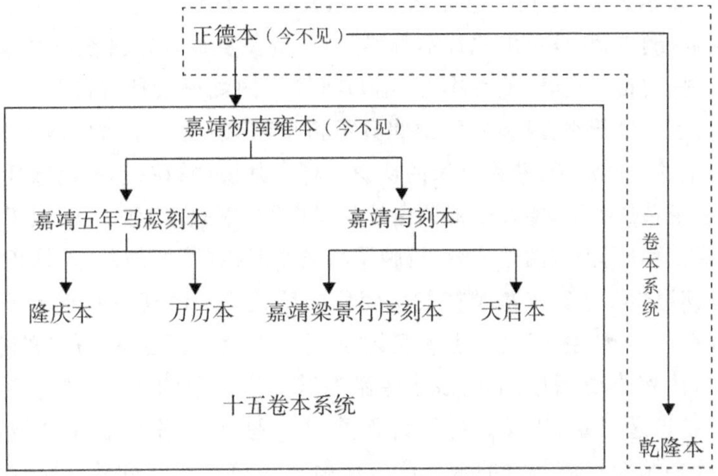

综上可知，《诗教解》在后世刊刻流传中大体形成以上版本源流系统。其中，诸本出现独立的异文，这说明前本只是后本的主要来源。经统计，诸本出现误字的情况如下：马崧本误字 2 处，嘉靖写刻本误字 24 处，嘉靖梁景行序刻本误字 8 处，天启本误字 27 处，隆庆本误字 18 处[①]，万历本误字 31 处，乾隆本误字 3 处。现存十五卷本系统中，马崧本刻于嘉靖五年，年代较前，误字最少，刊刻精美，属此系统最好的本子。后之重刻、翻刻，误字渐多，万历本误字尤甚。二卷本系统中，今仅见乾隆本，此本与十五卷本校对后出现较多的异文，是了解《古诗教解》本来面貌的重要版本。

三、《古诗教解》《诗教解》的文献价值

嘉靖初，湛若水从翰林院侍读升任南京国子监祭酒，特殊的地位令其肩负

① 此处隆庆本用中山大学图书馆藏八卷本统计误字，18 处非全本十卷误字数。

起弘扬江门学派的重任。这一时期他重新修订《古诗教解》,形成《诗教解》文本。分析讨论这两个文本之间的异同,有助于认识湛若水对白沙思想的接受变化;理清此书各版本的刊刻情况后,可为明代中后期白沙学说的接受研究提供一些思考。

(一)湛若水对白沙思想的接受变化

《古诗教解》与《诗教解》的个别文本呈现一定的差异,反映了从正德十六年孟秋到嘉靖四年十二月期间,湛若水个人思想有所发展,其对白沙思想的接受也随之发生变化。

第一,文本删节,反映了湛若水对白沙思想的认识变化。与《古诗教解》相比,《诗教解》删去《和杨龟山此日不再得韵》一诗及笺释,以及《答张内翰廷祥书,括而成诗,呈胡希仁提学》笺释中"此篇乃将答张内翰书会括成诗"至"奈何以禅目之"的内容。湛若水在《和杨龟山此日不再得韵》的笺释中将白沙的"主静"说理解为朱子的"主敬"说,并将自家的认识杂糅入师说中;在《答张内翰廷祥书,括而成诗,呈胡希仁提学》笺释中强调白沙学说中"致虚立本"和"主静致虚"的为学之要。《诗教解》删去这两处内容,反映了湛若水对白沙"主静"学说认识的变化,实质上是其思想在正德末嘉靖初发生变化的反映。探讨其中的变化缘由,还将涉及湛若水对朱子"主敬"说的思考变化,此非本文所能涵盖,将另撰文讨论。

第二,体例改动,塑造了白沙从诗家到道学家形象的转变。《古诗教解》的序后依次是诗题目录、正文。每篇诗作冠以诗题,诗句末附甘泉的笺释。《诗教解》另载嘉靖四年湛若水的叙。此叙用每篇古体诗正文的首二字代替诗题,仿《诗》序为一百六十六篇古体诗撰写小序,以此来代替《古诗教解》的诗题目录。每篇古体诗的原题目则被置于笺释内。《诗教解》正文将原《古诗教解》的二卷分成十卷,每卷取首篇首句的首二字命名,如首卷是"有学诸篇第一"。《诗教解》附录的《外传》五卷,模仿古代传、记的著述方式,其内容是在白沙选文前缀上"先生谓""子云"等词组成的白沙语录。对此,湛若水指出,《外传》具有与前十卷《正传》相表里发明的作用①。这一体例的改动,反映了湛若水对白沙身份定位的重新认识。甘泉以道学家之作而非诗人之作去理解白沙思想,淡化白沙作品、身份的文学性,更加突出其道学家身份和著述的理学性质,塑造了白沙从诗家到道学家的形象转变。

此外,相比于《古诗教解》,《诗教解》增添了一处文本,此文本说明了陈白

---

① 《白沙先生诗教解·外传》:"甘泉生曰:'夫诗教外传何为者也?明诗教也。非正传而其义有相表里,有相发明者也。''何以非正传而有发明也?'曰:'明其道也,明其义也。'夫易之十传、仪礼之记,非正解而有发明者多矣。且俾后之学者因是以明诗教,因诗教以明白沙夫子之道,以达诸伊洛洙泗之源,则其著述也孰大焉?"

沙"碧玉楼"命名及楼中碧玉来历的问题。冼玉清先生在《陈白沙碧玉考》一文中,考证白沙碧玉非聘玉,碧玉楼乃燕居之所,对于碧玉楼的命名,推测是"盖藏碧玉之故"①。初刻本笺释《寒菊》诗中的"碧玉"为"先生所居楼名",修订本在"先生所居楼名"后增加了"初建楼成,适有得古碧玉来献者,因以名之"的解释。此解可补《陈白沙碧玉考》之缺。

(二) 明中后期白沙学说的接受情况

从《古诗教解》《诗教解》共同的文本内容来看,湛若水所阐释的"白沙诗教"实际上是白沙、甘泉学说的杂糅,在客观上形成白沙学说被改造的局面。在程朱理学笼罩下的学术氛围中,甘泉以较为保守的姿态消解了白沙标举"主静"之学的精微之处。

通过前文版本源流考述,可知《古诗教解》在正德末至少刊刻一次,在乾隆时广州府新会重刻一次。《诗教解》在嘉靖至少刊刻四次,隆庆、万历、天启皆有重刻。以上刊刻地涉及南京国子监、武昌府学、苏州府学、广州府新会、扬州府等地,《诗教解》又曾在镇江府刷印。可见,湛若水对白沙学说的阐释在明代中后期江南一带应具备一定的阅读群体。明代士人以"诗教"或直称白沙之学②,或代称白沙诗文③,则此书很可能成为士人了解白沙学说的主要途径。

白沙并未撰《诗教》,但黄衷等人声称白沙撰写《诗教》一书,以为白沙有理学著述《诗教》行世,无疑是把湛若水编纂的此书当作白沙之学。时人质疑《诗教解》的阐发,甘泉弟子唐枢则肯定其解释符合白沙之道。

> 问:"甘泉先生《诗教解》,当时白沙恐无这意思。"曰:"这是开辟以来第一本诗话,与孔子说《诗》意同,大小序皆不及。白沙因诗写道,何谓无此意思?从是,郢书而燕说,要之可以为训。"④

唐枢认为白沙以诗为媒介来宣扬学说,甘泉解释符合白沙学说思想,即得白沙原意,而非必得创作一时一地之意。万历三十八年许钦赋重刻此书之由也在于此,他说:"非特传先生之诗也,传先生之心也。非特传先生之心也,传

---

① 冼玉清《冼玉清论著汇编》,桂林:广西师范大学出版社,2016年,第96—105页。

② 邓球将白沙"诗教"同胡居仁"主敬"、王阳明"良知"并称"有圣人一体"。见于〔明〕邓球《闲适剧谈》卷一,《四库全书存目丛书》子部第84册影印中国科学院图书馆藏明万历十一年邓云台刻本,济南:齐鲁书社,1995年,第475页。

③ 方应选称白沙诗教"津津名理,盖触遇于耳目,字不累句,句不累意,自为一家言"。见于〔明〕方应选《方众甫集》卷五《邵康节击壤集、陈白沙诗集合叙》,《四库全书存目丛书》集部第170册影印南京图书馆藏明万历刻本,济南:齐鲁书社,1997年,第87页。

④ 〔明〕唐枢《一庵杂文录》,《四库全书存目丛书》子部第84册,济南:齐鲁书社,1997年,第399—400页。

千古圣贤立心之学也。”[①]清初黎元宽好读《诗教解》，“以为其逢原于道也，合道而后合经，合经而后合诗，则诸家莫尚矣”[②]。再来看嘉靖初甘泉亲友门人的评价，如黄衷“无略牵合冗赘如异时之议者”[③]，郭维藩“先生著述之意，吾得诸甘泉子之叙诗”[④]，梁景行“司成湛元明，继学扶教，集翁诗旨行于当时”[⑤]，对比唐、许、黎之见，黄、郭、梁三人作序赞誉并非奉承，而是肯定甘泉传扬白沙之道。实际上，读者所阅读到的“白沙诗教”是杂糅了甘泉思想的白沙学说。如此一来，就造成了民国学者黄节所言“嘉、隆之间，白沙之学几为甘泉所掩”[⑥]的局面。湛若水对白沙学说的个人接受，很大可能在一段时期内以此书的传播成为部分士人对白沙之学的共同接受，从而导致白沙之学在此书的阅读接受过程中出现失真的情况。

附：七个版本的书影

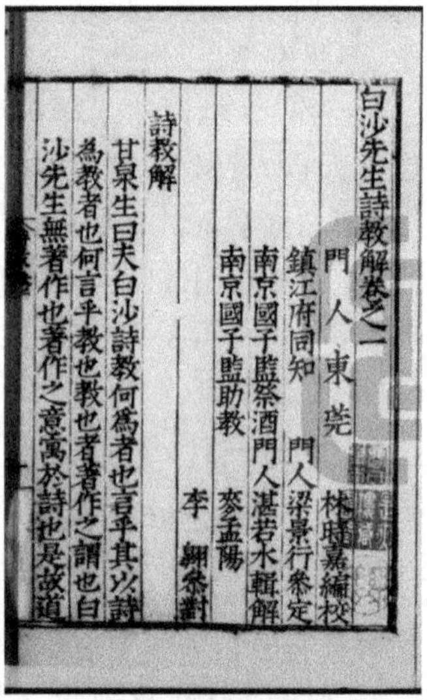
白沙先生詩教解卷之一
門人東莞林時嘉編校
鎮江府同知門人梁景行叅定
南京國子監祭酒門人湛若水輯解
南京國子監助教麥孟陽
李翔叅對
詩教解
甘泉生曰夫白沙詩教何爲者也言乎其以詩
爲教者也何言乎教也教也者著作之謂也白
沙先生無著作也著作之意寓於詩也是故道

图 1 中国国家图书馆藏《白沙先生诗教解》明嘉靖五年马崧刻本（来源：中华古籍资源库）

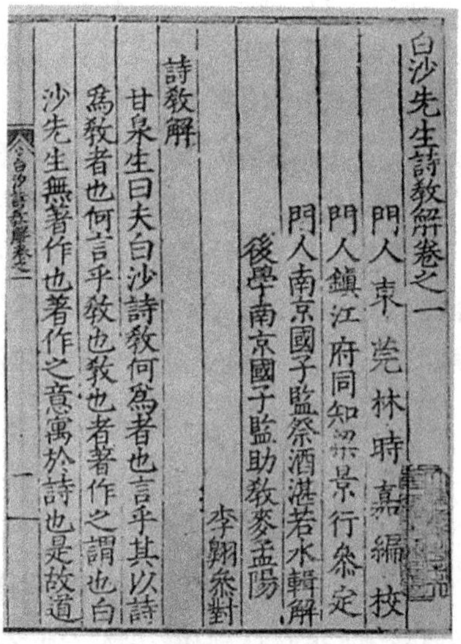
白沙先生詩教解卷之一
門人東莞林時嘉編校
門人鎮江府同知梁景行叅定
門人南京國子監祭酒湛若水輯解
後學南京國子監助教麥孟陽
李翔叅對
詩教解
甘泉生曰夫白沙詩教何爲者也言乎其以詩
爲教者也何言乎教也教也者著作之謂也白
沙先生無著作也著作之意寓於詩也是故道

图 2 天津图书馆藏《白沙先生诗教解》明嘉靖写刻本（来源：李培主编《中国古籍珍本丛刊·天津图书馆卷 40》，国家图书馆出版社，2013 年）

① 〔明〕许钦赋《诗教解引》，《白沙先生诗教解》，日本尊经阁文库藏明万历三十八年刻本。

② 〔清〕黎元宽《进贤堂稿》卷一八《跋白沙先生真迹》，《四库禁毁书丛刊》集部第 368 册，北京：北京出版社，2000 年，第 146 页。

③ 〔明〕黄衷《诗教解序》，《白沙先生诗教解》，中国国家图书馆藏明嘉靖五年马崧刻本。

④ 〔明〕郭维藩《白沙先生诗教解前序》，《白沙先生诗教解》，中国国家图书馆藏明嘉靖五年马崧刻本。

⑤ 〔明〕梁景行《序》，《白沙先生诗教解》，台湾大学图书馆藏明嘉靖梁景行序刻本。

⑥ 黄节《社说：岭学源流》，《国粹学报》1908 年第 40 期。

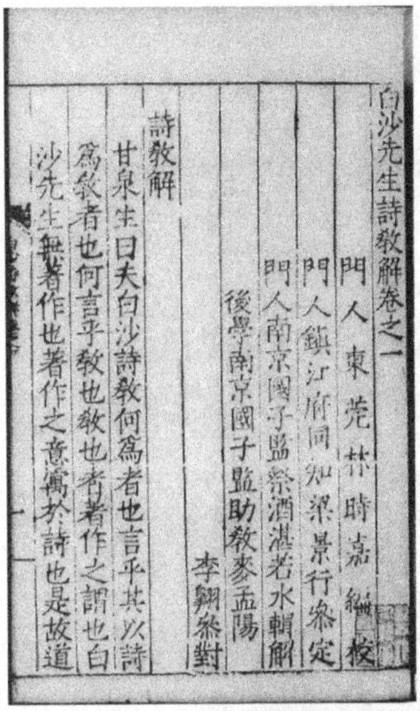
白沙先生詩教解卷之一
門人東莞林時嘉編校
門人鎮江府同知梁景行叅定
門人南京國子監祭酒湛若水輯解
後學南京國子監助教麥孟陽
李翔叅對
詩教解
甘泉生曰夫白沙詩教何爲者也言乎其以詩
爲教者也何言乎教也教也者著作之謂也白
沙先生無著作也著作之意寓於詩也是故道

图 3　台湾大学图书馆藏《白沙先生诗教解》明嘉靖梁景行序刻本（来源：台湾大学图书馆胶卷复制本）

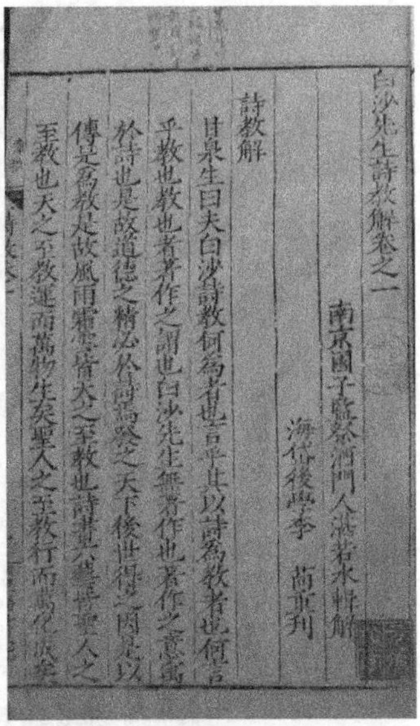
白沙先生詩教解卷之一
南京國子監祭酒門人湛若水輯解
海[illegible]後學李　荷[illegible]刊
詩教解
甘泉生曰夫白沙詩教何爲者也言乎其以詩爲教者也何言
乎教也教也者著作之謂也白沙先生無著作也著作之意寓
於詩也是故道德之精必於詩焉發之天下後世得之因是以
傳是爲教是故風雨霜雪皆天之至教也詩書六藝皆聖人之
至教也天之至教運而萬物生焉聖人之至教行而萬化[illegible]

图 4　中山大学图书馆藏《白沙先生诗教解》明隆庆元年李荷刻本（来源：中山大学图书馆藏本）

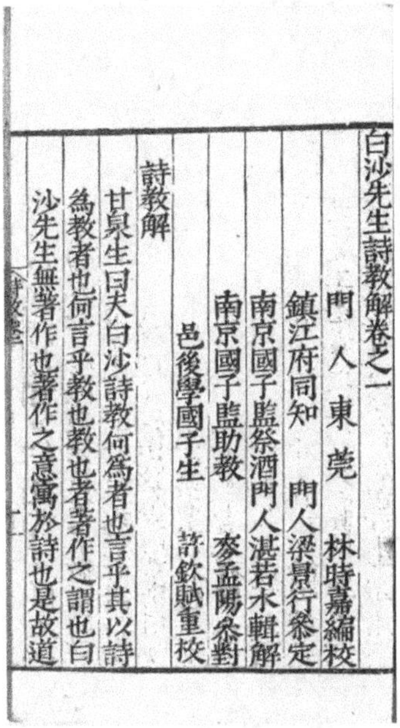
白沙先生詩教解卷之一
門人東莞林時嘉編校
鎮江府同知門人梁景行叅定
南京國子監祭酒門人湛若水輯解
南京國子監助教麥孟陽叅對
邑後學國子生許欽賦重校
詩教解
甘泉生曰夫白沙詩教何爲者也言乎其以詩
爲教者也何言乎教也教也者著作之謂也白
沙先生無著作也著作之意寓於詩也是故道

图 5　日本尊经阁文库藏《白沙先生诗教解》明万历三十八年许钦赋刻本（来源：日本尊经阁文库胶卷复制本）

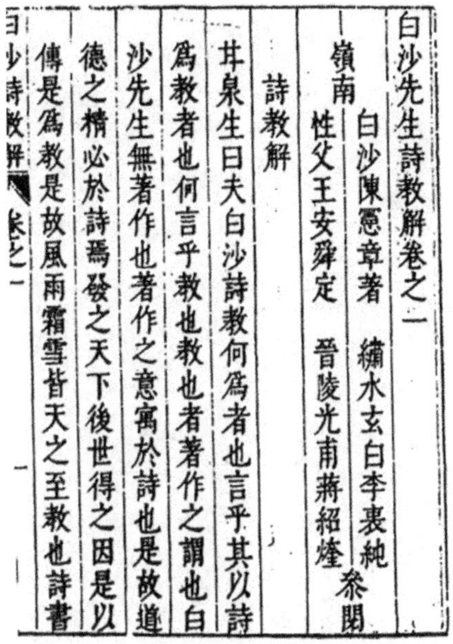
白沙先生詩教解卷之一
嶺南　白沙陳憲章著　績水玄白李衷純　叅閱
性父王安舜定　晉陵光甫蔣紹煃
詩教解
甘泉生曰夫白沙詩教何爲者也言乎其以詩
爲教者也何言乎教也教也者著作之謂也白
沙先生無著作也著作之意寓於詩也是故道
德之精必於詩焉發之天下後世得之因是以
傳是爲教是故風雨霜雪皆天之至教也詩書

图 6　北京大学图书馆藏《白沙先生诗教解》明天启元年王安舜刻本（来源：《四库全书存目丛书》集部第 35 册）

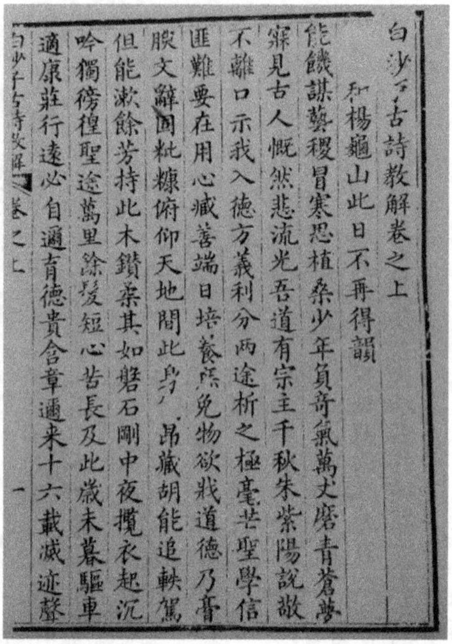
白沙子古詩教解卷之上
和楊龜山此日不再得韻
能饑謀藝稷冒寒思植桑少年負奇氣萬丈磨青蒼夢
寐見古人慨然悲流光吾道有宗主千秋朱紫陽說敬
不離口示我入德方義利分兩途析之極毫芒聖學信
匪難要在用心藏善端日培養庶免物欲戕道德乃膏
腴文辭固粃糠俯仰天地間此身何昂藏胡能追軼駕
但能漱餘芳持此木鑽柔其如磐石剛中夜攬衣起沉
吟獨徬徨聖途萬里餘髮短心苦長及此歲未暮驅車
適康莊行遠必自邇育德貴含章邇來十六載滅迹聲
白沙子古詩教解 卷之上 一

图 7 广东省立中山图书馆藏《白沙子古诗教解》清乾隆三十六年刻本
（来源:《白沙子古诗教解》影印本,广西师范大学出版社,2014 年）

《夏节愍全集》版本源流考

李玉宝　孙　涵*

【内容提要】　夏完淳是明末抗清义士，也是著名文学家。血雨腥风中，他的作品散佚很多，生前也未刊刻行世，其逝后的很长时间里都以抄本流传。目前所知，收录夏氏遗著最为完备的清嘉庆十二年刻同治八年补刊本《夏节愍全集》即以清初钞本《玉樊堂集》《内史集》《南冠草》为基础整理而成，目前《南冠草》已佚。文章对目前存世的夏氏遗集《夏太史遗稿》《玉樊丙戌集》《夏内史集》及已佚诗集《南冠草》内容作了细致考辨，对《夏节愍全集》的整理过程及几个现代整理本作了详实考述，厘清了不同版本间的流变情况。在此基础上指出地方士人是地域文献整理的一支重要力量。

【关键词】　明末清初　松江文坛　夏完淳　《夏节愍全集》

夏完淳(1631—1647)，字存古，号小隐，又号灵首。南直松江府华亭(今上海松江)人。明末诸生，师事陈子龙。两京陷后，立志抗清复明，兵败被执，就义于南京，卒年仅十七岁。乾隆四十一年赐谥节愍。夏完淳以惊天地、泣鬼神的英雄壮举，以激昂慷慨、雄深悲壮的诗歌创作，为明末诗坛增添了壮大之气。历代学人给予夏完淳及其诗文极高评价。清汪端云："节愍诗源出黄门，天资特秀，古体窥汉、魏、初唐堂奥，五七言律高华沉郁，兼擅其长。"①清末陈田亦云："存古诗，趋步陈黄门，年仅十七，当其合作，与黄门并难高下。赴义之时，语气纵横淋漓，读之令人悲歌起舞。"②在血与火的年代，夏完淳戎马倥偬，奔走四方，著述未暇付梓行世。现知夏氏存世诗文集有清初钞本《夏太史遗稿》不分卷、《玉樊丙戌集》二卷，清乾隆三十九年钞本《夏内史集》一卷，另有散佚钞本《南冠草》(未知卷数)。辑录夏氏著述最为完备的是清嘉庆十二年刻同治八年补刊本《夏节愍全集》，总收诗词赋骚三百八十首，该集即在前几种钞本基础上整理而成。现代整理本中以2011年上海古籍出版社白坚整理本《夏完淳集

*　李玉宝，上海师范大学图书馆研究馆员。孙涵，上海师范大学人文学院博士。

①　〔清〕汪端辑《明三十家诗选》(二集)，清同治十二年(1873)蕴兰吟馆刻本，卷八下"夏完淳"。

②　〔清〕陈田《明诗纪事》，上海：上海古籍出版社，1993年，第2886页。

笺校》内容最全、价值最高。明末清初桐城人方授[①](1631—1658)在《南冠草序》中说夏完淳“有自定义诗近千首”[②],清初屈大均(1630—1696)说他“有诗文集数十卷”[③]。如果方、屈所说属实的话,则夏完淳诗作散佚实在太多了。本文旨在对夏完淳著述的源流情况进行梳理。

一、夏氏存世遗集考辨

受制于当时严酷的现实,夏完淳的作品在明末清初“俱系钞本”[④]。这些钞本有哪些呢?嘉庆间青浦人何其伟在《夏节愍全集》整理完成后于序中指出:“《夏节愍集》十卷,盖综其生平所为《玉樊堂集》《内史集》《南冠草》三种汇录成编者也。”[⑤]说得很明白,是《玉樊堂集》《内史集》《南冠草》三种。

目前所知,夏氏现存著述主要有以下几种:

《夏太史遗稿》不分卷,清初钞本,南京图书馆藏。白坚以为“夏太史”当为“夏内史”之误[⑥]。该本封面题“夏节愍遗稿”,正文题名“夏太史遗稿”,题名下注“明华亭夏完淳存古氏著”。正文前有屈大均《成仁录本传》,“成仁录本传”题名下有“笏盦”朱方。本传后有王家祯《见闻杂录》。正文题名下有“硕庭/所藏”朱方。卷末有“范州”朱方、“潘印/志万/长寿”及“临风/浩歌”白方。以此知此本曾为吴中著名藏书家潘志万(1849—1899)所藏。该集总收诗一百零五首,《大哀赋》一首,后附王沄《胜时草》十首。凡一百十六首。

《玉樊丙戌集》二卷,钞本,南京图书馆藏。正文题名下有“凤/毛印”白方、“戴俊”连珠章(另有一枚不清)。补遗诗后有“李林松印”白方,集末有“曾存上海李心庵处”朱方、“江东/戴俊”白方、“鹄易”朱方(另一枚不清)。该本无框无格,正文题名左下注“道林禹余稽复孝渊氏著”。柳亚子先生以为“‘道林’疑隐‘云间’或‘华亭’,‘禹余’隐‘夏’,‘稽复孝渊’隐‘完淳’,应为云间夏完淳氏著。”[⑦]总收诗一百九十六首(含补遗九首,词一首)。

《夏内史集》一卷,清乾隆三十九年研耘山房钞本(以下简称乾隆本《夏内史集》),上海图书馆藏。无框无格,内收赋、骚各九首,诗二百首,词二十二首。集末

---

① 方授(1627—1658),一名留,字子留,一字季子。桐城人,客鄞。崇祯末诸生。性沉静,孝友祥顺。国变后,漂泊江湖间,自号圃道人。攻苦食淡,悲困抑郁以卒。卒年二十七。工诗文,诗文弘赡,有《三奔浙江草》《浙游四集》《奉川草》等十余卷。

② 〔清〕方授《南冠草序》,清光绪二十九年(1903)刊本《夏节愍全集》前序。

③ 〔清〕屈大均《皇明四朝成仁录》,上海:上海商务印书馆(民国间景广东丛书本),1941年,卷七。

④ 〔清〕庄师洛《夏节愍全集题识》,清光绪二十九年(1903)刊本《夏节愍全集》前序。

⑤ 〔清〕何其伟《夏节愍全集题识》,清嘉庆十二年(1807)刊本《夏节愍全集》前序。

⑥ 白坚《题夏太史遗稿按语》,《夏完淳集笺校》,上海:上海古籍出版社,2016年,第827页。

⑦ 柳亚子《题玉樊丙戌集》,白坚笺校《夏完淳集笺校》,第826页。

有桐城方授《南冠草序》一则。卷末题:“乾隆甲午夏日研耘山房抄录,计工两月。”

以上夏氏著述存本俱为钞本。此外,又有清嘉庆间吴氏听彝堂刊艺海珠尘本《夏内史集》九卷附录一卷(以下简称艺海本《夏内史集》)。卷一、卷二收赋九首、骚九首,卷三至卷七收古近体诗二百二十六首,卷八收词二十八首。卷九收《讨叛降大逆臣檄》《土室余论》《狱中上母书》《遗夫人书》《燕问》五篇。附录收桐城方授、明州陆宇爗、蛟州范兆芝、四明董剑锷等人所作《南冠草序》四篇,序后录王鸿绪《明史·夏允彝传附夏完淳传》及夏完淳之轶闻遗事。此外,还有清嘉庆十二年(1807)刻同治八年(1869)补刊本《夏节愍全集》十卷首一卷末一卷补遗一卷续补遗一卷(以下简称王编本《夏节愍全集》),此本收录夏氏著述最全(后有专节论其刊刻);另有清道光二十八年(1848)刻本《夏节愍公集》四卷,该本即乾坤正气集本。前两卷收赋十二首、骚八首,后二卷收文九篇,无诗。

以上现存不同版本夏氏诗文集内容的顺序、数量差别较大,而这种差别正可以看出夏集流传的某些痕迹。第一,南图藏《夏太史遗稿》与《玉樊丙戌集》所收内容差别较大,《夏太史遗稿》虽仅收诗一百十六首,较《玉樊丙戌集》一百九十六首少很多,但《夏太史遗稿》收“南冠草”十首,这是《玉樊丙戌集》所没有的。另,笔者注意到《玉樊丙戌集》正文最后一首诗《口号》后注云:“三首,哭陈忠裕公作也。原稿不止三首,未及抄竟,为一无识村师以违禁而焚毁之。”据此可以断定,因怕牵连而被塾师焚毁的“原稿”在时间上一定早于乾隆本,此原稿或许就是夏完淳自定本《玉樊堂集》。《玉樊丙戌集》所收诗歌与上图藏乾隆本《夏内史集》所收诗歌排序基本一致,内容稍有差别:《玉樊丙戌集》无乾隆本《夏内史集》之骚赋、《南冠草》及二十二首词;乾隆本《夏内史集》无《玉樊丙戌集》内《口号》三首及《感旧六首步仲芳先生韵》。与乾隆本《夏内史集》相较,嘉庆间艺海珠尘本《夏内史集》内容增加很多,较南图藏《夏太史遗稿》内容增加更多。正是以存世的钞本(含散佚的《南冠草》)为基础,嘉庆间王昶、庄师洛、何其伟等人整理成了最为完备的《夏节愍全集》。

第二,仔细比较这几个版本,还可以发现一个重要现象,即《玉樊丙戌集》没有一首《南冠草》内的诗歌,而南图藏《夏太史遗稿》、乾隆本《夏内史集》及艺海本《夏内史集》内皆收录有《南冠草》的诗歌。这或许如何其伟在《夏节愍全集题识》中所说:“《玉樊堂集》作于甲申、乙酉(间有前作),《内史集》作于从军以后,始丙戌讫丁亥四五月间,《南冠草》则皆临难时途中、狱中所作也。”何氏之论,大体正确。但《玉樊丙戌集》内容并非全作于乙酉前,内《杂感》《六哀诗》《六君咏》《送别》《怀母诗》《柬荆隐女兄》《自叹》《杨柳怨和钱大》《过横云山》《赋得王叔明武夷春色图送闽人》《长歌》《哭所知》等数十首诗作于乙酉国难后,甚至部分诗歌作于顺治丁亥年(1647)。可见,《玉樊丙戌集》当是在原《玉樊堂集》基础上,增加了部分乙酉后诗作而成。

二、《南冠草》内容考

几部存世钞本中，唯独没有《南冠草》，而《南冠草》却是有明确整理者的一部钞本。该本清嘉庆十二年前当仍存在，这由何其伟所言“《夏节愍集》十卷，盖综其生平所为《玉樊堂集》《内史集》《南冠草》三种汇录成编者”可以确定。《南冠草》在辑入《夏节愍全集》后便散佚了。其最初整理者是夏完淳好友方授。顺治壬辰(1652)，方授寓居宁波，与诸好友一起根据武林蒋氏所藏《南冠草》作了整理。此时距夏完淳去世仅五年。方授于《南冠草序》中云：

> 壬辰冬偶游四明，与朱陆诸子论甲乙以后忠节及松江诸公。余言夏瑗公师死最先，其子完淳字存古，以十七死，其人其文古未有也。诸子请其详，余曰：存古五岁知五经，九岁善词赋古文，十六十七与友人有事吴中，会江东有诏谥瑗公师文忠，荫一子中书，存古乃上表，及疏称中书臣完淳死以进，报某虚实，约兵以某日，航海会某所，为逻卒所获，就鞫金陵，某某欲活之，曰汝年少，岂知兵？存古曰：吾年少，岂遂不知兵？某曰汝口何不惜汝身？曰倘死而复生，他日□□，必先文忠与我也，身何足惜。因顾谓其妇翁曰：男儿死耳，何能作求生状？遂就义于金陵之西市。诸子曰：有是哉，恨未见其人也，其疏及表在乎？余曰：微独疏表在，向余过武林蒋氏兄弟，见存古有《大哀赋》，有《狱中上太恭人书》《寄钱孺人书》，有《示同事诸友书》，有自定义诗近千首，此存古之文也。已又得其《南冠草》，因出示诸子，诸子请歌之。余为之歌《别云间》，诸子曰：壮哉，往而不返者也，何鹤唳之足悲乎！为之歌《辞恭人》，曰：哀而不怨，太恭人有子复何恨！为之歌《寄内》，曰：严而婉，责其妇以程婴乎！余辍歌曰：存古死，而遗腹得一子一女(按本集《遗夫人书》上有双慈下有一女，则女非遗腹矣)，天之报施不爽哉。为之歌《寄姊及甥》，曰：甚矣哉，大仇其可忘乎！为之歌《寄半村》及《闻大鸿讣》，曰：其皆死心乎，是知生而知死者也。为之歌《细林》，曰：知大夏者，其孟公乎，非孟公而细林之哭，谁能若是！为之歌《遇九高》及《辕文》，曰：是真可以告友朋乎，又何知友之明也！为之歌《入京》及《被鞫》诸什，曰：至矣哉，烈而醇，苦而甘，怨而温，直而不屈，勇而不惧，静而不乱，思而不贰，求仁而仁，取义而义，惟故国之伤也，以忘其身与家，如存古者忠孝兼之矣，而以十七传，古今未尝有也。《南冠草》者，可以名存古之人，可以名存古之文矣。因手订之，而命余为序。[1]

---

① 〔清〕方授《南冠草原序》，清光绪二十九年(1903)刊本《夏节愍全集》前序。

此处壬辰当为顺治九年(1652)。方序有三点值得注意:一、武林蒋氏(疑为明末清初布衣蒋之翘)曾有夏氏自定义诗稿近千首及遇难前所作绝命诗文;二、最晚清初壬辰(1652)前《南冠草》已有钞本存世,见者极稀;三、据方序可知,方氏参与了《南冠草》的整理工作,其他整理者当还有作序的陆宇爆、范兆芝、董剑锷、蔡嗣光等人。据序大体可确定《南冠草》内容,即包含《别云间》《辞恭人》《寄内》《寄姊及甥》《寄半村》《闻大鸿讣》《细林》《遇九高》《辕文》《入京》及《被鞫》诸什。

但《南冠草》到底是多少首,仅根据方授《南冠草序》似难以确定。因他在序中为友人歌《南冠草》内诗歌时,自言"为之歌《入京》及《被鞫》诸什",很明显"《被鞫》诸什"并不是一首诗作。那《南冠草》应该包含多少内容呢?

《南冠草》没有单行本存世,目前存世的《夏太史遗稿》、乾隆本《夏内史集》、艺海本《夏内史集》及同治补刊本《夏节愍全集》中有关《南冠草》的诗歌都作了明确标示,但各集标示数量稍有出入。

集名	版本	藏地	标示"南冠草"题名后所收诗作	总数
夏太史遗稿	清初钞本	南京图书馆	《别云间》《拜辞家恭人》《寄内》《闻大鸿仲熊讣》《毗陵别辕文》《繇丹阳入京》《被羁待鞫鞫皇城故内珰宅》《御用监被鞫拜瞻孝陵恭纪》《西华门与同难诸公待鞫》《细陵野哭》	10
夏内史集	清乾隆三十九年(1774)钞本	上海图书馆	《别云间》《拜辞家恭人》《寄内》《寄荆隐女兄兼甥侯武功》《简半村先生》《闻大鸿仲熊讣》《毗陵别辕文》《被羁待鞫鞫皇城故内珰宅》《御用监被鞫拜瞻孝陵恭纪》《七夕步蠡水先生韵》《虎邱遇九高》《由丹阳入京》《西华门与同难诸公待鞫》《细林野哭》	14
夏内史集	清嘉庆间艺海珠尘本	续修四库	《细林野哭》《别云间》《拜辞家恭人》《寄内》《寄荆隐女兄兼甥侯武功》《柬半村先生》《闻大鸿仲熊讣》《毗陵别辕文》《被羁待鞫鞫皇城故内珰宅》《御用监被鞫拜瞻孝陵恭纪》	10
夏节愍全集	清嘉庆十二年刻本	国图、北大、南京等	《别云间》《拜辞家恭人》《寄内》《寄荆隐女兄兼甥侯武功》《简半村先生》《闻大鸿仲熊讣》《毗陵别辕文》《被羁待鞫鞫皇城故内珰宅》《御用监被鞫拜瞻孝陵恭纪》《七夕步蠡水先生韵》《细林野哭》《吴江野哭》《虎邱遇九高》《由丹阳入京》《西华门与同难诸公待鞫》	15

"南冠"本指楚囚,后泛指囚徒。故《南冠草》指夏完淳被俘后"临难时途

中、狱中所作也”(何其伟《夏节愍全集题识》)。据此则不难推算《南冠草》内容。内七古二首:《细林野哭》《吴江野哭》。五律十首:《别云间》《拜辞家恭人》《寄内》《寄荆隐女兄兼甥侯武功》《简半村先生》《闻大鸿仲熊讣》《毗陵别辕文》《被羁待鞫鞫皇城故内珰宅》《御用监被鞫拜瞻孝陵恭纪》《七夕步蠡水先生韵》。七律三首:《虎邱遇九高》《由丹阳入京》《西华门与同难诸公待鞫》。另嘉庆十二年刊本在卷八“词余”下注“狱中草”四种也应归入《南冠草》内:《金陵杂咏》二首、《自叙》五首、《感怀》四首、《送沈伯远出狱》一首。卷九内《土室余论》《狱中上母书》《遗夫人书》也可确认为南京狱中作。据此可以断定,《南冠草》应包含古近体诗十五首,词余十二首及就义前所作绝笔文三篇。

三、《夏节愍全集》刊刻考

乾隆后期,文网渐宽。为表彰先贤,保存文献,王昶(1725—1806)于壬寅(1782)丁艰期间,命庄师洛、王鸿逵辑录夏完淳遗著以成集,后庄氏弟子何其伟、陈均亦参与其中,终有嘉庆十二年初刻本,后同治八年又作了补刻,这就是嘉庆刻同治补刊本《夏节愍全集》十卷首一卷末一卷补遗一卷续补遗一卷。卷首有夏允彝、夏完淳父子像,《钦定胜朝殉节诸臣录》、王鸿绪撰《明史稿列传》《事略》,方授、陆宇㸌、范兆芝、董剑锷、蔡嗣光等序跋,嘉庆十一年四月王昶序,嘉庆十二年庄师洛跋、陈均跋、何其伟跋。总收赋骚诗词等三百八十首及问、论、檄、序、书等文九篇。卷末收“集评”、“赠言”、“哀辞”、“题辞”。集后增入王鸿逵跋、嘉庆十三年庄师洛跋、杨超格跋、同治八年陈履泰跋。

如前所述,《夏节愍全集》由三种钞本汇集而成。其初稿成,当在乾隆五十一年,王鸿绪序云:“乾隆壬寅,家述庵司寇读礼家居,以陈忠裕、夏节愍两集属逵校录。时庄丈莼川馆于寒斋,相与增订阙讹,凡四易寒暑,司寇亦以整理藏书多所采辑。自后庄丈就馆簳山,与及门何君韦人续补见闻,而两集遂成全书。”[①]庄师洛在此辑校过程中,将得到的夏氏遗著互相比对、校勘,出力甚多:

> 余辑《陈忠裕集》后,兼辑夏节愍诗文,零星掇拾,积之既久,遂裒然成集,然所得俱系钞本,亥豕鲁鱼,不可枚举。自是每得一本,即互相校勘,善者从之,疑者仍之。虽未能一一无憾,以视他本之阙讹满纸,似为少胜。述庵王少司寇曾经鉴定,为作弁语。怂恿何生其伟与忠裕续集并刻行世,而何生适丁父艰,卒卒未暇。因以此集转嘱陈生(均),生亦好古士也,慨然任之。遂同何生编订付刊,仍仿忠裕集例,略加考证焉。”[②]

---

① 〔清〕王鸿逵《夏节愍全集跋》,清光绪二十九年刊本《夏节愍全集》附。

② 〔清〕庄师洛《夏节愍全集题识》,清光绪二十九年刊本《夏节愍全集》附。

该初成本于嘉庆十二年刻成书板，将谋印行，但“卒以遗漏尚多，迟迟未果”（见庄师洛题识）。后整理者之一杨超格“于山舟周氏得《两朝忠义诗集》，摘录节愍诗十余首，增入集中。今（嘉庆戊辰，1808）又于柘湖黄子毓麟家获见《内史集》旧本，校勘一通，内骚赋及古体诗四十余首，均为刊本所未备。卷首有杜让水述节愍轶事一则”①。此即为补遗卷。补遗卷有《犯难事略》一则，赋二首：《湘巫赋》《秋郊赋》，骚一首：《招魂》，乐府十一首：《艳歌行》一首、《三妇艳》二首、《十索诗》四首、《五杂俎》二首及《秦女卷衣》《陇头吟》等。五古三十六首，七古二首。补遗刻后，杨超格又从柘湖觅得遗诗十七首，即续补遗卷，续补遗卷有五古《杂诗》、《怀李舒章》六首，七古《江南曲》《上巳篇》《邯郸宫人怨》《与王大后张泛舟华亭谷》《送客游闽》《采莲曲》《观涛》《杜鹃行》《哀燕京》《野哭》。总十七首。《夏节愍全集》（含补遗续补遗卷）刻后，己巳（1809）季秋，顾初昱因六世祖顾咸建曾与陈子龙、夏完淳相唱和，有夏完淳二首遗诗《二哀诗》《顾钱塘汉石》，于是在续补遗后续刊之。至此，《夏节愍全集》始灿然大备。总收赋十二首，骚十首，诗三百十二首，词四十一首，曲五首，文九篇。庄师洛辑《夏节愍全集》，体例欲仿《陈忠裕集》，卷首列完淳遗像，然购访数载并无收获，适逢洪杨乱起，事遂寝。乱后得忠节父子像，“爰请黄君河清摹绘付梓，用卒先志”②。这就是清同治八年增刊本。增刊本内容承嘉庆松江刻本，增加了《补遗卷》、《续补遗卷》、《二哀诗》、《顾钱塘汉石》及夏氏父子像、赞语等。

晚清，中国频遭劫难，文献被祸极烈。《夏节愍全集》亦久已难觅，故有识之士作了重梓，即清光绪二十八年吴克让四川重刻本。“庚子（1900）岁，（克让）馆彭山，从其肆君蜀猷孝廉（房山令吴庆坻子）假归，拟为重锓未果。壬寅，承乏戎州讲席，始稍稍醵金，既章勤生直牧慨然以纠举自任，赵樾村廉访、文仲芸太守、罗济川主政、罗莲渠明府、夏亮夫茂才所助尤多，乃命克铨弟录次。别集所载哀挽考功诸作补订于后，嘱胡玉荪光禄校雠，阅五月刊竣。”③四川重刊本文字有校补订正，较嘉庆本、同治本为优。

四、现代整理本考析

夏完淳是明末著名抗清义士、文学家，其气节、文章对后世影响很大。故近现代数十种选本都选有他的诗文，也出现了很多整理本。主要的整理本依底本来源可分为如下几种：

---

① 〔清〕杨超格《夏节愍全集跋》，清光绪二十九年刊本《夏节愍全集》附。

② 同上。

③ 同上。

(一)1936年商务印书馆《丛书集成初编》本(第2172册)《夏内史集》九卷附录一卷;1965年台湾艺文印书馆影印《夏内史集》十卷;1985年台湾新文丰出版有限公司《丛书集成新编》本(第68册)《夏内史集》十卷;1995年上海古籍出版社《续修四库全书》本(别集第1389册)《夏内史集》九卷附录一卷;1985年中华书局上海编辑所整理本《夏内史集》九卷附录一卷。这一类以嘉庆间艺海本《夏内史集》为底本影印而成,艺海本《夏内史集》并不是夏完淳著述足本,整体上说它是残本。

(二)抗战初期汪辟疆手批本《夏节愍全集》十卷首一卷末一卷补遗一卷续补遗一卷(以下简称"汪批本");1970年台北华文出版公司《丛书汇编》本(第一编第2册)《夏节愍公全集》,据光绪二十年成都重刊本影印。这一类以王昶整理本《夏节愍全集》为底本,其中汪批本用朱墨两色批注,对有的错误、脱漏也作了校补订正,颇见功力。

(三)1959年中华书局排印本《夏完淳集》八卷附二(以下简称"中华本",中华本当为白坚先生早期整理本);2011年、2016年上海古籍出版社白坚整理本《夏完淳集笺校》(以下简称"上古本")。这一类以王编本为底本,但参校了此前各种抄、刻本校补而成。

1959年中华本"以王编《夏节愍全集》为祖本,校以《艺海珠尘》本《夏内史集》,《天启崇祯两朝遗诗》、《明三十家诗》中所收的夏完淳诗,《乾坤正气集》中所收的夏完淳文及旧抄本数种,其中有歧义的地方,分别注入篇内,仅云某本作某,不擅加去取。"且"现增加了些新材料,分别辑为四种:(甲)夏允彝完淳父子史传事迹辑存,(乙)夏完淳诗文集序跋题词辑存,(丙)赠言及哀吊辑存,(丁)杂存。一来保存了不易得的珍贵史料,二来也可以供研究者参考"[①]。内容较完备,遗误更少,价值更高。相较于1959年中华本《夏完淳集》,2011年上古本(2016年上古本是重版本)将中华本内《骚》九首和乐府诗十一首独立成卷,将卷八中的《续幸存录自序》提出,与夏完淳《续幸存录》独立成卷,这样上古本就由中华本的八卷附二调整为十卷附录六。除结构上进行调整外,上古本在内容上也作了一定增删。删掉了中华本卷二内题目相近内容重复的六首诗:《李都尉从军》《班婕妤团扇》《曹子桓游宴》《曹子建赠友》《刘公幹感遇》《王仲宣怀德》。整理者白坚先生将柳亚子打印本《玉樊丙戌集》(底本是郑振铎藏钞本《玉樊丙戌集》,该钞本现藏南京图书馆)内为刻本所无的一首制义《有人此有土》提出,放在卷九最后。这样上古笺校本就成为目前结构更合理,内容更完备,价值更高的一个本子。

---

① 〔明〕夏完淳撰,中华书局上海编辑所编辑《夏完淳集》,北京:中华书局,1959年,前言第13、15页。

五、结语

夏完淳虽在世仅仅十七年，然其气节光耀坤宇，他取义成仁的爱国壮举鼓舞了无数后人。他在短暂的一生中（卒年仅17岁），创作了大量诗文（成就最大、数量最多的诗文则在他生命的最后几年里完成），这些作品激昂慷慨、雄深悲壮，艺术成就很高。故夏完淳逝后，其作品一再被后人传抄。其钞本有《夏太史遗稿》《玉樊丙戌集》、乾隆本《夏内史集》及柘湖黄氏藏本《夏内史集》（该本已佚）等。这些钞本的形成时间、内容、顺序甚至题名、署名等都有一定差异，这些差异本身即说明了血雨腥风时代其诗文集流传的艰巨和复杂，也为后人整理其作品带来很多困难。一地历史文化名人及其著述是本地文化大厦的重要组成部分。明清时期，地方士人是构建地域文化大厦最重要的基层力量，地方社会治理、道路桥梁修建、义庄义塾创办中都有他们的身影，对地方重要历史名人遗著的搜辑、整理、刊刻也是他们的职责所在。夏完淳的遗著自王昶壬寅（1782）倡议整理至嘉庆十二年（1807）付梓，前后历时二十五年之久，近十位地方士人参与其中，他们注重保存历史文献、构建桑梓文化大厦的热心、恒心令人感佩，地方士人是地域文献整理的一支重要力量。

征稿启事

《北京大学中国古文献研究中心集刊》由教育部人文社会科学重点研究基地北京大学中国古文献研究中心主办。本刊从第七辑（2008 年）开始，一直是中文社会科学引文索引（CSSCI）来源集刊。自 2019 年始，为半年刊，每年六月底左右和十二月底左右各出版一辑。举凡古文献学理论研究、传世文献整理与研究、古文字与出土文献研究、海外汉籍与汉学研究等中国古文献研究相关领域的学术论文，均所欢迎。来稿内容必须原创，不存在版权问题。

来稿格式要求如下：

一、文章请用 microsoft word 文档格式。

二、文章一律横排、用通行规范简化字书写和打印。

三、作者姓名置于论文题目下，居中书写。作者工作单位、职称等用“＊”号注释在文章首页下端。

四、每篇文章皆需 500 字以内“内容提要”以及关键词 3－5 个。

五、文章各章节或内容层次的序号，一般依一、（一）、1、（1）等顺序表示。

六、文章一律使用新式标点符号。凡书籍、报刊、文章篇名等，均用书名号《》；书名与篇名连用时，中间加间隔号，如《论语・学而》；书名或篇名中又含书名或篇名的，后者加单角括号〈 〉，如《〈论语〉新考》。

七、正文每段第一行起空两格；文中独立段落的引文，首行另起空四格，回行空二格排齐，独立段落的引文首尾不必加引号。独立段落的引文字体变为仿宋体。

八、注释一律采用当页脚注，每页单独编号，注释号码用阿拉伯数字①、②、③……表示。

九、注释格式与顺序为著者（含整理者、点校者）、书名（章节数）、卷数（章节名）、版本（出版社与出版年月）及页码等。如：〔清〕钱大昕撰，吕友仁校点《潜研堂文集》卷三八《惠先生士奇传》，上海：上海古籍出版社，1989 年，第 687 页。

十、为避免重复，再次征引同一文献时可略去出版社与出版年月，只注出著者、书名、卷数、页码。

十一、每篇稿件字数原则上不超过 3 万字。

本集刊上半年辑的截稿日期为前一年的 11 月 30 日，下半年辑的截稿日期为当年5月31日。

本集刊实行双向匿名审稿制度，编委会根据评审意见，决定是否采用。来稿无论是否采用，编辑部都将在统一审稿后通知作者。

本集刊每辑正式出版后，编辑部将向论文作者寄赠样刊两册，并薄致稿酬。

欢迎学界同仁积极投稿。

《北京大学中国古文献研究中心集刊》编辑部通信地址：

北京市海淀区颐和园路5号北京大学哲学楼三层《北京大学中国古文献研究中心集刊》编辑部

邮编：100871

E-mail：gwxzx@pku.edu.cn